¿REINARÁ FELIPE VI?

JOSÉ INFANTE

¿REINARÁ FELIPE VI?

LA ÚLTIMA OPORTUNIDAD DE LOS BORBONES

mr · ediciones

Fotografías de interior: Cover, excepto el retrato de Fernando VI (Archivo Oronoz) y la boda de don Juan de Borbón (Archivo Abc).

Diseño de la cubierta: Pablo Olmos Adamovich
Fotografías de la cubierta: Cover
Primera edición: Diciembre de 2003
Segunda edición: Enero de 2004
Tercera edición: Enero de 2004

Paseo de Recoletos, 4. 28001 Madrid
ISBN: 84-270-3006-1
Depósito legal: M. 1.084-2004
Fotocomposición: J. A. Diseño Editorial, S. L.
Impresión: Brosmac, S. L.

Impreso en España-Printed in Spain

ÍNDICE

A mi abuelo materno Francisco Martos González, militante del Partido Comunista de España, a mi abuelo paterno Salvador Infante Gutiérrez de la Cortina, militante del Partido Carlista, a mi padre José Infante Lasso de la Vega, monárquico juanista, a la más generosa de las madres Lola Martos Bonald, que todo lo comprendía y lo guardaba en su corazón, y a la memoria de todos aquellos que hicieron posible la reconciliación nacional.

Ser rey es idiota, lo importante es hacer un reino.
ANDRÉ MALRAUX

Todo se improvisa en el mundo: la República, la Dictadura... pero no improvisaréis jamás una Monarquía. Esta Institución necesita mucho de tiempo y de Historia; necesita que grandes servicios prestados en una larga serie de siglos le sirvan de prosapia.
EMILIO CASTELAR

No son los títulos los que hacen ilustres a los hombres,
sino los hombres a los títulos.
NICOLÁS MAQUIAVELO

A MANERA DE PRÓLOGO

Creo que no deberíamos ser responsables de nuestro trabajo más que ante nosotros mismos, pero está claro que algunos trabajos tienen una evidente trascendencia pública, como éste de escribir y publicar libros. De alguna manera tenemos que justificar por qué lo hacemos y para qué lo hacemos. Sobre todo, como es el caso del libro que el lector tiene en las manos, cuando se trata de algo que a todos debe interesarnos porque afecta a la vida colectiva. Supongo que de esa necesidad nacieron los prólogos. Por eso escribo estas primeras páginas. Páginas que nacen de la observación de la realidad, de una pasión que siempre me ha acompañado por la historia y de la curiosidad por descubrir las razones por las que los hechos acontecen de la forma que lo hacen y no de ninguna otra. Creo que nada somos sino eslabones de una cadena que se sucede, tal vez inútilmente, desde el comienzo de los tiempos. Y pienso que una de nuestras primeras obligaciones debería ser conocer nuestra historia, grande y pequeña, porque seguro que eso nos ayudará a conocernos mejor a nosotros mismos, que dicen que es una vieja aspiración de los hombres, pero también a conocer mejor a los demás, que sin duda puede ser la mejor forma para lograr una pacífica convivencia. Exactamente como el hecho de escribir un prólogo, que siempre nos ayuda —al menos ésa es mi experiencia— a conocer mejor por qué hemos escrito este y no otro libro. Y por qué de esta manera y con esta orientación. Al intentar explicar nuestras razones a los demás, quedan también más claras y diáfanas ante nuestros propios ojos.

El conocimiento de la historia nos hace pesimistas. No hay nada más triste ni nada más aleccionador que ver cómo los hombres somos capaces de repetir los mismos o parecidos errores, las mismas o semejantes torpezas a lo largo de los siglos, como el burro aquel del cuento que tropezaba siempre en la misma piedra. El hombre no tropieza siempre, tan sólo una vez tras otra con una insistencia absolutamente desoladora. Desconozco por qué. A pesar de haber sido consagrada como maestra de la vida, el conocimiento de la historia, contra lo que pudiera parecer, no suele dar la experiencia y la madurez necesarias para no hacernos reincidir en el error y en la torpeza una y otra vez. Pero así es. Así ha sido siempre. Y mucho me temo que así será en los siglos sucesivos. La historia de España, sin ir más lejos, es una demostración de lo que digo, la repetición machacona y tozuda de unos errores que durante siglos nos han hecho vivir al margen de la modernidad, encerrados en nosotros mismos, desunidos y enfrentados de forma suicida, resucitando cíclicamente nuestros viejos fantasmas en los escasos momentos en que habíamos logrado no sin esfuerzo —y a veces con sangrientos enfrentamientos— superarlos, olvidarlos o encerrarlos bajo siete llaves en el baúl de los pasos perdidos.

En este aspecto siempre me ha impresionado la trágica y desconcertante historia de la española Casa de Borbón, que ya es la rama mayor de los Borbones franceses, una vez extinguidos éstos en el siglo XIX. Durante los trescientos años, que en el año 2000 cumplieron en el trono de España, como parte de esa historia de los españoles que machaconamente ha repetido sus errores y torpezas, ha sido sucesivamente abanderada de la modernización del país y causante de muchos de sus retrocesos. Por tres veces se ha visto obligada a ir al exilio, y por otras tres los españoles han querido —más o menos— que vuelva. En las tres ocasiones su regreso se ha asociado con distintas formas de nuevas esperanzas de cambios benéficos para la nación. Cuando regresa Fernando VII lo hace transformado en el Deseado, aunque no cumpliera con las esperanzas puestas en él, sino más bien las traicionara. Cuando el regreso de Alfonso XII, éste lo hace como el Pacificador que acaba con la guerra civil y simboliza el anhelo de entrar en la modernidad, que finalmente tampoco llegaría a cumplirse por el azar de su trágico destino. En estos dos primeros casos, el interregno duró seis años y en la segunda ocasión el país había intentado otra dinastía y otras formas de gobierno, como el primer ensayo republicano.

En la tercera ocasión que la dinastía ha vuelto a ocupar el trono de España, en circunstancias verdaderamente tan insólitas y extraordinarias, ya que la interrupción había durado más de cincuenta años, parece que finalmente la monarquía borbónica ha satisfecho, al menos hasta ahora, las expectativas que sobre ella habían acabado recayendo, primero por designio del dictador, después por la fuerza de la legitimidad histórica y finalmente por la voluntad libremente expresada en las urnas por los españoles al aprobar en referéndum la Carta Magna de 1978. Aunque la verdadera legitimación popular, para una inmensa mayoría de españoles, la obtuviera el rey Juan Carlos I la madrugada del 23 al 24 de febrero de 1981, defendiendo la democracia y la Constitución contra el último asalto de las fuerzas más reaccionarias del país, que volvían como uno de nuestros más detestados y recurrentes fantasmas.

No solamente por todas estas razones es apasionante la historia de la dinastía. Desde hace décadas una larga serie de tragedias y tristes acontecimientos familiares ha castigado a los Borbones españoles, perseguidos por la devastadora mano del destino con dramáticas muertes, conflictos dinásticos, enfermedades hereditarias, accidentes mortales, renuncias obligadas y una larga lucha por defender los derechos históricos heredados de Alfonso XIII, el último monarca de la dinastía que tuvo que abandonar el trono de sus mayores en 1931.

En 1975 la Casa de Borbón protagonizó un hecho insólito, su regreso al trono cuando era impensable un suceso semejante en la Europa democrática y evolucionada de finales del siglo XX, en la que prácticamente habían sido suprimidas casi todas las monarquías existentes a principios de la misma centuria. Junto a la de la Gran Bretaña, la Casa Real de España es hoy día la única gran dinastía de las que forjaron Europa durante siglos que persiste en el ejercicio de su magistratura. Ambas, y todas las otras que pertenecen a la Unión Europea, tienen ante sí, entre otros muchos retos como el de su propia transformación, el de su presencia en la futura unión política que se pretende conseguir para el viejo continente, a pesar de que este tema aún no ha sido abordado por la Unión Europea, ni siquiera en la redacción de su Constitución, como cabría imaginar. En este aspecto el historiador estadounidense Gabriel Jackson, en una conferencia dictada en la Universidad de Salamanca en el verano de 2002, pronosticó la desaparición de la monarquía en España en el plazo de unos cincuenta años, precisamente debido a la evolución natural de la Unión Europea. En esa misma conferencia, cuyo título fue «Memoria de un historiador», Jackson, que es un especialista en la guerra civil española, añadió que esa transición del régimen monárquico hacia uno nuevo republicano se hará por sí sola, sin odio a la institución, «sino porque en el contexto actual no tiene función».

Víctimas de sus contradicciones esenciales, que hoy se revelan en toda su crudeza con violentos contrastes, por el avance de los tiempos y de las ideas políticas y por los niveles de democracia que el mundo occidental ha alcanzado, las monarquías europeas tienen ante sí ese otro desafío difícil de superar: convertirse en instituciones válidas y modernas que rindan a sus países el servicio que, en otros tiempos y en otras circunstancias bien diversas, tuvieron y cumplieron con más o menos fortuna. Este debate se presenta además en una humanidad convulsa, donde se abre cada día con más fuerza la propia crisis del sistema democrático y cuando los cambios en el mundo, tras los trágicos sucesos del 11 de septiembre de 2001 —y el reguero sangriento que le ha sucedido, con conflictos bélicos en Afganistán e Iraq—, están poniendo en grave peligro el sistema de libertades individuales y colectivas conseguido en Occidente tras muchos siglos, en aras de la seguridad y de la lucha contra el terrorismo internacional.

La Monarquía española, que ha superado las primeras pruebas de su regreso al trono, siendo el instrumento indispensable que ha cohesionado y ha servido de motor y de impulsora de la transición democrática de la dictadura a un régimen parlamentario, plenamente libre y representativo, tiene ante sí todos estos desafíos. Más uno añadido. En las anteriores ocasiones en que se produjo la restauración de la dinastía en el trono, el reinado del sucesor del rey que hizo posible la vuelta se vio frustrado y tuvo que abandonar la Corona por distintas circunstancias. Así, tras el reinado de Fernando VII, su hija y sucesora Isabel II fue destronada por la revolución de 1868. Su hijo Alfonso XII sería restaurado en el trono en 1874, pero su hijo y heredero Alfonso XIII se vio obligado a abandonar España por el triunfo de los partidos republicanos en gran parte del país en unas elecciones municipales.

En 1975 don Juan Carlos de Borbón recuperó para su dinastía el trono de sus mayores. ¿Qué pasará con su hijo y sucesor, el príncipe Felipe, que deberá reinar con el nombre de Felipe VI? El Rey ha cumplido ya 65 años. Es la edad en la que la inmensa mayoría de las personas se jubilan. Pero los reyes no se jubilan, son sucedidos por sus herederos cuando mueren; es uno de los principios de la institución. Pueden, eso sí, abdicar. Muchos de los soberanos de la Casa de Borbón lo han hecho, obligados por diferentes motivos. ¿Abdicará Juan Carlos I? En varias ocasiones se ha hablado de esta cuestión y hasta el propio Rey la ha contemplado como probable en algunas entrevistas. Dadas las actuales circunstancias no parece aconsejable ya que todavía se plantea el debate de si la Monarquía como tal está lo suficientemente implantada y enraizada en el pueblo español como para que cambiase el titular de la Corona.

El Príncipe heredero ha cumplido el 30 de enero de 2003 treinta y cinco años, edad más que suficiente como para asumir cualquier responsabilidad, incluida en primer lugar la de casarse y tener hijos. La inmensa mayoría de sus antecesores lo hicieron con muchos menos años. Sin embargo permanece soltero, con lo que uno de los principios básicos de la institución monárquica está sin resolver en su persona, aunque la sucesión esté asegurada por los descendientes de sus dos hermanas, las infantas Elena y Cristina, madres entre las dos de cinco nuevos miembros de una nueva generación de Borbones españoles. Este controvertido tema de la soltería del Príncipe de Asturias ha tomado un cariz absolutamente distinto después del anuncio de su próxima boda, a principios del verano de 2004, con la periodista Letizia Ortiz. Lo insólito de la noticia ha abierto un nuevo debate y añadirá otros muchos, sobre todo, acerca de su posible descendencia, lo que le hará tratar de conseguir con la presión lógica un heredero lo antes posible.

No obstante, los debates que han provocado las discusiones sobre el matrimonio del heredero a la Corona, en los últimos años, se convirtieron en un problema añadido a las incógnitas que se presentan sobre el futuro de la institución monárquica, y que forman parte del contenido de este libro. Aquellos debates fueron durante mucho tiempo los que acabaron por poner de manifiesto muchas de las contradicciones que hoy tienen que afrontar las monarquías democráticas existentes. Y la que no es la menor, modernizarse, pero sin dejar de ser la institución que enlaza con la tradición y el pasado.

Otra efeméride importante se cumplía en el año 2003. Los veinticinco años de la Constitución de 1978. Conmemoración conflictiva porque llega en un momento en que existen algunas fuerzas políticas que plantean su revisión y su reforma. El espinoso asunto del Estado de las Autonomías es nuevamente el recurrente problema que vuelve a enfrentar a unos españoles con otros en sus distintas formas de entender la configuración del Estado. Problema agravado de forma bastante alarmante por la presentación del llamado «plan Ibarretxe» para la reforma del Estatuto de autonomía del País Vasco. El generoso consenso que dio lugar a la Constitución de 1978, y que hizo posible el llamado Estado de las Autonomías, se ha esfumado, producto de las diferencias políticas, de las luchas por el poder y del natural desgaste de una transición que tal vez se hizo —con una perspectiva actual— demasiado deprisa y en la que no todas las fuerzas que intervinieron lo hicieron con el mismo afán de progreso y de cambio. (Prueba de ello es ese intolerable reguero de sangre con que el terrorismo separatista de ETA ha enturbiado estos últimos veinticinco años de convivencia nacional y de vigencia constitucional.) En estas circunstancias la Corona puede seguir siendo la institución necesaria que sirva de engranaje del Estado y de punto de unión y de pacto, resucitando el viejo compromiso histórico que la antigua monarquía hispánica logró hacer con todos los territorios para su convivencia en paz, fundando esa realidad supranacional llamada España.

Como siempre, el futuro se presenta como una gran incógnita que sólo el tiempo resolverá. Entonces sabremos si los Borbones habrán sabido aprovechar la última oportunidad que se les ha brindado para ocupar el trono de España y convertirse en la institución que verdaderamente logre dar cohesión a este viejo país en el tercer milenio que ya ha comenzado y en el que deberá transcurrir, si sucede a su padre, el reinado de Felipe VI de Borbón y Grecia.

No quisiera terminar estas páginas introductorias sin hacer constar algunos agradecimientos: en primer lugar, a todos aquellos que me ayudaron con sus libros e investigaciones iluminadoras a conocer mejor nuestra historia. A mi sobrina Sandra Domínguez Infante por su paciencia y sus fotografías, en las que siempre intenta mejorar el original ya bastante deteriorado. A Juan Ramón de Miguel por sus sabias y atinadas aportaciones y por sus críticas tan certeras, a Manolo del Jesús, Antonio Jiménez, Carlos Hernando, Auxiliadora González Infante, Yolanda Alba, Pablo Álvarez por su constante apoyo y sus oportunos comentarios, y a otros tantos amigos y colegas por sus palabras de ánimo; a Pepe Patatin por la energía que me ha proporcionado en los peores momentos. Y a toda mi familia por seguir creyendo en mi trabajo. A Elena Gosálvez por la infinita paciencia que ha tenido para editar este libro. Y cómo no, a aquel lejano y sabio profesor malagueño, don José Valdés, que supo inculcarme un apasionado y definitivo amor a la sabiduría, al conocimiento y a la historia como fuentes primeras de la libertad.

Madrid, 12 de noviembre de 2003

EL PORQUÉ DE ESTE LIBRO

La escena fue sorprendente e inusitada. Los informadores que realizan el seguimiento de las actividades de la familia real española habían sido citados en el palacio de la Zarzuela, residencia de don Juan Carlos y doña Sofía desde poco después de su matrimonio en 1962, por el jefe de la Casa de su Majestad, Fernando Almansa. Se supone que es para informar sobre las próximas actividades de los Reyes en el año 2002. Era el 14 de diciembre de 2001, a las doce y media de la mañana. El vizconde del castillo de Almansa comienza a hablar. Todo parecía transcurrir con normalidad, cuando entra en la habitación el Príncipe de Asturias, don Felipe de Borbón y Grecia. Vestido de manera informal el heredero de la Corona, después de saludar a los periodistas, se sienta entre ellos. A los pocos minutos dice que quiere comentar algo. Y suelta la bomba informativa. Sus relaciones con la señorita noruega, modelo de profesión, Eva Sannum han terminado. En el comunicado, que lee el Príncipe con serenidad, pero con un deje de profunda tristeza de fondo, se dice que Eva Sannum y él, de común acuerdo, han decidido dejar su noviazgo. Niega que hayan existido presiones exteriores de ningún tipo, simplemente afirma que la relación no ha prosperado. «Y punto», reafirma de forma más que categórica. Niega también que en ningún momento aquella relación haya supuesto para él un problema entre el deber y el corazón. También se deshace el Príncipe en todo tipo de elogios a las cualidades morales de su ex novia, con la que afirma espera continuar manteniendo una profunda amistad. Menciona el apoyo que en todo momento ha tenido por parte de la familia real y en concreto de sus padres los Reyes. Y pide, por favor, que se deje tranquila a la señorita Sannum.

Para algunos, un escrito lleno de cinismo e incluso de altanería y para otros, que creen saber que la que ha tirado la toalla es la propia Eva Sannum, un gesto falto de galantería hacia la modelo, a la que se le podía haber dejado al menos la oportunidad de que se supiera que la que no quería seguir adelante era ella. Para todos, lo más sorprendente del caso, aparte la manera tan poco habitual en que se ha hecho, es que el comunicado daba a conocer la ruptura de un compromiso que nunca jamás se había anunciado. Sólo aquella misma primavera de 2001 y tras largos meses de presión informativa, tanto sobre la pareja como sobre la propia Casa del Rey, ésta había reconocido oficiosamente que, en efecto, entre la señorita Eva Sannum y el Príncipe de Asturias existía exclusivamente una estrecha amistad, como con tantas otras personas. Nada, en realidad. Luego había venido la formalización mediática con las fotos de Oslo en las fiestas con motivo de la boda del heredero de aquel reino, Haakon Magnus, con la señorita Mette-Marit. Y después la hecatombe. Una polémica nacional que llegó a extremos verdaderamente increíbles, por las descalificaciones, los comentarios casi ofensivos por la forma verdaderamente desacertada en que la modelo noruega se había presentado en lo que sabía de antemano iba a ser como un examen ante la opinión pública española, gran escotazo y copa de coñac en la mano, y la enorme trascendencia que el asunto llegó a tener. No sólo se abrieron foros en todos los medios de comunicación, incluidos los de internet, sobre lo inadecuado de aquella relación, sino que desbordando el tema, se llegaba a poner en cuestión la propia institución monárquica y el futuro de la Corona.

El debate, que no se había producido desde la instauración de la Monarquía tras la muerte del dictador Francisco Franco, en noviembre de 1975, ni durante todo el proceso de la transición democrática, estallaba al fin entre la opinión pública española. Intelectuales, políticos, sindicalistas, escritores, periodistas, artistas y todo tipo de ciudadanos mostraron sus opiniones sin ninguna cortapisa ni pelos en la lengua. Por primera vez la institución era cuestionada y se hablaba abiertamente de la posibilidad de la sustitución de la Monarquía por la República. Un tema, en principio menor, como era el noviazgo del Príncipe de Asturias, ponía al descubierto un debate pendiente, que no se había puesto sobre el tapete nacional en su momento y que llegaba en realidad cuando tras veinticinco años de reinado la institución monárquica en España, a pesar de seguir siendo la más valorada en todas las encuestas, empezaba a estar acosada por los medios de comunicación, lo que había supuesto las primeras manifestaciones de un cierto desgaste. Los puntos vulnerables en el mundo actual de institución tan obsoleta como la monárquica están en la actuación de sus miembros más que en su propia existencia o vigencia en los comienzos del tercer milenio. El seguimiento exhaustivo que los medios realizan de la vida privada de las personas de la realeza, y que ha tenido penosos ejemplos en algunas monarquías europeas que se han visto convulsionadas por numerosos escándalos que han llegado a poner en peligro su futuro, empezaba también en España a tener su correlato respecto a los miembros de la familia real, lo que favorecía que el debate y la polémica fueran aún más tensos y encendidos.

Tras el inesperado anuncio de la ruptura del día 14 de diciembre de 2001, se hicieron especulaciones de todo tipo. Que si había habido un ultimátum del rey don Juan Carlos, que si la presión de la opinión pública había hecho mella en el ánimo del Príncipe... Se habló de una reunión a tres bandas en el propio despacho de su Majestad. Se rumoreó que la familia estaba seriamente dividida. Se llegó a afirmar que había sido en efecto la propia modelo, Eva Sannum, la que había roto el compromiso, incapaz de soportar ni un minuto más aquella espantosa situación, que durante el último año había sido absolutamente inaguantable, perseguida día y noche por una legión de reporteros que la seguían a todas partes. Se habló del deber, que había acabado por imponerse sobre las razones del corazón. Y cada uno, que había expresado su opinión, tomó aquella decisión como la única razonable que el Príncipe podía tomar debido a la situación que se había creado y visto el generalizado y mayoritario rechazo que los españoles habían manifestado acerca de la elegida de su corazón. Incluso, meses más tarde, la anunciada sustitución del jefe de la Casa del Rey, Fernando Almansa, por el diplomático Alberto Aza se relacionó con este hecho, dado el papel decisivo que se le atribuyó al vizconde del castillo de Almansa en la resolución del Príncipe de cortar sus relaciones con la señorita Sannum, en defensa y representación de la dura postura del rey Juan Carlos en el asunto, lo que habría deteriorado irremediablemente las relaciones del jefe de la Casa con la reina doña Sofía —que habría tomado partido por su hijo, según la versión dada por algunos— y el propio Príncipe de Asturias. De cualquier forma, Sabino Fernández Campos, conde de Latores, antiguo colaborador del Rey y secretario y jefe de su Casa durante muchos años, declaró como resumen a todo aquel desatinado asunto: «La institución ha sufrido un daño irreparable».

Tras el anuncio del Príncipe, la calma. Durante un tiempo los medios de comunicación respetaron la intimidad de los dos jóvenes, probablemente heridos y tratando de curar el mal de sus corazones enamorados. Y mientras la modelo —después de un más que inadecuado viaje a Barcelona, acompañada de un amigo, en enero de 2002, coincidiendo con el cumpleaños del Príncipe— era prácticamente olvidada, allá en su casa de Oslo, don Felipe, con treinta y cuatro años cumplidos, pronto empezaría a ser otra vez asediado acerca de su futuro matrimonio. Nuevos nombres saltaron a las páginas de los periódicos y revistas, todos sin el menor fundamento. Y todos ellos cayeron por su propia falta de peso. Pero llegó el verano de 2002 y comenzaron otra vez los rumores. Eva y el Príncipe habían coincidido en Copenhague, cuando Felipe de Borbón regresaba de Oslo, de asistir a la boda de la princesa Martha Luisa de Noruega. Que si habían hecho un crucero por los fríos mares del Norte. Que si habían pasado parte de las vacaciones de verano juntos, con unos amigos en Rusia. Aunque con mucha más cautela y discreción los medios fueron dando cuenta de una serie de encuentros, sin ningún testimonio gráfico que los probara, que parecían desbordar los límites de la amistad que, a pesar de todo —según el comunicado de don Felipe en diciembre de 2001—, seguía uniendo a los dos jóvenes.

Y llegó el mes de octubre de 2002. Un rumor originado en Londres daba cuenta de una cena, en un lujoso restaurante de la capital británica, en la que el Príncipe de Asturias había compartido mesa con Eva Sannum y los príncipes herederos de Noruega, Haakon Magnus y Mette-Marit, que seguían entonces sendos cursos en la Universidad de Londres para completar su formación, según se afirmó, cuando en realidad parece que el motivo era tratar de aminorar el cada vez más amplio rechazo de la opinión pública hacia esa peculiar princesa heredera que les ha tocado en suerte y los numerosos problemas que ha producido desde su matrimonio. El rumor sobre la reanudación de las relaciones del príncipe Felipe y Eva Sannum pronto se convirtió en noticia. Se habló de reconciliación. Y empezó nuevamente la persecución de Eva Sannum. Unas imágenes de la joven en Oslo, discutiendo airadamente en unos grandes almacenes con unos reporteros de televisión, volvían a abrir la cerrada polémica.

Al margen de cualquier otra consideración parecía muy improbable que, habiendo oficializado el Príncipe de Asturias su ruptura, pudiera haber una vuelta atrás. Hubiese sido algo insólito que habría dejado en una situación difícil a todos. Hubiera parecido de una frivolidad y ligereza impropias de los comportamientos y actitudes de la Casa Real de España, una vuelta a la situación anterior al 14 de diciembre de 2001. No sólo porque en aquella fecha ya estaba claro la negativa recepción que el noviazgo de Felipe de Borbón había tenido en la práctica mayoría de la opinión pública, sino que los rumores de la reconciliación suscitaron sentimientos aún más amplios de rechazo hacia lo inadecuado de la relación entre el Príncipe heredero y la modelo noruega. Una vuelta, a pesar de lo que algunos medios insistieron en ello, hubiera supuesto un grave escándalo y una situación bastante airada no sólo para la familia real.

En el mes de diciembre de 2002, una inesperada e insólita entrevista (la primera, pues siempre había guardado un mutismo absoluto) de la primera novia del Príncipe, la bella Isabel Sartorius, ponía una guinda sobre el tema del futuro sentimental del heredero de la Corona, que cada cual interpretó como le vino en gana, sin el menor fundamento sobre los verdaderos motivos que llevaron a

Isabel Sartorius a hablar por primera vez y con toda claridad acerca de sus relaciones con Felipe de Borbón, sus opiniones sobre la reina Sofía —a la que los que se dicen mejor informados (que suelen ser los más malignos en sus juicios sobre la Casa Real) habían culpado siempre de la ruptura del Príncipe con la Sartorius—, sobre su hija Mencía y sobre su vida actual, tras la muerte unos meses antes de su padre, el marqués de Mariño, Vicente Sartorius Cabeza de Vaca.

Entre las interpretaciones más curiosas que se dieron a las palabras de Isabel Sartorius no faltaron los que todavía opinaron —porque les daba la real gana me imagino o por meter baza y sembrar dudas y oscuridades— que la hermosa joven aún seguía enamorada del Príncipe y que con aquella entrevista le estaba haciendo un último favor. Suponemos, porque en ella vertía juicios muy elogiosos no sólo sobre el propio Felipe de Borbón, del que afirmaba que «es un regalo para los españoles», sino sobre Eva Sannum, a la que al parecer Isabel Sartorius conoció durante la relación que mantuvo con su ex novio. Los hubo aún más atrevidos que quisieron seguir viendo en las palabras de Sartorius una velada referencia a que el mejor recuerdo que le queda del Príncipe es su hija Mencía, lo que no sólo es un juicio aventurado y un posible delito, sino que enmascara una situación de incalculables y gravísimas consecuencias, ya que insinuar que la hija que tuvo Isabel Sartorius es del heredero de la Corona supondría un conflicto institucional de gran envergadura. La actual legislación española no diferencia entre hijos nacidos dentro o fuera del matrimonio, con lo cual esa niña, en el supuesto de que fuera verdad la paternidad que algunos malintencionados le atribuyen, podría en su día ser la heredera del trono como hija primogénita de don Felipe. Quienes esto insinúan de forma absolutamente frívola deberían medir sus palabras ya que no sólo están atentando contra la fama de varias personas de singular relieve en la vida pública, sino que están dando pábulo a que se origine un conflicto institucional de imprevisibles consecuencias para la Monarquía. Incluso este mismo año, cuando un devastador incendio arrasó la vivienda en la que Isabel Sartorius vive en Madrid, los que siguen asegurando que la paternidad de Mencía puede ser atribuida a don Felipe de Borbón, y no a Javier Soto, insinuaron que dicho desastre era por lo menos sospechoso ya que se habrían perdido entre las llamas todos los recuerdos, documentos y fotografías que Isabel Sartorius guardaba de su noviazgo con el Príncipe.

La mayoría de la gente, mucho más sana y natural que los que hoy pretenden crear corrientes de opinión en España, tomaron las declaraciones de Isabel Sartorius como lo que creo que eran, el desahogo de una persona que ha visto su vida expuesta a la luz pública de una manera obsesiva y continua desde hace años sólo por el hecho de haber sido el primer gran amor de Felipe de Borbón. Estabilizada según parece en su vida sentimental y laboral, Isabel Sartorius siente que tras la muerte de su padre comenzaba para ella una nueva vida y con aquella entrevista parecía querer quitarse de encima el pesado lastre que arrastra desde hace más de diez años. No obstante, el fuerte impacto que la entrevista produjo pone de manifiesto varias cosas: la aceptación que todavía tiene en la opinión pública la hermosa Isabel, lo injustamente que muchos gacetilleros y frívolos periodistas del corazón trataron aquella relación entre ella y el Príncipe y que fueron los auténticos culpables de que naufragara, el deseo que existía en la sociedad española de que la futura novia de Felipe de Borbón y por tanto futura reina de España fuera una española —como finalmente ha sucedido— y el cariño y la adhesión que la vida sentimental de Isabel Sartorius provoca aún entre la mayoría, que hoy ve especialmente la injusticia que se cometió con ella cuando el grave inconveniente que se veía para su relación con el heredero de la Corona era el divorcio de sus padres. La hoy futura Princesa de Asturias, Letizia Ortiz, no sólo es hija de padres divorciados sino divorciada ella misma y con otras varias relaciones sentimentales importantes en su pasado, como corresponde a cualquier joven de su edad en los tiempos que vivimos. Lo verdaderamente extraño sería que a su edad no hubiera tenido esas experiencias amorosas y fracasos sentimentales, que hacen, sin duda, madurar a las personas y aprender de las experiencias pasadas de cara al futuro.

El siguiente episodio referente al futuro sentimental del príncipe Felipe fue la entrevista concedida a la Agencia Efe con motivo de su treinta y cinco cumpleaños, en la que después de tratar asuntos más importantes referidos a su papel como Príncipe heredero, al abordar el de su boda declaraba taxativamente: «Sé que hay mucho interés y que va siendo creciente a medida que pasan los años, pero no hay novedades en el horizonte... Tengo plena conciencia de cuál es mi responsabilidad frente a la Corona, frente a la sociedad española, frente al pueblo español... La futura reina, así pues, debe conocer, apreciar y saber representar esa función en la sociedad española... Tengo también que señalar que no por satisfacer esa necesidad institucional abandone la pretensión de abordar el matrimonio con una persona de la que me sienta enamorado...». Se puede hablar más alto, pero desde luego no más claro. Todo esto sucedía la misma semana en que la publicación francesa *Point de Vue* volvía a la carga sobre la reanudación de sus relaciones sentimentales con la señorita Sannum y que, al coincidir con su aniversario, todas las revistas españolas también volvían a poner sobre el tapete el recurrente tema de su soltería.

Luego pasaron largos meses en los que los medios, especialmente los que se ocupan de los asuntos del corazón, que han desbordado todos los límites previsibles en los últimos años, siguieron especulando sobre el futuro sentimental de don Felipe, al tiempo que se rumoreaba que el heredero había comentado entre su círculo íntimo, resentido por la incomprensión de los españoles hacia Eva Sannum, que iba a tardar en elegir a su esposa mucho tiempo. Lo que no fue obstáculo para que se continuara especulando con las posibles novias del Príncipe. Entre los nombres que se barajaron, fue el de Diana (Didy) Martínez-Bordiu y Aznar el que más acogida tuvo, a pesar de tener unos apellidos absolutamente incorrectos políticamente hablando. Prima segunda de Pocholo Martínez-Bordiu, sobrina nieta del marqués de Villaverde y compartiendo apellido con el presidente del Gobierno del PP, aunque de una rama distinta de la familia Aznar, ya que no estaba emparentada con él sino con unos importantes y riquísimos navieros. Naturalmente todo quedó en un nuevo invento de la prensa del ramo, impaciente por dar la noticia del año, el compromiso matrimonial del Príncipe de Asturias.

La bomba naturalmente estaba por llegar. Y llegó cuando nadie lo esperaba y con un nombre que a muchos, aun conociéndolo, les parecía tan insólito e increíble que no se atrevieron a pronunciarlo ni a concederle el menor crédito. Era el sábado 1 de noviembre de 2003. Al filo del mediodía se filtraba que la Casa Real iba a hacer aquella misma tarde un importante comunicado. El Príncipe de Asturias, a punto de cumplir treinta y seis años, se decidía a dar el paso que toda España esperaba desde hacía mucho tiempo: casarse. Hasta ahí, todo normal. Lo insospechado, lo insólito, lo inaudito era la elegida para ello: Letizia Ortiz Rocasolano, asturiana de treinta y un años, periodista, divorciada y presentadora de la segunda edición del telediario de la primera cadena de Televisión Española. Todo el país —y los medios de comunicación en particular— quedaron en estado de shock. Se le había pedido al Príncipe desde todos los foros y tribunas que se casara con una española, moderna, culta, preparada y profesional, pero nadie había imaginado que se pudiera llegar tan lejos, nadie pudo prever nunca esta unión de la Corona y la pequeña pantalla, aunque bien visto era la unión perfecta en una época en que una institución tan anacrónica como la monarquía tiene que buscar adhesiones y legitimaciones donde sea. Y ningún lugar tan a propósito como la televisión, que entra en los cuartos de estar y convierte a sus rutilantes estrellas fugaces en un miembro más de la familia. Sin duda, el proceso de modernización y adecuación de la Monarquía española a los nuevos tiempos, donde lo único que existe es lo que aparece por el ojo público y mágico de la televisión, había llegado a sus últimas consecuencias. La particular «Operación Triunfo» del palacio de la Zarzuela había culminado. La ganadora, Letizia Ortiz Rocasolano. Desde el mismo día en que su nombre fue desvelado, una ola de adulación y glorificación se extendió por toda España de una forma sorprendente. Todo lo que antes había sido negativo y perjudicial, inapropiado para las anteriores novias del Príncipe, se convertía en un nuevo signo de normalización y de modernización de la institución por antonomasia. Pero de ello y de la historia de su noviazgo con el príncipe don Felipe y de las previsiones matrimoniales nos ocuparemos detenidamente en la última parte de este libro, la dedicada al Príncipe de Asturias.

Todos estos acontecimientos han puesto de relieve suficientemente que el tema de la boda del heredero de la Corona no es un tema baladí (nunca lo es verdaderamente en una institución que tiene en las leyes de la herencia la esencia de su continuidad y uno de sus principios básicos). Este libro pretende, a partir de estos hechos y del debate que suscita entre la opinión pública la boda del heredero de la Corona, analizar no sólo el tema de su boda y todo lo concerniente a ella, sino lo que parece mucho más trascendente, las consecuencias que esta boda puede tener para el futuro de la Monarquía y de la continuidad de la Casa de Borbón, que acaba de celebrar su tercer centenario en el trono de España y que al haber sido restaurada en 1975 por tercera vez se enfrenta en los próximos años y en la siguiente generación del rey Juan Carlos I al reto de superar lo que parece ha sido un maleficio que la ha perseguido en los últimos ciento cincuenta años.

SOBRE LA MONARQUÍA: UNAS PALABRAS PREVIAS

Los Reyes están confusos. No quiero decir —que también— que don Juan Carlos y doña Sofía se sientan desconcertados y atraviesen un período de cierta perplejidad. No es sólo eso. Quiero decir que los titulares de las monarquías democráticas europeas que han logrado sobrevivir a los tiempos modernos están en plena crisis de identidad y de adecuación a una nueva situación. No sólo no saben todavía qué será de ellos y de sus rancias dinastías cuando la Unión Europea avance en su proceso de unidad política, sino que tampoco están seguros —si ese proceso se eterniza, como es de prever— sobre el hecho más trascendental de toda monarquía, lo que es su esencia y su razón de ser. No saben si la corona que tienen sobre sus sienes y que en algunos casos se ha convertido en corona de espinas —*annus horribilis*, su graciosa majestad *dixit*— llegará a ser transmitida a sus herederos. O si habrán de ser guardadas en el gran baúl de la historia, como reliquias de un tiempo y una época que estuvo bien mientras duró, pero que tal vez tiene ya su final anunciado.

La Primera Guerra Mundial no sólo arrastró con ella a los dos grandes imperios centrales europeos, el alemán y el austrohúngaro, sino que tras de ellos, como los naipes de una baraja, fueron cayendo algunas de las monarquías más secularmente asentadas en la vieja Europa. Ya Napoleón había hecho de las suyas a principios del siglo XIX cuando destituyó reyes y príncipes a su antojo y colocó a sus hermanos y parientes en otros tantos reinos existentes o inventados por él. Pero una vez restaurada en el Congreso de Viena la vieja Europa monárquica, sólo el derrocamiento del emperador de Brasil, Pedro de Braganza, en 1889, alteró la tranquilidad de las casas reales. A pesar de todo, Brasil quedaba demasiado lejos y aunque las reunificaciones de Italia y Alemania, culminadas en la segunda mitad del siglo XIX, relegaron a algunos príncipes y grandes duques mediatizándolos o, en el peor de los casos, reduciéndolos casi a lo simbólico, puede decirse que reyes, príncipes y emperadores vieron llegar con cierta tranquilidad el siglo XX. Sólo la amenaza del anarquismo, que ya se había cobrado alguna víctima entre la realeza —como la emperatriz Elisabeth de Austria-Hungría, la mítica Sissí, asesinada en Ginebra en 1898—, les tenía preocupados. Pero sobre sus cabezas sentían seguras las coronas heredadas de sus antepasados, algunos de los grandes reyes y personajes que habían contribuido de manera decisiva a la existencia de las naciones del viejo continente, cimentando la gloria de Europa pero también su tortuosa historia.

Una fotografía nos muestra lo que era el mapa monárquico de la Europa de comienzos del siglo XX. Se hizo en Londres, en el palacio de Buckingham, en mayo de 1910 y con motivo de los funerales del rey Eduardo VII. Su hijo y sucesor Jorge V se vio arropado en el momento de enterrar a su padre, el hijo mayor de la reina Victoria, en el panteón de los Windsor, por los que eran sus muy cercanos parientes, los reyes y emperadores entonces reinantes. Haakon VII de Noruega, Federico VIII de Dinamarca, Alfonso XIII de España, Manuel II de Portugal, Fernando I de Bulgaria, Jorge I de Grecia, Alberto I de Bélgica, le rodean en la instantánea. Aunque no figuran en la fotografía, también estaban allí el archiduque Francisco Fernando de Austria, sobrino, heredero y representante del viejo emperador Francisco José de Austria, la emperatriz viuda de Rusia, María Feodorovna, la reina viuda de Holanda y otros tantos príncipes de Rumanía, Montenegro y Serbia y los pretendientes al trono de Francia, los Orleans, que habían sido acogidos hacía años en Inglaterra, durante mucho tiempo el lugar elegido por los reyes exiliados. Andando el tiempo éstos —que se convirtieron en una legión— prefirieron climas más cálidos o países más neutrales y se desparramaron por Suiza, Portugal y España.

El primero en caer de aquella lujosa fotografía de familia, llena de uniformes, barbas, bigotes y condecoraciones, fue el rey de Portugal. En 1908 Portugal ya había sido escenario de un regicidio. En un cruento atentado revolucionario perdieron la vida el rey Carlos y su heredero Luis Felipe, duque de Braganza, pero la sucesión se realizó sin más problemas, subiendo al trono el hijo segundo, Manuel, duque de Beja, al que veíamos joven y gallardo en la fotografía de Londres de 1910. El rey Manuel tuvo más suerte que su padre y su hermano mayor, pero el 6 de octubre de aquel mismo año una revolución acabó con la secular monarquía portuguesa, deponiéndole. Manuel II, representante de la Casa de Braganza, que hacía más de tres siglos que gobernaba en el alargado país ibérico, huyó hasta Gibraltar y naturalmente acabó instalándose en Inglaterra, donde llegó a convertirse en un apacible hacendado. Pero la tormenta no había hecho más que empezar. En 1914 cae otro de los personajes reales que habían estado en la reunión de Londres de 1910. Es el archiduque heredero del imperio austrohúngaro Francisco Fernando de Austria, que muere junto a su esposa morganática Sofía, duquesa de Hohenberg, en un atentado en Sarajevo. Es el principio del fin. La Primera Guerra Mundial, que estalla inmediatamente, acaba arrastrando no sólo a los dos grandes imperios centrales, el alemán y al austrohúngaro, sino que con ellos caen la Rusia zarista de los Romanov, cuya revolución comunista ejecuta a toda la familia imperial en Ekaterimburgo, los reyes de Baviera, Sajonia y Wurtemberg, y se tambalean algunas otras coronas, aunque permanecen los reinos balcánicos e incluso Grecia que, tras una breve experiencia republicana, volvería a restaurar su joven monarquía.

En los años veinte y treinta vemos a una buena pandilla de ex reyes, ex príncipes y una caterva innúmera de nobles, errantes por el gran mundo de París, Londres y otros lugares de moda, tratando de calmar sus inquietudes de aspirantes a ceñir de nuevo sus coronas y su mortal aburrimiento en la vorágine de fiestas y saraos. Pero aquello se iba a acabar muy pronto. La Segunda Guerra Mundial no sólo termina de forma violenta con los restos de aquellos alegres años decadentes, sino que arrastra a otra buena cantidad de tronos y coronas. El prólogo de aquella hecatombe monárquica se vivió en España precisamente, con la forzada y precipitada salida de Alfonso XIII, tras las elecciones municipales de abril de 1931, que habían dado la mayoría en buena parte del país a las fuerzas republicanas. Pocos años después eran Montenegro, Serbia, Rumanía, Bulgaria, Albania... Después de una breve regencia del príncipe Carlos de Gante, los belgas mandaron al exilio a su rey Leopoldo III, al que no perdonaron nunca que capitulara ante el avance alemán y su casamiento con Liliana Baels, pero no suprimieron la monarquía porque era el único nexo de unión que tenía un país dividido en nacionalidades irreconciliables, que sólo la pasión de ser belga del sucesor Balduino I conseguiría mantener juntas.

Poco antes, en 1947 y tras la abdicación de Víctor Manuel III y la subida al trono de Humberto II, en Italia caería, tras un referéndum, la Casa de Saboya, artífice de la unidad italiana, por su connivencia con el fascismo. Y así continuó la marea... Hasta Egipto. El opulento rey Faruk —no sin antes acuñar su famosa y poco clarividente frase «en diez años no quedarán en Europa más que cinco reyes, los cuatro de la baraja y la reina de Inglaterra»— pasó a aumentar las listas del paro de la realeza y a engrosar la retahíla de los personajes y personajillos ociosos que arrastraban sus vidas sin sentido de Montecarlo a la Riviera y de Biarritz a Estoril. Cuando en 1952 la realeza vuelve a reunirse en la coronación de Isabel II de Inglaterra, sólo quedan en Europa —aparte de ella misma— siete reyes, los de Noruega, Suecia, Dinamarca, Bélgica, Grecia y los Países Bajos, dos principados, Mónaco (casi de opereta ya) y Liechtenstein, y el Gran Ducado de Luxemburgo. A eso había quedado reducida una forma de gobierno, la monarquía, que había gobernado durante siglos en el mundo y que sufría la mayor crisis de su historia. Todo parecía indicar que la realeza europea estaba en extinción y la forma monárquica de gobierno se mostraba completamente obsoleta. Y aunque Grecia, después de una interrupción republicana, recuperó a su rey, mucho tenían que cambiar las cosas para que variara el inexorable paso de la historia, de la política y de la democracia.

Dispersos por el mundo, muchos arruinados, desconcertados y sin esperanza de futuro, los representantes de las antiguas casas reales se volvieron a reunir en los años cincuenta por iniciativa de la reina Federica de Grecia en el ya histórico crucero del yate *Agamenón* por las islas del mar Egeo. Era 1954, la reina griega, nieta del káiser Guillermo de Alemania y biznieta de la reina Victoria, no sólo quería promocionar turísticamente una Grecia arruinada tras la guerra, sino reunir a la gran familia de los reyes y príncipes europeos para reanudar unas relaciones cortadas violentamente por las dos guerras mundiales y tratar de volver a poner en marcha, al menos, una política de buena amistad que incluía, naturalmente, la vieja costumbre de enlaces matrimoniales entre primos cercanos o lejanos que desde hacía siglos habían mantenido todos ellos con extraordinarios efectos. De momento aquel crucero sobre las idílicas aguas del Egeo dio sus resultados y varios fueron los noviazgos que surgieron en este y otros encuentros que la realeza europea tendría en bodas, bautizos y funerales de sus miembros en los años sesenta.

Pero aunque Federica de Hannover logró casar a su hija primogénita con el aspirante más seguro a la futura Corona de España, Juan Carlos de Borbón y Borbón, el reino de Grecia se vería pronto también sacudido por el viento de la historia y tras la muerte del rey Pablo, su hijo y sucesor, Constantino II, tendría que salir por pies de Atenas —después de haber aceptado una dictadura militar impuesta por los coroneles— en 1967, cuando a los pocos meses intentaba corregir sus errores poniéndose al frente de un contragolpe contra los levantiscos militares. Todavía en 1974 el emperador de Irán, el famoso sha de Persia, que se había hecho célebre tras repudiar a la bella y estéril princesa Soraya y casarse con Farah Diva, cuya coronación había supuesto uno de los últimos y más fastuosos acontecimientos de las monarquías árabes, tuvo que huir precipitadamente de su país, tras la revolución islámica del integrista imán Jomeini. No sería el único caso, Iraq también suprimiría la monarquía y hasta el todopoderoso emperador Haile Selassie, de Etiopía, llamado el Negus, vería su corona arrastrada por la revolución.

El círculo se hacía cada vez más reducido. Y aunque en 1975 Europa y el mundo asistieron asombrados a la restauración de la monarquía en España, por cuya continuidad nadie en sus cabales daba un duro en aquellos momentos, ni la caída del comunismo y la desaparición de la URSS y la recuperación de la libertad por parte de las repúblicas soviéticas pocos años más tarde, ni tan siquiera el singular éxito de la transición española han servido para que algunos reyes en el exilio hayan podido exportar el experimento español y restaurar sus respectivas coronas en sus respectivos países. No sólo han fracasado en la operación regreso Miguel de Rumanía, Leka de Albania y hasta los Romanov, sino que el único que ha conseguido regresar a su país ha sido Simeón II de Bulgaria, pero por el rocambolesco método de ser elegido primer ministro de la República de Bulgaria, con el nombre de señor Saxe-Coburgo-Gotha. No parece que la cosa vaya a pasar de ahí. Es más, las otras, las viejas monarquías europeas que habían resistido, no sólo tuvieron que renunciar a sus formas personales de gobierno, más o menos absolutistas, sino que tuvieron que hacerse cada día más democráticas y parlamentarias para subsistir, y han tenido que tragar carretas y carretones con tal de mantenerse en sus tronos a pesar de los terremotos de la historia contemporánea.

Hay rigurosos estudios sobre el pretendido origen divino del que durante muchos siglos presumieron los reyes. La explicación parece más sencilla de lo que cabría imaginar. En la Alta Edad Media, un príncipe de la estirpe real de la Casa de David —a la que perteneció como se sabe el propio Jesús de Nazareth— creó un principado en Francia y emparentó con los reyes carolingios, de los que descienden, de una u otra manera, todos los viejos troncos de las casas reales europeas. Este supuesto origen judío y divino de la monarquía quedó muchísimo tiempo en el secreto de algunos personajes y fue ocultado en muchas ocasiones por las sucesivas persecuciones del pueblo de Israel, pero en cambio creó e informó ese axioma del poder como emanación de la divinidad, que ha sido uno de los principios de los ideales monárquicos. Pero a comienzos del siglo XX, con la revolución industrial en pleno desarrollo, la aparición y crecimiento de los partidos políticos, las ideas socialistas progresando y el avance imparable del proletariado, las cosas habían cambiado mucho y ya a ningún rey se le ocurría ni por asomo hablar del origen divino de su magistratura. La soberanía nacional ya emanaba del pueblo, según había dejado muy claro la Revolución Francesa, y los antiguos omnímodos poderes reales tenían sus frenos y controles en parlamentos, constituciones y asambleas nacionales.

De momento parecía que las distintas monarquías se adaptaban bien a los tiempos e iban introduciendo sobre la marcha cambios en sus estructuras, aunque conservaban intactos algunos otros de sus fundamentos históricos, como emanación y representación de la historia, de la tradición y de la propia nación, su carácter de independencia y arbitraje al estar por encima de los distintos partidos, su carácter simbólico, la viva escenificación del viejo concepto de la *autoritas,* por medio de una rigurosa y bien escenificada liturgia. Y en definitiva un carisma irracional, que a veces parecía situarlas en un plano superior.

Aun así lo del siglo XX les pilló desprevenidos. No sólo fueron los cambios sociales y políticos, sino que a estos factores se unió otro muy importante: la cada vez mayor presencia, como vehículo de control de los poderes y como poderoso factor de creación de la opinión pública, de los medios de comunicación. Nadie lo pudo imaginar entonces, pero el llamado cuarto poder se acabaría convirtiendo en el gran revulsivo para la existencia de instituciones como la monarquía, pertenecientes a otros tiempos. Con los años ha sido precisamente la existencia de la prensa uno de los elementos que han hecho más presión para el cambio y la adaptación a los nuevos tiempos de las casas reales que han subsistido. Porque lo primero que tuvieron que plantearse éstas fue cómo tenían que hacer su propio *agiornamiento.* Algunas lo hicieron abandonando sus ricos palacios, comportándose como ciudadanos normales, acercándose a ellos, renunciando a la pompa y esplendor de las antiguas cortes, dejando de lado o disolviendo el círculo cerrado de los cortesanos... Pero lo más difícil era cómo educar a sus nuevas generaciones. Ellos en definitiva serían los que iban a tenerlo más crudo, porque a nadie se le ocultaba que el futuro de las monarquías era oscuro y complicado.

La decisión fue tajante y definitiva. Los educarían de acuerdo con los tiempos. Saldrían de sus palacios, abandonarían a los viejos preceptores e institutrices y los llevarían a colegios públicos, se mezclarían con los jóvenes de su generación, se les trataría sin títulos ni privilegios... Y así sucesivamente. ¿Y qué es lo que ocurrió? Sencillamente que todos esos alevines de las monarquías se lo creyeron, creyeron que eran como todo el mundo y han querido comportarse como tales. Eligiendo a sus mujeres y maridos fuera del círculo de la realeza e incluso de la aristocracia, adaptándose a sus formas de vivir, y haciendo ostentación de los mismos tics, costumbres, vicios y virtudes de sus contemporáneos...

La pregunta es si esto no daba al traste con muchas de las razones que aún les mantiene en la cima de la cúpula de sus países. Porque en sus seis mil años de historia, la monarquía, que significa el gobierno de uno sobre los demás, y al margen de su supuesto origen divino, lo que la ha sustentado ha sido una cierta magia, un indefinible misterio que de ella emana como representación del pasado, una intangible e irracional fascinación que eleva a los monarcas como arquetipos y como ejemplo de sus conciudadanos. En conclusión, su valor como metáfora, la ejemplaridad que se espera de sus vidas y el simbolismo de su significado. Pero ¿es esto hoy suficiente? Y sobre todo ¿pueden mantenerse el misterio, la magia y la fascinación de la realeza si se comportan como todos los demás, si les tenemos al alcance de la mano, si la prensa nos informa diariamente de sus vicios, defectos, debilidades, ambiciones, del lado oscuro que como todos los seres humanos poseen y a veces en grado sumo?

En el mundo actual hay una treintena de reinos, diez en Europa, y otros diecinueve repartidos por África, Asia Central, Oriente Próximo y el Pacífico. La mayoría son monarcas democráticos y parlamentarios, a veces meros ornamentos del Estado, pero también los hay que conservan un poder casi absolutista (incluso en Europa —Mónaco y Liechtenstein—) y a veces se muestran todavía como representantes del poder divino y descendientes del Profeta (las monarquías árabes). Sólo tres de los titulares de estas monarquías son mujeres (las reinas de Inglaterra, de Holanda y de Dinamarca), pero al menos los europeos se están esforzando en adaptar sus costumbres, las normas de sus dinastías y sus formas de comportamiento a los tiempos modernos. Incluso el único imperio sobreviviente, el de Japón, que ha hecho un enorme esfuerzo por situarse en el siglo XXI, en estos momentos se encuentra en la necesidad de adaptar una vieja norma dinástica que excluye a las mujeres del trono ya que el único hijo hasta ahora de los príncipes herederos Naruhito y Masako, es una niña, la princesa Toshi, nacida tras larga espera en diciembre de 2001, para afrontar el futuro, y se ha recordado que no siempre había existido esa Ley Sálica que excluye a la hembra del trono, sino que en tiempos remotos Japón tuvo hasta ocho emperatrices que gobernaron el imperio como si se trataran de poderosos varones.

Despojados ya de su aura religiosa, desposeídos casi completamente de su poder político, reducidos en el mejor de los casos a una mera representación de la historia y de la nación, limitadas sus funciones a las simbólicas y representativas, convertidos en la mayoría de los casos en eficaces y diligentes altos funcionarios del Estado, si además pierden el aura del misterio, la magia y la fascinación que les daban la lejanía y apartamiento ¿qué les queda? Y sobre todo ¿puede permitirse la sociedad contemporánea mantener esta curiosa y singular excepción de la igualdad y de la democracia? Es cierto que el sentimiento monárquico ha quedado reducido hoy a algo emocional y de difícil racionalización y que a los propios reyes, limitados a sus funciones parlamentarias, les es muy difícil atraer sobre ellos algún tipo de admiración y de adhesión. El estrecho y restringido margen en el que se mueven hace que apenas podamos conocer su opinión sobre los temas que preocupan a los hombres y mujeres del siglo XXI, lo que hace imposible que sean admirados por sus juicios, sus puntos de vista y sus ideales, lo que les imposibilita completamente para convertirse en líderes o en simples creadores de opinión o de tendencias, salvo las más frívolas de determinadas modas, que divulgan ampliamente las revistas del corazón, único espacio en donde siguen reinando con poder absoluto. Sabemos por gestos y hechos aislados que a algunos de ellos les preocupa el medio ambiente, la ecología, el urbanismo, la arquitectura, la globalización, la pobreza, el hambre de los países subdesarrollados, el tema de la infancia desvalida, los problemas del Tercer Mundo, la acción devastadora del sida... Pero ¿es eso suficiente como parar conservar el preeminente lugar que ostentan?

Por todas estas razones las monarquías europeas sobre todo, que son las que verdaderamente han dejado muchos de sus privilegios y se han adaptado a los tiempos, ya que las otras en su mayoría conservan su vinculación con lo religioso y un poder casi absoluto, se mueven en un dificilísimo equilibrio entre la naturalidad y la lejanía, entre el misterio y la ejemplaridad, entre la normalidad y la singularidad. El esfuerzo que han realizado por acercarse al pueblo, por ser como todos, en realidad se ha vuelto en contra de sus propios intereses en muchas ocasiones. Y la mayoría de los problemas que tienen en la actualidad les vienen precisamente por estos cambios. Siendo como ha sido la realeza un club muy exclusivo durante siglos, la entrada en él de personas ajenas a su mundo les ha situado al menos en una situación comprometida. El continuo foco de atención que tienen sobre ellos perennemente encendido los medios de comunicación hace el resto. Muchos de los problemas que han tenido en las últimas décadas y en la actualidad se hubieran resuelto de manera muy distinta si la prensa no fiscalizara cada uno de sus movimientos. En realidad, ninguno de estos problemas y situaciones que haya podido vivir la realeza en estos tiempos son nuevos. Siempre los han tenido, pero se resolvían en el ámbito de la privacidad.

En todas las épocas, en todas las familias y en todos los países han existido matrimonios morganáticos, tensiones, adulterios, bastardos, infidelidades, traiciones, excesos de poder, corrupciones... (Un solo ejemplo, el interminable culebrón de los Windsor actuales se queda en un inofensivo cuento de niños al lado de los escándalos y del comportamiento de los últimos Hannover en el trono de Inglaterra a finales del siglo XVIII y principios del XIX. Otro, el heterodoxo comportamiento de esas princesas de opereta de la familia Grimaldi no tiene nada que desmerecer de el de algunas de sus antecesoras.) Sin embargo, hoy día, la puesta al descubierto de todas esas situaciones les convierte en carne de escándalo y va minando su prestigio y su imagen ante la opinión pública. Lo que sucede, y ése es el gran dilema, es que en este camino ya no hay marcha atrás. De ahí el desconcierto, la perplejidad y la confusión de los que hablábamos al principio. Despejar esa confusión, salir del desconcierto, recobrarse de la perplejidad es el reto de futuro que tienen hoy todos los reyes. Los descendientes de los que forjaron Europa tienen ahora que saber encontrar cuál será su papel —si es que pueden ocupar alguno— en la Europa comunitaria y en el mundo del futuro, cada día más globalizado y más igualitario.

LOS BORBONES Y ESPAÑA: UNA HISTORIA DE AMOR-ODIO

En el año 2000 —aparte del discutido comienzo de un nuevo siglo y un nuevo milenio— se celebró el tercer centenario de la llegada a la Corona de España de la francesa Casa de Borbón. La efeméride pasó casi inadvertida, no sé si por un deliberado propósito del gobierno del PP, que parece empeñado en ir reduciendo el lugar constitucional que tiene la Monarquía en nuestro país desde la aprobación de la Carta Magna de 1978, o por esa dejadez tan española y tan arraigada. Pudo ser igualmente que entonces la institución vivía, con tensiones y desencuentros, el largo culebrón del noviazgo del Príncipe de Asturias con la señorita noruega Eva Sannum y no estaba el patio para mucha celebración. Otras razones han podido ser la falta casi absoluta del conocimiento de la historia que tienen las nuevas generaciones, la indiferencia y la constatación del hecho de ser una institución, la monárquica, completamente obsoleta a los ojos de una gran mayoría. Y por qué no, pudo influir igualmente el hecho de que la Monarquía española, desde su última restauración en el trono, no ha logrado enraizar lo suficiente entre la ciudadanía y en la opinión pública. Se ha dicho y se ha repetido hasta la saciedad que lo que ha logrado en su ya largo reinado Juan Carlos I es hacer multitud de juancarlistas, pero muy pocos monárquicos convencidos, lo que parece que a la vez que halaga al titular de la Corona le produce enojo y una razonable inquietud. Él conoce como nadie los esfuerzos y sinsabores que tuvo que afrontar para que la monarquía volviera a ser restaurada y que uno de los mayores inconvenientes que encontró en el camino era precisamente la casi desaparición del sentimiento monárquico en nuestro país.

Lo que no se puede ocultar desde luego es que la monarquía fue de alguna manera impuesta por la Constitución y no se abrió un debate, entonces peligroso, sobre su aceptación o no como forma de gobierno (una vez superado el amargo trance de la larga dictadura franquista). Y aunque la institución ha observado siempre un tacto exquisito en su presencia en la vida pública española de estos veintiocho últimos años, los españoles siguen teniendo hacia ella un sentimiento ambivalente y un último prejuicio fundamentado no sólo en la historia pasada, sino en el anacronismo que hoy supone la existencia de una monarquía, por muy parlamentaria y representativa que ésta sea, en el mundo contemporáneo. Los españoles no pueden tener, en justicia, queja alguna del papel desempeñado por los Reyes actuales. Tanto don Juan Carlos como doña Sofía se han comportado, en un abrumador tanto por ciento, de una manera modélica a lo largo de estos años, pero una inmensa mayoría de españoles, espoleados en muchos casos por algunos medios de comunicación, no logran despojarse a la hora de hablar de la Corona no sólo de sus prejuicios históricos, sino de un cierto complejo del que hablaremos más adelante en otro lugar de este libro, por el hecho de que las cosas hayan sucedido como han sucedido y el sueño republicano de muchos haya sido de alguna manera sustituido por una república coronada como se la ha llamado en numerosas ocasiones. Un complejo más de los muchos que la historia ha ido acumulando sobre los españoles y que no sólo conforma el ser mismo del español medio sino que ha pasado a formar parte de su psicología colectiva.

No hay que olvidar tampoco la naturaleza de las relaciones de los Borbones con los españoles. Unas relaciones ambivalentes, de amor-odio, que durante tres siglos han atravesado por muy diversas y contradictorias vicisitudes... Tres siglos, pero llenos de interrupciones. Así podemos ver que España es el país que más veces ha enviado al exilio a sus reyes, pero también en el que ha habido más restauraciones monárquicas. En apenas ciento veinte años, desde 1808 a 1931, hasta seis monarcas españoles tuvieron que abandonar el país. En dos ocasiones la dinastía borbónica fue sustituida por otra. La primera vez por la fuerza de las armas de los invasores franceses —y la vergonzosa connivencia del imbécil de Carlos IV y del canalla de su hijo Fernando VII—, por la del propio Napoleón Bonaparte, en la persona de su hermano José I (al que el pueblo llamó en seguida injustamente Pepe Botella por una pretendida afición a tomar del frasco que nunca existió). La segunda por la autoridad de las propias Cortes, por la Casa de Saboya, en la persona del duque de Aosta, Amadeo I, cuando los responsables de la revolución del 68 no sabían ya a quién poner al frente del Estado, una vez fracasada la regencia del general Serrano y antes de la primera intentona republicana.

Dos monarcas de la Casa de Borbón tuvieron que abandonar el país poco menos que por pies, Isabel II, en 1868 destronada por la citada revolución, no sé por qué llamada «la gloriosa», y Alfonso XIII en 1931, debido a unas elecciones municipales que habían dado la mayoría a la Segunda República en gran parte de la nación y que era la culminación de un turbulento reinado. Sin embargo, España es por el contrario de los pocos países de su entorno europeo que no ha ajusticiado ni asesinado jamás a ninguno de sus soberanos. La secularmente democrática Gran Bretaña (aun sin tener en cuenta la ejecución de María Estuardo, reina de Escocia, debida más a problemas de familia y al odio personal de su prima Isabel I, la reina virgen) cortó la cabeza de Carlos I, Francia guillotinó a Luis XVI, a María Antonieta y de paso a otros cuantos Borbones más, Rusia fusiló a toda la imperial familia de Nicolás II Romanov, incluido al joven zarevich Alexis, enfermo de hemofilia y a las grandes duquesas. Y el vecino Portugal se cargó al rey Carlos I y a su hijo y heredero Luis Felipe en el mismo atentado. (Aquí aunque tanto Isabel II como Alfonso XII y su hijo Alfonso XIII fueron víctimas de varios atentados graves, lograron conservar sus vidas sobreviviendo a todos ellos.)

También han sido frecuentes las abdicaciones. Y aunque sólo un monarca de la Casa de Austria, Carlos I, más conocido como el emperador Carlos V, abdicó y sin contar las casi obligadas abdicaciones de José I Bonaparte —que lo hizo antes de salir huyendo de las tropas de Wellington— y de la de Amadeo I de Saboya, en escrito remitido a las Cortes ante el fracaso de su corto reinado, las abdicaciones en la Casa de Borbón han estado a la orden del día. Abdicó el primer rey de la dinastía, Felipe V en su hijo Luis I, de efímero reinado, abdicó Carlos III su reino de Nápoles en su hijo Fernando, antes de venir a ocupar el de España, tras la muerte sin sucesión de su medio hermano Fernando VI, abdicó Carlos IV en su hijo Fernando VII y éste en su padre y ambos vergonzosamente en Napoleón, abdicó Isabel II en su exilio parisino del palacio de Castilla, en la persona de su hijo Alfonso XII, para propiciar la restauración. Y abdicó, pocos días antes de morir, y con similares propósitos de beneficiar la posible vuelta de la monarquía a España, Alfonso XIII en el Gran Hotel de Roma en la persona de su tercer hijo varón, don Juan, que a las pocas semanas y tras la muerte de su padre pasaría a ser denominado con el título soberano de conde de Barcelona, con el que atravesó cincuenta años de la historia de su dinastía. Sin duda en aquella ocasión Alfonso XIII pecó de ingenuo creyendo que era él el obstáculo para que el general Franco, vencedor de la guerra civil y erigido en dictador, restaurara a los Borbones en el trono que él mismo había abandonado en 1931 suspendiendo sus prerrogativas, pero no renunciando a ellas, según dejaba muy claro su manifiesto a los españoles del 15 de abril.

Por último, la abdicación del conde de Barcelona o de Juan III, para los que respetan la legalidad dinástica, tuvo unas connotaciones insólitas ya que se produjo cuando su heredero, el actual monarca, ya había subido al trono y por eso fue presentada como una simple renuncia a los derechos dinásticos e históricos de los que era depositario desde 1941. A su muerte, en 1993, el rey Juan Carlos I, apoyado por el gobierno socialista de Felipe González, intentaría paliar aquel desbarajuste dinástico y, por qué no, el desgarro familiar que supuso, haciendo enterrar a su padre con honores de rey en el panteón de El Escorial donde reposan sus mayores. Está aún por decidir si sobre la futura urna funeraria del conde de Barcelona —por cierto, la única junto a la de su correspondiente cónyuge que queda vacía en el Panteón de Reyes— se le pondrá el ordinal dinástico que le corresponde como Johannes III Rex. Una peculiaridad más de la azarosa historia de la Casa de Borbón, que tiene su origen en un pueblecito francés y que ha dado monarcas a varias naciones de Europa.

Concretamente la rama española de la francesa Casa de Borbón, a pesar de su origen relativamente extranjero, ya que Felipe V era nieto de una infanta de España y bisnieto de otra, se españolizó muy pronto e incluso una larga lista de sus miembros han cultivado un peculiar casticismo, que les ha dado personalidad y una enorme popularidad entre sus conciudadanos. No hay sino recordar a la reina Isabel II (que sin duda se pasó de castiza), a su hija la infanta Isabel, más conocida como la Chata —aunque en realidad fue más estirada y apegada al protocolo de lo que se cree comúnmente—, al mismo Alfonso XII y a su hijo póstumo y sucesor Alfonso XIII. De los hijos de éste parece que ninguno fue conocido especialmente por su casticismo, a pesar del talante inconfundiblemente español del que hacía alarde el conde de Barcelona. Pero quien sí mantuvo siempre esa llama popular y castiza de la dinastía fue su mujer, doña María de las Mercedes de Borbón y Orleans, nacida Princesa de Francia y de las Dos Sicilias, a la que su infancia y juventud sevillanas hicieron reverdecer los genes heredados de sus antepasados, pues no en vano era nieta de una Infanta española y tataranieta de Fernando VII. En una buena dosis esa veta castiza la tienen y la cultivan hoy día tanto el propio rey Juan Carlos como su hija primogénita la infanta Elena, duquesa de Lugo.

Salvo la excepción de Carlos III y breves períodos del reinado de otros tantos monarcas de esta dinastía, la trayectoria de la Casa de Borbón en el trono de España no ha sido ni buena, ni brillante, ni positiva para los españoles, si bien hay que decir en su descargo que cuando Felipe de Borbón, duque de Anjou y nieto de Luis XIV, el Rey Sol, recibe la herencia de su abuela la infanta María Teresa, España ha iniciado hace ya tiempo el largo proceso de su decadencia y su declive como primera potencia europea. Pero no cabe duda de que estos prejuicios históricos debieron tener su incidencia para que la efeméride del tercer centenario de la dinastía no tuviera la repercusión que en justicia merecía, ya que nadie puede discutir que la Casa de Borbón ha sido la que de alguna manera ha hecho entrar a España en la modernidad en varios momentos de su larga y azarosa historia.

Desde luego hay que llegar al actual monarca para encontrar un reinado de paz y prosperidad desde la muerte de su antepasado Carlos III en el siglo XVIII. Puede afirmarse, sin mucho error, que ellos significan la excepción de una larga lista de reyes, la mayoría de las veces incapaces, cuando no manifiestamente estúpidos como Carlos IV, o perversos como Fernando VII. Hay que ser muy insensible para no sentir compasión por la desafortunada vida de Isabel II, llamada la de los tristes destinos, pero sería muy difícil disculpar su desastroso reinado. Y parece mentira que una persona que demostró un alto nivel de responsabilidad, de dignidad y de intachable conducta como fue la reina regente doña María Cristina de Habsburgo-Lorena, educara tan mal y preparara de forma tan deficiente al hijo que ya nació rey, Alfonso XIII, para asumir sus altas responsabilidades. De esa educación permisiva, rodeado permanentemente de aduladores y no sometido más que a su caprichoso carácter, se sucedieron la mayoría de los males de un reinado que acabó en la hasta ahora última interrupción dinástica de la Casa de Borbón en el reino de España.

Sería desde luego injusto no reconocer también que muchos de los males de gran parte del siglo XIX y del primer tercio del siglo XX, fueron a causa de la indignidad, la corrupción, el egoísmo partidista y la falta del sentido del Estado de gran parte de los políticos que fueron responsables de la gobernación del país durante el reinado de los sucesivos soberanos, desde Isabel II a Alfonso XIII. No hay que pasar por alto tampoco, en este breve análisis introductorio sobre las relaciones de la Casa de Borbón y los españoles, que también afectaron a estas relaciones y a la permanencia de la dinastía en el trono de España la propia historia familiar de los reyes y príncipes de esta Casa de la que me ocuparé en la primera parte de este libro.

Sólo hace falta un rápido repaso a la historia dinástica y observamos al menos tres graves problemas familiares cuya trascendencia tuvo una importante repercusión en la historia española. En primer lugar, el nacimiento del carlismo, uno de los más graves problemas del siglo XIX, que se origina a la muerte de Fernando VII y al derogar éste la Ley Sálica (que, todo hay que decirlo, era una ley ajena a la tradición española desde Las Partidas de Alfonso X el Sabio y que sólo fue instaurada a la llegada de los Borbones y a imitación de la francesa) para dar paso a la sucesión de su hija Isabel, por delante de su hermano Carlos María Isidro, Carlos V de la rama carlista y luego conde de Molina, que pretendía hacerse con la Corona. El carlismo, que después de tres sucesivas guerras, se hizo un cáncer pustulento en una zona determinada del norte del país y que concentraba en sus filas a la España más retrógrada, cerrada y conservadora, terminó convirtiéndose en el germen del separatismo vasco y sus derivaciones terroristas.

En segundo lugar está la sospecha de ilegitimidad que muchos (los carlistas en primer término apoyados por la derechona rancia de siempre, que no acababan de renunciar a sus pretensiones) sembraron sobre Alfonso XII, dada la versatilidad sexual de su madre la reina Isabel II, casada contra su voluntad y a causa de acuerdos y conveniencias internacionales, con su primo hermano, homosexual y puede que impotente, don Francisco de Asís de Borbón, duque de Cádiz. Doña Isabel, fogosa por naturaleza, ante el cuadro que se le presentaba en su vida matrimonial, tomó por la calle de en medio y fue de un amante a otro, según le venía en gana o según se lo servían en bandeja los sucesivos políticos ambiciosos con los que tuvo que lidiar en su reinado. Parece que cada uno de sus hijos era de un amante distinto y naturalmente don Alfonso, el heredero, también. La paternidad de Alfonso XII se le atribuye a Enrique Puigmoltó, un hidalgo valenciano, militar, guapo y galante que sedujo a la reina. De ahí el desdeñoso título que los carlistas y algunos otros dieron durante años a los sucesores de Alfonso XII como la dinastía puigmoltesa. Un argumento injusto (no ha podido probarse nunca, sino todo lo contrario) y equivocado, ya que parecen olvidar los que lo mantienen que en el caso de la reina Isabel II, era ella, como titular de la Corona y como reina propietaria la que transmitía los derechos, al margen absolutamente de quien hubiera sido el macho fecundador. Sin embargo este otro problema, también familiar, afectó singularmente a la nación y fue motivo de muchos pleitos y contratiempos.

Finalmente y mucho más cercana en el tiempo está la actitud de Alfonso XIII respecto a sus herederos. Sabiendo como supo muy pronto que el primogénito estaba incapacitado para reinar por la enfermedad de la hemofilia que le había transmitido su madre doña Victoria Eugenia de Battenberg, hizo caso omiso y no tomó medidas para ordenar su sucesión más que cuando el problema ya se convirtió en necesidad. Lo mismo ocurría con su segundo hijo, el infante don Jaime, que tras una enfermedad infantil había quedado sordomudo y por tanto igualmente incapacitado para sucederle en el trono. Hasta 1933 y ya en el exilio no organizó la sucesión propiciando y aceptando las renuncias de los dos príncipes y nombrando su heredero al tercer varón, un infante sano y robusto, don Juan, al que por todas estas razones no se había preocupado de formar como futuro rey. Tuvo que ser el propio conde Barcelona, al asumir su papel de heredero y el título de Príncipe de Asturias, cuando decide completar su formación de una manera rápida y superficial, estudiando diversas materias en una prestigiosa universidad europea. Sin duda otro problema íntimo y familiar que dio inseguridad a la Monarquía española en un período (1910-1931) especialmente difícil y complicado de nuestra historia.

Sin embargo sería igualmente injusto olvidar los extraordinarios servicios que la Casa de Borbón ha prestado a la historia de España y que simbólicamente podemos centrar en la persona del actual soberano, Juan Carlos I, al que muy bien pudiéramos llamar «el Reconciliador», ya que uno de sus mayores méritos, al margen de haber sido el motor del cambio en ese modélico y espectacular proceso histórico que ha sido la transición democrática española, es el de haber logrado reconciliar a las dos Españas, enfrentadas en la guerra fratricida (1936-1939) y perpetuadas durante cuarenta años de dictadura. En eso, como en otras muchas cosas, Juan Carlos I tomaba nota y ponía en práctica lo que ya había sido uno de los principales puntos del programa político de su padre el conde de Barcelona desde su exilio, plasmado en muchos de sus manifiestos políticos desde 1945 casi siempre escamoteados y censurados a los ciudadanos españoles por el aparato propagandístico del franquismo.

La monarquía de don Juan Carlos ha contribuido de forma decisiva a afianzar los lazos de la dinastía con los ciudadanos y a estrechar sus vínculos con la sociedad española, no sólo por los cambios verdaderamente audaces que ha introducido en la Casa y en la familia real, que tal vez no han sido analizados con el rigor y el detenimiento que requieren. En este libro trataremos de hacerlo ya que parece que esta nueva oportunidad que la Casa de Borbón ha tenido de recuperar el trono de sus antepasados, don Juan Carlos la está aprovechando a fondo para corregir muchos de los errores cometidos en otras épocas. Si la oportunidad que tuvo Fernando VII la desaprovechó vilmente; si a Alfonso XII fue la propia vida y el destino los que le impidieron aprovechar la suya, y si su heredero Alfonso XIII fue impotente para adecuar la monarquía a los tiempos y a la democracia, Juan Carlos I parece haber entendido que verdaderamente la historia es maestra de vida y sobre los errores cometidos, se ha ido levantando una institución, que sin desdeñar la tradición ha tomado de ella sólo lo estrictamente necesario para encarar el futuro con una actitud distinta, con un estilo diferente y absolutamente moderno y nuevo. Y sobre todo, el que ha sido su mayor éxito, comprometer y fundir indisolublemente a la monarquía con la democracia. ¿Virtud o necesidad? Es la pregunta clave. ¿Ha obrado Juan Carlos I como lo ha hecho por sabiduría, astucia y auténtico deseo de corregir el pasado o ha sido sólo el olfato y la intuición de quien sabe que tiene ante sí la última oportunidad de su familia para conservar el trono? La razón o las razones son lo de menos. ¿Pero será esto suficiente para lograr su continuidad? ¿Sabrá y podrá el Príncipe de Asturias continuar y afianzar este proyecto?

Las dudas y la polémica se han puesto ya sobre el tapete nacional. ¿El motivo? Su futuro matrimonio. Se ha discutido, como siempre se discute en España, con pasión y hasta por intereses bastardos, con sinrazones y con ignorancia, sobre su actitud y sus intenciones. Un noviazgo impropio (el de Eva Sannum) fue la excusa, pero una excusa que se convirtió en un auténtico test para la Casa Real de España y en definitiva para la monarquía como forma de gobierno. Por ahora la institución se ha resentido de alguna manera de este estar en el ojo del huracán. Pero la caja de los truenos no hizo más que abrirse. ¿Ha cesado la tempestad o sólo estamos en una transición de calma chicha? La anunciada próxima boda de don Felipe con la presentadora y periodista de televisión Letizia Ortiz ha levantado por ahora una ola de entusiasmo e insospechadas adhesiones y ha hecho aparcar el airado debate sobre monarquía o república que suscitó el noviazgo con Eva Sannum, pero ¿por mucho tiempo? ¿Tiene alguna utilidad la monarquía en el siglo XXI? ¿Y en caso afirmativo, cómo debe ser ésta y cómo debe comportarse? El futuro inmediato tiene la palabra.

En las páginas que siguen no sólo nos ocuparemos pormenorizadamente de rememorar las sucesivas oportunidades que la Casa de Borbón ha tenido de ocupar el trono de España, sino que nos detendremos en la a veces trágica historia de la dinastía y de los diversos avatares por los que ha atravesado en los tres siglos que ha ocupado la Corona española, aunque en ocasiones de forma intermitente. También nos ocuparemos de ver cómo la monarquía de Juan Carlos I de Borbón ha tratado de manera eficaz de conectar con los nuevos ciudadanos españoles, al margen de sus ideas monárquicas o no, en un afán, reiteradamente expresado por sus antepasados, pero nunca conseguido, de convertirse en el rey de todos los españoles. Y finalmente de cómo toda esta herencia del pasado y experiencias del presente pesan sobre los hombros y la responsabilidad de quien en el futuro está llamado a ser Felipe VI de España.

I

LAS OPORTUNIDADES PERDIDAS

BREVE CRÓNICA DE LA CASA DE BORBÓN

Tu pasado eres tú
Y al mismo tiempo eres
La aurora que aún no alumbra nuestros campos.
Tú sola sobrevives
Aunque venga la muerte;
Sólo en ti está la fuerza
De hacernos esperar a ciegas el futuro.

LUIS CERNUDA (Elegía española)

Antecedentes: el patético final de los Austrias

En la fastuosa sacristía del monasterio de San Lorenzo de El Escorial hay un deslumbrante cuadro de Claudio Coello, el que fuera el mejor discípulo de Diego Velázquez y pintor de corte del último de los Austrias españoles, Carlos II el Hechizado. El cuadro, de grandes dimensiones, se titula *La adoración de la Sagrada Forma* y en él aparece el propio rey de rodillas sobre un rico reclinatorio, en actitud piadosa y con una vela encendida en la mano derecha, mientras el oficiante imparte la bendición con el Santísimo en una riquísima custodia. Carlos II aparece rodeado de su corte, nobles, clérigos y ministros, algunos de los cuales curiosamente no miran hacia la Sagrada Forma, sino al espectador, como en actitud de espera.

El hermoso cuadro, de un barroquismo delicado, es un vivo retrato de la España de finales del siglo XVII, cuando la agónica monarquía de los Austrias prefería ignorar sus innumerables problemas y ponerse en manos del Todopoderoso. La piedad del último Habsburgo español es de sobra conocida, y había sido fuertemente cimentada por sus educadores y sus sucesivos confesores, fray Pedro Montenegro, el padre Froilán Díaz, el padre Matilla, o fray F. Tomás Reluz, a quienes el rey confiaba hasta sus problemas de Estado, como por otra parte era costumbre en aquella época, en la que el poder de la Iglesia comenzaba en los aledaños más cercanos al trono. En el cuadro se muestra una magnificente monarquía, en cuyos territorios y estados no se ponía aún el sol —a pesar de llevar decenios de decadencia—, que estaba a punto de derrumbarse y cuya cabeza visible era un pobre hombre, enfermo y medio idiota, débil, influenciable, indeciso, que pasó los últimos años de su vida en manos de curanderos y exorcistas. Y rodeado de una corte llena de intrigas y banderías y en la que nadie era capaz de tomar decisiones más que la de esperar impasibles la muerte del monarca para ver cómo se rompía el antiguo imperio en mil pedazos.

Hay algunos otros magníficos retratos de Carlos II debidos a Juan Carreño de Miranda, otro extraordinario pintor de la corte de los Austrias: Carlos II de niño, enfermizo, pálido, casi deforme; Carlos II adolescente, enfundado en un traje de corte en el que apenas se reconoce su destartalada figura, pero en el que aún pueden advertirse algunos de los nobles rasgos de sus mejores antepasados y Carlos II ya adulto, metido en una armadura, con larga cabellera y el bastón de mando hacia abajo, sostenido con la mano derecha, mientras la otra, en bizarra actitud, se apoya en la cintura. Es uno de los mejores retratos de un rey que se hayan hecho jamás. (Tanto los Austrias como los Borbones españoles fueron inmortalizados en todas sus miserias y en todas sus grandezas por algunos de los mejores pintores de la historia del arte con lo cual los historiadores y cronistas cuentan además con esta magnífica fuente iconográfica.) Pero volvamos al cuadro de Carreño de Miranda. El prognatismo familiar del rey se muestra en toda su crudeza y la nariz caída enmarca dos ojos grandes, con expresión estulta y la mirada vacía desviada ligeramente hacia la derecha. Es como si el pintor hubiera captado toda la biografía de aquel desventurado en un momento de su infeliz existencia. El resultado es un hombre débil que mira con miedo y desconfianza hacia el futuro.

Y si junto a este cuadro pusiéramos ese otro de Juan Bautista Martínez del Mazo, yerno de Velázquez y pintor destacado también de aquella época, en el que aparece la reina viuda, Mariana de Austria, madre del infortunado Carlos II, tendríamos un retrato perfecto de aquella España que atravesaba un larguísimo túnel. Oscuridad, ensimismamiento, falta de energía, beatería... La reina madre emerge desde la oscuridad del fondo y de sus propios vestidos enlutados de viuda. Solamente blanca la toca y el escapulario, todo lo demás negro, el viejo uniforme de las reinas viudas de Castilla, más parecido al austero hábito de una monja. Esta fastuosa decadencia de las grandezas imperiales pasadas sería reflejada de forma magistral por el pintor Valdés Leal, algunos de cuyos cuadros *Sic transit gloria mundi* o *In ictu oculi* (Triunfo de la muerte y alegoría de las postrimerías) ilustran ese clima de fatalista decadencia y religiosidad. Como luminoso contraste Bartolomé Esteban Murillo nos dejaría una cara más amable, ortodoxa y gozosa de lo religioso y de lo costumbrista de la misma época.

En estas dos figuras, Carlos II y la regente, podría resumirse la trayectoria del último Austria. Pero aún podríamos añadir ese otro retrato de uno de los personajes más importantes del reinado, el del hijo bastardo de Felipe IV, don Juan José de Austria, medio hermano de Carlos II e hijo de una actriz, María Calderón, *la Calderona*. Es de autor anónimo de la escuela madrileña y en él, que se conserva en el Museo del Prado, se nos desvela la efigie de un hombre atractivo, de rasgos regulares en los que las huellas de los Habsburgo también pueden reconocerse, y en el que vemos la actitud de un hombre ambicioso. Se aferra con una mano a la espada y sobre su pecho luce el Toisón de Oro y la encomienda de la Orden de Santiago. Es sin duda el retrato de un hombre sano y seguro de sí mismo. En él no hay taras físicas como se adivinan en el retrato de su hermano el rey.

La biografía de don Juan José de Austria tiene muchos puntos de contacto con la de aquel otro bastardo, el del emperador Carlos V, también don Juan de Austria, el hijo de Bárbara Blomberg, el que fuera llamado galán de Europa y vencedor de Lepanto. Los dos ilegítimos, los dos brillantes, los dos dieron muestras de inteligencia y valor, los dos fueron envidiados por sus hermanos, los reyes, que siempre les miraron con recelo y desconfianza y los dos murieron en extrañas circunstancias. Y aunque Felipe II fue reacio a que su hermano bastardo interviniera en los asuntos de gobierno, Carlos II sí llamó a su lado a don Juan José de Austria, bastante mayor que él, en uno de los momentos más críticos de su reinado, cuando alcanzada la mayoría de edad tuvo que hacerse cargo de los asuntos del Estado y arreglar los desafueros heredados de la regencia de su madre, mortal enemiga del bastardo real.

Rey a los cuatro años, Carlos II fue el único hijo varón que sobrevivió a su padre Felipe IV, el rey que había visto morir a sus dos herederos, los príncipes Baltasar Carlos y Felipe Próspero. Cuando engendró (dicen que milagrosamente) a Carlos II, el rey ya era un hombre de cincuenta y seis años, prematuramente envejecido, con la salud minada por sus excesos —se ha dicho, no sé si con mucho fundamento, que llegó a tener treinta hijos bastardos, amén de los trece legítimos que engendró en sus dos esposas—. Nacía además Carlos II del matrimonio de un hombre viejo y una mujer joven y parienta en primer grado, su sobrina, Mariana de Austria, y tras varias generaciones de funesta endogamia en la Casa de Habsburgo. Tres importantes problemas llenaron todo el largo reinado de Carlos II, incluida su menor edad bajo la regencia de su madre Mariana de Austria: su delicada salud, y como consecuencia su problemática sucesión, e intentar contener el derrumbe del mayor imperio que habían conocido los siglos. Hubo otro añadido, y como consecuencia de los tres anteriores, tratar de impedir ser devorados por la insaciable ambición de las otras potencias extranjeras, Francia, el imperio austriaco, Inglaterra y Holanda, que se relamían de gusto esperando obtener algún botín del desastre anunciado, para lo que no dejaron de intrigar, guerrear y manipular durante los treinta y seis años que duró el reinado del desdichado monarca.

Mujer recelosa, antipática, estirada y beata, según la retratan las crónicas, la reina Mariana, nombrada por testamento de Felipe IV, tutora del rey niño, con la ayuda de una Junta de Gobierno, se refugió completamente en sus validos; primero se entregó por completo en los brazos de su confesor austriaco el padre Everardo Nithard. Este jesuita tuvo en seguida enfrente a todo tipo de aspirantes a hacerse con la situación, no sólo el bastardo don Juan José, sino otros personajes del clero y de la alta nobleza del reino. La presión y los errores de Nithard fueron tantos que la reina tuvo que deshacerse de él, sustituyéndolo por Fernando de Valenzuela, un advenedizo, que pronto tuvo igualmente a toda la alta nobleza en contra. A Valenzuela —que por lo que más se le recuerda es por haber hecho construir el monumental puente de Toledo en Madrid—, le sustituyó y ya con un jovencísimo rey de quince años al frente del Estado, el bastardo don Juan José, que lo primero que hizo fue recluir a la reina viuda, que tenía una enorme ascendencia sobre su apocado y endeble hijo, en el alcázar de Toledo, para que dejara de manipularlo. Pero la corte de Madrid era un hervidero de intrigas y zancadillas y el nuevo responsable de la política del reino se vio muy pronto asediado.

Su repentina muerte (hubo sospechas de envenenamiento) evitó su caída. El duque de Medinaceli, el conde de Oropesa, el marqués de Vélez, el cardenal Portocarrero, fueron otros tantos validos y ministros que intentaron gobernar el país y enfrentar todos los problemas que venían del exterior en nombre del débil rey. A esto habría que añadir la larga sombra de la madre, la reina viuda, que regresó a la corte una vez desaparecido el bastardo y no dejó de conspirar hasta el mismo día de su muerte, en 1696, de un cáncer de pecho, y por si fuera poco los intentos de entrometerse en los asuntos de Estado de la segunda esposa del monarca, la no menos siniestra e intrigante María Ana de Neoburgo, hija del elector palatino.

La primera esposa de Carlos II —producto de una interminable negociación entre las diversas potencias europeas— había sido una princesa francesa, la sobrina de Luis XIV, María Luisa de Orleans, que pasaba por ser una de las princesas más guapas de su época y a la que no le interesaba lo más mínimo la política ya que sólo se preocupaba de satisfacer sus caprichos, tocar el clavicordio y montar a caballo, aunque esto último no estaba muy bien visto en una reina en la muy estricta corte de Madrid de severísimo protocolo palatino, el heredado ceremonial borgoñón. No logró descendencia por más que tanto ella como su real marido lo intentaran hasta la extenuación e incluso por medios bastante extravagantes. Hasta que un mal día la Orleans se cayó de un caballo y después de sufrir una larga agonía se murió, dejando al reino y al rey con dos palmos de narices y sin sucesor. Sin esperar a que el cadáver de la francesa se enfriara en el pudridero de El Escorial, a los diez días y sin respetar ni tan siquiera el luto de la corte, pues dada la salud del monarca no había tiempo que perder, la Junta propuso al rey una nueva esposa.

Había dos candidatas, Mariana de Neoburgo y Mariana de Médicis, hija del gran duque de Toscana. Se eligió a la Neoburgo porque parecía que ésta podía garantizar la fertilidad, ya que su madre había tenido veinticuatro hijos, de los que habían sobrevivido catorce. Pero por mucho que la robusta princesa alemana se metiera casi a diario en la cama del rey, aquel desastre no tenía solución. La Neoburgo llegó a fingir hasta doce embarazos por su afán de intriga y por mantener su posición. Incluso los médicos tuvieron que limitar la frecuencia de las relaciones sexuales de la real pareja para que don Carlos no se debilitara demasiado. Pero nada. Lo más probable (y muchos historiadores así lo sugieren) es que Carlos II uniera a todas sus taras una más, la de la esterilidad, parece que como consecuencia de una incorregible eyaculación precoz, que hacía imposible el éxito de la coyunda. Se intentaron todos los métodos, baños en aguas termales, brujerías, ungüentos, hierbas medicinales... Incluso los más heterodoxos. Se llegó a decir que la razón de aquel nuevo mal era que el rey estaba embrujado —de ahí el sobrenombre con el que ha pasado a la historia— y se llamaron a varios exorcistas, entre otros muchos una monja de Toledo y un fraile alemán, ante el escándalo de las cortes europeas. Pero todo fue en vano, el rey se moría y Europa se frotaba las manos, mientras peleaban unos con otros por ver quién podía pillar el mayor botín.

El tema de la sucesión fue, en los últimos años del monarca, el que más preocupaba no sólo en España sino en las diversas potencias europeas. Aunque desde 1640 Portugal y todas sus enormes posesiones se habían finalmente independizado del imperio español, la monarquía hispánica seguía siendo la cabeza de extensos territorios, en Europa y en el continente americano y Filipinas, algunos de ellos codiciados por nuestros vecinos. Francia, que vivía en pleno período expansionista debido a las ambiciones y a la astucia de su rey Luis XIV (el verdadero creador de la *grandeur*), era uno de los países más interesados en tener su parte en el botín. El emperador Leopoldo I de Austria, con la excusa de que deseaba que los dominios de los Habsburgo españoles quedaran en la familia, era el otro gran competidor.

Pero había otros países interesados en el asunto y sobre todo en acabar con el imperio español. Estaban las dos potencias marítimas en pleno auge, Inglaterra y Holanda, que parecían terciar con la excusa de que el equilibro europeo no se escorara hacia ninguno de los dos grandes poderes. Lo que todos querían era su parte en lo que se presentaba como la mayor herencia de una corona. En la corte de Madrid se formaron bandos partidarios de unos y de otros y cada embajador de los citados países intentaba barrer para su casa. Entre las muchas propuestas estaba la de la repartición de los territorios, que tuvo muchas versiones incluso en forma de tratados y acuerdos entre estados, debida y solemnemente protocolarizados, pero que no llegaron a tener ningún valor.

En realidad lo que pretendían tanto Leopoldo I como Luis XIV (ambos sobrinos y yernos de Felipe IV, amén de numerosos otros lazos familiares y por tanto con pretensiones sucesorias al trono español) era que el beneficiario de la herencia, o sea el elegido como sucesor por el moribundo Carlos II, fuera algún miembro de sus respectivas familias, para lo que se argumentaban esos derechos hereditarios. Luis XIV proponía a su nieto Felipe de Anjou, segundo hijo del Delfín (previa renuncia a sus derechos de éste y de su primogénito el duque de Borgoña), como nieto mayor de la infanta María Teresa, su esposa y hermana mayor de Carlos II, a pesar de la renuncia formal que ésta hizo a sus posibles derechos a la Corona de España al contraer matrimonio con Luis XIV. (La excusa para que esta renuncia no tuviera su efecto fue el argumento esgrimido por el rey francés de que ésta estaba supeditada al pago de una dote por el matrimonio de María Teresa que nunca había sido pagada, con lo cual quedaba sin efecto.)

Por su parte Leopoldo I proponía a su segundo hijo, el archiduque Carlos, nieto de otra infanta de España, Mariana, hija de Felipe III y esposa del emperador Fernando III. Al fin el rey Carlos tomó una solución salomónica, ni uno ni otro, sino el príncipe José Fernando de Baviera, hijo del elector de Baviera y de la archiduquesa austriaca María Antonia, hija de la infanta Margarita, esposa ésta del propio Leopoldo II. Por tanto, José Fernando de Baviera era bisnieto de Felipe IV y sobrino nieto de Carlos II, quién dictó un primer testamento a favor de este joven príncipe de seis años al que hacía heredero universal de todos sus reinos y posesiones. La solución, que no era ni mucho menos del agrado de nadie, no llegó a prosperar por la sencilla razón de que el príncipe bávaro inoportunamente tuvo la ocurrencia de morirse.

Hubo un período de gran tensión y ansiedad, ya que el rey se moría y no tomaba una decisión. Su muerte sin un nuevo testamento parecía anunciar una catástrofe y un inevitable enfrentamiento armado de todas las potencias. Al fin el 3 de octubre de 1700 se tuvo conocimiento de que Carlos II había hecho testamento. Ya sólo quedaba saber su contenido. La noticia no se hizo esperar. El día 1 de noviembre de aquel mismo año, en sus habitaciones del viejo y destartalado alcázar madrileño en medio de terribles pesadillas moría Carlos de Habsburgo y Habsburgo y Habsburgo y Habsburgo y así hasta el infinito, con apenas cuarenta años, pero con el aspecto de un depauperado anciano. Cuando a los pocos días su cadáver era conducido al pudridero de El Escorial, toda Europa expectante se preparaba para recibir aquella herencia fatalmente envenenada.

TRES SIGLOS DE BORBONES

Llega Felipe V

«Caballeros, aquí tenéis al rey de España. Su origen y su linaje le llaman al trono y el difunto rey Carlos así lo ha testado, toda la nación lo quiere y me lo suplica; ésta es la voluntad del Cielo; yo he accedido con gozo.» Éstas fueron las primeras palabras de Luis XIV para presentar a su corte reunida en el gran salón de Versalles, a su nieto Felipe, duque de Anjou, de apenas diecisiete años, el día 16 de noviembre de 1700, como el nuevo rey del país vecino. Evidentemente son unas palabras llenas de cinismo. Él había dedicado todos sus esfuerzos, incluso había guerreado e intrigado sin descanso desde hacía años para que aquello sucediera. Ni España había suplicado, ni siquiera había sido consultada y mucho menos la Divina Providencia. Pero dejando aparte el simbólico lenguaje cortesano de la diplomacia que nos transmitió en sus Memorias el duque de Saint-Simon, Luis XIV estaba lleno de gozo porque al fin había conseguido su propósito. Y dirigiéndose a su nieto continuó: «Vais a reinar en la monarquía más vasta del mundo y a gobernar un pueblo esforzado y generoso, célebre en todos los tiempos por su honor y lealtad, pero también célebre por su dureza... Habéis de ser buen español, éste será vuestro primer deber, pero recordad siempre que habéis nacido francés y procurad mantener la unión entre las dos naciones: tal es el camino de hacerlas felices y conservar la paz de Europa. Dios guíe los pasos de vuestra majestad».

Después de todo aquello, el embajador de España, marqués de Castelldosríus, dobló su rodilla —según la secular costumbre española— y besó la mano de su nuevo rey, en señal de acatamiento al tiempo que pronunciaba para la posteridad una no menos famosa frase: «Majestad, ya no hay Pirineos».

Todo muy bonito y muy solemne y si a ello hay que añadir el impresionante marco donde se celebraba la ceremonia, estamos sin duda ante uno de esos momentos llamados históricos. En efecto lo era. Aparte de los envenenados consejos que el llamado Rey Sol (inventor del absolutismo ilustrado con aquella conocida máxima *«L´etat c´est moi»)* daba a su nieto y que escondían en realidad su ambición de reinar en el extenso imperio español por persona interpuesta, un jovencito, apenas salido de la adolescencia, al que por eso le encarecía que no olvidara nunca que era francés, aquel día daba comienzo una nueva época para España. Una nueva dinastía se asentaba en su trono y daba inicio a una larga historia de encuentros y desencuentros, de olvidos y reconciliaciones como creo que no hay precedentes. Pero también aquel día —en realidad unos meses más tarde— daría comienzo una larga guerra que enfrentó a todas las potencias europeas, ya que ninguna, excepto Francia, estaba dispuesta a aceptar el testamento de Carlos II, en el que además se señalaba expresamente para tranquilizar a todos que nunca jamás podrían unirse los reinos de Francia y España, lo que el muy zorro de Luis XIV primero admitió, pero en seguida, cuando le convino, recordó a toda Europa que su nieto seguía conservando intactos sus derechos a la corona de Francia, por mucha renuncia que se hubiera visto obligado a hacer en su momento.

A pesar de los vientos de tormenta que en seguida empezaron a sentirse en todas las cancillerías —avivados por la explosiva declaración del rey francés—, el duque de Anjou se preparó para su aventura española y lo primero que hizo fue hacerse retratar por el pintor de corte de Versalles, Hyacinthe Rigaud, ataviado a la manera española, vestidos negros, golilla, el Toisón sobre el pecho y la mano derecha sobre la corona real, para que le fueran conociendo sus nuevos súbditos. Así Felipe de Anjou, rodeado de consejeros franceses, elegidos personalmente por su abuelo, iniciaba un largo viaje hacia su nueva patria en el mes de febrero de 1701. Hasta veintiún días tardó el cortejo real en llegar desde Irún a Madrid, en medio del entusiasmo de los españoles, más entusiasmo cuanto más se aproximaba a Castilla también hay que decirlo, que se disponían a entrar en el nuevo siglo estrenando Casa Real y un ramillete de buenas esperanzas.

Si seguimos utilizando esa rica fuente de la iconografía —que ya hemos mencionado y utilizado al referirnos a Carlos II— para acercarnos al primer Borbón español nos encontramos con uno de sus primeros retratos, debido a los pinceles de un pintor desconocido según unos y según otros atribuido a Miguel Meléndez, que se encuentra en el Museo Cerralbo de Madrid. En él vemos todavía a un joven hermoso, rubio, de ojos claros, vestido a la francesa, rica casaca roja profusamente bordada, gran pelucón blanco y coronando la cabeza un sombrero ornado con una larga pluma. Es el mismo joven que se hacía retratar a la española antes de salir de París, como un gesto de deferencia a los súbditos españoles. En este cuadro el muchacho mira directamente al espectador y se adivinan en sus ojos azules un fondo de profunda melancolía, la mano derecha, de la que sobresalen ricos encajes señala hacia atrás o hacia el infinito, no sabemos si en señal de futuro o marcando su procedencia.

Cuando algunos justifican los recelos de algunos españoles hacia los Borbones por su origen extranjero, hay que recordar que igual pasó con los Austrias en su momento, ya que extranjero era el padre de Carlos I y él mismo había nacido en Gante, pero ¿hasta qué punto en ambos casos puede mantenerse la idea de la extranjería? En realidad una de las características de la monarquía europea ha sido su política de familia, que ha convertido a sus distintas casas reales, en una sola y gran familia con muchas ramas. Y eso ya era así mucho antes de que la reina Victoria de Inglaterra fuera calificada la abuela de Europa en el siglo XIX, por su habilidad para colocar a sus hijos e hijas y a los hijos e hijas de sus hijos en los distintos tronos de todo el continente. En realidad esto ha sido así desde siempre. Y tanto Carlos I como Felipe V eran en realidad de origen tan español como el que más. La madre de Carlos era la reina loca de Castilla doña Juana y sus abuelos los Reyes Católicos. Y tanto la abuela como la bisabuela de Felipe V, sin remontarnos a más, eran tan españolas que le entroncaban directamente con los Austrias y hasta con los Trastámara y por tanto con los reyes de Aragón y los condes de Barcelona, por más que estos dos últimos reinos fueron luego la causa de muchos de los problemas de su largo reinado.

Pero observemos a Felipe V en otro cuadro. Me refiero a ese espléndido de Louis-Michel van Loo, pintor de la corte desde 1737, que custodia también el Prado y en el que aparece el monarca en su edad adulta —la tela está fechada en 1743—, rodeado de toda su familia, ya numerosa por su segundo matrimonio con Isabel de Farnesio, que ocupa un lugar preponderante en este retrato de familia. Tanto el rey como la Farnesio aparecen sentados en el centro del grupo (la reina más centrada e incluso un poco adelantada al propio rey). Rodean a los soberanos los diferentes príncipes e infantes, sus hijos y nietos. El rey Felipe gordo y con la mirada ausente ya apenas recuerda a aquel muchacho que llegaba de Francia en 1701. Sostiene un bastón entre sus piernas y mira hacia la derecha del cuadro, aunque más parece que no mira a sitio alguno. La primera impresión que da esta magnífica tela es la de cambio. Hay, en efecto, un cambio espectacular. Si lo comparamos, por ejemplo —salvando por supuesto la época, la calidad y el estilo— con ese otro retrato de familia que son *Las Meninas* o *La familia de Felipe IV* de Velázquez, en nada recuerda esta familia, opulenta y vestida a la manera francesa de la época, a los antiguos Austrias, austeros, enlutados y severos. El fondo del cuadro velazqueño es una de las cámaras del sombrío alcázar de los reyes de España y las figuras aparecen vestidas de oscuro; en cambio en el retrato de Van Loo, el fondo es rico, fastuoso y palaciego, jardines, columnas, mantos de terciopelo rojo, armiños, y una tribuna donde un grupo musical ofrece un concierto a la real familia. Nada que ver con el retrato de Velázquez. El cambio ha sido total y espectacular.

Aunque el primer período del reinado de Felipe V estuvo totalmente ocupado por innumerables guerras, la nueva dinastía tuvo como principal objetivo la modernización y el cambio profundo de España. Un cambio que no tardaría en llegar, pero antes tuvieron que solucionarse algunos problemas para que la Casa de Borbón se considerara absolutamente asentada en el viejo trono de San Fernando. Cambio que se tradujo igualmente en la reorganización de la corte, mujeres y hombres pudieron comer en la misma sala, los reyes ya no comían solos, sino que la corte podía asistir a la comida del rey, se abrieron los salones de palacio —a la manera de Versalles— y se estableció una vida cortesana que nada tenía que ver con la de los antiguos Austrias. Los reyes se dejarían ver con frecuencia por el pueblo y empezó a ser habitual contemplar a la familia real en actos públicos y en lugares de reunión del pueblo llano.

En efecto este primer propósito de cambio de Felipe de Anjou cuando llegó a Madrid en febrero de 1701 tuvo que esperar. Aun así el nuevo rey no quiso vivir en el antiguo e inhóspito Alcázar de los Austrias, que aunque siguió siendo la residencia oficial de la monarquía fue desplazado en la realidad por el palacio del Buen Retiro, más alegre y moderno y en el que ya habían vivido temporalmente Felipe IV y Carlos II. Mandado edificar por el Conde Duque de Olivares, valido de Felipe IV, en el prado de San Jerónimo, vecino del monasterio de los Jerónimos ligado ya a la Casa Real de España, el Buen Retiro tenía unos hermosos jardines, que fueron ampliados por los Borbones y que es casi lo único que se conserva de aquel impresionante conjunto palaciego, ya que durante la ocupación francesa fue utilizado como cuartel, quedando en un estado tan lamentable, que fue derribado, conservándose hoy día sólo el Salón del Reino —actual Museo del Ejército— y el Casón del Buen Retiro. Pero ya desde el reinado de Carlos III los reyes de España habían pasado a residir en el antiguo Alcázar, que al ser destruido por un voraz incendio en la noche de Navidad de 1734, dio paso al actual Palacio Real o de Oriente, que fue una de las iniciativas del primer Borbón. Y que en este sentido sí entraba ya plenamente en los grandes cambios también urbanísticos y arquitectónicos que introdujo la nueva dinastía y que abarcaría no sólo el palacio madrileño sino los Reales Sitios de Aranjuez y El Pardo, que fueron transformados y enriquecidos en el reinado de Felipe V y sus inmediatos sucesores. Aunque el lugar preferido de este monarca fue el palacio de La Granja de San Ildefonso, que ordenó construir a raíz de pasar unos días de descanso y caza en Valsaín, quedando totalmente enamorado del lugar. Construido a imitación de los palacios de los Austrias, ornamentado luego a la italiana, los jardines en cambio fueron diseñados a la francesa, recordando los de Versalles, que a Felipe V le evocaban su infancia. A La Granja se retiraría Felipe V cuando abdicó en su hijo Luis I y en él pasaría mucho tiempo en su segundo reinado, junto a Isabel de Farnesio, su segunda esposa, siendo los dos enterrados en este Real Sitio, por deseo expreso del monarca, que decía que era el único lugar de España en el que verdaderamente se encontraba en su casa.

La guerra de Sucesión

Pero no nos anticipemos. Poco tiempo pasó en sus primeros años Felipe V en el Buen Retiro, ya que pronto salió al encuentro de su esposa, la joven princesa italiana María Luisa Gabriela de Saboya, con la que contrajo matrimonio aquel mismo año 1701 en Figueras. Después de una larga temporada en Barcelona, la real pareja tuvo que separarse ya que las potencias europeas que no estaban de acuerdo con el testamento de Carlos II se unieron en torno al pretendiente defraudado, el archiduque Carlos de Austria, en la llamada Gran Alianza y declararon la guerra a España y a Francia. Conocida como la guerra de Sucesión a la Corona de España duraría trece años y primero se desarrollaría principalmente en los territorios europeos de la Corona y en los de ultramar, para luego tener como escenario la propia Península, puesto que el pretendiente Carlos —proclamado rey como Carlos III— entró en España, conquistó Barcelona y llegó hasta Madrid en varias ocasiones. Por esta razón la guerra se transformó en una auténtica contienda civil, dividiéndose el país entre los partidarios de uno u otro bando. El rey volvió a ponerse al frente de sus tropas y con la ayuda del duque de Berwick y otros eminentes generales logró comerle el terreno al archiduque y obtener sonoras victorias como la de Almansa. Cataluña, Aragón y Valencia tomaron partido por el archiduque lo que sería origen de las represalias que una vez acabada la guerra tomó Felipe V contra estos reinos.

La guerra sin embargo experimentó un giro muy distinto a partir de la muerte sin descendencia del emperador José I, siendo llamado a sucederle, como su único hermano, el archiduque Carlos, que desde ese momento se desentendió de la contienda y buscó un pacto con España. Poco a poco Aragón, Valencia y Mallorca fueron cayendo en manos de las tropas borbónicas, sólo Barcelona se resistió de una manera inusitada, con una resistencia tan heroica como incomprensible, pues al principio había estado al lado de Felipe V. Al fin, tras un durísimo asedio el 11 de septiembre de 1714 Barcelona se rindió, siendo destruido todo un barrio para construir la ciudadela como símbolo de la ocupación militar que tantas humillaciones deparó a los catalanes y fue fuente de futuros enfrentamientos y conflictos. (Todavía los catalanes celebran ese día 11 de septiembre la Diada en recuerdo de esta efeméride.) Inmediatamente la reacción del rey no se hizo esperar derogando todos los fueros, privilegios e instituciones históricas de los reinos rebeldes Aragón, Valencia y finalmente de Cataluña en 1716, estableciendo el Decreto de Nueva Planta, que en realidad era una reorganización del Estado a la manera administrativa francesa, con un fuerte centralismo, que tenía mucho que ver con la tendencia al absolutismo ilustrado que imperaba en gran parte de Europa en el siglo XVIII.

Mucho se ha discutido acerca de si el Decreto de Nueva Planta fue exactamente una venganza de Felipe V contra los territorios que no le fueron fieles en la guerra, o una excusa para acabar con las leyes y privilegios de los antiguos reinos —que él mismo había jurado a su llegada a España— y así ir asentando una nueva configuración y reorganización del Estado, como el modelo fuertemente centralista de Francia. No hay que olvidar que todo el primer período del reinado del primer Borbón está caracterizado por una fuerte influencia francesa. Influencia que una vez acabada la guerra y firmados los tratados de Utrecht y de Rastad, en 1714 por los que, aparte de perder todos los territorios europeos de la Corona de España, con Gibraltar y Menorca, se establecía definitivamente la imposibilidad de una futura unión de Francia y España, que empezaría a decrecer en beneficio de una política pro italiana promovida principalmente por la segunda esposa del monarca, Isabel de Farnesio y por algunos de sus nuevos ministros. Política que en realidad ocultaba el deseo de Felipe V de recuperar sus territorios perdidos, porque en el fondo nunca aceptó los acuerdos de Utrecht y Rastad y sería fuente continua de inacabables guerras de España con las potencias europeas durante todo su reinado.

Pero volvamos por un momento al hermoso cuadro de Van Loo. Este cuadro respondía a la costumbre de las monarquías de utilizar la pintura y la escultura como instrumentos de la realeza, para ir formando una imagen heroica y poderosa del poder por ellos personificado. Esta forma de propaganda la utilizó de forma extraordinaria Carlos V, la utilizó con gran éxito y maestría Luis XIV y éste, sin duda, la transmitió a su nieto español. En esta representación de la realeza española aparece una familia formada por hijos de dos matrimonios. Naturalmente faltan la primera esposa del monarca, María Luisa Gabriela de Saboya y el primogénito Luis I, ambos fallecidos. Hasta aquí nada extraordinario. La costumbre aconsejaba a los reyes contraer nuevo matrimonio una vez viudos para asegurar la sucesión, verdadera obsesión de todas las casas reales en todas las épocas. Sólo que en el caso de Felipe V su segundo matrimonio tuvo unas connotaciones extraordinarias y unas consecuencias importantísimas.

Antes volvamos por un momento la vista atrás, hasta la lujosa y libertina corte de Luis XIV. Felipe V había nacido en Versalles en 1683, hijo del Gran Delfín Luis de Borbón y de Mariana Cristina Victoria de Baviera. Ninguno de los dos se ocupó de su educación, su padre porque era al decir de los historiadores un ser depravado cuyas acciones estuvieron siempre destinadas a hacer el mal. Ni él ni su primer hijo, el duque de Borgoña, que cedieron sus derechos a Felipe al trono de España, llegarían tampoco a reinar en Francia; ya que murieron jóvenes y que debido a la longevidad de Luis XIV le sucedería su bisnieto Luis XV. Tampoco su madre, Mariana de Baviera pudo ocuparse del joven príncipe pues murió cuando éste tenía siete años, después de una vida triste y retraída, víctima de la melancolía y otros trastornos mentales, que heredarían su hijo y muchos otros descendientes. Posiblemente la familia de Baviera, la dinastía de los Wittelsbach, llevaba en sus genes esos trastornos mentales, que incluso se manifestaron un siglo después en algunos de sus miembros, el Rey Loco, Luis II de Baviera, su hermano el príncipe Otto y la prima de ambos, la emperatriz de Austria, Isabel de Baviera, la ya mencionada Sissí. La educación de Felipe estuvo, pues, en manos de su tía materna, Liselotte de Baviera, duquesa de Orleans, el médico de palacio Helvetius y su preceptor el fanático clérigo, encendido orador y brillante escritor François de Salignac de La Mothe, más conocido por Fénelon. Éste le inculcó una religiosidad fundamentada de tal manera en el temor de Dios que hizo del joven príncipe y luego rey de España una persona retraída, huraña y perennemente atemorizada por el pecado, tanto es así que el despertar de su fuerte sexualidad le sumió en un terrible desasosiego.

Conviene aquí hacer un inciso sobre la sexualidad de Felipe V en particular y de los Borbones en general. Desde muy joven este rey se sintió atormentado por una fuerte atracción hacia el sexo —heredada sin duda de su abuelo Luis XIV— y sólo reprimida por temor al pecado. Así es que cuando conoció a la atractiva Luisa Gabriela de Saboya no sólo quedó perdidamente enamorado de ella (en aquella época todavía los príncipes trataban de hacer compatibles sus deberes y los deseos de su corazón), sino que desde entonces la vida marital se convirtió en una auténtica obsesión para el joven monarca. Tanto es así que estuvieron siete días sin salir de la alcoba nupcial y no veía la forma de acabar la luna de miel, a pesar de haber estallado la guerra de Sucesión. Tuvo que ser su inteligente y fuerte esposa —que a pesar de su extrema juventud dio muestras de una madurez y un sentido común más que admirables— la que le conminara a ponerse al frente de sus ejércitos en Italia. Cosa que hizo Felipe tan denodadamente que fue bautizado con el sobrenombre de el Animoso.

Aparte que encontró en el ardor guerrero un desfogue a otros furores, la fuerza se la transmitía la reina desde Madrid, donde se había convertido en una competente regente auxiliada por su camarera mayor Ana María de la Tremouille, princesa Orsini, para los españoles de los Ursinos (espía de Luis XIV en la corte española), y la esperanza del futuro encuentro con ella. En aquellos años la reina se hizo muy popular entre los madrileños, ya que no sólo salía frecuentemente a pasear entre ellos, sino que leía los partes de la guerra que le enviaba Felipe V desde el balcón del palacio del Buen Retiro, siempre repitiendo que no vieran en ella a una reina, sino simplemente a la mujer de un soldado.

Hasta cuatro partos tuvo Luisa Gabriela, de los cuales sólo sobrevivieron tres, Luis, Felipe Pedro y Fernando, aunque el segundo moriría a los siete años. Los últimos embarazos de la reina se realizaron cuando ya la joven soberana estaba gravemente enferma de tuberculosis, pero ni en el lecho de enferma dejaba pasar un día el rey Felipe sin reclamar el débito conyugal. Por eso cuando la reina falleció en 1714 el rey viudo cayó en un lamentable estado de dejadez y depresión. No sólo fue la persona a la que más amó, sino que incapaz de tener relaciones sexuales si no era dentro del matrimonio, la forzada continencia de viudo se convirtió en una auténtica pesadilla que le producía malestar físico, sudores, dolores de cabeza e incluso un brote de su enfermedad mental, aparte de increíbles remordimientos cuando víctima de sus imperiosos sentidos caía en el placer onanista. La princesa de los Ursinos, que fue en el primer período del reinado de Felipe V la persona de mayor influencia en la corte y siempre defensora de mantener la alianza francesa, de acuerdo con los ministros buscó en seguida una nueva esposa para el monarca.

Aconsejada por el abate Alberoni, un ambicioso clérigo italiano de oscuro origen y ambición sin fin que llegaría a ser cardenal, se eligió a la hija del duque de Parma, Isabel de Farnesio. Mujer culta, conocedora a la perfección de varios idiomas, de fuerte personalidad, voraz apetito y no menos voraz ambición de poder, nada más llegar a España despidió violentamente a la de los Ursinos, después de una enigmática primera entrevista entre las dos en Jadraque, que ningún historiador ha sabido aclarar con una mínima credibilidad. Nada más conocer a su débil e indeciso marido, supo cómo podría dominarle y colocarse así en la cúpula del poder. De la Farnesio se ha dicho que su verdadero trono fue el lecho y Federico II de Prusia escribió que lo que le hubiera gustado habría sido gobernar el mundo entero. En su largo y fértil matrimonio —tuvieron hasta siete hijos— Felipe e Isabel pasarían muchas horas en la cama, entregado el rey a lo que más gustaba y necesitaba, que era dar rienda suelta a su insaciable sexualidad. Con los años llegó a recibir a sus ministros en el lecho, en muchas ocasiones con la propia reina al lado (siempre se negó a tener camas separadas) durmiendo.

Sería aquí el momento de hacer una digresión. Esta fuerte sexualidad ha sido una característica de la mayoría de los Borbones españoles, con la diferencia esencial que en los primeros monarcas iba pareja con una absoluta y decidida fidelidad a sus esposas. Tanto Felipe V, sus hijos Luis I y Fernando VI y Carlos III fueron soberanos de los que no hay la menor constancia de que engañasen a sus mujeres en ningún momento, ni siquiera con la más mínima aventura pasajera. Carlos III vivió una larga pero casta viudez, desfogando su fuego interior en larguísimas sesiones de trabajo y en el cultivo de numerosas aficiones que incluían el ejercicio físico. Incluso el bobo de Carlos IV sería completamente fiel a la verdadera introductora de la infidelidad en la Casa Real, María Luisa de Parma. Si fue amante de Godoy, como afirman algunos historiadores, siempre fue compartiéndolo con su esposa e instigado por ella. Esta reina de lascivia legendaria, auténtica meretriz real en su larga vida, es la primera de una extensa lista de Borbones infieles, que siempre han buscado fuera de las alcobas reales la satisfacción a su imperante lujuria. Fernando VII, Isabel II, Alfonso XII, Alfonso XIII y algunos de sus sucesores acabaron con la primitiva fidelidad de los Borbones anteriores y fueron reyes infieles —a pesar de haber contraído algunos de ellos matrimonios por amor, como Alfonso XII con doña María de las Mercedes de Orleans o Alfonso XIII con Victoria Eugenia de Battenberg—, que tuvieron multitud de aventuras galantes y algunos hasta queridas oficiales de las que nacieron otros tantos bastardos.

Un rey efímero, Luis I

Sin dejar de contemplar el espectacular cuadro de Van Loo podemos hacer unas últimas consideraciones sobre el reinado del primer Borbón en España. En esta reunión de familia falta el primogénito, Luis. Tanto él como sus dos hermanos Felipe Pedro y Fernando se criaron con el total despego de la nueva esposa de su padre, Isabel de Farnesio, que siempre les vio un obstáculo para sus planes y su imperiosa ambición de poder. Sobre todo cuando empezó a tener sus propios infantes, que como es lógico estaban condenados a ser segundones. Éstas eran las preocupaciones de la Farnesio cuando en 1723 su trastornado marido le propone hacer un voto secreto para renunciar a la Corona y retirarse al palacio de La Granja de San Ildefonso a terminar allí sus días orando y desechando las glorias del mundo. Aparte su natural hipocondríaco y abúlico en pocos años Felipe V había perdido a su primera esposa amadísima, y sucesivamente en un corto período de tiempo a su padre y a su hermano mayor, a su abuelo y a su hermano menor el duque de Berry, acontecimientos que pudieron influir en esta determinación de abdicar y retirarse del mundanal ruido. La reina no tuvo más remedio que aceptar, sólo que le pidió que aguardase a que el primogénito tuviera edad suficiente para ser declarado rey.

Un año tan sólo tuvo que esperar Felipe V para enviar a sus ministros y al Consejo de Castilla su acta de abdicación, en la que entre otras cosas escribía el desvariado Borbón: «Habiendo considerado de cuatro años a esta parte con alguna particular reflexión y madurez las miserias de esta vida, por las enfermedades, guerras y turbulencias que Dios ha sido servido enviarme en los veintitrés años de mi reinado. Y considerando también que mi hijo primogénito Don Luis, príncipe jurado de España, se halla también en edad suficiente, ya casado y con capacidad, juicio y prendas suficientes para regir y gobernar con acierto y justicia esta monarquía, he deliberado apartarme absolutamente del gobierno y manejo de ella, renunciándola con todos sus estados, reinos y señoríos en el referido príncipe Don Luis, mi hijo primogénito, y retirarme con la reina en quien he hallado un pronto ánimo y voluntad a acompañarme gustoso a este palacio y retiro de San Ildefonso, para servir a Dios; y desembarazados de estos cuidados, pensar en la muerte y solicitar mi salud. Lo participo al Consejo, para que en su vista avise en donde convenga y llegue noticia a todos». Era el 10 de enero de 1724.

A los pocos días el monarca se dirige a su hijo, en parecidos términos y dándole algunos consejos: «Habiendo servido la Divina Majestad de Dios, por su infinita misericordia, hijo mío muy amado, de hacerme conocer de algunos años a esta parte el vacío del mundo y la vanidad de sus grandezas, y darme al mismo tiempo un deseo ardiente de los bienes eternos, he tomado esta resolución con mayor ardimiento y alegría por cuanto he visto que la reina, que para dicha mía Él me dio por esposa, entraba al mismo tiempo en los mismos sentimientos y resuelta estaba conmigo a poner debajo de los pies al vacío y la nada de las grandezas y bienes perecederos de esta vida... Debéis pensar en que no habéis de ser rey sino para hacer que Dios sea servido, y que vuestro pueblo sea dichoso; que sobre vos tenéis un Señor, vuestro Creador y Redentor que os ha colmado de beneficios, a quien debéis cuanto tenéis y aún os debéis a vos mismo. Sed en todo momento fiel a la Santa Sede y al Papa como a vicario que es de Jesucristo. Amparad y mantened siempre el Tribunal de la Santa Inquisición, que puede llamarse baluarte de la fe y a la cual deben su conservación en toda su pureza los Estados de España. Os bendice, mi hijo muy amado, vuestro padre, el Rey».

El suceso cayó como una bomba en todas las cancillerías europeas, donde casi nadie se creyó aquel cuento. Los malpensados creyeron que era una estrategia para sentirse libre para optar a la corona de Francia, que en aquellos momentos estaba en una precaria situación. Muerto Luis XIV y previamente su hijo el Gran Delfín y el hijo y heredero de éste el duque de Borgoña, había subido al trono un niño de cinco años, Luis XV, bajo la regencia del duque de Orleans su tío. La precaria salud del pequeño rey hacía temer lo peor. Y muchos vieron en la decisión de Felipe V, una forma de estar en disposición, como heredero con mejor derecho, para optar a la Corona de su antiguo país, a pesar de la solemne renuncia que se había visto obligado a hacer cuando se firmó el Tratado de Utrecht. Ciertas o no estas maldades, el destino había tomado ya sus propias decisiones y había dispuesto que sus días en el trono de España no habían acabado.

Luis I era un muchacho taciturno, solitario, indeciso, criado bajo el dominio de la Farnesio que despreciaba a los hijos del primer matrimonio de su marido. Tanto él como su hermano Fernando, ya que el tercero Felipe Pedro murió muy joven, fueron entregados a una legión de educadores, confesores y tutores para que les formaran como príncipes, pero siempre carecieron de un entorno afectuoso familiar. A Luis lo habían casado con apenas catorce años con una princesa de Francia, Luisa Isabel de Orleans, maleducada, libertina y sin el menor freno en su comportamiento absolutamente inadecuado para una Princesa de Asturias. Se paseaba semidesnuda por palacios y jardines, bebía hasta caer borracha, se rodeaba de sus damas francesas y de una corte de más que alegres jovencitos y jovencitas siempre dispuestos a divertirse de la manera menos ortodoxa posible. Débil de carácter como su padre, el joven Luis no sabía cómo meter en vereda a su esposa que además no le atendía en sus requerimientos maritales, a pesar de haber podido ya mantener relaciones sexuales cuando los dos adolescentes fueron capaces de ello en el Real Sitio de El Escorial, al año de haber contraído matrimonio.

La inesperada abdicación de Felipe V convirtió a esta alocada princesa en reina de España, pero en nada cambió su comportamiento. Las murmuraciones y cotilleos llegaron a tal extremo, que Luisa Isabel fue detenida un día por orden de su marido, al volver de una de sus juergas y encerrada en sus habitaciones del viejo alcázar hasta que no jurase cambiar de actitud. Sola y prisionera la princesa debió recapacitar y escribió cartas a su marido y a sus suegros, pidiendo perdón y prometiendo el cambio. El correctivo fue mano de santo pues la reina salió de su encierro suave como una malva y dispuesta a corregir su disoluta manera de comportarse. Pero el destino no le dio tiempo para demostrar sus buenos propósitos. A los pocos días de volver junto a su marido al palacio del Buen Retiro, el joven rey contrajo unas viruelas. Y ése fue el momento en que extrañamente aquella joven irresponsable y desaprensiva tuvo conciencia de quien era y se convirtió en la más abnegada enfermera de su esposo. Solícita y amorosa no consintió separarse del lecho del enfermo, sin temer el contagio y sin hacer ascos a las terribles pústulas y llagas que llenaban por completo el cuerpo del rey.

A los pocos días, seis meses después de haber subido al trono, moría el más efímero rey de España, Luis I de Borbón que por las esperanzas que despertó ha pasado a la historia como el Bien amado. Contagiada de viruelas Luisa Isabel, una viuda de quince años, pasó semanas sin apenas ser atendida por nadie y poco después la Farnesio logró deshacerse de ella, devolviéndola a Francia, donde su primo Luis XV, después de una temporada en un convento, le cedió el palacio de Luxemburgo en París para que viviera dignamente como reina viuda de España y en donde murió de hidropesía a los treinta y dos años de edad. Está enterrada en la iglesia de San Sulpicio de París.

Segundo reinado de Felipe V

La muerte de Luis I planteó un serio problema. El rey Felipe no quería volver al trono, pero era a él a quien le correspondía por testamento como el primer heredero. Si cedía el paso a su segundo hijo, Fernando, como todavía era menor de edad pues sólo contaba once años, tendría asimismo que ejercer la Regencia... No había escapatoria. El desenlace de aquel galimatías en el que tuvo que intervenir hasta el papa y que tardó varias semanas en solucionarse, naturalmente estuvo en las manos de Isabel de Farnesio, que vio una ocasión de oro para volver a manejar los hilos del poder y cada vez sentía más cercano el día de que su prole tuviera protagonismo en los ámbitos cercanos al trono. Así es que Felipe tuvo que dejar para mejor ocasión sus piadosos deseos de dedicarse a Dios y a pensar en las vanidades del mundo y en la muerte y volvió a asumir su condición de monarca. Al tiempo que las crisis en la enfermedad mental que padecía el soberano se hacían más frecuentes, la reina se ocupaba cada día más de los asuntos de gobierno, especialmente desarrollando una política internacional encaminada a buscar tronos en Italia que pudieran ocupar sus hijos ya que el de España tenía su heredero en Fernando, el único hijo superviviente de la Saboya. Esto llevó a numerosas guerras, alianzas con unas u otras potencias —en este sentido se llegaron a firmar hasta tres pactos de familia entre Francia y España—, según la conveniencia del momento, asesorada primero por el abate Julio Alberoni y después por los hermanos Baltasar y José Patiño —especialmente José— que fueron dos de los mejores políticos de esta segunda parte del reinado de Felipe V.

A pesar de las continuas guerras y la sangría económica para las arcas del Estado que éstas suponían, hay que poner en el haber de esta segunda parte del reinado de Felipe V y por la acción de estos ministros, la dinamización de la economía, se crearon numerosas fábricas y en el campo de la cultura y las bellas artes se fundaron las Reales Academias, la de la Lengua, la de la Historia, la de Medicina, se iniciaron los trámites para crear la de Bellas Artes, que inauguraría ya su hijo Fernando VI. Se inició el *Diccionario de la Lengua* y se creó la Real Librería, que luego se convertiría en la Biblioteca Nacional, a partir de la gran afición que tenía el rey a coleccionar libros. El erudito Gregorio Mayans y Siscar fue el encargado de ir organizando esta institución y el que daría la orden de que se conservara en esta biblioteca un ejemplar de todo libro que se publicara en España. A pesar de que sus grandes aficiones eran los libros y la música, tanto Felipe como Isabel de Farnesio continuaron enriqueciendo las colecciones reales de arte, origen del futuro Museo Nacional del Prado, con la adquisición de grandes colecciones como la del artista italiano Carraffa y las de la fallecida reina Cristina de Suecia.

Las ambiciones de la reina Isabel para sus hijos se vieron al fin compensadas y tanto su primogénito Carlos como el infante Felipe acabarían ciñendo sendas coronas, la del reino de Nápoles y Sicilia, luego de las Dos Sicilias para Carlos y la de los ducados de Parma, Piascenza y Guastalla para Felipe. Mientras tanto habían casado al Príncipe de Asturias con una infanta portuguesa, doña Bárbara de Braganza y a la infanta española Mariana Victoria con el futuro rey de Portugal. A sus hijas María Teresa y María Antonia también logró colocarlas muy bien, la primera fue esposa del Delfín de Francia y la segunda reina de Cerdeña. Por último el infante don Luis fue arzobispo de Toledo, de Sevilla, primado de España y cardenal de la Santa Iglesia, aunque luego abandonaría todas estas dignidades eclesiásticas debido a su incorregible lujuria y llegaría a casarse bastante mayor con una plebeya; pero ésa es otra historia. Mientras todo esto ocurría el rey Felipe caía cada vez más hondo en el profundo pozo de la melancolía, la apatía y la depresión, que ni siquiera el traslado por cinco años, a iniciativa de la reina, de la corte a Sevilla, a los Reales Alcázares primero y luego errabunda por diversos lugares de Andalucía, lograría mejorar. Llegó a hacer una vida tan absurda que trastocaba todos los horarios y costumbres y hábitos de comida, durmiendo durante el día y despertando casi a la madrugada, por lo que hacía a sus ministros y secretarios acudir a despachar en plena noche. En su profundo estado de acedía sólo el sexo lograba levantar su ánimo y a partir de 1737 la música y el canto del célebre *castratti* italiano Carlo Broschi *Farinelli* que pasaba largas horas interpretando arias para el monarca y que sería el introductor de la ópera en España.

Ésa es la última visión de Felipe V: postrado casi continuamente en el lecho, entregado totalmente a los placeres de la mesa y del sexo y en un estado de continua melancolía y depresión —en realidad hoy se le habría tratado como a un maníaco depresivo— y casi olvidado de sus asuntos de gobierno, que estaban completamente en manos de la reina, que llegó a tejer a su alrededor una barrera infranqueable para casi todos con tal de que no se divulgara el verdadero y lamentable estado de postración del monarca, al que sólo la voz irreal de Farinelli y sus sublimes arias lograban sacar de su sopor. Y así un día de julio de 1746, en el palacio del Buen Retiro, casi repentinamente una apoplejía acabaría con su vida a los sesenta y dos años y cuarenta y cinco de reinado, uno de los más largos de la historia de España. Cuando el cortejo fúnebre del primer Borbón se encaminaba hacia La Granja de San Ildefonso para ser enterrado, la España que lo contemplaba era muy distinta de aquella otra que le había recibido con entusiasmo en 1701. A pesar de guerras innecesarias, que sangraron las arcas del Estado, a pesar de una política sin personalidad, ya inclinado hacia Francia, ya hacia Italia o a Austria, siempre por una política familiar, España había logrado frenar su fatal decadencia y había recuperado en parte su posición de potencia internacional, sin bien se habían perdido numerosos territorios del viejo imperio en el que ya sí empezaba a ponerse el sol.

FERNANDO VI: PAZ CON TODOS, GUERRA CON NADIE

Si me he detenido con detalle en el reinado del primer Borbón es porque es auténticamente decisivo para entender la historia posterior de la dinastía e incluso la gestación de muchos problemas que con el paso de los siglos se han convertido en motivo de verdadero conflicto, como es la llamada «cuestión catalana», cuyo origen está en la actitud de Felipe V con el Principado por su postura al lado del archiduque en la guerra de Sucesión, derogando todos sus fueron y privilegios, sus instituciones históricas como el Parlamento y el Concejo de Ciento, suprimiendo sus universidades y prohibiendo el catalán en documentos y escritos oficiales. Lo cierto es que Felipe V modernizó el Estado, transformó la Administración Pública, cambiaron las costumbres, España se abrió a las influencias culturales, artísticas y sociales europeas y, sin duda, el espíritu de la Ilustración, que ya alumbraba las ideas al otro lado de los Pirineos, también comenzó a llegar al país, sacándolo por un tiempo de su ostracismo y ensimismamiento. Pudo ser mejor rey de lo que fue si no hubiera estado toda su vida a merced de una patología mental que de alguna manera frustró muchos de sus mejores deseos de reformas y mejoras. En este aspecto los partidarios de un estudio racionalista y económico de la historia tienen que reconocer una vez más la importancia de las personalidades y singularidades de los protagonistas del hecho histórico y cómo éstos han podido modificar el devenir de los acontecimientos.

Fernando VI, llamado el Prudente, fue proclamado rey en el palacio del Buen Retiro de Madrid el 10 de julio de 1746, al día siguiente del fallecimiento de su padre. Tenía 32 años y era tan débil, tan indeciso, tan pusilánime como el fundador de la dinastía, que él estaba llamado a asentar en el trono de España. Y como él aquejado de la misma patología mental, aunque en un grado menos avanzado. En otro aspecto era un hombre sencillo, de tez clara y ojos azules, afectuoso, no demasiado inteligente y de temperamento pacífico y ordenado, aunque con brotes de cólera. Se había educado con sus hermanos de madre en el desprecio y desapego de su madrastra y había amado tiernamente a su hermano mayor Luis, pues se protegían el uno al otro en un medio familiar que sentían adverso.

No estaba muy dotado para los asuntos de gobierno, pero le gustaba la caza y amaba sobre todo la música, afición que compartiría con su mujer Bárbara de Braganza. Ellos siguieron protegiendo a Farinelli, cuyos recitales escuchaban al borde de las lágrimas, en los jardines de Aranjuez o de La Granja. Y lo mismo hicieron con Domenico Scarlatti, otro músico italiano afincado en España, que llegó a ser maestro de música de la reina. También tuvo su lugar en la corte el compositor Petro Bonaventura Trapassi, conocido como *Metastassio*, cuyas composiciones interpretaba Farinelli. Todas estas características pueden adivinarse en el hermoso retrato de Fernando VI debido a Pellegrini y que custodia el Museo Naval de Madrid. Con cara de asombro el tercer monarca Borbón aparece vestido a la francesa, moda que ya se había incorporado casi totalmente en la corte española, con rica casaca asalmonada y manto azul (el color de la dinastía), una banda celeste cruza su pecho del que pende la insignia del Toisón de Oro. Es el retrato de un hombre joven al que el peso de la Corona le hace aferrarse al cetro, que lleva en la mano derecha con cierta desconfianza y estupor.

Cuando sube al trono Fernando VI tiene sobre todo dos cosas muy claras: acabar con las guerras que durante más de cuarenta años había sostenido España y apartar de palacio a la reina viuda, su madrastra Isabel de Farnesio, que primero se retira al palacio de los Osuna, en la plazuela de los Afligidos (hoy de Cristino Martos) y como no dejaba de intrigar es finalmente conminada, un año después, a recluirse en el palacio de La Granja de San Ildefonso. La orden del rey era muy clara: «Menester es que permanezca retirada y alejada de los asuntos públicos y de la corte el resto de su vida, España tiene ya otra reina». Para tener un carácter débil y melindroso, no podía ser más diáfano y contundente. Era algo que le debía —y de hecho se lo había prometido— a su mujer doña Bárbara de Braganza, por la serie de vejaciones, humillaciones y desaires que habían sufrido de parte de la Farnesio mientras fueron los Príncipes de Asturias. Esto demuestra igualmente un hecho muy significativo, que Fernando VI no era nada sin su Bárbara. Aunque al principio la acogió mal debido a que no se le había consultado su matrimonio, al poco agraciado físico de la infanta portuguesa y a su decidida tendencia a la gordura, en seguida se compenetraron totalmente y se convirtieron en una pareja amantísima y modélica, siempre unidos por un gran cariño y apoyándose el uno al otro. Más la una al otro, ya que doña Bárbara de Braganza sí era una mujer decidida, fuerte, inteligente, con una cultura infrecuente para la época, pues además de profundos conocimientos en varias materias, era políglota y poseía indudables dotes de mando, compensó las carencias de belleza y gracia físicas con una insaciable ambición de joyas y dinero, que fue atesorando durante toda su existencia.

El reinado de Fernando VI duró apenas trece años. Y aunque cuando subieron al trono ni él ni su esposa tenían la menor experiencia de gobierno pues Isabel de Farnesio les había mantenido estratégicamente apartados de los asuntos de Estado, tuvieron la prudencia necesaria para rodearse de personas fieles y sobre todo de probada honradez y eficacia. Todo hay que decirlo, la que en realidad era más capaz y diligente era doña Bárbara de Braganza, que tuvo una gran influencia no sólo sobre su marido, sino sobre los temas de política tanto exterior como interior, durante todo el reinado. Tanto en sus deseos reformistas como en su ferviente pacifismo, Fernando VI se vio apoyado incondicionalmente por los ministros que cubren casi todo su reinado, don José de Carvajal y Lancaster, un aristócrata de comportamiento sencillo, retraído y muy eficaz y por el no menos eficaz don Zenón de Somodevilla, marqués de la Ensenada, que en carácter era todo lo contrario que don José de Carvajal, ostentoso, rodeado siempre de gran pompa y etiqueta, simpático y gran relaciones públicas. También eran muy diferentes en cuanto a sus ideas políticas y de alianzas. Carvajal anglófilo (se decía descender de la familia real de los Lancaster) y partidario de tender lazos con Portugal e Inglaterra, partidario de alianzas con Francia el de la Ensenada, uno con tendencia al conservadurismo, aperturista y progresista el otro, lo cierto es que estas mismas diferencias formaban un equilibrio muy útil para el gobierno y para salvaguardar la independencia de los soberanos.

Fueron dos ministros brillantes y eficaces que dieron un gran impulso, aprovechando el más largo período de paz hasta entonces desde la llegada de la nueva dinastía, a la política reformista que ya se había puesto en marcha en el reinado de Felipe V. Se organizó por primera vez el censo, el catastro, se construyeron carreteras, se fomentó la industria, se dio un gran impulso a la marina, a la educación con la creación de numerosos colegios y escuelas, se planteó un problema secular como era el de la reforma agraria, se establecieron impuestos a los terratenientes, se racionalizó el gasto público, hasta el extremo de que a la muerte del monarca las arcas reales estaban muy saneadas. Todo esto a pesar de estar la monarquía inmersa en la monumental obra de construcción del nuevo Palacio Real.

Se intentó recobrar Menorca y Gibraltar, pero fue imposible y al fin se pudo firmar, tras largas negociaciones, el concordato con la Santa Sede en 1753, tema al que era muy sensible el monarca dada su gran religiosidad, pero que dejó completamente en manos de sus políticos. Así se cerraba un largo conflicto abierto con la Iglesia española, que al fin por este concordato se sometía a la primacía de la monarquía, aunque los reyes de España conservaron el privilegio de la presentación de obispos, al que no se ha renunciado hasta muy recientemente. La política de estricta neutralidad que siempre quiso mantener el monarca permitió todas estas reformas y la mantuvo hasta el fin, cuando muerto Carvajal y caído Ensenada, tomó las riendas del poder Ricardo Walls, político de origen irlandés, que rechazó todo tipo de alianzas con las potencias extranjeras, enzarzadas en una nueva guerra de sucesión, esta vez por el imperio austriaco, y que finalmente se resolvió por la Paz de Aquisgrán.

Como el tiempo pasaba y el matrimonio real no tenía descendencia se comenzó a plantear el tema sucesorio, debido además a la mala salud crónica de la reina doña Bárbara, a la que no ayudaba nada su incontrolable apetito que convirtió su gordura en lo que hoy llamaríamos una obesidad mórbida, y acabó produciéndole infinidad de problemas de todo tipo, agravados por su asma crónica. Pese a todo ocupó los últimos años de su vida en la construcción de un gran convento, en cuya iglesia deseaba ser enterrada, ya que como no era madre de rey sabía que no podía ocupar un sitio en el Panteón Real de El Escorial. El convento y su monumental iglesia, construidos con todo lujo y ricos materiales se consagró en 1757 y se llamó de la Visitación, ya que fue entregado a las monjas de la Congregación de la Visitación de Santa María, fundada por la baronesa de Chantal y promovida por San Francisco de Sales, por lo que se le conoce popularmente como las Salesas. Junto al convento doña Bárbara se hizo construir un palacio para, en caso de quedar viuda, retirarse a él.

No fue el caso, ya que en la primavera de 1758 la salud de doña Bárbara se fue agravando progresivamente. Trasladada a Aranjuez para ver si su clima benigno mejoraba su lamentable estado, se produjo un empeoramiento al ser tratada de forma equivocada por unas aguas supuestamente medicinales. Hasta que el 27 de agosto y tras una larga agonía y pérdida del habla, la dulce y afectuosa Bárbara de Braganza falleció, dejando al rey en un estado de absoluta postración. Una vez enterrada provisionalmente en la cripta de las Salesas, el rey se encerró en el castillo de Villaviciosa de Odón, en el que nunca había estado la fallecida reina, porque no podía tolerar la visión de algo que le recordara a su esposa. Poco a poco fue cayendo en la más grave crisis de su patología mental. Se negaba a comer, a lavarse, se hacía cada vez más extravagante, atravesó períodos de gran violencia llegando a pegar a quienes se le acercaban, con otros de absoluta postración, en los que ni siquiera hablaba o sólo hablaba de la reina desaparecida. (Hoy pensaríamos en la enfermedad de Alzheimer.)

El paulatino deterioro de la salud del monarca y su total absentismo de los asuntos de gobierno creó un vacío de poder que llenó como pudo el ministro Ricardo Walls, en contacto ya con quien estaba destinado a sucederle, su hermanastro Carlos, que entonces reinaba en Nápoles y Sicilia. Ni que decir tiene que la intrigante de la Farnesio, desde su reclusión en La Granja, ya medio ciega y casi impedida, hacía todo lo que podía para meter sus narices en los asuntos del Estado, ayudada eficazmente en esta ocasión por su hijo el ya dimitido cardenal infante don Luis Antonio, que se mantenía en Villaviciosa de Odón junto a su hermano moribundo y que se llevó de éste algún que otro guantazo en uno de sus accesos de violenta locura. Finalmente el 10 de agosto y tras haber recibido la absolución de parte del nuncio del papa, ya que en su estado no podía ni confesar ni comulgar, y la extremaunción, Fernando VI dejó de existir. Su cuerpo fue llevado a las Salesas, para ser enterrado junto al de su esposa en la cripta de la iglesia. Años más tarde, su hermano y sucesor Carlos III mandó construir sendos túmulos a los que fueron trasladados los restos de esta singular pareja, que trasmitieron en su corto reinado la misma pacífica benevolencia de sus caracteres. En definitiva fue un reinado coherente con la máxima que lo inspiró: «Paz con todos, guerra con nadie».

La mejor España posible

Carlos III, el primer rey burgués

Aunque no es el cometido de este libro hacer un repaso exhaustivo de la historia de los Borbones en el trono de España, sí de los que creemos han sido los hitos de su trayectoria al frente de los destinos de la nación. En este aspecto no puede dejar de mencionarse —aunque sea someramente— el reinado del que ha sido el más brillante de los reyes de la dinastía, Carlos III de Borbón y Farnesio. Su reinado, a pesar de los altibajos, tuvo que establecer un delicado equilibrio entre la decadencia del Antiguo Régimen y las nuevas ideas que ya corrían por toda Europa y que en España una vez empezaron a entrar tímidamente también tuvieron sus partidarios, una buena legión de políticos, intelectuales, escritores y artistas ilustrados que hicieron todo lo posible por divulgarlas, por crear una nueva conciencia entre el pueblo y por llevarlas a la práctica, para lo que contaron con el decisivo respaldo del rey, que a pesar de esto, tuvo que hacer acopio de toda su prudencia y ponderación para que el choque entre las nuevas y las viejas ideas no llegara a una confrontación violenta. Formado el rey Carlos en los ideales del absolutismo ilustrado, la historia le colocó en la difícil coyuntura de ser él mismo el que propiciara los medios que acabarían arruinando los principios en los que había sido educado.

Ciertamente Carlos de Borbón tenía un carácter que hizo posible vivir estas tensiones entre un pasado obsoleto que se resistía a dejar paso al futuro, sin que se resintiera ni su salud ni su fuerte personalidad, que siempre fue equilibrada, desapasionada, flemática y serena. Francisco de Goya retrató a Carlos III magistralmente en 1786, cuando ya frisaba los setenta años. Genial como obra de ese gran artista, en el cuadro aparece el viejo rey vestido de la forma que más le gustaba, de cazador, su afición favorita. Carlos III que había sido un niño hermoso, blanquísimo, rubio, de ojos claros y facciones regulares, según puede apreciarse en algunos de los retratos que nos han llegado de su niñez y adolescencia, como los de Jean Ranc, pintor de corte de su padre Felipe V, con los años se fue transformando en una persona auténticamente fea, muy moreno, de rasgos muy marcados y endurecidos, cuya más que prominente nariz daba a su cara un aspecto casi cómico. En cambio esa fealdad estaba compensada con la extraordinaria simpatía que emanaba de su sonrisa y de su aspecto campechano y sociable, según escribieron muchos de sus contemporáneos, especialmente el conde de Fernán Núñez, en su apasionada biografía del soberano.

En el cuadro de Goya se aprecia esa cercanía que el monarca manifestaba y que hacía olvidar, según las crónicas de la época su extrema fealdad. De mediana estatura y piernas delgadísimas, hombros vencidos y barriga prominente, Carlos III era en efecto un hombre campechano, de costumbres sencillas, aunque no dejaba nunca de tener conciencia de su alto rango y siempre fue un estricto defensor de la realeza —en esta doble faceta el actual rey Juan Carlos I le recuerda extraordinariamente—. Sereno, pacífico, con mucha retranca y sentido del humor, el hijo mayor de la ambiciosa Farnesio fue siempre un hombre sano —al contrario que la mayoría de sus hermanos—, que gustaba de la vida hogareña, detestaba las ceremonias públicas, vestirse las lujosas casacas de su rango, las bandas y condecoraciones, tanto que apenas llegaba a palacio se desprendía de todo aquello y vestía como cualquier hombre sencillo de su reino, con preferencia ropa muy usada, que era la que de verdad le hacía sentirse cómodo.

En definitiva puede afirmarse sin duda que por sus gustos y su talante, Carlos III fue el primer rey burgués, a pesar de haber sido un monarca absoluto. Luego habría muchos, naturalmente, pero en aquella época en que los miembros de las casas reales eran prisioneros del protocolo y de los símbolos más suntuosos de la realeza, el rey Carlos tenía gustos sencillos, era pragmático, un eficiente y laborioso funcionario del Estado y ante todo gozaba con una vida tranquila en el campo, con su esposa e hijos, de cuya educación se encargaron personalmente tanto él como su mujer, la reina María Amalia. Su amor a los animales, especialmente a los perros, también queda reflejado en el espléndido retrato de Goya, en el que a los pies del monarca reposa su fiel *Malambo*, uno de sus canes más fieles.

Esta personalidad burguesa y tranquila tuvo su perfecta correspondencia en su esposa, María Amalia Walburga de Sajonia, una polaca sana, fuerte, diligente ama de casa, sencilla también en sus gustos, religiosa sin fanatismos, práctica y discreta consejera y ayuda del monarca. Juntos formaron un matrimonio perfecto y ejemplar, más fundamentado en un amor nacido del cariño, de la comprensión y de la cotidianidad, que de una gran pasión romántica. No obstante haber sido, como era lo normal en aquellos años, una boda de conveniencia e interés de Estado, tanto Carlos como María Amalia se atrajeron y se amaron desde el primer momento de su encuentro en el reino de Nápoles. Juntos vivieron veintidós largos años y cuando la reina murió, apenas diez meses después de su llegada a España, cuentan las crónicas que el rey comentó a uno de sus íntimos confidentes: «Éste es el primer disgusto serio que me ha dado Amalia en nuestros veintidós años de matrimonio».

Tal vez esta personalidad había logrado manifestarse porque el infante don Carlos, primer hijo del segundo matrimonio de su padre Felipe V con la italiana Isabel de Farnesio, nació sin ninguna perspectiva de reinar y bastante alejado por su posición de la sucesión al trono. Para ello estaban destinados sus hermanos mayores, hijos del primer matrimonio de su padre. Aunque no por eso se descuidó su educación, siendo instruido en las materias que entonces se creía que debían conocer los príncipes, historia sagrada, historia de España, de Francia, geografía, matemáticas, geometría, idiomas y en el caso de Carlos la botánica, que fue una de sus mayores aficiones a lo largo de su vida. Pero el destino le tenía reservado un porvenir muy distinto al de un oscuro segundón infante de España en la corte de Madrid. Ya que el destino, eficazmente ayudado por las ambiciones de su madre, que no se resistía a que sus retoños no ciñeran en sus cabezas alguna corona real o ducal, hizo que con este fin estuviera orientada toda la política exterior de una parte importante del reinado de Felipe V con el poder en la sombra de la tenaz parmesana.

Cuando apenas tenía quince años Carlos, por medio de complicadísimos acuerdos internacionales, fue destinado a ceñir la corona ducal de los estados de Parma, Piascenza y Guastalla, herencia de su madre, como única heredera de la extinguida dinastía de los Farnesio, y también se le reconocerían a posteriori los derechos a suceder al anciano gran duque de Toscana, Juan Gastón de Médicis, que también carecía de herederos. Con este motivo el príncipe adolescente salió de España camino a sus nuevos estados italianos. Pero la fortuna le tenía reservado un destino aún más brillante, ceñir la corona más bella de Italia, al decir de su propia madre, y gobernar el reino más hermoso de Europa en la opinión de Federico II de Prusia. En efecto pocos años más tarde de su llegada a Italia, y después de un breve período en los ducados parmesanos, Carlos era coronado rey de Nápoles y de las Dos Sicilias, después de una nueva campaña militar y los consabidos acuerdos entre las potencias europeas.

No es tampoco éste el lugar para hablar de los veinticinco años que Carlos de Borbón gobernó aquellos Estados, con el nombre de Carlos VII, sólo decir que su mayor éxito, y lo que le granjeó el afecto y la adhesión de sicilianos y napolitanos fue que por primera vez en su historia aquellos reinos tenían un soberano que podían sentir como propio, por primera vez eran un Estado auténticamente independiente y autónomo y tenían su lugar en el entorno internacional. Puede decirse que Carlos fue el verdadero creador del reino de las Dos Sicilias, ya que antes siempre habían sido territorios dependientes de otra corona, ya española, ya francesa, ya austriaca. También le sirvieron aquellos años de reinado a Carlos de Borbón para diseñar toda una forma de gobierno y para adquirir una preciosa experiencia en los asuntos públicos, que luego le sería de gran ayuda en su reinado español. Ya que por esa jugada del destino, en

1758, cuando en Villaviciosa de Odón agonizaba su medio hermano Fernando VI, Carlos se convirtió en el primer heredero de los reinos y territorios dependientes de la Corona de España. No sólo por sus derechos de sangre y la fatal línea sucesoria, sino por el expreso testamento de Fernando VI, firmado en diciembre de aquel mismo año de 1758, que le convertía en el heredero universal de todos sus Estados.

De Nápoles a Madrid

Era un caluroso día del mes de agosto de 1759 en el Palacio Real de Nápoles, cuando el sello de lacre negro que le entregaba un correo venido desde España al rey de Nápoles, delataba la fatal noticia de la que era portador. Cuentan que Carlos VII, con su característica flema, apenas se inmutó al saber que hacía diez días que su hermano Fernando VI había muerto y que como estaba dispuesto se había hecho cargo de la regencia hasta que él arribara a España, la anciana reina Isabel de Farnesio, su madre. No era fácil abandonar aquellas alegres tierras en las que tantos años había vivido, donde había conocido el amor de su fiel esposa, en las que habían nacido sus numerosos hijos, donde estaban enterrados los pequeños infantes que no habían sobrevivido a la niñez, donde, en definitiva, dejaba amigos, un pueblo que le adoraba —le llamaban cariñosamente «il nostro Carluccio»— y el fruto del eficiente trabajo de un cuarto de siglo en el que se había reorganizado la Administración del Estado, se había dado un fuerte impulso económico, se había luchado contra la nobleza, el clero y las clases dominantes para arrebatarles un poder casi feudal y posibilitar el avance de una burguesía cada día más pujante.

No era fácil abandonar los hermosos palacios que había mandado construir, las obras públicas, su patronazgo de las bellezas arqueológicas descubiertas en Pompeya y Herculano, su grandioso teatro de ópera de San Carlo, la impresionante belleza del Mediterráneo que podía divisar desde Capodimonte o desde la Certosa de San Marino. No era fácil dejar allí a dos de sus hijos, el primogénito Felipe Antonio, tarado e imbécil de nacimiento y por tanto excluido de la sucesión, y a su tercer varón Fernando, a quien debían nombrar su heredero como rey de las Dos Sicilias y que tenía ante sí el reto de conservar el reino formado por su padre, careciendo —y Carlos lo sabía y sufría por esta razón— de las cualidades necesarias para ello. Sus hijos fueron un sufrimiento constante para Carlos III, no sólo había perdido en la infancia a varios de los trece que había engendrado, sino que había tenido que aceptar la incapacidad de su varón primogénito y llegar a la conclusión de que tanto Carlos, el destinado a heredarle en España, como Fernando, su sucesor en la corte de Nápoles, eran igualmente inútiles, dos seres débiles, influenciables, con poca capacidad de discernimiento y escasa inteligencia.

Pero Carlos de Borbón había heredado la fortaleza de su madre y había sido educado en los sacrosantos principios de la monarquía y en la fidelidad absoluta a su dinastía. Y ni siquiera tuvo un momento de duda. Sabía que su destino le llamaba a España y una vez arreglados los asuntos napolitanos, se dispuso a embarcar con toda su familia, excepto el incapacitado infante don Felipe, que quedaba bajo la protección y el cuidado de su hermano, que ya era Fernando I, rey de Nápoles y de las Dos Sicilias. Al ser éste menor de edad, pues sólo contaba ocho años, se nombró un consejo de Regencia, al frente del cual Carlos de Borbón nombró al más fiel de sus colaboradores en su reinado napolitano y el que fuera su amigo cincuenta años, Bernardo Tanuci, un eminente jurista de la Universidad de Bolonia que había sido uno de sus más eficaces ministros en los veinticinco años de gobierno. Tras la ceremonia de cesión de sus poderes a su hijo, el niño rey, Carlos no quiso demorar más su marcha a España y en medio de una grande y emocionada despedida de sus súbditos napolitanos, embarcó con toda su familia y uno de sus más queridos ministros el marqués de Squilace en sendos barcos, el *Fénix* y el *Triunfante* de la escuadra española que había llegado a la bahía de Nápoles a recogerles.

«Dichosa nación que al privarla el Omnipotente de tan insigne dueño le tenía preparado el consuelo de otro, no menos excelso, no menos amante de su patria y aún de mayores experiencias en el arte de reinar, que es fortuna a que no están acostumbradas las monarquías», así se escribía en la *Gazeta* de Madrid el 14 de agosto de 1759 cuando ya se esperaba la llegada del nuevo soberano. En verdad era un hecho extraordinario que un nuevo rey subiera al trono de sus mayores tan maduro y con veinticinco años de experiencia de gobierno. La primera señal de esa experiencia y de la prudencia y habilidad del nuevo monarca fue su decisión, contra todo consejo, de hacer su entrada en España por Barcelona. Carlos pensó, sin duda, que era ya el momento de curar las heridas provocadas por su padre en 1716 cuando acabó con los fueros y privilegios del Principado y era necesario restablecer una buena sintonía entre la Corona y los catalanes. (Curioso gesto que recuerda la decisión del rey Juan Carlos I al realizar su primera visita a una provincia, a Barcelona, y dirigir unas palabras en catalán en el Salón del Tinell de claras referencias históricas.) Barcelona recibió con entusiasmo al nuevo rey y a su familia y aquella visita de tan sólo una semana serviría para abrir nuevos cauces de relación entre Cataluña y la Corona.

Éste sería el primero de una serie de gestos y de decisiones que denotaban la exquisita prudencia de Carlos III, que tras una forzada estancia en Zaragoza de un mes por el ataque de sarampión que sufrieron varios de sus hijos, llegaba a Madrid el 9 de diciembre de 1759, bajo una copiosa lluvia que no mermó en absoluto el entusiasmo de su recibimiento. Carlos fue directamente al palacio del Buen Retiro donde aguardaba una anciana, impedida y casi ciega, Isabel de Farnesio, que sentía en aquel momento compensados todos sus esfuerzos por situar a su amado hijo Carlet —como era llamado en familia— en el poderoso trono de las Españas. Casi treinta años hacía que madre e hijo no se veían y para ambos debió ser muy emocionante el reencuentro. Y feliz aquella primera Navidad en Madrid en torno al belén napolitano que había traído consigo la reina María Amalia, dando origen éste primero y palaciego a la tradición tan española de los belenes para festejar la Navidad.

Pero aquella idílica felicidad duró poco. Lo primero que empezó a resquebrajarse fue la armonía familiar que no llegó a establecerse en forma alguna entre su esposa y su madre. Dos reinas muy distintas, muy fuertes las dos, muy contrarias en su forma de vivir la realeza, ambiciosa insaciable de poder la Farnesio, distante con los asuntos de Estado la sajona; italiana apasionada la madre, germánica hasta los huesos la esposa; la convivencia se hizo irrespirable, aunque las dos intentaban que el rey no se diera cuenta. Finalmente como la posesiva madre intentara entrometerse en asuntos de Estado, como había sido su inveterada costumbre, ésta fue la excusa de Carlos III para devolver a su madre a su palacio de La Granja de San Ildefonso, donde quedaría todavía unos años entretenida en la construcción del pequeño palacio de Riofrío. Probablemente la Farnesio viera en este gesto de su amado hijo Carlet falta de agradecimiento a sus desvelos, pero el rey Carlos no era como su padre y sus hermanos mayores y no se dejaba influenciar por nadie, ni tan siquiera por su madre ni por su propia esposa, que como le conocía perfectamente ejercía un sutil y casi imperceptible ascendiente en algunas cuestiones.

Había mucho trabajo por hacer y a ello se puso el laborioso Carlos, que en los primeros meses apenas introdujo cambio alguno. Se concedió una generosa amnistía, por la que el marqués de la Ensenada pudo volver de su destierro y el nonagenario político Macanaz ser liberado de su encierro. Mantuvo en su puesto al primer ministro Ricardo Walls y sólo colocó en el gobierno a su ministro italiano Leopoldo di Gregorio, marqués de Squilace, cuyo título pronto quedó castellanizado como el marqués de Esquilache. El rey se dedicó a observar y tomar buena nota. Naturalmente lo que vieron sus ojos —tres décadas apartados de su ciudad natal— fue triste y desolador. No solamente estaban todos los asuntos públicos estancados debido al año en que Fernando VI, enfermo y demente no se había ocupado de sus Estados, sino que la capital de aquel vasto imperio, Madrid, era entonces una de las ciudades más feas, sucias y deprimentes de Europa. Una vez tomado contacto con la realidad, a los seis meses de vivir en Madrid se organizó la entrada solemne del rey Carlos III en la ciudad. Desde el palacio del Buen Retiro una impresionante comitiva recorrió algunas de las calles y plazas de la Villa y Corte el 13 de julio de 1760. En la calle de Alcalá le fueron entregadas al soberano las llaves de la ciudad, hubo una semana de fiestas y el día 19 la solemne jura ante las Cortes, en la iglesia de los Jerónimos, ya que no ha existido en la monarquía hispánica ceremonia de coronación, los reyes juraban los fueros de los distintos reinos. En la época de Carlos III era ya una simple ceremonia simbólica pues Felipe V había suprimido todos los fueros. En la misma ceremonia y para que no hubiese ningún problema sucesorio se juró también como heredero y Príncipe de Asturias al infante don Carlos, futuro Carlos IV.

Nadie podía imaginar ese caluroso día de verano que con el tiempo aquel rey que recorría las calles madrileñas y que observaba a sus nuevos súbditos con algo de estupor sería conocido como «el mejor alcalde de Madrid». Al final de su reinado la ciudad había cambiado tanto su aspecto que nadie podría reconocer en ella al poblachón que Carlos y María Amalia encontraron a su llegada, calles sin asfaltar, sin alumbrado, sin los más elementales servicios de higiene... Carlos III la trasformaría y mandaría construir algunos de sus edificios y monumentos que hoy todavía la caracterizan. La reina María Amalia quedó horrorizada no sólo del aspecto de Madrid, sino del propio carácter de los españoles, acostumbrada como estaba al dulce trato de los napolitanos, y así lo escribía a sus amigos de Italia: «los españoles son insociables, hostiles, ceñudos, agresivos, huraños y recelosos a todo lo que pueda llegarles de fuera... No sería suficiente toda mi vida en este país para acostumbrarme a él». Parecía una premonición, pues sólo diez meses más tarde de su llegada a España, María Amalia Walburga, princesa de Sajonia y de Polonia, reina de las Dos Sicilias y reina de España moría con apenas treinta y siete años de una tuberculosis agravada por sus muchos embarazos, el agotador viaje y los radicales cambios que había tenido que soportar su ya frágil salud. Sus restos mortales irían al pudridero de El Escorial para reposar eternamente en la tierra a la que se sentía incapaz de comprender y adaptarse.

Cambios y reformas

Viudo y solo, con la confianza únicamente en su fiel Esquilache, comenzaba el cuarto rey Borbón su reinado. En su mente y en su concepción del Estado, Carlos se sentía rey absoluto por la gracia divina, partidario de aplicar esa máxima que había puesto de moda el absolutismo ilustrado en Francia «todo para el pueblo, pero sin el pueblo». El monarca tenía trazado un ambicioso programa de reformas en su cabeza, todas bien intencionadas, a favor del pueblo y especialmente de los más desfavorecidos, pero siempre partiendo de la idea paternalista del soberano que tiene y debe procurar el bien de la patria y de sus súbditos. Sólo que aquellas ideas que habían informado el Antiguo Régimen estaban en crisis y los súbditos ya empezaban a reclamar ser ciudadanos y poseedores de la auténtica soberanía, que podían delegar en manos del rey. Todo el reinado de Carlos III no es más que esa lucha de las fuerzas reaccionarias que se resistían a dejar sus antiguos privilegios y las nuevas ideas de libertad, igualdad y fraternidad que pronto iban a tener su formulación y su eclosión en la Revolución Francesa. Carlos III mantuvo una calculada ambigüedad en la polémica que se planteaba, porque siendo como era decidido partidario de las reformas, veía o temía los peligros de una ruptura demasiado violenta con el sistema, cuyas consecuencias nadie podía calcular.

Por eso el llamado Motín de Esquilache, ocurrido el Domingo de Ramos de 1766 marcó un antes y un después en el gobierno de Carlos III. Fue un acontecimiento extraordinario que traumatizó al monarca, le atemorizó y le hizo tal vez ser más precavido en las reformas que estaba introduciendo en la nación. En realidad la excusa para aquel brote revolucionario, que se extendió a varios lugares del país y que sorprendió a los gobernantes españoles el mes de marzo de 1766, fue una orden de Esquilache prohibiendo —por motivos de seguridad pública— la capa larga tradicional española y el sombrero de ala ancha, con la justificación de que ambas prendas, que deberían ser sustituidas por la capa corta y el sombrero de tres picos, favorecían la comisión de muchos delitos al permitir al delincuente actuar con total impunidad embozado en la capa y tapado con el sombrero. En realidad todo era mucho más complicado. Después de varios años de malas cosechas y crisis económica, el pueblo estaba desesperado, hambriento y también harto de ministros y consejeros extranjeros, como Grimaldi y el propio Esquilache. Detrás estaba el descontento por la lentitud de las prometidas reformas y las intrigas y maquinaciones de la nobleza más conservadora y el clero más ultramontano que veían amenazados sus privilegios por la puesta en marcha de la política reformista del rey y de sus ministros. Para más desgracia a los pocos meses del motín fallecía la reina madre, Isabel de Farnesio, que fue enterrada junto a su marido en la colegiata de La Granja de San Ildefonso.

De aquella grave crisis se sucedieron varios importantes acontecimientos. El primero que el rey tuvo que sacrificar al marqués de Esquilache, que había intentado sanear la hacienda pública, racionalizar el gasto, conseguir nuevos impuestos con la creación de la Lotería Nacional, aprovechando la afición al juego de los españoles y otra serie de decisiones de tipo económico, al que tuvo que mandar al destierro. Se inició un proceso para averiguar si aquellas revueltas habían estado instigadas por poderes ocultos, de resultas del cual la Compañía de Jesús, que ya había sido expulsada de Francia y de Portugal, fue expulsada de España en febrero de 1767. Había indicios de que los jesuitas, en colaboración con otras fuerzas reaccionarias, habían estado detrás de la rebelión fomentando el descontento del pueblo. Aparte de esto, la enorme riqueza que había atesorado la Compañía de Jesús le daba un extraordinario poder e influencia y con la excusa del cuarto voto de obediencia al papa, se negaban a reconocer la autoridad civil. Desde su llegada al trono Carlos III había sopesado la decisión que finalmente tomó. Y no cejó en su empeño hasta que un año más tarde consiguió que el propio pontífice romano disolviera la Compañía fundada por Ignacio de Loyola.

Otra consecuencia de los acontecimientos de marzo de 1766 fue la decisión tomada por el rey de continuar con su política de reformas y modernización del país. Uno de los empeños más claros y decididos de este rey fue intentar devolver a España su antiguo esplendor y su papel de primera potencia en el mundo, cosa que no llegó a conseguir aunque la puso en condiciones de recuperar su importancia si no hubiera sido por los desastrosos reinados de sus sucesores. Este empeño pudo ser la causa por la que Carlos que era un hombre pacífico, se decidió a entrar en la Guerra de los Siete Años, firmó con Francia el III pacto de familia, se enfrentó a Gran

Bretaña y participó en la Guerra de Independencia de los Estados Unidos. Como consecuencia de toda esta política exterior se pudo recuperar Menorca, pero no Gibraltar y aunque se perdieron algunos territorios americanos, se ganaron otros, llegando a ser su reinado el momento en que el imperio español en América fue más extenso. Sin embargo y aunque se tomaron muchas medidas respecto a la relación de la metrópoli con las colonias y el comercio entre ellas y Europa —se creó la Sociedad de Filipinas—, todos aquellos países empezaban a ser un grave problema. Inglaterra, Francia y Holanda ya habían ido perdiendo muchas de sus colonias y lo mismo podía ocurrir con las posesiones españolas. Campomanes sugirió una original propuesta: que se les diera la independencia, se colocara a los infantes en los tronos americanos y Carlos se hiciera reconocer como emperador de todos aquellos territorios. Sin embargo el rey consideraba las colonias como parte esencial de sus reinos y finalmente no se tomó ninguna medida a este respecto por lo que el problema se desencadenaría en la centuria siguiente.

Aunque no pudiera hablarse todavía de partidos políticos, sí había dos poderosos grupos que pugnaban por conseguir sus intereses: los conservadores y los reformistas, o golillas y aragoneses. Rodeado de un ramillete de políticos y consejeros ilustrados, como el propio Pedro Rodríguez de Campomanes, Pedro Abarca de Bolea, X conde de Aranda, Francisco Cabarrús, Pablo de Olavide, Miguel de Musquiz, José Moñino, conde de Floridablanca, que sería su último primer ministro y el político que Carlos III consideraba más capaz, el rey prosiguió su política de cambios en muchos frentes.

Se fomentó la instrucción pública, pues aquellos hombres ilustrados sabían que en la educación y en la cultura estaba la raíz de un auténtico y profundo cambio social. Se intentó la reforma de las universidades, que como los colegios mayores, eran los centros elitistas canteras de la intelectualidad, pero estaban en manos de la Iglesia en su gran mayoría. Se reformaron los tres ejércitos y se aprobaron las Ordenanzas Militares que han estado vigentes hasta el reinado del actual monarca Juan Carlos I. Se intentó la reforma agraria, aprovechando los datos aportados por el monumental Catastro de Ensenada, que se había realizado en el reinado de su hermano Fernando VI, e incluso se habló de desamortización, pues existían grandes latifundios en manos de la alta nobleza y de las órdenes religiosas, pero el Santo Oficio se encargó de quitar de en medio al autor de semejante idea, Don Pablo de Olavide, que fue condenado y encerrado en prisión, aunque al fin pudo huir a Francia. Se repoblaron grandes extensiones de Sierra Morena con 6.000 colonos alemanes y de Flandes, dando origen a La Carolina, La Luisiana y La Carlota.

Insignes intelectuales como el padre Feijoo, Gaspar Melchor de Jovellanos, José Cadalso formaban toda una generación con afanes de cambiar España, movimiento que tiene muchas similitudes con lo que intentaron luego los hombres de la Restauración y lo que años más tarde se conoció como el regeneracionismo en los albores del siglo XX. Ellos difundieron las nuevas ideas que ya estaban cambiando el mundo y habían alumbrado el Siglo de las Luces. Tuvieron algunos éxitos y muchos contratiempos, y bastantes de ellos fueron al destierro y a prisión por sus ideas. La creación por el conde de Peñaflorida de la Sociedad Económica Vascongada de Amigos del País fue un ejemplo que pronto tuvo su fruto en la creación de muchas otras por todo el país. Estas ilustradas sociedades de amigos del país contribuyeron a divulgar las nuevas ideas y los ideales del reformismo. Se fue creando la llamada clase media y algunos cambios fueron más rápidos. Se transformó en alguna medida la organización familiar, la mujer llegó a tener más autonomía, podía participar en tertulias y reuniones, podía salir sola a la calle, el matrimonio empezó a dejar de ser un acuerdo económico, dejando paso a las relaciones fundamentadas en el amor. La condesa de Benavente, María Josefa Alfonso de Pimentel, la condesa de Montijo, María Francisca de Sales y Josefa Amar fueron pioneras en la cada vez más viva presencia de la mujer en foros y lugares sólo permitidos hasta entonces a los hombres.

Un capítulo aparte merecen las obras públicas que fomentó y alentó Carlos III y que no sólo se circunscribieron a Madrid, como comúnmente se cree, sino a otras grandes ciudades. Aunque fue en Madrid donde más resonancia tuvieron por ser la capital del reino y la que más se transformó. Se empedraron las calles, se colocaron cientos de farolas, se tomaron medidas higiénicas, se dividió Madrid en barrios, se creó la policía y sobre todo se levantaron grandes monumentos y modernos edificios, la Puerta de Alcalá es el ejemplo más vivo de aquella época de cambio de Madrid, que le ha valido al monarca ser conocido como «su mejor alcalde». Se creó el Jardín Botánico, el Museo de Historia Natural, el Banco de San Carlos, se terminó el nuevo Palacio Real, al que finalmente se trasladaría a vivir la familia real en diciembre de 1764. Se abrieron paseos como el del Prado y el de las Delicias, se construyeron fuentes como la Cibeles y Neptuno y Juan de Villanueva proyectó el gran edificio que luego sería el Museo del Prado.

Cambiaba Madrid, cambiaba la sociedad, pero muchos otros cambios eran más difíciles y lentos y el rey envejecía meticuloso, ordenado y metódico como un reloj. Carlos III amaba la monotonía y el orden hasta el punto que cada uno de sus días era igual a otro. Trabajo, caza y trabajo. Ya estuviera en Aranjuez, en La Granja, en El Escorial o en el Palacio Real, sus horarios eran estrictos y no cambiaban más que en ocasiones muy extraordinarias. Le disgustaban las ceremonias de corte, las fiestas y la frivolidad. Odiaba las intrigas palaciegas y el cotilleo y lo que más le molestaba era la mentira. De él se decía que siempre era «antes Carlos que el rey», con lo que quería señalarse su lado humano y su carácter cercano y extremadamente atento con todo el mundo. Piadoso, pero sin fanatismo, era lo suficientemente racionalista para con la misma mano firmar la expulsión de los jesuitas y declarar patrona de España a la Inmaculada Concepción. Tenía una moral muy estricta porque creía con firmeza que una de las obligaciones de la monarquía como institución y de sus representantes era servir de ejemplo y modelo para sus súbditos. Tuvo un sentido patrimonial del Estado y por eso en su testamento dejó todo, incluidos sus bienes privados, a su sucesor para que se mantuvieran unidos. Trabajó para fortalecer la idea nacional de España y en este sentido creó la bandera nacional y el himno o marcha real.

Una mención especial —dado el objetivo de este libro— merece la célebre Pragmática de 1776, por la que Carlos III reguló los matrimonios de la familia real. El motivo fue un trance muy amargo para el rey. Su hermano menor, el infante Luis Antonio, que había sido como hemos contado arzobispo de Toledo y de Sevilla y cardenal primado, cargos a los que renunció en 1754, había permanecido no obstante soltero muchos años, aunque con continuas aventuras galantes que no eran para nada del agrado de su hermano el rey. En 1776 decidió contraer matrimonio con una noble venida a menos, María Teresa de Vallabriga y Rozas. El rey se opuso y mediante la citada Pragmática ordenó que los miembros de la familia real que contrajeran matrimonio desigual quedarían apartados de la sucesión, perderían todas sus dignidades, títulos y privilegios, e incluso el apellido Borbón, que no podrían utilizar sus descendientes y se les obligaba a vivir fuera de los Reales Sitios. El infante y su mujer vivieron desde entonces modestamente en Cadalso de los Vidrios, Boadilla del Monte y Arenas de San Pedro. Muerto el infante, la viuda se trasladó a su Zaragoza natal y le fueron arrebatados sus tres hijos por su sobrino Carlos IV que acabó devolviéndoles sus títulos y apellidos, aunque la Pragmática siguió vigente y fue desde entonces la norma interna de la Casa Real por la que se regulaban sus matrimonios. Interesa a este libro especialmente esta anécdota del reinado de Carlos III por la polémica que se suscitó al contraer matrimonio la primogénita de los actuales Reyes, la infanta Elena, por si se consideraba derogada la Pragmática al estar regulados los matrimonios reales por la Constitución de 1978, que como ley de mayor rango invalida cualquier otra norma de rango menor. De esta polémica volveremos a hablar en el último capítulo de este libro sobre el matrimonio del Príncipe de Asturias.

Otros sinsabores tuvo que soportar en la vejez Carlos III, la comprobación de su presentimiento del débil carácter de sus dos herederos en Nápoles y el del propio Príncipe de Asturias, y que sus sendos matrimonios, el primero con la archiduquesa María Teresa de Austria —hermana de María Antonieta—, ambiciosa y manipuladora, y el del futuro Carlos IV con su prima María Luisa de Parma, una mujer pizpireta, frívola y mandona que llegó a indisponerle con su propio heredero y con otros de sus hijos. También asistió a la muerte de su hijo más querido el infante don Gabriel y a la de toda su familia por unas viruelas.

Una cierta sensación de frustración y amargura debió acompañar en sus últimos años a aquel rey que siendo un niño al ser preguntado cómo quería ser recordado, contestó que como «el Sabio», pero que veía que sus esfuerzos por modernizar su patria no acababan de cuajar. En su testamento, que firmó pocos días antes de morir en el Palacio Real de Madrid, en diciembre de 1788, aconsejaba a su heredero que contara con la sabiduría y experiencia del conde de Floridablanca, uno de sus mejores ministros, al que lloroso junto a su lecho de muerte, aún tuvo la humorada de decir el viejo y moribundo rey: «Vamos, hombre, no llores. ¿Qué creías, que yo iba a ser eterno?». Admirable manera de enfrentarse a la muerte. Carlos III y su esposa María Amalia, que ya le aguardaba en el pudridero de El Escorial, serían los primeros monarcas de la dinastía borbónica en descansar en el Panteón Real fundado por los Austrias. En su «Elogio fúnebre de Carlos III», José Nicolás de Azara dijo de él algo muy razonable «fue en el trono lo que siendo vasallo hubiera querido que fuera su monarca».

LOS FRUTOS DE LA AMBICIÓN

Los Borbones italianos

Antes de seguir con esta apretada crónica de la Casa de Borbón en el trono de España, detengámonos para contemplar cómo la ambición de una mujer, Isabel de Farnesio, acabó sentando en sendos tronos de Europa, en la fragmentada Italia del siglo XVIII, a dos de sus hijos, Carlos y Felipe, que se convirtieron así en troncos de dos nuevas ramas de la Casa de Borbón-Anjou, que es como en propiedad debería ser llamada la dinastía española. En realidad la Casa de Borbón es el linaje de Hugo Capeto, entronizado como rey de Francia en el año 987. De este gran tronco familiar descendieron las distintas dinastías que reinaron en Francia, los Valois, los Angulema, los Borbones y los Orleans. Los Orleans fueron siempre las ramas segundonas de cada dinastía, que recibían el título y ducado de este nombre. La actual Casa de Orleans, que en realidad debería ser denominada como Casa de Borbón-Orleans, tiene su origen en un hermano de Luis XIV, Felipe, duque de Orleans en 1701. Uno de sus descendientes, Luis Felipe, también duque de Orleans abrazó los ideales revolucionarios y fue conocido como «Felipe Igualdad». Su voto en la Asamblea fue decisivo para que su primo Luis XVI fuera ejecutado, por lo que esta rama fue declarada regicida y proscrita por un tiempo por la realeza europea. Andando el tiempo el duque de Orleans fundó su propia dinastía, sustituyendo a la rama primera tras el destronamiento de su también primo Carlos

X de Borbón. Luis Felipe I de Orleans reinó en Francia desde 1830 a 1848, y fue derrotado por otra revolución. Cuando la rama primitiva de los Borbones se extinguió en 1883 con la muerte sin descendencia de Enrique, conde de Chambord, la jefatura de ambas ramas pasó a Felipe de Orleans, conde París. Y de ahí a sus descendientes actuales.

Pero no es esta Casa la que nos interesa para seguir el devenir histórico de los Borbones españoles. Como hemos visto el nieto de Luis XIV, Felipe, duque de Anjou, se convirtió en rey de España en 1700 por el testamento de su tío abuelo, Carlos II de España, el último monarca español de la Casa de Austria. De su segundo matrimonio con Isabel de Farnesio, Felipe V tuvo numerosa prole, para la que su ambiciosa cónyuge, al verlos lejanos en la línea sucesoria (aunque luego el destino los acercaría), decidió emprender la aventura de conquistar tronos europeos. Y lo consiguió. Aduciendo sus derechos a los ducados de Parma, Piascenza y Guastalla, sirviéndose de los manejos de la política exterior española, consiguió colocar al frente de estos Estados e incluso del Gran Ducado de Toscana a su hijo primogénito, Carlos. Tras otra guerra las tropas españolas consiguen volver a tomar posesión de Nápoles, su antiguo territorio perdido por la guerra de Sucesión. Allí va Carlos de Borbón, dejando a su hermano subsiguiente los ducados del norte de Italia, menos la Toscana que se la anexionó Austria. Ya como rey de Nápoles, donde reinó con el nombre de Carlos VII, el nuevo monarca conquistaría Sicilia, creando el reino de Nápoles y las Dos Sicilias, que en 1758, a la muerte de su medio hermano Fernando VI de España, dejaría en manos de su tercer hijo, Fernando, ya que el primero era idiota y el segundo estaba destinado desdichadamente a sucederle en su nuevo destino, el trono de España.

Tenemos pues dos nuevas ramas de la española Casa de Borbón. La Casa Real de Nápoles pasará a denominarse como Borbón Dos Sicilias, cuando tras la terminación del imperio napoleónico, en 1816 Fernando I se proclama rey de las Dos Sicilias y los descendientes de Felipe, duque de Parma, los Borbón-Parma. Ambas ramas reinaron, con interrupciones debidas a los avatares de la política europea hasta bien entrado el siglo XIX, en 1860 cuando la dinastía de Saboya culmina la unificación de Italia. Las dos han tenido descendencia y hoy sus representantes mantienen simbólicamente sus derechos históricos y los títulos de sus perdidos Estados. Carlos Hugo de Borbón-Parma es el representante de esta rama borbónica y depositario durante un tiempo de los más que simbólicos derechos de la rama carlista, extinguida en 1936. Por su parte el infante don Carlos de Borbón Dos Sicilias, duque de Calabria, es el depositario de los derechos de su rama dinástica al ya más que utópico trono de Nápoles y Sicilia. Sucintamente, así fue la historia de estas dos ramas de la Casa Real de España.

El más hermoso reino de la tierra: los Borbón Dos Sicilias

Así es como definía Federico II de Prusia el reino de Nápoles a mediados del siglo XVIII, cuando Carlos de Borbón y Farnesio se convierte en el primer rey de una nueva dinastía en unos territorios que habían pertenecido muchos siglos a la corona de Aragón y que de esta forma se habían incorporado a la monarquía hispánica en la persona de Carlos I de Habsburgo, V emperador de Alemania, a la muerte de su abuelo, el rey Católico, Fernando II de Aragón. Perdidas por España sus posesiones italianas al término de la guerra de Sucesión, por el Tratado de Utrecht de 1714, en realidad Felipe V nunca aceptó esta situación y hasta que no logró recuperar estos territorios no paró. En vez de incorporarlos nuevamente a la Corona de España, hizo que el primer hijo de su segundo matrimonio fundara allí un nuevo Estado y una nueva dinastía.

Como hemos dicho, en 1759 Carlos tiene que abandonar Nápoles y Sicilia, donde había reinado veinticinco años y su hijo Fernando es entronizado como rey, bajo la tutela de su ministro y amigo Tanucci. Fernando IV de Nápoles fue desposeído por Napoleón, que entregó primero el reino en 1805 a su hermano mayor José que, llamado a gobernar en España, fue sustituido por el general Murat en 1808. En 1816 Fernando vuelve a sus Estados, esta vez con el nombre de Fernando I de las Dos Sicilias. A Fernando le sucedió su hijo Francisco I y a éste, tras un breve reinado, su hijo Fernando II, y a éste el hijo de su primer matrimonio Francisco II, casado con María Sofía de Baviera, una de las hermanas de Sissí. Éstos fueron los últimos soberanos efectivos de las Dos Sicilias, pues tras la victoria de las tropas saboyanas al mando de Garibaldi y después de una numantina resistencia en la fortaleza de Gaeta, sostenida por la valerosa reina, tienen que refugiarse en los Estados Pontificios. Cuando éstos en 1870 finalmente son incorporados al reino de Italia, los Borbón Dos Sicilias se exiliaron primero en Francia y luego en Austria y en Baviera.

Muerto sin sucesión el rey Francisco II recogió la antorcha dinástica su medio hermano Alfonso que tomó el título de conde de Caserta. Muerto en 1934 le sucedió como Fernando III, duque de Calabria, su hijo mayor, casado con María de Baviera, que murió sin sucesión, pasando los derechos dinásticos a su sobrino Alfonso II, duque de Calabria, hijo de la Princesa de Asturias, María de las Mercedes de Borbón, y Príncipe de Asturias él mismo desde la muerte de su madre en 1904 hasta el nacimiento de su primo y primogénito de Alfonso XIII, el príncipe Alfonso de Borbón y Battenberg. Su tío Rainiero de Borbón, duque de Castro, entabló un pleito dinástico apoyándose en la renuncia que había hecho su padre Carlos a los derechos al trono de las Dos Sicilias al casarse con la princesa de Asturias y ser designado infante de España.

Desde 1973 hay dos duques de Calabria, uno el sucesor del duque de Castro, Carlos, y el otro, el también Carlos de Borbón Dos Sicilias, hijo de Alfonso XIII, casado con la princesa Alicia de Borbón-Parma. Reconocido este último como el legítimo depositario de los derechos al trono siciliano, y primo hermano del rey Juan Carlos (su padre fue medio hermano de la condesa de Barcelona, nacida del segundo matrimonio de su padre con la princesa de Francia, Luisa de Orleans), se casó con una hija del conde de París, Ana de Francia, y ha sido designado Infante de gracia por el Rey. Según las nuevas normas dinásticas españolas aparece como el noveno en la línea de sucesión, tras los hijos del Rey y sus descendientes, al volver la línea a la hermana mayor de Alfonso XIII, reconociéndose así las renuncias que en su día hicieron, al contraer matrimonios morganáticos según las antiguas normas sucesorias, tanto las hermanas de don Juan, las infantas Beatriz y Cristina, como las hermanas de don Juan Carlos, Pilar y Margarita. De su matrimonio con Ana de Orleans ha tenido cuatro hijas, las princesas Cristina, María, Inés y Victoria, y un hijo, que como heredero de los derechos dinásticos del reino de las Dos Sicilias utiliza el título de duque de Noto, y ha tenido un hijo fuera de matrimonio. Algunas de las hijas del infante don Carlos, todas españolas, fueron relacionadas —aunque algunas ya han contraído matrimonio— sentimentalmente con su primo el Príncipe de Asturias, don Felipe de Borbón y Grecia, sin mucho fundamento, más que el afán casamentero de gacetilleros y chismosos del reino.

Una rama ducal: los Borbón-Parma

Los avatares de esta segunda rama de Borbones, instalada en los ducados italianos de Parma, Piascenza y Guastalla en 1720, fueron numerosos. El primer duque y fundador de la dinastía parmesana, Felipe I, hijo de Felipe V y de Isabel de Farnesio, fue sucedido por su hijo Fernando I, desposeído por Napoleón en 1802. En compensación, el emperador de Francia hizo a su hijo, Luis I, rey de Etruria, casado con su prima hermana, la infanta de España María Luisa, que aparece en el famoso cuadro de Goya con sus padres Carlos IV y María Luisa de Parma y su hijo y sucesor Carlos Luis. La reina tuvo que ejercer la regencia en su pequeño Estado de Etruria por la muerte de su marido en 1803. Carlos Luis recuperó sus ducados y reinó como Carlos II de Parma. Le sucedió su hijo Carlos III, ya anexionados sus Estados al naciente trono de Italia. A Carlos III le sucedió como depositario de los derechos dinásticos su hijo Roberto I, que tuvo veinticuatro hijos, doce de cada una de sus esposas. Los dos primeros, Enrique I y José I de Parma, mantuvieron la jefatura de la Casa a pesar de ser idiotas, y una vez fallecido José I le sucedió su hermano Elías I como duque simbólico de Parma y a éste su hijo Roberto II. Muerto éste en 1974, soltero, la jefatura de la Casa de Parma pasó a su tío Javier I de Borbón-Parma, quien además por herencia de su tío político Alfonso Carlos, casado con su tía María de las Nieves y último representante de la rama carlista, al morir éste sin sucesión, se adjudicó la legitimidad de esta rama, a pesar de los pactos que Alfonso Carlos había hecho con Alfonso XIII para que ésta volviera a la línea que éste representaba acabando con el pleito dinástico abierto en 1833.

Javier I de Parma y pretendiente de los derechos carlistas se casó con Magdalena de Borbón-Busset (una rama segundona de los primitivos Borbones franceses) y fueron padres, entre otros muchos hijos, de Hugo Carlos de Borbón-Parma. Este personaje al ver la posibilidad de entrar en la lotería sucesoria que había abierto el general Franco con su ambigua Ley de Sucesión a la Jefatura del Estado de 1947, transformó su nombre en Carlos Hugo y se presentó en España en los años sesenta como uno más de los pretendientes a la futura Corona. Perversamente el pequeño dictador dio ciertos vuelos a estos aspirantes foráneos. Carlos Hugo se casó con Irene de Holanda, hija de la reina Juliana de los Países Bajos, quien tuvo que renunciar a sus derechos a aquel trono y a su religión para poder contraer este matrimonio. El matrimonio tuvo cuatro hijos y luego se divorció, pero de Carlos Hugo de Borbón-Parma ya volveremos a ocuparnos al tratar de la rama carlista.

EL REINO DE LAS SOMBRAS

Carlos IV: tonto y cornudo

En la madrugada del 13 al 14 de diciembre de 1788 la cámara real del palacio de Madrid se llenó de luto al emitir el viejo rey Carlos el último suspiro. Siguiendo la vieja tradición el conde de Floridablanca, se acercó al rostro del monarca y por tres veces le llamó: «¡Señor, señor, señor!». Al no recibir respuesta, acercó un espejo a su nariz y a su boca y al comprobar que no se empañaba, certificó la muerte del rey, con la fórmula tradicional: «Pues que su majestad no responde, verdaderamente está muerto». El mayordomo mayor salió a la antecámara y gritó al capitán de la guardia: «El rey ha muerto». A lo que éste contestó: «Pues viva el rey. Doble guardia a los príncipes nuestros nuevos soberanos». Seguidamente rompió en dos el bastón de mando del rey muerto y lo colocó sobre el cadáver. La corte cumplimentó al nuevo rey, un hombre de más de cuarenta años, tan corpulento como imbécil, que tomó el nombre de Carlos IV. Daba comienzo aquel día uno de los períodos más vergonzosos y miserables de la historia de la dinastía borbónica en el trono español.

Débil, abúlico, sin ninguna cualidad para estar al frente de la nación, Carlos IV era, sin embargo, al decir de la mayoría de los cronistas de la época, un buen hombre simple, que sólo gustaba de la caza y de hacer trabajos de ebanistería y cuero, arreglar relojes y escuchar música —tocaba bien el violín y el violonchelo, a veces incluso acompañado de Boccherini—. A los diecisiete años lo habían casado con una princesa de la Casa Ducal de Parma, la rama de los Borbones que había colocado en aquellos Estados la ambición de la vieja Farnesio. María Luisa de Parma era la criatura de catorce años que los parmesanos enviaron a España, para desgracia de su Casa Real y para el infortunio del pobre Carlos. La princesita de Parma pronto se reveló como una mujer intrigante, coqueta, ligera y frívola, dominadora por completo de la voluntad de su marido y con todas las ambiciones para mangonear en los asuntos del gobierno. Y si hemos de creer a sus detractores (la mayoría de los historiadores) una auténtica cortesana, libidinosa y adúltera.

Si contemplamos dos hermosos retratos de Antón Raphael Mengs, el pintor de la corte en aquella época, de los todavía Príncipes de Asturias poco después de su matrimonio, vemos a unos personajes que nos resulta muy difícil identificar con los mismos que centran ese pavoroso retrato de familia que es una de las obras maestras de Francisco de Goya, *La familia de Carlos IV*. Ese rey gordinflón, con cara de tonto y mirada vacía, y esa especie de bruja desdentada que aparecen en el centro del cuadro goyesco en nada recuerdan a los jóvenes encantadores, vivaces y hasta hermosos que fueran retratados por Mengs años atrás. Alguien dijo contemplando el cuadro de Goya que el pintor había escrito la biografía de los reyes en sus caras. Todos su vicios y limitaciones, todas sus miserias, sus bajezas y ambiciones están, en efecto, reflejadas en esos dos retratos y en otros que también realizó el pintor de los reyes por separado. La reina vestida a la forma popular que en aquellos tiempos se puso de moda, con mantilla negra y los brazos desnudos como a ella gustaba porque se jactaba de su belleza. Y Carlos IV a caballo, enjaezado de cortesano y con una actitud de absoluta idiotez.

Pero naturalmente en *La familia de Carlos IV* falta un personaje esencial en el desafortunado reinado de estos monarcas. Falta Godoy. Don Manuel de Godoy y Álvarez de Faria, exaltado a los primeros puestos del Estado, ennoblecido y premiado con infinitas riquezas antes de cumplir los veinticinco años por sus amigos íntimos Carlos IV de Borbón y María Luisa de Parma. De la juventud del futuro Príncipe de la Paz hay un hermoso retrato de Agustín Esteve, en el que aparece apuesto, rubio, con ojos claros y gallardamente ataviado con su uniforme militar. Ese atractivo del hidalgo extremeño, que este cuadro tan magníficamente recoge, sería la explicación que muchos dan a la fascinación que ejerció sobre los príncipes desde el primer momento de conocerle. La misteriosa y extraña relación de estos tres personajes históricos ha llenado páginas y páginas de libros de historia. Se les llamó (parece que fue la propia reina la autora del apelativo) «la Trinidad»; para el pueblo llano, con su sabio y habitual poder de síntesis, «la puta, el chulo y el alcahuete».

Godoy, el primer generalísimo

La mayoría de los historiadores han caído como buitres sobre este curioso *ménage à trois,* uno de los triángulos que más han dado que hablar en toda la historia, asegurando las relaciones adúlteras de la lasciva reina con el bello Manuel; para unos consentidas y toleradas complacientemente por el marido, para otros partícipe el propio rey del trío amoroso como tercero en discordia, o en concordia, que o bien amaba también al joven y apuesto guardia de corps llegado a la corte desde su Extremadura natal en busca de fortuna, o bien morbosamente disfrutaba de la relación de éste con su esposa como un simple *voyeur*. Hay muchas evidencias, pero pocas pruebas y ninguna determinante, de que aquello fuera lo que parecía que era, es decir, una relación a tres, producto de una pasión desenfrenada de la soberana y de la ambición no menos desordenada del extremeño Manuel Godoy.

A pesar de que en la actualidad historiadores tan solventes como Jesús Pabón y Carlos Seco Serrano han intentado demostrar la inocencia de la reina María Luisa, no han tenido demasiado éxito en su reivindicación, ya que hay un abrumador número de páginas y sospechas en sentido contrario. Aunque en la abundante correspondencia de María Luisa con Godoy no hay la menor mención que pueda dar pie a que entre ellos no hubiera más que una grandísima amistad, y el propio Godoy pone a salvo el honor de la reina en sus Memorias dictadas cuando era un octogenario en su destierro de París. Hubo otras voces autorizadas que afirman lo contrario ya que Godoy no sería más que uno en la larga lista de los innumerables amantes de la reina e incluso hacen al Príncipe de la Paz padre de los dos hijos menores de María Luisa, la infanta María Isabel y el infante Francisco de Paula, luego duque de Cádiz, justo los que maliciosamente Goya hace que la real madre abrace en el retrato de familia. El infante Francisco de Paula fue llamado en su época «el del infame parecido», por su extraordinaria semejanza con su presunto padre biológico, tanto que en las Cortes de Cádiz fue excluido de la sucesión al trono debido a su supuesta bastardía. Y la segunda esposa de Godoy y su amante de toda la vida, la malagueña Pepita Tudó, ya anciana se hacía lenguas de las relaciones de su querido Manuel y la reina y llegó a afirmar que a la única mujer que había amado su esposo era «esa vieja tan fea», la reina María Luisa de Parma, por extraño que esto pudiera parecer, ya que cuando Godoy conoce a María Luisa, en 1788, ésta es una mujer casi cuarentona, prematuramente envejecida por los numerosos partos, desdentada y que ha perdido todos sus encantos juveniles. Una demostración más del viejo dicho que afirma, que como es fama, el amor es ciego.

Todavía príncipes de Asturias cuenta la leyenda y certifica la historia —se conserva una carta del hermano de Godoy, Luis, que narra el hecho— el casi cinematográfico encuentro de la principesca pareja con el joven Godoy, entonces un simple guardia de corps que les escolta camino de Aranjuez. El caballo de Godoy se encabrita, tira al jinete y éste con una fuerza y una audacia extraordinarias domina a la cabalgadura. Preocupados primero e impresionados al verle, los príncipes de Asturias llaman al joven, se interesan por el percance y le citan en sus habitaciones privadas. Los maliciosos ven en esta escena a la libidinosa reina extasiada ante la apostura y los atributos físicos del joven. El resto es historia de España. Una vez proclamado rey Carlos IV, el joven se convierte en el favorito de la pareja, van juntos a todas partes y comienza su irresistible ascenso, primero en su carrera militar hasta ser nombrado mariscal de campo y capitán general, luego los títulos, duque de Alcudia, la grandeza de España, las órdenes militares, las condecoraciones, los nombramientos políticos, hasta convertirse en primer ministro y auténtico gobernante de la nación. Y como culminación lo que era insólito en España, donde no había habido tradicionalmente más que un Príncipe, el de Asturias, Manuel Godoy es nombrado Príncipe de la Paz. Luego le nombrarían «generalísimo» (el primero de nuestra historia en tener ese título de desgraciado recuerdo para los españoles) con trato de alteza serenísima.

Pero no nos anticipemos. Hay quienes dan a este fulminante ascenso una explicación menos lujuriosa que la de los que atribuyen tan espectacular carrera a las hazañas en el lecho real. Cuando muere Carlos III, el Antiguo Régimen está a punto de derrumbarse. Su sucesor, siguiendo sus consejos, conserva la confianza en su primer ministro, el conde de Floridablanca. Don José Moñino era representante de uno de los dos partidos que se habían disputado el poder en el reinado de Carlos III. Representaba al partido de los llamados «golillas», lo mismo que el anciano conde de Aranda representaba al partido «aragonés». En realidad unos eran los conservadores, o partidarios de una reforma más pausada, y otros eran partidarios de cambios más radicales. En los últimos años del reinado anterior se habían intentado unos y otros atraer a los príncipes de Asturias a sus filas. Carlos y María Luisa habían coqueteado con ambas facciones, pero desconfiando de todos ellos habían encontrado en Manuel de Godoy el jefe indiscutible de un partido propio. Los sucesos inmediatos a la muerte del rey Carlos III y los primeros pasos de los nuevos monarcas demuestran cómo van depositando su confianza en unos y en otros. Primero Floridablanca, más tarde Aranda y finalmente Godoy.

A los pocos meses de la muerte del rey Carlos de España, su sobrino el rey de Francia Luis XVI se ve obligado por los sucesos previos a la Revolución que ya está estallando en el país vecino, a jurar los Estados Generales, tras el asalto a La Bastilla. Los acontecimientos empiezan a sucederse con una extraordinaria rapidez. Se proclaman los Derechos del Hombre, la nobleza y el clero son abolidos y pierden sus privilegios y títulos, la monarquía es acorralada cada día más, hasta que la familia real es detenida en Varennes y llevada a prisión. Carlos IV y su mujer siguen los acontecimientos con un progresivo temor y con preocupación por sus parientes. Floridablanca se atemoriza y empieza a recortar la política de reformas y libertades que había continuado haciendo en los primeros meses del nuevo reinado. Se impone la censura a todo lo que llega de Francia, se pide hasta la intervención del Tribunal de la Santa Inquisición, mientras intenta mantener buenas relaciones con los nuevos gobernantes franceses, a la vez que firma un pacto con Inglaterra y envía airadas misivas a París por la situación de la familia del desgraciado Luis XVI.

La tensa situación ofrece la oportunidad a Carlos IV de deshacerse de Floridablanca, al que sustituye su enemigo mortal el conde de Aranda, ya septuagenario. A Pedro Pablo Abarca de Bolea, por muy partidario de la Revolución y muy afrancesado que era, le fue imposible sostener una buena relación con Francia y una política aperturista y de no participación en la alianza de Austria y Prusia contra los ejércitos revolucionarios. A los pocos meses, pretextando su avanzada edad, Carlos IV lo sustituye por su más fiel amigo y consejero, don Manuel de Godoy. El valido ya está en la cumbre del Estado. Desde el primer momento, Godoy, con todo el poder en sus manos y la absoluta confianza de los reyes, comienza a hacer una política errática. Alianzas inconvenientes ya con Francia, ya con Inglaterra. La ejecución de Luis XVI y de María Antonieta y la posterior enigmática muerte del joven Delfín, el llamado Luis XVII, provoca una airada réplica de Madrid y Francia declara la guerra. Nuevamente las arcas públicas se ven exhaustas por la contienda. Se firma la Paz de Basilea, lo que sirve de pretexto a los reyes para seguir encumbrando a su valido que es cuando recibe entre otros privilegios el título de Príncipe de la Paz.

Pero «el querido Manuel», como le llaman, se ha amancebado con una jovencita malagueña llamada Pepita Tudó. La reina, celosa, intenta arrancarlo de sus brazos preparándole una boda con una prima hermana del rey, la luego XV condesa de Chinchón, hija del desposeído infante don Luis Antonio. Sólo la ambición de entroncar con la mismísima familia real, hace que Godoy acepte aquel matrimonio y despacha por un tiempo a la Tudó. Goya retrataría a la infortunada condesa de Chinchón, María Teresa de Borbón y Villabriga, en uno de sus más delicados cuadros, frágil, tristísima pero abandonada a su suerte por el obligado matrimonio con un hombre al que desprecia y al que el vulgo ha empezado a llamar el Choricero. En el cuadro la condesa de Chinchón está embarazada de su única hija Carlota Luisa, pero su matrimonio fue una continua humillación ya que Godoy la hacía convivir con su amante Pepita Tudó, a la que pronto hace regresar a su palacio e incluso las sentaba una a cada lado en el comedor en presencia de sus invitados. Como un advenedizo que era, Godoy había acumulado grandes riquezas y hacía gran ostentación de ellas, lo que le valió el odio del pueblo y de la nobleza. Desde que era Príncipe de la Paz le precedía un heraldo con un estandarte representando a Jano, como símbolo de su sabiduría y prudencia y sus criados estaban autorizados a llevar medias rojas, como los de los reyes, y librea real.

Sus errores en política exterior y las continuas intrigas cortesanas hacen caer a Godoy en desgracia por un tiempo, aunque conservó todos sus títulos y riquezas y, lo que era más importante para él, la estrecha amistad de los reyes. Hay todavía un corto período en el poder de los últimos ilustrados, Urquijo, Jovellanos, Saavedra, que intentan gobernar en medio de las enconadas luchas de las dos facciones, los tradicionalistas y los reformadores. Posturas cada vez más enfrentadas tras los acontecimientos de la Revolución Francesa, el reinado del Terror y todos los abusos de Robespierre. La llegada al poder en el país vecino del general Napoleón Bonaparte, al convertirse primero en primer cónsul y luego haciéndose coronar emperador por el papa, incide en la política española, al ir a la par con las posturas cada vez más radicalizadas de conservadores y reformistas, que hacen imposible el gobierno de los llamados «últimos ilustrados». Ante esta complicada situación, Carlos y María Luisa deciden volver a llamar a Godoy. Ya no regresa como ministro sino, como ha dicho Seco Serrano, como un «moderno dictador», con poderes omnímodos. Que sobre todo los utiliza para equivocarse. Tomando partido por Francia, presta sus tropas junto a las de los franceses en la breve guerra contra Portugal, conocida como «la guerra de las naranjas», por unas ramas de un naranjal que un general portugués entrega a Godoy y éste ofrece a María Luisa enferma con catarro en su lecho real.

Estos desaciertos hacen que vaya cobrando cuerpo un fuerte movimiento de oposición al valido que, como en el reinado anterior, se ha ido organizando en torno al heredero, el ya jurado príncipe de Asturias, Fernando, un canalla que dio muy tempranamente argumentos y pruebas de su mendacidad y doblez. Descubierta una conspiración contra el valido y los monarcas en el entorno de «la camarilla»— como era conocido el círculo íntimo del príncipe Fernando, o también el partido «fernandino»—, éste no tiene empacho en arrastrarse, pedir perdón a Godoy, a sus padres y denunciar a los que participaban en la conjura para, naturalmente, seguir intrigando y manipulando. Fernando odiaba a sus padres desde la infancia, odio imbuido por sus educadores y en especial por su preceptor el canónigo Juan Escoiquiz. Este odio también se extendía al que consideraba amante de su madre, Godoy, que enaltecido como Príncipe de la Paz había considerado que se le humillaba como Príncipe de Asturias. Su matrimonio con su prima María Antonia de Nápoles contribuye a la conjura, ya que la princesa de Asturias odia en seguida a su suegra —que la acosa y manda espiar— y a Godoy y a su política pro francesa. Su muerte, tras dos abortos, hizo correr el rumor de que había sido envenenada por María Luisa y el valido, lo mismo que se había dicho un poco antes cuando murió de forma extraña la duquesa de Alba, enemiga acérrima de la reina María Luisa y del «bello Manuel» al que había compartido como amante con la soberana en otro tiempo.

La corte de Madrid en aquella época era de costumbres muy relajadas y tanto la de Alba como la duquesa de Osuna, ambas de las nobles más poderosas entonces, daban grandes fiestas en sus respectivos palacios, de la Alameda de Osuna y de Buenavista, se jactaban de sus amantes y, con la moda del populismo que imperaba, se vestían ellas mismas de manolas y alardeaban de sus amores con toreros y flamencos y competían en derroches, lujos y disipación. Esta competencia la mantenían ambas hasta con la mismísima reina, a la que consideraban no sólo una rival en la depravación sino incluso en la moda. Hay una célebre anécdota de la de Alba que hizo vestir un día a todas sus criadas con el mismo modelito exclusivo que se había hecho diseñar la soberana, lo que provocó el consiguiente ataque de ira de la coqueta y liviana María Luisa. Para más inquina, la duquesa de Alba estuvo muy cerca del partido fernandino, intrigando siempre contra el valido y su amante la reina.

Los años del desastre

Tras el Tratado de Fontainebleau, por el que España se compromete a ayudar a Francia, pronto llegaría uno de los últimos actos del lamentable reinado de Carlos IV. Éste ocurre en Aranjuez. Sospechando finalmente de las verdaderas intenciones de Napoleón Bonaparte al pedir autorización para que sus tropas atravesaran España camino de Portugal, Godoy teme una invasión y se lleva a toda la familia real a Aranjuez con objeto de ir organizando su salida del país por Sevilla, donde debían embarcar camino a América, como ya había hecho la familia real portuguesa. Enterado el príncipe de Asturias, éste se niega a abandonar su patria, lo que suscita en seguida una ola de adhesión y el cariño y el afecto del pueblo, que se levanta en una revuelta, sagazmente preparada y conducida por sus partidarios, conocida como el Motín de Aranjuez. Sólo al haberse escondido en un desván, enrollado en una alfombra, logra salvar su vida Godoy cuyas casas y palacios fueron asaltados y saqueados por los amotinados. El príncipe Fernando aprovecha la ocasión para exigir a su padre la abdicación, cosa que Carlos IV hace bajo una fuerte presión, luego llegaría a hablar incluso de amenazas físicas. Esta grave división en la familia real española es hábilmente manipulada por Napoleón —al que cada uno acude por su lado buscando su apoyo y protección— para atraerles a todos ellos con diversos engaños hasta Bayona ofreciéndose como mediador.

En Bayona transcurre el último y definitivo acto del reinado de Carlos IV. El más vergonzoso y el más indigno, pero también el más cómico, sino hubiese sido dramático tanto para la historia de España como para la propia dinastía. Fernando es obligado a devolver la corona a su padre y éste finalmente acaba abdicando en el propio Napoleón, que a su vez transmite el poder a su hermano mayor José Bonaparte —en aquel momento rey de Nápoles—, disfrazando todas las decisiones con lamentables subterfugios legales. Que Carlos y Fernando obraran por fuertes amenazas y humillaciones del emperador de Francia —incluso se habla de un ultimátum de Napoleón al contumaz Fernando: «Tiene que elegir entre la cesión o la muerte»— no les exime de su vergüenza y de haber dejado caer tan bajo la dignidad del Estado y de la propia Casa Real. Un complicado acuerdo económico les aseguraba una existencia más o menos digna en diversos lugares de Francia. Los ex reyes y parte de sus hijos, con un séquito de doscientas personas, se instalarían en el castillo de Compiégne y el frustrado Fernando VII, su tío el infante don Antonio y su hermano el infante don Carlos María Isidro en el castillo de Valençay, con la promesa de una gran finca en la Normandía. Naturalmente casi ninguna de las promesas hechas por Napoleón llegaron a cumplirse.

Una vez conseguidos sus propósitos, España quedaba completamente bajo el control de Napoleón. Con lo que no contaba el de Córcega era con el coraje de los españoles, que el 2 de mayo de 1808 cuando alguien advirtió que los infantes María Isabel y Francisco de Paula eran sacados del Palacio Real, al extenderse el rumor de que el pequeño príncipe lloraba negándose a marchar comprendiendo lo que ocurría, al grito de «se los llevan» se levantaron en armas, en una larga guerra por defender su independencia y la dignidad que los reyes no habían sabido mantener. La primera jornada de aquel levantamiento se saldaría con una crudelísima represión del general Murat, duque de Berg y cuñado del gran corso y jefe de las tropas napoleónicas en España, con más de dos mil fusilamientos.

Goya dejaría una estremecedora visión de aquellos días en Madrid en unos extraordinarios cuadros y dibujos, que no son sólo unas obras de arte, sino el testimonio de todo un pueblo luchando y muriendo por su libertad. Ese mismo día de mayo el alcalde de un pequeño pueblo de la provincia de Madrid, Móstoles, a diecisiete kilómetros de la capital, publicaría un bando declarando la guerra en todo el país contra el ejército invasor. Se llamaba Andrés Torrejón y su bando decía: «La patria está en peligro. Madrid perece víctima de la perfidia francesa. ¡Españoles: acudid a salvarla!». La reacción no se hizo esperar y de norte a sur y de este a oeste de la nación el levantamiento se convirtió en un clamor contra los franceses, lo que haría confesar al nuevo rey, el intruso José Napoleón I Bonaparte, al llegar a Madrid, en carta a su hermano el emperador: «No hay un español que se me muestre adicto... Para salir lo mejor posible de este trance de un hombre destinado a reinar es preciso desplegar grandes fuerzas... No me asusta mi posición, pero es única en la Historia: no tengo aquí ni un solo partidario...». Aquella guerra duraría más de cinco años, costaría cientos de miles de víctimas a ambos bandos y miles de millones de francos, que agotarían las arcas de los dos países.

Un epílogo esperpéntico

Los últimos años de aquella «trinidad» nefasta para la historia de España y para la dinastía de los Borbones sería igualmente una sucesión de hechos lamentables y de situaciones a veces grotescas. Carlos y María Luisa vivieron primero en Francia, en Compiégne y luego en Marsella, donde muy pronto pudieron comprobar los engaños de Napoleón no sólo sobre sus pensiones económicas, sino sobre la promesa de entregarles el lujoso castillo de Chambord, donde había vivido Francisco I, el gran rival del emperador Carlos V. Con el pretexto de estar cerca de su hija preferida la infanta María Luisa, efímera reina de Etruria, recluida por orden de Napoleón (que la detestaba especialmente) en un convento romano, Carlos IV y María Luisa se instalarían, ya sólo con una reducida corte, en Roma. Primero ocuparían el palacio Borghese y luego el palacio Barberini, y siempre acompañados de su fiel Godoy, la amante de éste, Pepita Tudó, los hijos de ambos, a los que el rey trataba como si fueran sus nietecitos, la madre y las hermanas de la Tudó y la hija de Godoy y la condesa de Chinchón, Carlota Luisa, arrancada de los brazos de su madre y adoptada como propia por la reina.

Aquella extraña familia se mantuvo unida durante casi once años —salvo un breve destierro de Pepita Tudó en Pisa en 1817— hasta la muerte de los reyes en 1819. Rodeados de intrigas y de espías de Fernando VII, los ex reyes trataron aún de conservar una posición de poder, llegando Carlos IV a renunciar por tercera vez a la Corona de sus mayores con tal de contentar a su hijo, una vez éste regresó a España como rey. Hizo, al parecer, un pacto secreto con él para maquinar contra Godoy, pidiendo incluso al emperador de Austria que no le diera asilo en Viena como pretendía el ex Príncipe de la Paz; pero, por otro lado, no dejó de manifestarle increíbles muestras de cariño y amistad. La corte del frío palacio Barberini se convirtió en el centro de muchas escenas rocambolescas. Mientras, la reina suplicaba y gestionaba ante el papa la disolución del matrimonio de Godoy y la condesa de Chinchón con tal de ver a su amante casado con la Tudó, a la que convirtió en su dama de confianza y a la que de sus airados celos anteriores demostraba ahora una gran estima. En el colmo de los desatinos tanto ella como su marido, el rey, y el propio Godoy trataron de casar a la hija del valido y la condesa de Chinchón, Carlota Luisa, con el más joven de los infantes. Éste era el infante Francisco de Paula, que de ser hijo de Godoy, como se afirma, hubiera sido hermano de Carlota Luisa. La propuesta y defensa de esta aberrante unión incestuosa, impedida contundentemente por Fernando VII, que reclamó de inmediato la presencia en Madrid del infante, parece el colmo increíble del comportamiento de estos tres incalificables personajes, pero a su vez crea dudas razonables sobre la auténtica paternidad del infante, que luego contraería matrimonio con Luisa Carlota de Nápoles y sería padre de don Francisco de Asís.

Avisado, según algunos historiadores, Carlos IV por su hermano el rey de Nápoles, Fernando IV, en el último año de su vida de la continuada infidelidad de María Luisa, el ex rey confesó haberla conocido desde siempre aunque, extrañamente y de forma inesperada, comenzó a demostrar cierto desapego por el duque de Alcudia y llegó a tomar la decisión de pedir al papa que disolviera su matrimonio, después de cincuenta años, por infidelidad manifiesta y reiterada. Nunca sabremos si hubiese llevado a término su decisión, pero lo cierto es que a pesar de los achaques de María Luisa, en el invierno de 1818, se marchó a Nápoles con el pretexto de visitar a su hermano. El delicado estado de salud de la reina María Luisa se agravó de tal manera que el 2 de enero de 1819 fallecía en brazos de Godoy, asistida de su confesor, fray Juan de Almaraz, quien años después, al no serle entregada la manda que la reina le legó en su testamento, llegó a amenazar al rey Fernando VII de propagar lo que según él le había confesado la arrepentida e infiel reina en su lecho de muerte, que todos sus hijos, incluido el propio rey Fernando, eran bastardos. Aunque tenido como un bulo insostenible, el rey mandó apresar al fraile deslenguado y lo mantuvo años en prisión, en una oscura mazmorra, de la que salió completamente loco. María Luisa —no se sabe si por dar que hablar en su posteridad aún más de lo que ya había hecho en vida— nombró en su testamento como heredero universal a su amado Manuel Godoy, una vez separadas las obligadas mandas para sus hijos.

Tan sólo unos días más tarde, el 19 de enero, fallecería en Nápoles, de donde no se había movido ni para asistir a las exequias de su querida esposa, el rey Carlos IV, de una incontrolable diarrea. Godoy murió muchos años más tarde en París, separado de Pepita Tudó con la que había logrado al fin casarse tras quedar viudo de la condesa de Chinchón, en la más absoluta miseria, ya que Fernando VII impidió que se cumpliera el testamento de su casquivana madre. Lo que no impidió fue que, cumpliendo la tradición histórica, se repatriaran los restos de sus progenitores, enterrándoles con toda pompa en el Panteón Real del monasterio de San Lorenzo de El Escorial. Godoy, que perdió a sus dos hijos varones, nacidos de su unión con Pepita Tudó, tuvo descendencia de su hija Carlota Luisa, en la noble casa italiana de los príncipes de Rúspoli. Muerto en París, está enterrado en el cementerio de Père Lachaise. Algunos de sus descendientes viven hoy en España.

Algo positivo hay que añadir al desastroso reinado del quinto rey Borbón en el trono de España. Bastante entendido en pintura, fue Carlos IV el verdadero descubridor de uno de los más grandes genios que ha dado el arte, Francisco de Goya y Lucientes. Aunque ya había aparecido en Madrid y en la corte, fue la llegada al trono de Carlos y María Luisa la que propició la auténtica ascensión del pintor aragonés. Sus cargos en palacio, como pintor de cámara, le dieron fama y la oportunidad sobre todo de poder desarrollar su arte extraordinario. La mirada lacerante de Goya sobre aquellos personajes y sobre aquella época ha admirado a generaciones enteras e ilustran tanto más que muchos libros de historia sobre su psicología, sus grandezas y sobre todo sobre sus miserias.

Primera interrupción dinástica

Volvamos un poco atrás. A Bayona, a aquellos días aciagos en los que todos los personajes centrales del gran drama de España —los reyes Carlos y María Luisa, Fernando y el valido— son huéspedes del emperador, que los maneja como si se tratara de los muñecos de un guiñol. Hay, pues, que situarse en el 6 de mayo de 1808 para asistir a lo que iba a ser el comienzo de la primera interrupción que la dinastía Borbón iba a protagonizar en el trono de España, después de algo más de un siglo. A diferencia de las dos siguientes —la que se inicia con el destronamiento de Isabel II y la que lo hace con la salida de España de Alfonso XIII—, en esta ocasión es la libre voluntad de los soberanos —Fernando abdica en Carlos y éste a su vez ya había cedido la Corona a Napoleón la noche anterior— la que produce la insólita situación de una familia reinante que se deshace de una Corona y traiciona todos los compromisos contraídos el día de su entronización para traspasarlos a un monarca extranjero. Se podría decir en descargo de Carlos y Fernando que lo hicieron bajo graves amenazas, lo cual invalidaría jurídicamente cualquier decisión. Pero esto se contradice con la actitud que durante los años inmediatamente posteriores sostuvieron tanto el ex rey Carlos IV en su exilio romano, como el propio Fernando prisionero del emperador en Valençay. Ninguno de los dos ni entonces ni después denunciaron como inválidos sus comportamientos de 1808. Sólo cabe decir en disculpa de Fernando que, el día antes de devolver la Corona a su padre, envió un despacho a la Junta Central que se había creado en Madrid delegando en ella las facultades del gobierno y aconsejándole la convocatoria de cortes generales en España.

Por lo tanto esta primera interrupción de la dinastía al frente de los destinos de España se produce de forma voluntaria. Porque tampoco se alude a causas imperiosas que aconsejen tan dramática decisión, sólo y muy ambiguamente se justifica en el documento del traslado de los derechos de Carlos de Borbón a Napoleón Bonaparte, que ni siquiera —a sugerencia de Carlos IV en un tímido esfuerzo por salvar su reputación— firman ellos mismos, sino sus representantes, Godoy en nombre del ya ex rey de España y las Indias y el ministro Géraud Christophe Michel Duroc en nombre del emperador de Francia y rey de Italia como pomposamente se hacía llamar el corso en aquellos momentos. Se dice en aquel infamante documento: «El rey Carlos ha resuelto ceder, como cede por el presente, a su majestad el emperador Napoleón todos sus derechos al trono de España e Indias, como a la única persona que en el estado a que han llegado las cosas puede restablecer el orden, entendiendo que dicha cesión no se realiza sino con las circunstancias de hacer gozar a sus vasallos de la integridad del reino y de la religión católica, apostólica y romana. El emperador da y asegura al rey Carlos una renta anual de treinta millones de reales...». Mi reino por treinta millones, en definitiva. Ya un antepasado suyo había llegado al trono de Francia vendiendo su conciencia y pronunciando aquella no menos célebre frase: «París bien vale una misa».

Hay que agregar en descargo de Fernando VII que hizo una objeción a este documento, afirmando que si aquella cesión privaba a los Borbones del reino de España, la nación debía ser consultada por sus representantes en las instituciones. No deja de ser una doblez más de este infame personaje, pero en honor a la verdad hay que mencionar al menos su tímida postura de oposición a semejante vergüenza. Porque en ningún momento en «ese estado al que han llegado las cosas», que menciona el documento de cesión de Carlos de Borbón a Napoleón Bonaparte, se reconoce la responsabilidad de todos ellos, Carlos, Godoy y el propio Fernando, en la calamitosa situación que habían creado no sólo por sus rencillas y peleas familiares e intrigas palaciegas, sino por haber pedido, cada uno por su lado y de forma traicionera para con el resto, ayuda al emperador, que supo aprovechar bien aquel conflicto dinástico para encauzarlo a sus intereses, que era quitar del trono a los Borbones, como ya lo había hecho con ellos en el reino de Nápoles y Sicilia. Napoleón, que tenía una muy mala opinión de los españoles, a los que muchas veces calificó como «esa chusma dominada por los curas», ofreció primero el trono de España a su hermano Luis, que ya era rey de Holanda, aunque estaba en una situación penosa, que pronto le llevaría a la renuncia, y ante su negativa se lo ofreció a su hermano mayor, José, desde hacía dos años rey de Nápoles, que aceptó de buen grado inmediatamente.

Para concluir, las razones de esta primera interrupción dinástica de la Casa de Borbón en el trono de España se produce como consecuencia de veinte años de una política errática, de un retroceso más que notable en el reformismo que habían puesto en marcha Carlos III y sus ministros ilustrados, de la falta de autoridad de un rey que no estaba dotado para reinar, de una mujer sin escrúpulos que en su afán de manejar los asuntos de Estado no dudó en ponerlos en manos de su amante, de la ambición desaforada de éste de riquezas y poder y, en resumen, del fracaso de ser capaces de dar la respuesta adecuada que demandaban los cambios sociales y las ideas de la Revolución que llamaban imperiosamente a las puertas de un país anclado en el pasado, dominado por las fuerzas más reaccionarias y bajo el nefasto dominio de la religión católica. Si a eso se añade el conflicto dinástico que se crea en la familia real por la presencia del valido, en deterioro de la del heredero, actitud que es aprovechada por las distintas facciones cortesanas para enfrentar a padre e hijo, tenemos el desastroso cuadro que presentaba España a principios del siglo XIX: una hacienda pública en la ruina y unas condiciones más que lamentables de una gran masa del pueblo en detrimento de la hegemónica posición de las clases dominantes.

No habrían de pasar más de seis años, para que los españoles les dieran a sus reyes una primera oportunidad de corregir sus errores.

Una dinastía extranjera, el interregno josefino

Aunque no es objeto de este libro hacer siquiera un repaso a la historia de España, pero sí al de su dinastía borbónica, para entender el relato no hay más remedio que, aunque sea brevemente, referirse a los seis años de interregno que hay desde la firma y la renuncia de Bayona hasta el Tratado de Valençay por el que se repone en el trono de España a Fernando VII. Años en los que Carlos IV está ya fuera de juego, Fernando VII espera su oportunidad bordando en su dorada prisión de Valençay y José I se enfrenta a la gobernación de un país en guerra. Porque lo más dramático de aquella situación era la encarnizada y desigual lucha que enfrentaba a los poderosos ejércitos franceses con un ejército sin medios, casi sin una autoridad clara, que a fuerza de voluntad y coraje ofrece batalla a una impotente máquina de guerra como eran las tropas napoleónicas.

A pesar de que la idea de España como unidad es muy antigua y yo mismo he tenido oportunidad de contemplar en Bolonia en el jardín del Colegio Español de los Bolonios, una vieja lápida del siglo XIV en la que ya aparece escrito este nombre, puede decirse que España nació el 2 de mayo de 1808. Efectivamente, antes eran las Españas, un conglomerado de reinos y territorios que se habían ido uniendo por un compromiso histórico hasta formar una nación poderosa en la que no existía el concepto unitario de patria y sí el orgullo de sus distintas nacionalidades, de las cuales algunas aún gozaban de privilegios y fueros particulares. En pocas otras ocasiones los españoles han estado unidos bajo una sola advocación, España, como en aquella guerra contra el francés. Unos sentimientos de patria única surgieron en esos momentos, sin duda por un resorte de autodefensa al encontrarse con un enemigo común. Pero finalmente sería ese primer sentimiento de españolidad el que, con el paso del tiempo, daría lugar a una nueva fuente de conflictos territoriales al enfrentarse políticamente con el sentimiento nacional de los antiguos reinos y territorios que creyeron ver —a veces justificadamente— en este concepto de lo español, un agravio y un ataque a sus sentimientos, a sus fueros y privilegios, a sus instituciones, a su historia y a su cultura. En eso estamos todavía casi doscientos años después.

No nos adelantemos. Hemos dejado a Fernando de Borbón en el castillo de Valençay, donde viviría hasta el final de la guerra contra los franceses, acompañado por su tío el infante don Antonio Pascual y por su hermano el infante don Carlos María Isidro. En realidad fue un exilio de lujo, aunque si bien el emperador lo mantuvo realmente como un rehén y no cumplió con él tampoco los acuerdos de tratamientos, pensiones y legados que le había prometido, sí gozaron él y sus parientes de una aceptable estancia con una limitada libertad. Los tres príncipes llevaron una vida tranquila y mortalmente aburrida en aquel viejo castillo, en el que eran oficialmente invitados del príncipe de Benevento, el gran diplomático Charles-Maurice de Talleyrand, que les trató con exquisita frialdad. Se cuenta que en su bajeza Fernando no sólo recomendaba sumisión a sus antiguos súbditos, sino que felicitaba efusivamente al emperador cada vez que sus ejércitos obtenían alguna victoria señalada en España, donde una cruel guerra se estaba desarrollando en su nombre, que para muchos era sinónimo de libertad. Llamado en seguida el Deseado, Fernando fue el estandarte de los que en varios puntos del país luchaban por la independencia de la patria.

Por su parte, una vez jurado José Napoleón I Bonaparte, éste preparó una especie de constitución, llamada de Bayona, a la que el nuevo rey prestó acatamiento y se creó una asamblea, todo con un claro propósito reformista, contando en todo momento con el apoyo de los afrancesados, que veían de buena fe aquella situación como la única posible para que España se modernizara al fin y acabar con el Antiguo Régimen. El rey nombró su primer gobierno y se dirigió a Madrid que le recibió de forma glaciar. Entre tanto las fuerzas revolucionarias habían formado una Junta Central, a la que Fernando había otorgado plenos poderes para que gobernara en su ausencia y a la que aconsejó la convocatoria de Cortes. Esta junta, que correría la suerte de los avatares de la guerra, estaría presidida por diversas personas y representantes de todos los antiguos estamentos e instituciones del reino. Replegada primero en Sevilla, luego en la Isla de León y finalmente en Cádiz, sería la que convocaría la asamblea constituyente, las Cortes de Cádiz, que elaboró la Constitución de 1812, llamada popularmente «La Pepa», por haberse promulgado el 19 de marzo, festividad de San José.

A José Napoleón I Bonaparte los historiadores españoles le han tratado muy mal, sencillamente porque era un intruso. Pero un intruso al que habían abierto las puertas de par en par del reino al que llegó sus legítimos soberanos. El pueblo lo trató peor ya que le hizo pasar a la historia con diversos epítetos, todos ellos despectivos, el Intruso, por motivos obvios, Pepe Botella, o el Tío copas, por una inventada afición a beber, él que era prácticamente abstemio. También se le ha llamado Pepino el tuerto, cuando era un hombre apuesto cuyo atractivo físico hizo sucumbir a innumerables mujeres en su más que agitada vida sentimental, en la que las amantes se cuentan por decenas y los hijos naturales pasan de cuatro. Otro apelativo por el que se ha conocido a José I fueron el Emperoraor, y el de el tío Plazuelas, o el rey Plazuelas, ya que en su política reformista y renovadora hizo muchas obras públicas en Madrid, abriendo varias plazas en el abigarrado y angosto centro de la capital, la de Oriente o de Palacio para dar preponderancia al Palacio Real, la del Rey, la de San Martín y algunas otras.

Educado en el espíritu reformista y en las ideas de la Revolución Francesa, José Bonaparte era un hombre progresista que sin duda tuvo muy buenas intenciones al enfrentarse a la tarea de gobernar en España. Suprimió el Tribunal de la Santa Inquisición, las órdenes religiosas, algunos privilegios de la nobleza y del clero y se afanó en introducir leyes que mejoraran la vida de la población y la economía. Tuvo que enfrentarse no sólo con una guerra en muchos frentes, sino con una forma hasta entonces desconocida de lucha, la guerrilla, con unas finanzas casi inexistentes, con las intenciones de su propio hermano, que en realidad sólo le interesaba España en la medida que sirviera a sus intereses en Europa, llegando a intentar segregar el país, y hasta con la hambruna que asedió a varias poblaciones, especialmente a la de la capital. Hasta 20.000 muertos se afirma que llegaron a contarse en Madrid por este terrible mal producido por la falta de recursos, las malas cosechas y la confusión reinante en el país con motivo de la guerra.

Una guerra sin cuartel

La batalla de Bailén, en la que las tropas españolas al mando del general Castaños infligieron la primera gran derrota al orgulloso ejército francés, se produjo al comienzo del reinado de José I; y aunque los sucesivos avances y retrocesos de los invasores hicieron que el rey tuviera que ir de un sitio a otro y continuamente pidiendo ayuda a su hermano, que en la mayoría de los casos no llegaba, hay dos hechos que deciden el fracaso final de los franceses: el fenómeno espontáneo de la guerrilla y la entrada en el escenario de la guerra de Inglaterra y uno de sus más gloriosos generales, el duque de Wellington. Sir Arthur Wellesley era un brillante hombre de armas, cuya estrategia en España consiguió la humillación de los mariscales de Francia y su fracaso final en la guerra. Si bien es verdad que la derrota de los ejércitos de Napoleón en la estepa rusa había marcado su final, el principio de aquel desastre había ocurrido en España. Con gran premonición se lo había anunciado su propio hermano, el rey José en una carta, que le dirige en 1809: «Tengo por enemiga a una nación de doce millones de habitantes, bravos y exasperados hasta el extremo... Todo lo que se hizo el 2 de mayo fue odioso... Los hombres honrados no me son más afectos que los pícaros. No, sire, estáis en un error: vuestra gloria se hundirá en España».

Aunque hubo algunos momentos en los que parecía que triunfaban los franceses, cuando el rey José logra adentrarse en Andalucía y la Junta Central se tiene que replegar acorralada a la Isla de León, la guerrilla, acaudillada por Francisco Espoz y Mina, Juan Martín el Empecinado y Díaz Porlier, va desorientando y minando la confianza y la eficacia de los franceses, hasta quedar reducidos a una parte del territorio en el norte del país, desde donde tienen que emprender una rápida huida a Francia. Vitoria fue la batalla final que derrotó estrepitosamente a los ejércitos napoleónicos. Era junio de 1813. Napoleón ya había dado España por perdida y sólo le interesaba su comprometida situación en Europa. Así que se dispuso a pactar con Fernando de Borbón su regreso a España. En diciembre de aquel año se cierra el Tratado de Valençay por el que se acuerda la vuelta a España de la dinastía borbónica. Los españoles ya habían votado la Constitución de 1812 en la que reconocían a Fernando VII igualmente como único y legítimo rey de los españoles.

En su precipitada huida a galope tendido hacia Francia, José Napoleón I Bonaparte dejó un cuantioso equipaje de joyas, obras de arte, muebles y tesoros que había logrado reunir y que pretendía sacar del país. El duque de Wellington, que devolvió la parte que se pudo recuperar de aquel inmenso botín, recibió a cambio de Fernando VII, no sólo títulos, como el de duque de Ciudad Rodrigo, condecoraciones y grandezas, sino una inmensa propiedad en Andalucía, el Soto de Roma, y una rica colección de obras de arte, que hoy se exhibe en Londres, en su Museo en Hyde Park Corner. José Bonaparte abdicó finalmente —sobre todo para dar validez jurídica al nuevo soberano, que por otra parte era innecesario— en su mansión cercana a París, Mortefontaine, de donde, con muy buen juicio, no se habían movido su desdichada y reiteradamente engañada esposa, la efímera reina de España, Julia Clary, y sus hijas, las infantas Zenaida y Carlota. Después seguiría la suerte de su hermano el emperador, hasta Waterloo y la reclusión en la isla de Santa Elena.

Una vez muerto su hermano, José Bonaparte emigró a los Estados Unidos, donde se compró una inmensa granja en Nueva Jersey. Allí, como un burgués y rico hacendado, permaneció más de veinte años, hasta que los achaques lo devolvieron a Europa. Se instaló en la Toscana, finalmente con su esposa Julia, que tampoco le había seguido a América. Murió en 1844 casi octogenario. Julia, la discreta esposa —hermana, por cierto, de Desirée Clary, casada con otro mariscal de Francia, Juan Bautista Bernardotte, que llegó a ser reina de Suecia, país donde siguen reinando sus descendientes—, murió meses más tarde. En su largo matrimonio habían vivido juntos muy poco tiempo. José Bonaparte, del que una de sus amantes dijo que era «el hombre mejor dotado del mundo», fue un mujeriego empedernido, tuvo una lista interminable de queridas y dejó varios hijos naturales tanto en Europa como en América. Su amante española más famosa fue la marquesa de Montehermoso, que incluso le siguió al exilio. Y sobre la que el pueblo madrileño, siempre dado a la sorna y a la sátira, cantó una cancioncilla procaz que decía: «La Montehermoso / tiene un tintero / donde moja su pluma / José primero».

Unas palabras finales para cerrar este interregno josefino. Todavía está sin aclarar el destino de las llamadas «joyas de la Corona de España», que al parecer logró sacar de España el rey Bonaparte. Aunque hay historiadores que señalaron al mariscal Murat, a Carlos IV y María Luisa, incluso a Godoy y a Pepita Tudó como los saqueadores del tesoro regio, las mayores y más fiables sospechas se inclinan a pensar que fue el rey José quien logró sacar de España una buena cantidad de piezas que los diferentes reyes habían comprado y habían ido formando las joyas de la Corona. Entre ellas estaba la famosa perla Peregrina, que Felipe II regaló a la reina María Tudor, su tía y segunda esposa, y un gran diamante cuadrado conocido como El Estanque. Diversas leyendas han dado cuenta de la historia y avatares de estas joyas, sin que la certeza se haya impuesto sobre ninguna de ellas. La más conocida de estas leyendas hace a la perla Peregrina actualmente en posesión de la actriz Elisabeth Taylor, a la que se la habría regalado uno de sus maridos, Richard Burton, que la compró en una subasta. Pero también se afirma que siempre hubo dos perlas con el mismo nombre. Lo cierto es que ese tesoro se perdió en este aparatoso cambio dinástico. Desde entonces no han existido joyas de la Corona y aunque la reina Victoria Eugenia tenía una auténtica pasión por ellas y atesoró una cantidad inmensa, las que sobrevivieron a su exilio y no fueron vendidas para subsistir, fueron repartidas a su muerte entre sus hijos, algunos de los cuales las vendieron en pública subasta. Si bien ella siempre entendió que había una parte de estas joyas que estaban unidas a la dignidad de reina de España, por lo que dispuso que siempre las conservara la titular de la Corona, hoy la reina doña Sofía.

LA PRIMERA OPORTUNIDAD

El regreso de Fernando VII

Tendríamos que volver nuevamente los ojos y la memoria a un cuadro. Al magnífico retrato que hace en 1814 Francisco de Goya de Fernando de Borbón y Borbón-Parma, el repuesto Fernando VII, rey de España y todavía —aunque ya por poco tiempo— de las Indias y que se conserva en el Museo de Bellas Artes de Santander. Vemos a un hombre de cuerpo irregular, robustas piernas y pecho encogido, que bien pudiera parecer un gañán. Es el rey de España y se apoya en una especie de mesa sobre la que están los atributos de su realeza, el cetro, la corona y la púrpura. Cruza su pecho con bandas y condecoraciones y a sus pies aparece un león que muerde unas cadenas, que pudiera ser el propio monarca pues sus ojos son iguales a los del soberano, mirada turbia, desconfiada, labios crueles y postura prepotente y altanera. En ese otro que se custodia en el Museo del Prado, el monarca aparece revestido con el manto real de púrpura y cuello de armiño, el gran collar de la Orden del Toisón de Oro sobre el pecho, mientras una mano sostiene el cetro y la otra se apoya en la espada. La misma cara, el mismo gesto, el mismo desprecio del pintor por su modelo se refleja en esta representación, en la que no sólo se transparenta el carácter del monarca, sino el regreso de un periclitado absolutismo que significó su segundo reinado.

Goya acudió, como le obligaba su cargo de pintor de cámara, al requerimiento del rey para que le retratara, a poco de volver éste a Madrid. Iba el pintor con temor a las represalias por su comportamiento durante los seis años de gobierno napoleónico, como simpatizante de las ideas que representaban los afrancesados. El rey le trató con frialdad, pero no le reprendió ni tomó ninguna medida contra él. Años más tarde, en 1824, cuando la represión de la década ominosa, Goya, temiendo ser objeto de persecución, asqueado de la situación y de la vileza en la que había caído la vida española, sí saldrá de España camino de su exilio en Burdeos, donde moriría cuatro años más tarde, en 1828.

Careciendo de los más elementales afectos paternos, Fernando VII se crió como un niño taimado, maestro en el disimulo y en la maquinación. Receloso y desconfiado, llegaría a ser cruel y vengativo, pues siempre se sintió traicionado, por su madre en primer lugar, por Napoleón, por sus seguidores en más de una ocasión, y a todos él siempre devolvió el golpe ejerciendo la más cruel y fría de las venganzas. El reinado de Fernando VII de Borbón no solamente es el más nefasto de todos los reyes borbónicos sino que cerró las puertas a la modernización de España durante décadas. Sus actuaciones propiciaron que la brecha abierta entre los españoles partidarios del Antiguo Régimen y los que lo eran de un cambio progresista de apertura a las nuevas ideas y a las novedades que había aportado la Revolución Francesa, se agudizara y se agrandara de tal manera que diera lugar al nacimiento de esas dos Españas perennemente enfrentadas, esas dos concepciones antagónicas e irreconciliables del Estado y de la organización política que lastró y arruinó a la nación durante todo el siglo XIX y gran parte del siglo XX, frenando notablemente su modernización y su incorporación a la nueva Europa.

El deseado indeseable

La libertad y los benéficos cambios que introducía en España la Constitución de 1812 duraron exactamente un mes y diez días. Desde el 24 de marzo de 1814 en que Fernando VII, acompañado de su tío y de su hermano, con los que había compartido el encierro, cruza la frontera española por el río Fluviá, al día 4 de mayo de aquel mismo año, en el que con un decreto suprime la Carta Magna. Una vez promulgada la Constitución, se había formado un consejo de Regencia presidido por el cardenal infante don Luis María de Borbón, hijo de aquel otro cardenal infante don Luis Antonio, hermano menor de Carlos III que había renunciado a sus dignidades eclesiásticas y al casarse con María Teresa de Vallabriga había dado lugar a la famosa Pragmática de 1776, sobre los matrimonios de la familia real. Carlos IV, al morir su tío rehabilitó a todos sus descendientes, les devolvió los apellidos y les dio dignidad de infantes. Luis María fue destinado al clero, primero arzobispo de Sevilla y luego de Toledo y cardenal de la Santa Iglesia. Sancionó las Cortes de Cádiz y, elegido presidente del consejo de Regencia, fue a recibir a su primo el rey a su regreso a España.

El consejo había marcado un itinerario y la obligatoriedad de que Fernando VII jurara la Constitución para ser reconocido como rey. Pero Fernando, recelando, cambió dicho itinerario, aplazando *sine die* su juramento del texto constitucional. Animado por el gran recibimiento de sus súbditos, que se rendían a su paso por pueblos y ciudades, con expresiones insólitas de cariño y sometimiento, y azuzado por las fuerzas reaccionarias que pretendían la vuelta a la situación de la antigua monarquía absoluta, observando lo que sucedía en el exterior, caída de Napoleón y abdicación del mismo, apoyado finalmente por los militares más inmovilistas que le presentaron por medio del general Elío el famoso «Manifiesto de los persas», dictó el 4 de mayo, aun antes de hacer su entrada en Madrid, un decreto por el que quedaba derogada la Constitución de 1812, todavía prácticamente sin estrenar. El héroe de la libertad, el «ángel de las Españas», la pobre víctima que había estado prisionera del tirano, se quitaba al fin la máscara y presentaba su auténtica faz. Gobernaría absolutamente de forma absoluta. Volvía la tiranía y el pueblo gritaba inconscientemente: «¡Vivan las caenas!».

«La Pepa», la Constitución salida de las deliberaciones durante más de un año de los trescientos diputados de las Cortes de Cádiz, había quedado proclamada en la iglesia de San Felipe Neri de Cádiz el 19 de marzo de 1812. Era una de las constituciones más progresistas que ha tenido el país, reconocía que la soberanía nacional residía en el pueblo y declaraba que España era una reunión de personas iguales, sin distinción ninguna con lo que desaparecían por primera vez las diferencias regionalistas y sus privilegios y se equiparaba por igual a los habitantes de las colonias. Se establecía la monarquía parlamentaria como forma de gobierno, el poder legislativo se concentraba en una sola cámara, elegida por sufragio universal indirecto, y se consagraba la independencia de los tribunales de justicia, con lo cual se reconocía por primera vez la separación de los poderes. Se eliminaban además ciertos privilegios de la nobleza y el clero, pero se reconocía a la religión católica como la única del Estado. Sin embargo, posteriormente, por una ley de 1813, se suprimió el Tribunal de la Santa Inquisición, lo que era un paso importante para mermar el poder de la Iglesia.

Todo aquello se fue al traste. De un plumazo el rey se cargaba el trabajo de los trescientos diputados de Cádiz durante más de un año y el esfuerzo que éstos habían realizado por encontrar un equilibrio entre las posturas de los conservadores y los progresistas a veces muy enconadas. Ahora el entusiasmo y el deseo de encauzar España hacia una definitiva modernización de los Álvarez Mendizábal, Alcalá Galiano, Argüelles, Martínez de la Rosa, Queipo de Llano y tantos abogados, escritores, eclesiásticos, comerciantes, aristócratas idealistas y ardientes defensores de la libertad, eran tirados por la borda por aquel a quien ellos mismos habían colocado en el trono, ya que el preámbulo de la Constitución que habían elaborado empezaba diciendo: «Don Fernando Séptimo, por la Gracia de Dios y de la Constitución de la Monarquía española, Rey de las Españas y en su ausencia y cautividad la Regencia del Reino, nombrada por las Cortes generales y extraordinarias a todos los que por la presente vieren y entendieren, sabed: Que las mismas Cortes han decretado y sancionado la siguiente Constitución política de la monarquía española». Habría que esperar hasta la Constitución de 1978 para que los políticos españoles hicieran un esfuerzo parecido y lograran un texto tan consensuado y equilibrado que acabara con el enfrentamiento cainita ancestral de los españoles. Aunque a los veinticinco años de su promulgación ese consenso y ese compromiso parezcan hoy más frágiles y rompedizos que nunca.

Una vez suprimida la Constitución, el rey se dirigió a Madrid, donde fue recibido igualmente con delirio y nombró su gobierno, que realmente sólo tenía la obligación de hacer lo que él en su absoluto poder y voluntad mandase. Se restableció de nuevo el Santo Oficio y la censura y los afrancesados fueron duramente perseguidos, juzgados y condenados. En estos momentos se produce por primera vez un masivo exilio político español, que luego ha sido una sangría continua y un lamentable mal que se ha reproducido con demasiada frecuencia en nuestra historia posterior, con un alto coste de sufrimiento, de talentos perdidos, de resentimiento y de amargura.

Una pesadilla de diecinueve años

Al primer período del segundo reinado de Fernando VII se le ha llamado «el sexenio absolutista». Es el que va desde su llegada del destierro francés y la derogación de la Constitución de 1812 hasta 1820, cuando se produce el pronunciamiento de Riego, que obliga al rey a jurar la Carta Magna que había despreciado unos años antes. El pronunciamiento —también llamado asonada— de diversos jefes militares se había convertido en aquellos seis años en una mala costumbre, que era una manifestación más del descontento del ejército, que también lo era de la sociedad civil. Los hubo por decenas y en general no tenían la más mínima incidencia. Eran sofocados al poco rato. Pero, por un descuido o tal vez por no confiar en su éxito, el del general Riego se les fue de las manos y corrió como la pólvora de ciudad en ciudad, hasta que ya fue imparable y obligó al propio rey a doblegarse y a jurar la Constitución en un acto solemne delante de las Cortes Generales. En su desfachatez el rey no tuvo ningún problema en hacerlo. Estaba acostumbrado a mentir y a jurar en falso. Incluso pronunció la célebre frase, la más cínica de su reinado, cosa esta harto difícil: «Marchemos todos juntos y yo el primero por la senda constitucional...». De lo que, naturalmente, no tenía la menor intención.

Tanto es así que aprovechando las luchas entre las dos facciones que se crearon en las nuevas Cortes, por un lado los partidarios de que ya se había conseguido todo lo que se podía hacer para el cambio y la modernización de España y por otro los que creían que sólo se había empezado y había que llevar aquella transformación a las últimas consecuencias como la supresión de todos los privilegios de las clases dominantes, el rey, faltando gravemente a su compromiso constitucional, pidió auxilio a las potencias extranjeras con el pretexto de que el poder real estaba en peligro, cosa que era falsa pues ni los más avanzados y progresistas ponían en entredicho la monarquía. El Congreso de Viena delegó en el nuevo rey de Francia, Luis XVIII, la solución del conflicto y éste envió en auxilio de su pariente a los Cien Mil Hijos de San Luis, un ejército de setenta y cinco mil hombres al mando del duque de Angulema que prácticamente no tuvo nada que hacer. El poder absoluto volvió a imponerse de una forma aún más radical que a la llegada del monarca, acabando con el llamado trienio liberal y dando comienzo a la que los historiadores llaman «la década ominosa», que va desde 1823, en que el rey impone nuevamente el absolutismo, a 1833 en que, prematuramente envejecido y enfermo, fallecería Fernando VII, dejando una terrible herencia y una complicada sucesión que conduciría a una guerra civil.

Fue una década nefasta, en la que el gobierno se ejerció con absoluta impunidad. Se reprimieron las libertades de una forma radical, la de prensa y expresión de forma especial, lo que produjo una nueva oleada de exiliados a Francia y a Inglaterra. Se persiguieron con esmerado encono las llamadas sociedades secretas. La masonería fue una auténtica obsesión, obsesión esta que también tuvo un siglo más tarde el general Franco durante su larga dictadura. Los liberales que no salieron del país fueron exterminados, unos conducidos a prisión y otros expulsados. Se creó una extraña cofradía llamada «el ángel exterminador» que se dedicaba a buscar liberales y denunciarlos, cuando no, a hacerlos desaparecer y que hoy se me ocurre tiene una estremecedora semejanza con lo que en los años de la transición española se llamó «guerrilleros de Cristo Rey», en una trágica y descorazonadora repetición histórica. La tensión llegó a ser tal que cuando, en 1831, el general Torrijos se levanta en nombre de los liberales es inmediatamente ejecutado con sus compañeros en las playas de San Andrés de Málaga. Hay un hermoso cuadro que recuerda aquella ejecución y en la plaza de la Merced de la vieja ciudad andaluza se levantó más tarde un obelisco en homenaje a aquellos liberales, que guarda sus cenizas. Andando el tiempo, aquel monumento sería una de las primeras cosas que vería un niño desde el balcón de su casa paterna en la misma plaza. Se llamaba Pablo Ruiz Picasso y aprendió para siempre el sentido de la libertad en aquel cenotafio. Días antes que Torrijos, en Granada era ejecutada otra heroína de la libertad, Mariana Pineda, que serviría igualmente de inspiración a uno de nuestros más grandes poetas, Federico García Lorca, para escribir uno de sus más inspirados dramas.

Pero vayamos por partes. Con todos estos cambios políticos los asuntos del Estado estaban prácticamente estancados. Casi nada funcionaba en el país y las reformas y mejoras que trataban de hacerse quedaban reducidas a la nada y a la inoperancia. Si a eso hay que añadir que durante todos estos años se va desarrollando el proceso de la independencia de las colonias, a cuyo inicio no se había hecho el menor caso, con lo que esto llevaba consigo para la economía y para la estabilidad del sistema, podemos concluir que este período de nuestra historia es uno de los más lastimosos y en el que el camino hacia el abismo no parecía tener final. La caída en picado de España en una incontrolable decadencia parecía imparable y amenazaba con su práctica desaparición como potencia mundial. Pero aunque parezca mentira, todavía podía llegarse más abajo. Como en seguida tendremos ocasión de comprobar.

Existía otro —uno más— grave problema. Era el de la sucesión del rey, esencial para el sistema monárquico. Fernando VII, cuando regresa al trono, llevaba años viudo de aquella princesa de las Dos Sicilias, María Antonia de Nápoles —llamada Totó en familia— que tanto había contribuido a forjar la personalidad del rey en los años de intrigas y conspiraciones contra el valido. Ella le dio confianza en sí mismo, ya que a su lado había logrado al fin ser potente sexualmente, le había dado energía y era, en cierta medida, una de las personas responsables de la aureola de que había gozado en su primera etapa Fernando. Infortunadamente, después de dos abortos, a la princesa siciliana se la llevó una tuberculosis. En

1816 el rey volvió a casarse, en esta ocasión con una sobrina, hija de una de sus hermanas mayores, Carlota Joaquina reina de Portugal por su matrimonio con Juan IV de Braganza. Fue un apaño de familia, él se casaba con Isabel y su hermano Carlos María Isidro —muy reacio al matrimonio por su beatería y pazguatería casi enfermizas— con la hermana menor de ella, María Francisca. Los Borbones practicaron la misma política matrimonial endogámica —alguien los comparaba en este sentido con los egipcios Tolomeos— que los Austrias, aunque como eran más promiscuos la sangre salía beneficiada con las aportaciones bastardas.

«Fea, pobre y portuguesa, ¡chúpate ésa!», con esta cantinela tan poco elegante saludaron los españoles el nuevo matrimonio de su rey, que ya era menos deseado que cuando llegó. La verdad es que no se sabe si debido a lo poco afortunada físicamente que era su nueva esposa o por pura costumbre, el soberano no le prestaría mucha atención y prefería seguir haciendo sus proezas sexuales en el prostíbulo de Pepa *la Malagueña* y demás tugurios de Madrid, siempre acompañado de sus fieles alcahuetes y compinches, el duque de Alagón y Pedro Collado que, aparte de esos oficios de tercería, eran sus consejeros áulicos y a los únicos que hacía caso su majestad. De su primera inexperiencia sexual, que le llevó casi al ridículo internacional durante los primeros meses de su primer matrimonio, en que no llegaba a realizar con éxito la coyunda marital, Fernando había pasado a ser un putero cualificado de cama en cama de las más señaladas meretrices de Madrid, desquitándose sin duda de sus diez años de viudedad y de los seis años de forzada abstinencia en su prisión de Valençay. Con todo, la pobre portuguesa, que resultó ser muy discreta y pavisosa, parió una niña, la infanta María Isabel, que falleció cinco meses más tarde. En 1818, el día siguiente de la Navidad, fallecía la Braganza de un mal parto de otra niña, que nació muerta y se llevó a la madre por delante. Hay que señalar, no obstante, que gracias a esta mujer, se fundó el Museo del Prado, ya que fue ella la que terminó de convencer a su marido de que dedicara el magnífico edificio que había levantado el arquitecto Villanueva en el paseo del Prado a la sede de un gran museo de pintura. Allí irían —años más tarde— todas las colecciones reales y luego ya nacionalizado se convertiría en una de las primeras pinacotecas del mundo.

Calentito todavía el cadáver de la portuguesa, ya las cancillerías buscaban novia al monarca español. Los Sajonia tenían fama de prolíficos y sus mujeres de fecundas. Sólo hay que pensar en la abuela de Fernando VII, María Amalia Walburga de Sajonia, esposa de Carlos III, que parió trece infantes. Así que se buscó otra princesa de la misma casa. Ella fue María Josefa Amalia, de quince años. Esta princesa blanquísima y de cándidos ojos azules se había educado en un convento porque había quedado huérfana de madre muy joven. Era extremadamente piadosa y nadie había tenido la precaución de informarle sobre cómo se engendraban los niños. Así que la noche de bodas, al contemplar aterrada el enorme miembro del rey Fernando, no sólo estuvo a punto de desmayarse, sino que al ver cómo aquello se introducía en su frágil cuerpo, se fue de varillas.

Desde aquel día se negó en redondo a volver a ponerse en semejante situación, hasta tal extremo que tuvo que intervenir el propio pontífice de Roma para convencerla de la obligación del cumplimiento de sus deberes conyugales. Aun así, iba de mala gana a la cama y tuvo que improvisarse un almohadón para que aquel enorme miembro de su majestad no entrara entero en el cuerpo de la sajona, con peligro de que se partiera en dos. No se sabe si por esta razón, por su constitución o porque lo que de verdad le gustaba a la alemana era escribir horrendos y extremadamente cursis poemas, el matrimonio resultó estéril, aparte de una verdadera pesadez para Fernando VII, que ya tenía una buena excusa para no salir del burdel de la malagueña Pepa. Enterada la reina de que las aguas de Solán de Cabras o de Sacedón podían obrar el milagro de su fecundidad, allá se iban todos los veranos, por un tortuoso camino de cabras, nunca mejor dicho, que hizo exclamar un día al irritado soberano, en medio de saltos y sobresaltos, con su natural gracejo: «¡De este viaje acabamos todos preñados... menos la reina!».

A los diez años de aburridísimo matrimonio, la reina —que además de piadosa era anodina y triste— tuvo la amabilidad de morirse de unas calenturas. Cuando llegaron los ministros a proponerle un nuevo matrimonio, pues el problema de la sucesión seguía sin solucionarse, el rey Fernando, que era simpático, cachondo y bastante campechano, dijo: «Ahora ¡nada de rosarios ni versos, coño!». Así que los buscanovias miraron hacia Sicilia. Ya habían casado al menor de los infantes, Francisco de Paula, duque de Cádiz y supuesto bastardo de Godoy, con una sobrina, la princesa Luisa Carlota, hija de la infanta María Isabel —otra supuesta bastarda del valido—, reina de Nápoles y Sicilia. Luisa Carlota había resultado una mujer despierta y vigorosa, además de buena paridora, así que como tenía una hermana por casar se pensó en ella. Fue de esta manera como la princesa María Cristina de las Dos Sicilias, una belleza meridional, morena, hermosa, de bellos ojos almendrados, lozana y seductora, se convirtió en la cuarta esposa de Fernando VII.

La llegada de Cristina de las Dos Sicilias a la vetusta corte de Madrid supuso además un soplo de aire fresco. Venía precedida de una fama, no se sabe si justificada o no, de favorable a los planteamientos liberales. Lo cierto es que a su paso por Francia había tenido contactos con los liberales exiliados y también conversaciones con su tío Luis Felipe de Orleans que había instituido ya en Francia una monarquía de signo burgués y liberal. Por eso su entrada en Madrid, en medio de un gran entusiasmo y bellamente vestida de azul, fue acogida por la oposición con gran alegría, adoptando desde entonces el cristino color azul como el de su partido. Lista, inteligente y de ardiente cuerpo y corazón, la joven llegaba al tálamo de un hombre todavía joven, pero que estaba hecho unos zorros, debido a sus continuos excesos. El rey enloqueció de amor por su joven y atractiva sobrina, sobre todo al descubrir que era la pareja que hubiese necesitado en sus años de máximo furor sexual, ya que ésta estaba a la altura de sus necesidades en el lecho. Desafortunadamente, a pesar de tener sólo cuarenta y cinco años, ahora era un hombre acabado, al que los deberes conyugales le suponían un gran esfuerzo, que él trataba de justificar como podía ante su nueva compañera.

Una bofetada histórica

La verdad es que no necesitaba justificarse ante sus, a veces, vanos esfuerzos en el tálamo porque Cristina era muy comprensiva. Con paciencia, dedicación y mucha maña logró embarazar a la napolitana. Y en 1830 nació la primogénita, la princesa Isabel, una robusta y sanísima niña rubia, de ojos azules, que andando el tiempo dejaría en mantillas las hazañas sexuales de su real padre. Ya tenía heredera. Incluso dos años más tarde nació una segunda infanta, María Luisa Fernanda. Sólo que había un problema. Un problema grave, pero facilísimo de solucionar. En España —ya lo hemos dicho—, tradicionalmente desde las Partidas de Alfonso X el Sabio, no había impedimento alguno en que reinaran las mujeres, hay una larga lista de ellas, doña Urraca, Blanca de Navarra, Isabel la Católica... Pero al llegar los Borbones tuvieron la poca afortunada idea de establecer la francesa Ley Sálica, que impedía acceder al trono a las féminas. Carlos IV había anulado la Ley Sálica por una Pragmática de 1789, que no se sabe por qué no se había hecho pública. Fernando VII decidió ponerla en vigor por medio de la Pragmática Sanción. Ya quedaba expedito a su hija el camino del trono, al menos en lo que concernía a la legalidad. Pero había otros inconvenientes.

Detrás de este problema había otro aún más grave. El hermano de Fernando, Carlos María Isidro, que era un meapilas y conservador hasta los tuétanos, estaba convencido, visto lo visto, de que sería él inevitablemente el heredero de su hermano. A su alrededor se habían ido agrupando todas las fuerzas más reaccionarias del país, que desconfiaban además de la aproximación a los liberales que había hecho el rey en sus últimos días de reinado, otorgándoles incluso una amplia amnistía, animado por la reina María Cristina. Don Carlos, ayudado eficazmente por su ambiciosa esposa María Francisca de Braganza, se había convertido en una fuerza política de gran peso. Y no estaban dispuestos ni él ni sus partidarios a aceptar la decisión del rey. Por otro lado María Cristina tenía una no menos eficaz partidaria en su hermana, la decidida y manipuladora infanta Luisa Carlota, casada, como hemos dicho, con el infante Francisco de Paula, que vigilaba cualquier movimiento extraño en torno al ya enfermo y moribundo rey. Para evitar daños mayores, Fernando fue convencido con fuertes y violentas presiones de revocar la Pragmática y cuando el ministro Francisco Tadeo Calomarde salía de la cámara regia con el nuevo decreto en la mano, la audaz Luisa Carlota se lo arrebató, al tiempo que le daba una sonora bofetada, a lo que elegantemente el ministro contestó con la famosa frase: «Manos blancas no ofenden».

Lo que no pudo evitar es que la infanta destruyera el documento y lo arrojara a la hoguera. Todavía tuvo el moribundo Fernando VII ocasión de ratificar la Pragmática que dejaba heredera del trono a una niña de apenas tres años —que fue además precipitadamente jurada como princesa de Asturias— cuando finalmente el más indigno de nuestros reyes moría en el Palacio Real de Madrid, el 29 de septiembre de 1833, de una fulminante apoplejía, quedando dispuesto para someterse no sabemos si a la justicia divina, pero sí al severo juicio de la historia. La primera oportunidad de los Borbones —después del regreso de su primer exilio— de acertar en el trono de España había fracasado, porque el reinado de su hija, aquella niña indefensa que quedaba bajo la Regencia de una mujer extranjera, de veintiséis años y rodeada de enemigos, no sería más que una continua y reiterada equivocación, de la que quizás ella fue la menos culpable.

Una niña en el trono

«Mi muy querido hermano de mi corazón, Fernando mío de mi vida: Lo que deseas saber es si tengo o no tengo intención de jurar a tu hija por Princesa de Asturias. ¡Cuánto desearía el poderlo hacer! Debes creerme, pues me conoces y hablo con el corazón, que el mayor gusto que hubiera podido tener sería el de jurar el primero y no darte este disgusto y los que de él resulten, pero mi conciencia y mi honor no me lo permiten; tengo unos derechos tan legítimos a la Corona, siempre que te sobreviva y no dejes varón, que no puedo prescindir de ellos; derechos que Dios me ha dado cuando fue su voluntad que yo naciese y sólo Dios me los puede quitar concediéndote un hijo varón, que tanto deseo yo, puede ser aún más que tú; además en ello defiendo la justicia del derecho que tienen todos los llamados después que yo y así me veo en la precisión de enviarte la adjunta declaración, que hago con toda formalidad a ti y a todos los soberanos a quienes espero se la hará comunicar. Adiós, mi muy querido hermano de mi corazón: siempre lo será tuyo, siempre te querrá, siempre te tendrá presente en sus oraciones este tu más amante hermano. Carlos.» Con esta meliflua y diabólica carta había respondido el infante Carlos María Isidro a la petición de su hermano de que prestara juramento a su sucesora. A pesar de esta carta el 20 de junio de 1833 la pequeña Isabel fue proclamada solemnemente, en la iglesia de los Jerónimos de Madrid, como era tradicional, princesa de Asturias. Mientras tanto el rey, para alejar a su hermano de la vecina Portugal donde se había retirado con un permiso de dos meses de la corte, con intención de tener un privilegiado lugar de observación, le ordenaba que marchara a los Estados Pontificios, poco antes de morir.

El grito tradicional fue modificado en esta ocasión. Cuando el mayordomo gritó: «El rey ha muerto», hubo que contestar con un «Viva la reina», que fue como una tea que encendía una guerra civil que duraría varias generaciones, origen además de un conflicto dinástico que tardaría decenas de años en solucionarse y causa de un germen separatista que tantos males ha producido durante los últimos ciento cincuenta años en algunos territorios del norte de España. A pesar de todo, con suma valentía la reina viuda había enviado al presidente del consejo el documento correspondiente en el que daba cuenta del fallecimiento de su esposo el rey y por el que asumía sus responsabilidades que éste le había encomendado: «Como reina gobernadora durante la menor edad de mi augusta hija Isabel II, lo participo al Consejo con todo el dolor que corresponde a la ternura de mi natural sentimiento, para que se tomen las providencias que en semejantes casos se acostumbra. Está rubricado de la real mano. Palacio, 29 de septiembre de 1833». Comenzaba, sin duda, una nueva época para España y para la dinastía. A los pocos días la reina niña era proclamada solemnemente con el nombre de Isabel II, mientras en Talavera de la Reina los partidarios de don Carlos lo proclamaban a su vez como Carlos V.

En el testamento de Fernando VII se establecía que la reina gobernadora estuviera asistida por un consejo de gobierno, al que doña Cristina dio poca importancia pues en seguida ofreció el gobierno a un moderado, Francisco Cea Bermúdez, ya que pensaba que esto la ponía en una posición más cómoda, intentando aunar cuantos más apoyos mejor, ya que sólo Francia, Inglaterra y Portugal reconocieron inmediatamente la nueva situación de la monarquía española, mientras Alemania, Rusia, Austria e incluso el papa no reconocían a la reina niña y apoyaban al pretendiente carlista, que significaba sin duda la perpetuación de la nefasta unión, tan española desgraciadamente y que tanto daño ha hecho a lo largo de nuestra historia política, del trono y el altar. España firmó con sus aliados la Cuádruple Alianza en 1834, al tiempo que la gobernadora proclama el Estatuto Real, una especie de constitución que establecía un sistema bicameral, muy semejante al que modernamente se instauraría: la cámara alta formada por los próceres y la baja por los procuradores, elegidos por sufragio indirecto, ya que entonces sólo votaban las personas que tuvieran un determinado nivel de renta anual. Aun así los radicales no paraban en sus reivindicaciones y en julio de aquel mismo año se produce en Madrid una matanza de clérigos y quema de conventos (lo que se convertiría en una inveterada y lamentable costumbre española en revueltas similares hasta la primera mitad del siglo XX).

Poco después se designa a Juan Álvarez Mendizábal —que ya había participado en las Cortes de Cádiz y que, en su exilio en Londres, se había enriquecido gracias a su buena fortuna con los negocios y al que el pueblo llamó pronto Juan y Medio por su gran estatura— como ministro de Hacienda. La primera medida que toma Mendizábal para sanear la hacienda pública es lo que ya tímidamente se había hecho en anteriores reformas de otros reinados precedentes: acometer de una manera decidida la desamortización de los bienes de la Iglesia y disolver las órdenes religiosas, excepto las que tuvieran encomendados fines benéficos. Se ha discutido mucho sobre las ventajas o no de aquella decisión que para algunos sólo hizo nacer una nueva clase de latifundistas y caciques en los pueblos y campos españoles. De cualquier forma la desamortización produce una crisis y la reina tiene que llamar a un político más moderado, Istúriz. La gobernadora hacía lo que podía, ya que además ella tenía sus propios problemas personales. Conozcamos un poco mejor a Cristina de Borbón Dos Sicilias.

María Cristina de Nápoles, una reina ambiciosa y una mujer enamorada

Éste sería el postrer y piadoso juicio que podría hacerse de esta reina napolitana a la que en su testamento Fernando VII dejaba como gobernadora de sus Estados hasta la mayoría de edad de su hija y sucesora. Ambiciosa porque lo fue en grado sumo, a la vez que avariciosa. Su primera ambición fue guardar el trono de su hija, luego intervenir en política todo lo que podía y la dejaban, y cuando ya fue perdiendo peso concentró sus esfuerzos en enriquecerse a toda costa, aprovechando su alta posición, lo que le acarreó el descrédito y el odio del pueblo. Y enamorada porque fue el amor lo que le hizo cambiar el rumbo de su vida y tal vez el de la historia. No podremos saber nunca si no se hubiera cruzado en el camino de la reina regente el sargento de la Guardia Real Fernando Muñoz, a las pocas semanas de morir el rey, si la historia hubiese sido la misma. El encuentro entre María Cristina de Borbón, joven viuda, abrumada por la carga de su responsabilidad de reina gobernadora, con dos hijas pequeñas y el joven y apuesto oficial recuerda mucho al de la ligera María Luisa de Parma con Manuel de Godoy. Ambos, oficiales que habían acudido a la corte en busca de fortuna; ambos, escoltas de la reina en un desplazamiento al Real Sitio de La Granja. Sin embargo hay algunas diferencias: la de Parma iba a La Granja acompañada de su marido, la napolitana se dirigía al mismo lugar a descansar y era una triste y solitaria viuda. María Luisa quiere conocer al guardia de corps por su valentía al dominar un caballo, la seductora Cristina de Nápoles ante una súbita hemorragia de nariz pide al oficial un pañuelo, que éste besa audazmente cuando la reina se lo devuelve ensangrentado. Cristina de Nápoles que había sido tres años la mujer de un vejestorio, que además de llevarle veinte años, era su tío, en realidad no había conocido la pasión y la plenitud del amor, y quedó fascinada por la apostura y gallardía de Fernando Muñoz.

Claro que ésta es la versión que tenemos transmitida por una nieta de la interesada, la también bastante desenvuelta infanta Eulalia, que lo escribe en sus Memorias, al habérselo oído contar a su abuela ya anciana en París. Y ya se sabe que la vejez tiende a edulcorar todos los recuerdos. Porque la verdad es que el cuento resulta un tanto inverosímil. En primer lugar porque se supone que en el carruaje la soberana iría acompañada de alguna dama provista de pañuelos suficientes para hacer frente a la inoportuna hemorragia y segundo porque es más increíble aún que el guardia en cuestión, por muy galante que fuera, se atreviese a besar un pañuelo ensangrentado, aunque fuera de aquella sangre tan azul. Hay otros maliciosos que dicen que la reina conoció a Muñoz por medio de su costurera. Y hay quien asegura que ya se conocían —y tal vez se amaban— en vida del rey. Lo que está fuera de toda duda es que María Cristina, conociera y amara ya a Muñoz o no, se portó como una abnegada esposa en la última enfermedad de su marido, a quien cuidó en su lecho de enfermo, de donde no se separó hasta que el malvado soberano expiró.

Dicen que como la reina viuda era muy estricta en moral y muy religiosa no quiso convertir a su enamorado en su amante, lo que hubiese sido bastante fácil. La de Parma ni se lo hubiera planteado, ella estaba casada y lo hizo sin el menor empacho. Cristina era viuda y por tanto a nadie engañaba, pero quiso que su unión, aunque morganática, estuviera bendecida por la Iglesia. Fue ella misma, según el cuento de la infanta Eulalia, muy romántico por cierto, la que propuso el matrimonio al joven oficial en una finca segoviana llamada significativamente «Quitapesares», adonde había ido a descansar unos días. Y así lo hizo, contrajo matrimonio secreto con el hijo del estanquero de Tarancón. Hacer pública aquella unión era imposible, ya que el carlismo acechaba y la Corona de su hija hubiese peligrado. La casó en diciembre de 1833 su confesor en una apartada salita de palacio, con la sola compañía de dos testigos de absoluta confianza. El pacto que ella había hecho con los liberales para poder gobernar con cierta comodidad, teniendo tantos enemigos y la guerra carlista declarada en el norte de España, propició que éstos también guardaran el secreto real e hicieran como que no se habían enterado. Ellos callaban y la reina agradecida les conservaba en el gobierno.

Pero aquello era un secreto a voces, porque la furiosa pasión que había prendido en la pareja no dejaba de dar sus resultados y la reina se puso a parir sin parar hijos secretos que, una vez llegaban al mundo, eran conducidos a una casa a las afueras de Madrid con las nodrizas y a los pocos meses enviados a París donde el personal adecuado se ocupaba de la educación de la creciente caterva de Muñoces, como cantaba la maledicencia popular, en este caso tan certera: «Clamaban los liberales / que la reina no paría / ¡y ha parido más Muñoces / que liberales había!». La situación llegó a ser tan grotesca que en los mentideros de Madrid llamaban al marido secreto Fernando VIII y en uno de sus partos la reina tuvo que vestirse de gala y asistir a la inauguración de las Cortes a las cinco horas de haber dado a luz, lo que originó un desmayo de la prolífica soberana, con los consiguientes cotilleos y comentarios cortesanos.

Con tanto trajín y tanto parto, para lo que menos tiempo tenía la gobernadora era para atender correctamente los asuntos de gobierno, así que los ministros hacían y deshacían a su gusto. Tampoco podía declarar público su matrimonio pues el reinado de su hijita Isabel no hubiese resistido ni un día, con todas las fuerzas reaccionarias agrupadas en torno al carlismo. Lo que no cabe duda es que la irregular situación acabaría repercutiendo en los acontecimientos políticos, porque los distintos bandos que se disputaban el poder buscaban hacerse con el favor de la soberana, que al final fue víctima de chantajes, como en la asonada o sargentada de La Granja. Gobernaba Istúriz, que había sido un intento de templar gaitas, tras la puesta en marcha de la desamortización de Mendizábal. Los grupos más radicales no soportaban la situación, con sus reivindicaciones de más libertad y más reformas y en este entorno se produce el levantamiento de un grupo de sargentos de La Granja, donde se encontraba la reina de descanso con sus hijas, Isabel y Luisa Fernanda. Este grupo de oficiales intentó doblegar la voluntad de la reina para que restaurara la Constitución de 1812, amenazando con asesinar a Fernando Muñoz, que había sido empleado discretamente en el Palacio Real para que pudiera estar cerca de su amada y secreta esposa. La reina tuvo que aceptar las condiciones que se le exigían para no sacrificar a su amado Fernando y dicta un decreto, por el que: «Mando y ordeno que sea publicada la Constitución de 1812, en espera de que la nación, reunida en Cortes, declare expresamente su voluntad y dé una Constitución conforme a sus necesidades...». Se abrió un período de gobierno de los liberales radicales, que elaborarían la Constitución de 1837, que supuso solamente una ligera corrección de la de 1812.

Las facciones que no estaban de acuerdo con los liberales que gobernaban con la aprobación de María Cristina no hacían más que conspirar para acabar con aquella política liberal y aperturista. Y la reina se cansaba de pedir a unos y a otros un necesario pacto de entendimiento para gobernar, ya que además el problema de la guerra se agudizaba y don Carlos, apoyado por sus leales, tanto civiles como militares en contra de la legalidad de la niña reina, había logrado formar un ejército que llegó hasta las tapias del Retiro. Sin embargo, se replegó y siguió la guerra en el norte. La lucha fue dura y en ella murió uno de los más heroicos combatientes del carlismo, el general Zumalacárregui, que fue alcanzado por una bala perdida en el sitio de Bilbao. Hasta que finalmente el general Baldomero Espartero, mítico luchador en las guerras de las colonias americanas, fue nombrado por la reina general de los ejércitos que combatían a los carlistas y tras algunas victorias y unos cuantos millones para compensar a los militares que se quedaban sin trabajo, se acabaron las hostilidades con el famoso Abrazo de Vergara entre Espartero y Maroto, por el que se establecía una paz, tan frágil, que no tardaría mucho en declararse una nueva guerra. En realidad aquélla era una guerra entre el conservadurismo más integrista y el liberalismo; entre el Norte y el Sur; un enfrentamiento entre regionalismo y centralismo y, en fin, una guerra en la que el Antiguo Régimen plantaba su última resistencia al paso inexorable del tiempo y de la historia. En este sentido también fue una guerra europea y recuerda estremecedoramente a la que muchos años más tarde, en 1936, se libró entre la España todavía apegada a obsoletas formas de gobierno y las nuevas ideologías socialistas y comunistas emergentes en Europa, para quienes también resultó ser como un sangriento ensayo general.

El progresista Baldomero Espartero, que tenía sus ambiciones políticas, aprovechó su excelente situación y se presentó como la solución que necesitaba la reina para acabar con las luchas entre unos bandos y otros, que estallaban por cualquier minucia. La reina le ofreció el gobierno, pensando que podía situarse en una posición de centro, pero Espartero quería más. En esto la Junta de Madrid exigió a la reina, con la amenaza de dar a conocer el acta de su matrimonio, que retirara un decreto sobre la ley de ayuntamientos en el Parlamento. La reina se negó, recurrió a Espartero y éste le puso sus condiciones: compartir la Regencia, cosa a la que María Cristina se negó en un principio, para tener al final que transigir. La campaña de prensa y en todos los medios políticos contra la reina era ya abrumadora y se le exigió que saliera del país. Ella aceptó exiliarse con sus hijas, y Espartero aceptó su exilio, pero no el de las princesas que se quedarían en Madrid. En un arranque de legítimo orgullo Cristina de Borbón le replicó al duque de la Victoria: «Te he hecho duque, te he hecho conde, te he dado el Toisón de Oro, te he hecho jefe del gobierno, pero lo que no he podido nunca es convertirte en un caballero». No le faltaba razón a la soberana. Aquel hombre ennoblecido y exaltado desde sus orígenes humildes a las más altas cimas del Estado quería más, mucho más.

Baldomero Espartero, en efecto, había sido honrado con títulos, duque de la Victoria, conde de Luchana, vizconde de la Bandera, y le habían otorgado, entre otras condecoraciones, el Toisón de Oro. Años más tarde Amadeo I le llegaría a nombrar príncipe de Vergara con tratamiento de alteza real. Como la mayoría de los políticos y generales que protagonizaron este turbulento período de la historia de España, Espartero era un hombre ambicioso que sólo iba a lo suyo. Y lo consiguió: fue nombrado regente del reino, porque la pequeña soberana sólo tenía diez años. Si hay algo que asemeje a toda aquella legión de hombres que gobernaron España —Espartero, Narváez, Serrano, O'Donnell, Sartorius, Salamanca,

Olózaga, González Bravo, De la Concha, Bravo Murillo y un largo etcétera— durante la minoría de edad de Isabel II y durante todo su reinado, es justamente ese egoísmo, ese poner por encima de todas las cosas sus ambiciones particulares, los intereses de sus distintos partidos, sin tener en cuenta ni el bien de la patria, ni el prestigio de las instituciones democráticas que tortuosamente se abrían paso por la vida española. Se discutía por minucias, por el alcance de unas reformas, por el tiempo en aplicarlas, todo era motivo de intriga y de contenciosos. Ni respetaron ni hicieron respetar la Corona, sino que continuamente la hacían bajar a la arena de la lucha política y no supieron colocarla por encima de banderías y de las intrigas partidistas, como un poder arbitral que hubiera dado estabilidad y credibilidad al sistema.

Tampoco la Corona supo estar a la altura de las circunstancias y entró con excesiva facilidad al trapo de los intereses de unos y de otros. Tanto a María Cristina, como luego a su hija Isabel II aunque por diferentes motivos, les gustaba demasiado hacer política, sin estar dotadas ni formadas para ello, además, sin comprender cuál debía ser el lugar de la Corona en una monarquía parlamentaria. En circunstancias parecidas fue muy diferente el reinado de la reina Victoria I de la Gran Bretaña, que supo adaptarse al nuevo papel de soberana parlamentaria, si bien es cierto que los políticos ingleses que la rodearon —Melbourne, Disraelí, Palmerston, Gladstone— supieron estar a la altura que se esperaba de ellos y siempre preservaron el papel de la Corona en el juego de los partidos. Viniendo como venía la monarquía inglesa de una época escandalosa y lamentable (los últimos Hannover) supieron colaborar con la reina en la dignificación de la institución.

Así acabó la Regencia de María Cristina de Borbón en 1840. Obligada a exiliarse en París, pudo al fin reunirse con toda su prole en su palacio de la rue de Cuorcelles, donde llegó a parir otras tres veces más y desde donde no dejó nunca de querer mangonear e intrigar en la política española. Dio a conocer su matrimonio, fue hasta Roma para pedir perdón al papa Gregorio XVI y a los pocos años pudo regresar a España, instalándose en Madrid en la Casa de las Rejas, cercana a Palacio. Las Cortes reconocieron oficialmente su matrimonio y la generosidad de su hija ennobleció a su marido haciéndole duque de Riansares. Luego la liberalidad de Isabel II otorgaría títulos a todos sus medio hermanos Muñoz, aunque la insaciable Cristina pretendió que los hiciera infantes de España. La ex gobernadora se hizo construir un palacete en el pueblo de su marido, Tarancón, donde se levantaron una capilla con dos urnas funerarias para cuando muriesen descansar el uno junto al otro, cosa que el protocolo real no permitió ya que María Cristina tenía su puesto reservado frente al vejestorio de su marido Fernando VII en el Panteón Real de El Escorial, donde descansa.

Pero antes, la codiciosa Cristina aprovechó su posición para, ayudada eficazmente por el banquero malagueño marqués de Salamanca, enriquecerse por todos los medios, algunos poco ortodoxos, lo que le valió tener que abandonar nuevamente España, esta vez por pies, que su palacio fuera saqueado en una de las revueltas revolucionarias de 1854 y refugiarse nuevamente en su lujoso exilio parisino. Allí murió en 1878 alcanzando a ver la caída de su hija y de la dinastía y también la restauración de su nieto Alfonso XII. Pero todavía veremos su ambición y sus ansias de poder asomar en reiteradas ocasiones en el reinado de aquella hija a la que dejaba abandonada a su suerte en Madrid en 1840.

Isabel II, la corte de los milagros

Sin duda don Ramón María del Valle-Inclán hizo un esperpéntico retrato literario —atrozmente exagerado—, en *El ruedo ibérico* y en su *Farsa y licencia de la reina castiza,* de la corte de la reina Isabel II y de su largo y desafortunado reinado. No creo que haya habido reina más discutida, criticada y vilipendiada que Isabel de Borbón y Borbón, reina a los tres años, declarada mayor de edad a los trece, a la que nadie se ocupó de educar ni enseñar nada, manipulada y manejada siempre por unos y por otros y luego acusada de todos los males de los que ella no era en la mayoría de los casos responsable o no lo era en el grado en que se ha querido hacer ver. Su responsabilidad se acaba en no haber sabido rodearse de personas honradas, leales y capaces —tal vez no las hubo en aquella turbulenta España del siglo XIX— y de no haber comprendido que su lugar debía estar por encima de todas las luchas partidistas que se desarrollaban a su alrededor, y a veces con su consentimiento e incluso con su participación.

Cuando se ha juzgado a Isabel II con la severidad y rigor con que se ha hecho, creo que en ello ha influido de forma extraordinaria su condición de mujer. De mujer que en muchos casos se comportó como un hombre. Con la misma libertad y con la misma autonomía, sobre todo en el tema, que no es baladí a la hora de hablar de su largo reinado, de su vida íntima, por la repercusión que esto tuvo en la vida pública y política del país. Si lo mismo que ella hizo, la libertad con la que exhibía a sus amantes, el sometimiento de su voluntad a los favores que éstos le pedían en su nombre o en el de sus patrocinadores, lo hubiera hecho un hombre, un rey, no se la hubiese censurado como se ha hecho. No se la hubiera culpabilizado tanto, como se ha hecho reiteradamente con Isabel II, de la importancia que su desordenada vida privada tuvo en el fracaso de su reinado. Hoy día ya parece que se ha vencido esa inercia y la historiografía última empieza a juzgarla con más objetividad, olvidando sus pecados de la carne y atendiendo más a lo que fue su intervención en la vida política y en la gobernación de España.

Isabel fue una mujer desgraciada, cosa que se ha olvidado con excesiva frecuencia. Se la ha preferido llamar «reina castiza», por su talante sencillo, abierto, populista hasta la chabacanería y en extremo desinhibido, en vez de «la de los tristes destinos», que otros historiadores le adjudicaron con mayor justeza. Huérfana y reina al mismo tiempo, cuando apenas tenía tres años, rodeada de aduladores desde la infancia, sin nadie que se ocupara de su formación y de su educación, abandonada por su madre a los diez años, entregada a sus caprichos infantiles y juveniles sin la menor disciplina, sentada en el trono de la quinta potencia del mundo a los trece años, sin que nadie le inculcara los más mínimos principios políticos, seducida si no violada por quien tenía que cuidar de su seguridad e integridad, manejada por unos y por otros en beneficio exclusivamente de los intereses de ellos mismos y de sus ambiciones, casada a los dieciséis años contra su voluntad con un primo hermano ambicioso, homosexual e intrigante, utilizada y abandonada por amantes que sólo buscaban su provecho personal, tuvo que aprender sola su oficio, a fuerza de intuición y de espontaneidad. Sólo su buen carácter, su inmensa generosidad, su falta absoluta de rencor, su envidiable sentido del humor y una extraña fortaleza forjada en su soledad y posiblemente en una religiosidad casi patológica, pudieron hacer que soportara tantos infortunios y tantas traiciones.

Cuando se dice que a la reina sólo le interesaban los hombres y divertirse, comer con glotonería y aturdirse en fiestas y saraos, desatendiendo los asuntos de Estado, se olvida que nadie supo ni se preocupó de inculcarle ningún tipo de principios, ni los deberes de un soberano, más que los que pudo adquirir con su capacidad de observación, su extraordinaria memoria y los cuatro tópicos que le enseñó su madre. A todos les interesó fomentar ese indudable lado frívolo de su personalidad para que, ocupada en esos divertimientos, no se preocupara de otros asuntos más serios. Mujer fogosa y ardiente como era, la arrojaron, por intereses de Estado e internacionales, en brazos de un primo homosexual y tal vez impotente, que sólo aceptaba ese matrimonio como trampolín para sus propias ambiciones políticas y que se dedicó, cuando vio fracasados sus manejos, a intrigar, a fastidiar y hacerle la vida aún más imposible con sus estúpidos celos y sus puntillosas exigencias protocolarias, representativas e incluso económicas. Don Francisco de Asís de Borbón, duque de Cádiz, fue en efecto el peor compañero que pudiera haber imaginado la mente más perversa para una mujer del talante y del temperamento de Isabel II. Un embajador de Francia llegó a escribir que el primer enemigo que tenía la reina era su marido, siempre a la cabeza de todas las intrigas que comprometieran a la soberana, incluso en los intentos por arrebatarle la Corona y hasta en algunos contra su propia vida.

En 1843, ante la ingobernabilidad de la situación, se propone la declaración de la mayor edad de la reina, cuando ésta sólo tiene trece años. Desde ese día, aquella adolescente inexperta y caprichosa sería responsable del gobierno de la nación. Y comienza un interminable vaivén de políticos, banderías, partidos, tendencias, capillitas en torno a la cámara de una reina que lo que le gusta realmente es divertirse, acudir a la ópera, por la que siente una auténtica pasión —ella misma era una magnífica *mezzosoprano*—, ir a cenar a Lhardy (cuyo cocido saborea con glotonería, al igual que la tortilla de patatas y el arroz azafranado con pollo), a bailar a las verbenas acompañada de guapos mozos y vivir la vida. Liberales, moderados, progresistas, radicales, unionistaliberales, católicos, neocatólicos, conservadores, liberales radicales y toda una variadísima gama de sensibilidades políticas luchan por hacerse con el favor de la reina y acaparar el gobierno durante los veinticinco años que duró su reinado efectivo. Se cambiará tres veces de Constitución, habría dos revoluciones e innumerables pronunciamientos y asonadas militares. Los cambios de gobierno eran tan frecuentes como el ritmo de las estaciones; existiría una amenaza perenne de guerra civil promovida por los carlistas y aun así, y a pesar de todo ello, los cambios sociales, el avance de la economía, las mejoras en campos como la educación, las comunicaciones, el crecimiento demográfico, la administración e incluso la seguridad ciudadana (se creó la Guardia Civil para luchar contra el bandidaje) fueron enormes, lo que parece admirable y extraordinario.

Se crearon fábricas, industrias, altos hornos, el ferrocarril, la red de carreteras que acabaría uniendo Madrid con las principales provincias y un largo etcétera. Creció una clase urbana-burguesa que además se enriqueció rápidamente por los grandes negocios que supusieron la llegada del ferrocarril y la inversión extranjera en los altos hornos del norte y en las minas de Asturias y de Andalucía. Y las corrientes artísticas como el romanticismo, que de Alemania se había extendido a toda Europa, impregnarían no sólo la literatura y la poesía de este período isabelino, sino incluso formas de vida como la aparición, al amparo del desarrollo de la prensa escrita y de la proliferación de las tertulias en bares y cafés, de una clase bohemia que se movió siempre entre la política, la conspiración, la literatura y la desesperación por amores contradichos.

Sin embargo, todavía quedaba esa otra imagen de una España tradicionalista y folclórica, atrasada y bullanguera, de manolas y toreros, bandidos y cármenes, de pachanga y pandereta, que a los viajeros extranjeros les seducía por su primitivismo y su aspecto racial, por su tipismo colorista y alejado de la modernidad que se extendía por Europa. Emergía entonces una tendencia a lo regionalista y a lo autóctono que estos cultos viajeros ingleses, franceses y alemanes conocían y creyeron descubrir en nuestro país en estado puro, junto a una rica literatura que ellos apreciaron antes que los propios españoles, desde los místicos del XVI al Siglo de Oro y desde los romances a las ricas leyendas medievales. Byron, Merimée, Irving, Borrow y exportaron esa imagen marginal y escorada de España al extranjero, lo que perjudicó largamente nuestra incorporación a Europa como una nación moderna, que avanzaba y se adaptaba a los nuevos tiempos y a las nuevas modas e ideas.

Éste es el tejido político y social que sirve de telón de fondo a un reinado convulso, como hemos dicho, que comienza con la jura de la Constitución de 1837 y que a los cinco años cambia esta ley fundamental por otra, la de 1845, tratando de poner de acuerdo, de alguna manera, a los partidos y a los políticos que nunca llegarían a lograr el más mínimo consenso con la moderación de sus posturas. Olózaga, González Bravo, O'Donnell, Narváez se suceden al frente de los diferentes gobiernos que intentan, entre otras cosas, la reconducción de las relaciones con la Iglesia católica, muy deterioradas por la desamortización de Mendizábal y con la que se comienza a buscar un concordato, que no se firmaría hasta 1851 y por el que el rey de España recuperaba el privilegio de la presentación de los obispos y la Iglesia renunciaba a sus antiguas propiedades a cambio de que el Estado, otra vez confesionalmente católico y apostólico y romano, se hiciera cargo de la manutención del clero, entre otros privilegios.

Francisco de Asís, la cuestión de palacio

El otro gran tema que preocupaba a todos los gobiernos de una manera perentoria era el de la boda de la joven reina. El tema llegó a convertirse en un debate que trascendió nuestras fronteras y que acabaron decidiendo en una reunión en el castillo de Eu, en Francia, la reina Victoria de Inglaterra y el rey de los franceses, Luis Felipe de Orleans. La internacionalización de la boda de la reina de España se produce cuando se piensa en casarla con un hijo del rey de Francia, Antonio de Orleans, duque de Montpensier, a lo que Inglaterra, celosa y recelosa de esa unión, se opuso terminantemente. Y así fueron saliendo pretendientes para todos los gustos, el conde Trapani, hermano de la reina gobernadora, el príncipe Leopoldo de Sajonia-Coburgo-Gotha, sobrino del rey de Bélgica y del consorte de Portugal y primo del marido de la reina Victoria, que a pesar de todas estas ventajas no tuvo demasiados adeptos. Balmes propuso el matrimonio de la joven reina con su primo hermano Carlos, el heredero del carlismo, para así superar las diferencias dinásticas. Ya estaba todo apañado cuando los carlistas más intransigentes, primero, se negaron en redondo. Luego lo haría la propia Isabel al conocer que su primo era bizco. Se ofrecieron otras soluciones y otros primos, los hermanos Enrique y Francisco de Asís de Borbón, hijos del infante Francisco de Paula y de la infatigable y ambiciosa Luisa Carlota. El primero fue desechado en seguida, aunque era el más guapo y el que más gustaba a la presunta novia, por liberal e izquierdista. El segundo que era *vox populi* homosexual y se le conocía en los círculos de la corte como doña Paquita. A la novia nadie la consultaba, así que cuando todo parece indicar que debe casarse con un Borbón descendiente de Felipe V, para evitar cambios en la dinastía, pero de segundo orden, todos miran hacia Francisco de Asís, que lleva años intrigando para ello, la joven reina grita: «Con doña Paquita nunca, antes me meto en un convento».

Todos pensaron que era una rabieta infantil, pero cuando vieron que la joven reina persistía en su negativa, amenazando incluso con abdicar, se dan cuenta de la terrible situación. Francia ha aceptado encantada porque ya tiene arreglada la boda de su Montpensier con la hermana pequeña de Isabel, la infanta Luisa Fernanda, y suponiendo, como era fácil suponer, que aquella unión con doña Paquita no iba a tener descendencia, veían ya a un Orleans en el trono de España. Quedaba doblegar la voluntad de la reina. Hubo amenazas, gritos, intermediarios, ruegos, lágrimas, invocación al deber, al bien de la patria y de la dinastía... Al final fue sor Patrocinio, uno de los personajes más siniestros y poderosos de esta época, quien invocando a la piadosa y religiosísima Isabel, intenta convencerla de que su matrimonio acarrearía grandes bienes a la Iglesia; la convenció. Nadie se dio cuenta —sólo el embajador inglés que comentó: «Con esta boda la reina será una desgraciada»— de la tragedia íntima a la que arrojaban a la joven y temperamental Isabel y de los muchos problemas y sinsabores que aquel enlace produciría en el ámbito de la dinastía y de la nación.

El 10 de octubre de 1846 se celebraron las dobles bodas, de la reina y de su hermana con don Francisco de Asís y con don Antonio de Orleans respectivamente en el propio Palacio Real de Madrid. Desde ese momento su primo se convierte en su marido y en el rey consorte, y no príncipe como en otras monarquías. La misa de velaciones se celebra al día siguiente en la Basílica de Nuestra Señora de Atocha, patrona de la Monarquía española desde los tiempos de Felipe II. Ojerosa por las lágrimas derramadas y las noches de insomnio ante lo que se le avecinaba, pero hermosa y envuelta en blancas capas de seda y brillantes, la reina avanzó por la nave central de la iglesia como si fuera al matadero y en realidad, a pesar de sus pocos años, sabía que caminaba hacia la infelicidad. Sobre su noche de bodas ha habido versiones muy contradictorias, pero tal vez la más fiable, pues proviene de la propia interesada, Isabel II, que ya anciana en París, le confiaría al entonces embajador de España, Fernando León y Castillo: «¿Qué quieres que pensara de un marido que la noche de bodas llevaba muchas más puntillas y encajes que yo?». Con su gracejo y espontaneidad naturales la soberana sintetizaba la tragedia íntima que aquel matrimonio forzado por razones de Estado había significado en su vida y como consecuencia en su reinado.

La vida sexual de la reina había dado comienzo muy precozmente, si hay que creer los estudios que en los últimos años le han dedicado numerosos historiadores de probada solvencia. Parece que tuvo escarceos muy adolescentes con su maestro Ventosa y con el profesor de música y canto, un tal Valldemosa. Y si hemos de seguir creyendo a todos estos historiadores, sería su propio ayo, don Salustiano Olózaga, más de veinticinco años mayor que ella y un político muy ambicioso y con pocos escrúpulos, el que la desvirgó y la inició en las artes amatorias. Cuando al poco tiempo la reina adolescente le expulse de su lado por haber abusado de su voluntad haciéndole firmar con engaño la disolución de las Cortes, el ayo y amante se convertiría en uno de sus más ardientes enemigos políticos. Coincidiendo con su desventurado matrimonio, la reina conoce su primer gran amor, el general Francisco Serrano, también mucho mayor que ella, que sería el causante del conflicto que se llamó «La cuestión de palacio». Al conocer el rey consorte aquel escandaloso idilio de la soberana con «el general bonito» —como ella le había llamado ingenuamente al conocerle— que vivían apasionadamente en Aranjuez, él se marcha al palacio de El Pardo. Y se niega a volver mientras no desaparezca Serrano. Interviene la reina madre, que siempre guardó remordimientos por haber forzado a su hija a aquella desastrosa unión, y al no tener éxito se enfrenta con su yerno y termina por abandonar Madrid, dejando una carta a Isabel en la que le aconseja que pida al papa la disolución de su matrimonio.

Se llegó efectivamente a pensar en la anulación del matrimonio religioso de la reina con Francisco de Asís. Para ello se manejaron ciertos informes que existían sobre una patología sexual de nacimiento que sufría el monarca, una disfunción del micropene, que según algunos le impedía la cópula y según otros no, ya que existen esas dos variantes de la deformación genital, conocida como hipospadias. Se desconoce cuál era la que sufría el rey consorte, pues los informes siempre han permanecido en secreto, aunque a favor de su potencia se han esgrimido argumentos definitivos como las manifestaciones de una de sus amantes (tuvo varias amantes femeninas, aunque su relación más duradera sería la de Antonio Ramos Meneses, su fiel secretario y amante de toda la vida). A favor de la impotencia total del monarca se esgrime la realidad que irreverentemente daba a conocer la célebre coplilla: «Paquito Natillas / es de pasta flora / y orina en cuclillas / como una señora». Y que aludía a la forma en la que el rey tenía que orinar debido a que la uretra se abría en el escroto debido a esta malformación genética. Sobre el rey Francisco se harían las burlas populares más sangrientas, crueles y desvergonzadas, desde la que canta: «Isabelona, tan frescachona, / Don Paquito, tan mariquito», al pretendido epitafio que escribió para él el poeta Manuel del Palacio: «Un marido complaciente / yace en esta tumba fría, / del cual afirma la gente / que nunca estuvo al corriente / de los hijos que tenía».

«La cuestión de palacio» se solucionó por la intervención de Roma, a través del embajador del Vaticano, con la vuelta del rey consorte a Palacio y la salida del general Serrano como capitán general de Andalucía. A Serrano le sucederían otros muchos amantes en el lecho real. El cantante Mirall, el marqués de Bedmar, el italiano Temítocles Solera, José María Ruiz de Arana —posible padre biológico de la infanta Isabel, a la que antes de la Chata, se la conoció popularmente como la Araneja—, Enrique Puigmoltó y Mayans —que es tenido como padre biológico de Alfonso XII—, Miguel Tenorio de Castilla —al que se le adjudican la paternidad de las infantas más jóvenes—, Tirso Obregón, Carlos Marfiori y Calleja, Ramiro de la Puente... Y el propio marqués de Salamanca y O'Donnell y Arrieta y Narváez y así hasta donde la maledicencia no tiene fin... Algunos hacen la lista interminable. Tal vez ni la mitad de la mitad.

Lo cierto es que los distintos jefes de gobierno procuraban que la reina siempre estuviera distraída con algún privado que calmara sus fuegos interiores y también su interés por la política y de camino alguien con influencia sobre la soberana, a quien utilizar para su provecho. La mala costumbre de la reina de escribir cartas de amor a sus queridos, llenas de fuego y de faltas de ortografía, ha hecho que algunas de estas relaciones hayan tenido más posibilidades de ser probadas que otras. De lo que no cabe duda es de que Isabel tenía un temperamento exaltado y era apasionada, sensual, y la falta de afecto de niña debió de hacerla una dependiente del amor y del cariño de los otros, lo que tampoco quiere decir que fuera una mesalina enloquecida, como a veces se la ha retratado, por ejemplo en la serie de grabados titulada *Los Borbones en pelotas* de los hermanos Bécquer. La verdad es que en pocas ocasiones fue amada sin interés y casi siempre fue traicionada o abandonada por todos aquellos a los que amó.

La discusión sobre la paternidad de don Francisco de Asís de los hijos de la reina Isabel II se ha hecho sin prueba alguna fehaciente. Por el contrario, en algunas ocasiones la reina llegó a afirmar la legitimidad de sus hijos siempre a instancias de su comprensivo director espiritual y confesor, el padre Claret —con quien también la han unido los más maliciosos e irreverentes en amores sacrílegos—, que continuamente la recriminaba. Nombrado confesor de la reina en 1857, el padre Claret siempre acababa disculpando los pecados de la carne de quien, por otra parte, el santo arzobispo de Santiago de Cuba encontraba que tenía indiscutibles virtudes cristianas. Cuando el embarazo del que había de ser heredero y sucesor, la Santa Sede llegó a pedir una confesión de la reina, antes de aceptar que el papa Pío IX fuera el padrino del que iba a nacer. La reina afirmó que el hijo que esperaba era de su amado esposo y el Sumo Pontífice fue el padrino del príncipe Alfonso. La verdad es que nadie se lo creyó y fue ocasión aprovechada por los carlistas para unir una serie de infamias sobre la reina que ellos consideraban usurpadora, llamando luego a los descendientes de Alfonso XII, la dinastía puigmoltesa, dando carta de naturaleza a la suposición de que el padre era el hidalgo valenciano Enrique Puigmoltó y Mayans. Se cuenta que en la casa solariega de los Puigmoltó en Valencia, para mayor desconcierto, se exhibe como un regalo preciado de la reina Isabel a su antepasado, la cuna que meció a Alfonso XII en su infancia. Tendrían que aplicarse las modernas técnicas del ADN para que se averiguara definitivamente lo que hay de verdad en estos supuestos hijos de los diversos amantes de la reina Isabel II. De cualquier modo, como ya hemos dicho al principio de este libro, la legitimidad y la línea sucesoria la transmitía ella, como depositaria de los derechos dinásticos y en nada cambiaría saber más de lo que ya se sabe.

Hasta trece embarazos tuvo la reina Isabel II, para desesperación de su cuñado el duque de Montpensier, que siempre abrigó la esperanza de que el matrimonio de la reina no tuviera descendencia. Fueron doce partos y un aborto. Algunos infantes nacieron muertos y otros murieron a los pocos días de nacer, lo cual era frecuente en aquella época de gran mortalidad infantil. Sólo sobrevivieron hasta edad adulta Isabel —casada muy joven con su primo el conde Grigenti, que la dejó viuda en seguida suicidándose—, el rey

Alfonso XII, y las infantas Paz, Pilar y Eulalia. Pilar murió a los 18 años, en Escuriaza, a poco de la restauración de la monarquía y cuando la heroica muerte del príncipe imperial Luis Napoleón, hijo de Eugenia de Montijo, frustró su matrimonio con la infanta. Doña Paz se casó con su primo el príncipe Luis Alfonso de Baviera y la menor, la infanta Eulalia casó en contra de su voluntad con su primo hermano Antonio de Orleans, heredero de los Montpensier, del que se llegaría a divorciar para gran escándalo de la corte de Madrid. Esta infanta que fue una constante viajera —siempre acompañada discretamente de su secretario y amante— fue una de las mujeres más modernas de la familia Borbón. Escribió libros sobre la liberación de la mujer, *Au file de la vie* y *Cartas a las mujeres*, que fueron la causa de que su sobrino Alfonso XIII le retirara un tiempo el título y tratamiento de infanta de España. También escribió unas célebres Memorias de gran interés para conocer toda una época y sus andanzas por el mundo, aunque algunos las encuentran muy parciales e incluso imaginativas. Sintió simpatías por el socialismo y en muchas ocasiones se confesó republicana. Siempre tuvo unas relaciones conflictivas con la familia real y dicen que cuando tuvo noticia de la caída de Alfonso XIII, en París, exclamó: «¡Qué horror, ahora se me mete aquí toda la familia!». Murió más que octogenaria en Fuenterrabía en 1958, después de aceptar su vuelta a España bajo la dictadura del general Franco.

SEGUNDO EXILIO

¡Abajo los Borbones!

Pero nos hemos alejado mucho de la España isabelina. Al ritmo de los continuados partos de la reina, los giros del gobierno van de la derecha a la izquierda y de los moderados a los radicales sin ton ni son, cambios marcados únicamente por el triunfo o no de una determinada facción, por la ambición de tal o cual general. Lo novedoso de estos pronunciamientos militares es que una vez conseguido el poder no lo ejercían de forma militar sino con ministerios civiles. En palacio se han formado camarillas, la de la reina y la del rey consorte, cada una con su valido. En la reina el de turno y en la don Francisco de Asís, el fiel Meneses. Y en medio la sombra esperpéntica de sor Patrocinio, siempre mediando entre las fricciones de la pareja. Esta famosa «Monja de las llagas», se había creado en torno a sí misma una fama de milagrera, y en realidad era una embaucadora, una aprovechada del favor real que tenía sometida la voluntad de la soberana, debido a la auténtica fe de ésta y a su religiosidad simple, pueblerina y beata. Así las cosas, los aires revolucionarios que recorrieron Europa en 1848 acabarían teniendo su reflejo en España unos años más tarde.

Es un germen que va lentamente cuajando en la sociedad española, que está harta de asistir al denigrante espectáculo de la corrupción política y económica que se practica en todo el país. Una fiebre de enriquecimiento se ha apoderado de una burguesía cada día más pujante y de las clases altas, que aprovechando su poder logra hacerse con ventajosos contratos, con pingües beneficios en los grandes negocios que está generando la puesta en marcha del ferrocarril, de trazados de carreteras, de concesiones a industrias y de fábricas a los inversores extranjeros. Se especula en la bolsa y se hacen grandes fortunas, pero siguen sin atenderse muchas demandas sociales. Todo ese descontento acaba estallando en 1854. Generales y políticos conspiran juntos. Los revolucionarios asaltan palacios y edificios públicos. El marqués de Salamanca huye, mientras sus casas son asaltadas, la reina madre y su segunda familia tienen que refugiarse en el Palacio Real, ya que era una de las personas más odiadas por los descontentos, que habían denunciado en los periódicos más revolucionarios, como *El murciélago*, todos sus negocios y su insaciable ambición. Los generales se sublevan. El pueblo canta el Himno de Riego y el desorden se va adueñando de la situación, que el conde de San Luis, jefe del Gobierno, no puede controlar.

La reina desesperada llama al general Espartero. «No he olvidado jamás los servicios que has prestado a mi persona y al país, y siempre te he creído dispuesto a prestármelos de nuevo cuando fuese necesario. En medio de las necesidades actuales, necesito que vengas, y que vengas rápidamente. No te hagas esperar... Te aguardo con impaciencia. Isabel.» Espartero vuelve, pero con condiciones. Quería recibir el poder de unas cortes constituyentes y que la reina despidiera a todos sus servidores sin excepción. La reina duda y duda si abdicar, pero lo olvida cuando piensa que tendrá que dejar en manos de los revolucionarios a la princesa de Asturias, una niña aún. Sabe que no van por la Corona. Recobra sus fuerzas y manda un mensaje al duque de la Victoria aceptando sus condiciones. Al mismo tiempo hace público un manifiesto al pueblo: «Una serie de deplorables equivocaciones ha podido separarme de vosotros, introduciendo entre el pueblo y el trono absurdas desconfianzas. Han calumniado mi corazón al suponerle sentimientos contrarios al bienestar y a la libertad de los que son mis hijos...» A los dos días Espartero entraba de forma triunfal en Madrid. En seguida forma un gobierno equilibrado en el que hace entrar a algunos de los generales más rebeldes. Se produjo el bienio progresista. En las elecciones constituyentes vence O'Donnell y hay un período de estabilidad, que no sería más que preludio de nuevos cambios y más cambios, intrigas y más intrigas, gobiernos que caen y ministros que van y vuelven... Narváez, O'Donnell, otra vez Narváez, nuevos levantamientos, nuevas represiones y vuelta a empezar.

Pero el descontento no se acababa nunca y nadie estaba por ceder en sus posiciones. Se producen nuevos levantamientos como el del cuartel de San Gil en Madrid, que es ferozmente sofocado. Los generales volvieron a conspirar, firmando en Ostende en agosto de 1866 un acuerdo para derrocar a Isabel II. Conspiran los intelectuales, los políticos, los periodistas también. El duque de Montpensier, que era llamado el Naranjero porque se había enriquecido con la explotación de sus fincas del sur, en donde tenía grandes naranjales, vuelve a aparecer en escena. Los duques de Montpensier se habían instalado en Sevilla, donde crearon una pequeña corte en su palacio de San Telmo, harto don Antonio de conspirar sin resultado y de ver a cada nuevo parto de su cuñada, más lejanas sus aspiraciones al trono. Había comprado grandes propiedades en Sanlúcar de Barrameda y en Villamanrique y había hecho también una gran fortuna. Ahora el duque, que no ha abandonado su afición favorita por la intriga, no sólo conspira, incluso pone unos cuantos millones para financiar una nueva revolución que acabe con el reinado de su cuñada.

En 1868 el papa concede a la reina la Rosa de Oro, la máxima distinción de la Iglesia católica, que Isabel recibe con auténtica emoción. Sería la única alegría de aquel año que pronto tendría amenazadores augurios. En su exilio de Biarritz muere O'Donnell. En abril de 1868 le sigue Narváez, no sin antes decir: «Esto se acabó». Fue una frase premonitoria. Los conspirados cada día reúnen nuevas voluntades, desde Canarias a Cataluña y desde Andalucía a Madrid todos esperan una fecha para ponerse en marcha. En julio la reina firma el decreto de expulsión de los Montpensier. Ante una nueva crisis, comete la torpeza de llamar al más inmovilista de los políticos, González Bravo. El 19 de septiembre se publica el manifiesto «La España con honra», la escuadra se levanta al grito de «Viva la soberanía nacional». El ejército real al mando del marqués de Novaliches es derrotado fácilmente en el puente de Alcolea. Serrano —aquel general bonito— acaba descabalgando del trono a su antigua amante. Por primera vez resuena por toda España un grito unánime: «¡Abajo los Borbones!». Al que pronto sigue y de una forma generalizada el de «¡Mueran los Borbones!».

La reina apuraba sus vacaciones en Lequeitio. El día de la revolución estaba en San Sebastián, el primer ministro González Bravo le presenta su dimisión y le aconseja que llame a don José de la Concha. Se negocia. Serrano le ofrece la abdicación en su hijo Alfonso, Príncipe de Asturias, y su salida al exilio. De ninguna manera debe volver a Madrid y menos acompañada de su amante de turno, Carlos Marfiori, que efectivamente la acompañaba como siempre. La reina no acepta ningún arreglo. Isabel está ya cansada. No quiere luchar más. Lleva treinta y cinco años en el trono y no ha tenido un mes sin un sobresalto. Y además no comprende cómo el pueblo, con el que tan bien se ha llevado siempre y que tan bien la ha comprendido, le haya retirado su amor tan repentinamente. Isabel ha decidido. Se marchará al exilio. Abdicar, jamás. Abatida, pasa la noche agitada, sin dormir, sin cambiarse de traje. A las seis de la mañana ordena que se haga el equipaje. Ya se ha mandado que esté preparado el tren real. Marchará a Francia, su amiga de la infancia la emperatriz Eugenia la acogerá. La comitiva sale pronto del hotel donde se aloja. En la estación hay poca gente, se contempla su marcha más con curiosidad que con pena, la reina dice: «Yo creía tener más raíces en este país». Isabel sube al tren a los acordes de la marcha real, que suena por última vez en su honor. Alguien grita, también por última vez: «¡Viva la reina!». Al cruzar el puente internacional sobre el Bidasoa, Isabel, que no se ha movido de la ventanilla, mirando el paisaje como ausente, se derrumba al fin y desplomada sobre su asiento musita: «No puedo más».

Recibida no sin cierta frialdad por los emperadores de Francia, Isabel y su séquito se alojan primero en el castillo de Eu, que Napoleón III pone a su disposición, pero la reina, que ha enviado un mensaje a los españoles, denunciando el atropello al que ha sido sometida y reafirmándose en no abdicar, prefiere vivir en París. Compra el palacio Basiliewski, en la avenida del Rey de Roma —hoy

Cléber—, que luego fue derribado y en su lugar se construyó un hotel. Ella lo convertirá en el palacio de Castilla. Se aloja allí con sus hijos, su amante y un reducido servicio. Don Francisco de Asís, ya que no hay que guardar las apariencias, se marcha a vivir al campo, a Epinay, con su fiel secretario Antonio Ramos Meneses. Aunque la reina tiene todavía la esperanza de que sus súbditos la reclamen en Madrid, pronto se da cuenta de que no, de que su tiempo ha pasado y se deja convencer por los que trabajan por la restauración, con don Antonio Cánovas del Castillo a la cabeza, de que debe abdicar en su hijo. Y así lo hace el 25 de junio de 1870 en el gran salón del palacio y ante toda la familia y su pequeña corte, excepto el ex rey consorte que ha pedido una remuneración económica por asistir, como hacía cada vez que tenía que presentar ante la corte a algunos de sus imposibles hijos.

Crepúsculo en París

Desde su exilio parisino —excepto un fugaz período en Ginebra (Suiza) por los acontecimientos revolucionarios que acabaron con el Segundo Imperio—, la reina, ya convertida en condesa de Toledo, el título que utilizaba desde su abdicación, siguió los acontecimientos de España y recibió la noticia de la restauración de su dinastía en su hijo Alfonso XII. Pero ya no la dejaron volver a España, al menos de forma definitiva. Sólo regresó por temporadas, pero tampoco la dejaron residir en el Palacio Real, alejada en El Escorial o en Sevilla, en el Real Alcázar. Se opuso con todas sus fuerzas a la boda de su hijo con la infanta María de las Mercedes de Orleans, porque era la hija de su odiado Montpensier, que no sólo había atentado contra ella, si no que había matado en duelo a su cuñado el infante don Enrique. No asistió a la boda. Aunque estaba en Madrid cuando su hijo murió sin haber cumplido los veintiocho años, dejando en grave peligro la obra de la restauración. Nunca renunció al amor y siempre hubo un hombre cerca de ella, primero Ramiro de la Puente y después José Atlman. Al final llegó a tener una buena relación afectuosa con Francisco de Asís, que la precedió dos años en la muerte. Llevó una vida casi burguesa, iba de compras, callejeaba, tomaba chocolate con sus amigas en los cafés de la avenida de los Campos Elíseos, daba paseos por el Bois de Boulogne... A finales de abril de 1904 se reunió con el ex rey consorte en el Panteón Real de El Escorial. Fue su última condena, reposar frente a quien no había amado nunca.

Hay una fotografía de la reina Isabel II pocos meses antes de morir en París el 9 de abril de 1904. En ella vemos a una anciana enlutada, enjuta, que se apoya en un bastón. Se cubre con un velo negro y cierra los labios con energía e incluso con fuerza. Sus ojos están hundidos, empequeñecidos, pero todavía en ellos hay un resto del fuego y la picardía que los hicieron famosos. El pelo blanco lo lleva recogido alrededor de la cabeza. Toda la fotografía desprende una infinita melancolía. Sobre todo la mirada, que es la de alguien que mira con tristeza y desolación. Tiene setenta y cuatro años y su nieto es el rey de España. Ella lleva casi cuarenta años en el destierro y la nostalgia se ha convertido en su única compañera fiel. Casi todas las personas que conoció, los que amó y los que la amaron, los que la traicionaron y maquinaron contra ella, casi todos, han muerto. Todo su mundo ha desaparecido, arrastrado por el nuevo siglo que acaba de empezar. Ella representa otra época, ya lejana. Es difícil reconocer en esta anciana, vencida por el tiempo y la desgracia, a la real moza que muestran los retratos que le hicieron famosos pintores del siglo anterior, los Madrazo, Vicente López, Gutiérrez de la Vega, Winterhalter...

En el de Winterhalter, que se conserva en el Palacio Real de Madrid, donde ella nació y vivió su largo y desafortunado reinado, aparece en toda su plenitud y en todo su esplendor. Con toda su majestad. Es entonces una mujer jovencísima, que apenas pasa de los veinte años; delante de una gran cortina roja, se adelanta la reina vestida de blanco, con un vestido de encajes bordado de flores rosa, que se prolonga en un manto. Su pecho lo cruza la banda de la Orden de María Luisa y sobre su cabeza luce la corona real. Lleva algunas joyas en los brazos y sobre el pecho y en la mano izquierda sostiene un abanico cerrado. La mano derecha parece proteger, aun sin tocarla, a una niña de apenas tres años que es su hija mayor,

Isabel, que se aferra tímidamente al traje de su madre. El generoso escote de moda en aquella época resalta su busto prominente. El pelo peinado en los dos bandós que ella popularizó. La reina mira a un lugar impreciso y sus ojos —que la leyenda dice azulísimos y seductores— están ya empañados de un halo de melancólica tristeza.

El retrato de Winterhalter muestra a una mujer que parece mayor de lo que es. Es una mujer que ha tenido que madurar deprisa porque la han subido al trono cuando todavía era una adolescente, en edad de jugar con muñecas. Pero hay otro de Vicente López, que puede contemplarse en el Museo Romántico de Madrid, en el que vemos a esa adolescente, cuando apenas ha comenzado su reinado. En él aparece delante del trono, con todos los atributos y símbolos de su soberanía. Vestida con un rico traje de corte, la reina niña luce sobre su pecho la famosa perla Peregrina, pone su mano derecha sobre la corona real, al tiempo que dirige una mirada firme al espectador. Es una mirada un poco asustada, temerosa. En sus ojos azules se reflejan todavía la inocencia y el desconcierto. Éste es todavía un retrato de reina del Antiguo Régimen. La que aparece en el de Winterhalter podría ser ya una rica burguesa vestida para un gran acontecimiento. La anciana que aparece en la fotografía es el resultado de aquellas dos imágenes. Y el resumen de una vida, cuyos acontecimientos se han ido fijando en las arrugas de su cara, como si fueran señales indelebles. Heridas que tardaron mucho tiempo en cicatrizar. Esas tres imágenes que he evocado muestran la complejidad de la vida y del reinado de una reina que a veces ha sido juzgada con excesiva crueldad y sobre todo de una manera demasiado simple. Cuando se ha hablado de Isabel II se ha querido decir ignorante, frívola, vida licenciosa, amantes que van y vienen y poco más. Una época romántica y convulsa, contradictoria y cambiante, próspera y corrupta, que, sin embargo, ella marcó con su personalidad.

Ya anciana, la reina recibió en su exilio del palacio de Castilla, en París, a don Benito Pérez Galdós. El gran escritor —que no es sospechoso pues fue siempre republicano hasta las cachas— iba a entrevistarla para uno de sus capítulos de los *Episodios Nacionales*. Y no tuvo más remedio que caer seducido, más que por la mítica mirada de la reina, por la verdad humana que aquella mujer le reveló, al evocar su reinado, con toda la sencillez y la espontaneidad que le eran características: «Póngase usted en mi lugar. Diecinueve años y metida en un laberinto, por el cual tenía que andar palpando las paredes, pues no había luz que me guiara. Si alguno encendía una luz, venía otro y la apagaba. Éste me aconsejaba una cosa, aquél otra, y luego venía un tercero que me decía: ni aquello, ni esto debes hacer, sino lo de más allá... Los que podían darme un consejo no sabían ni una palabra del arte de gobernar constitucionalmente: eran cortesanos que sólo entendían de etiqueta, y como se tratara de política no había quien los sacara del absolutismo. Los que eran ilustrados y sabían de constituciones, no me aleccionaban sino en los casos que pudieran serles favorables, dejándome a oscuras si se trataba de algo que en mi buen conocimiento pudiera favorecer al contrario... ¿Qué podía hacer yo?... Póngase en mi caso... Yo he querido siempre el bien para el pueblo español. El querer lo tiene una siempre en el corazón; pero ¿el poder dónde está?...».

Con el destronamiento de Isabel II se produce la segunda interrupción en el trono de España de la dinastía borbónica. Es la primera vez que ocurre de forma violenta, por una revolución que fue llamada por sus autores «la gloriosa», no se sabe muy bien por qué. Cabe imaginar que porque era la culminación de un clima de descontento con la corrupción de la vida palaciega, de la vida política y económica del país y, sobre todo, el último impulso de la revolución liberal por hacer triunfar sus ideas y sus reformas. También fracasaría. Y a pesar de cambiar de dinastía y de ensayar una primera aventura republicana, a los seis años los españoles volverían a llamar a los Borbones.

Intermedio con república

Aunque ya hemos dicho que el objeto de este libro es la trayectoria de los Borbones en la Corona de España, para un correcto seguimiento del relato no podemos dejar de hacer aunque sea un rápido recorrido por los acontecimientos que se producían en el país durante los seis años que dura esta segunda interrupción de la dinastía borbónica. Dejamos pues a Isabel II camino del exilio y volvemos a Madrid. Es octubre de 1868. La euforia revolucionaria ha dado paso a un serio problema. Ya están fuera los Borbones. ¿Qué hacemos ahora? Los conspiradores y generales que inspiraron la revolución de 1868 no tenían un plan. En realidad, aquella revolución se hace más contra Isabel II que a favor de un cambio concreto. O al menos ese cambio no estaba demasiado claro. Hay necesidad de una alternativa al clima de corrupción y desgobierno, pero cuál había de ser ésta nadie lo sabía con certeza. Es algo parecido a lo que ocurriría en 1931. La victoria en las elecciones municipales de los partidos republicanos es más una victoria contra Alfonso XIII, que una opción clara, una alternativa definida. Cada partido tenía la suya, como siempre. Los conservadores una, los liberales otra y los socialistas y anarquistas otra, por no hablar de los nacionalistas. Es decir la derecha quería una cosa y las izquierdas otra. Y los nacionalistas separarse. Al menos en esta ocasión no hay duda sobre el cambio en la forma de gobierno, todos quieren una república. ¿De qué tipo? En esta cuestión ya no hay acuerdo. Lo mismo de siempre. España parece un país condenado a repetir su historia inevitablemente. ¿Por cuánto tiempo? En 1868 ocurrió algo semejante. Así que Serrano, O'Donnell, González Bravo, Prim se apresuran a hacer unas cortes constituyentes de las que sale la Constitución de 1869.

Esta Constitución, ¿cuántas en menos de cincuenta años?, es una de las más progresistas de la época. Se declara que España es un una monarquía parlamentaria. Hay dos cámaras, se consagra la separación de los tres poderes y, lo más importante, se establece el sufragio universal para todos los varones mayores de veinticinco años, con lo que de los menos de doscientos mil españoles que pudieron votar en la anterior se pasa a varios millones. En el Parlamento están representados todos los partidos, incluso los alfonsinos y los carlistas y republicanos, que han logrado por una vez una ley común a la que respetar. Pero claro, España es un reino ¿y dónde está el rey? Franco haría algo semejante con el referéndum de 1947, por el que España quedaba constituida en un reino sin rey. El odio a los Borbones hacía imposible pensar en que la Corona fuera ofrecida a don Alfonso, el hijo de Isabel II, que ya se ha convertido en rey de derecho tras la abdicación de su madre meses antes en París. Se desecha también la opción carlista, pues se considera que don Carlos es un enemigo del Estado. El duque de Montpensier se patrocina a sí mismo, pero con poco éxito. ¿Quién quiere ser rey de España? Es el rumor que empieza a circular por las cancillerías europeas. Don Juan Prim y Prats, que debido a sus méritos militares ha sido nombrado generalísimo —título que sólo han llevado tres personas en nuestra historia, Godoy, él mismo y luego Francisco Franco— y que se ha convertido en jefe del Gobierno, mientras el general Serrano ha sido elevado a jefe del Estado como regente, con tratamiento de alteza, decide —en un debate que se conoce por los tres «jamases» que dedicó a los Borbones— que lo mejor es establecer una nueva dinastía. Y comienza un rastreo por las cortes europeas en busca de un pretendiente adecuado.

Aquella decisión es muy debatida en el Parlamento, donde se pueden oír comentarios y opiniones para todos los gustos, desde las del conservador Antonio Cánovas del Castillo, que patrocina a don Alfonso de Borbón, que dice: «La monarquía no se vota. A don Alfonso, rey legítimo, las Cortes le podrán reconocer o no, pero lo que no pueden es erigirlo monarca, pues ya lo es de derecho». Desde la época visigótica no se había conocido caso de monarquía electiva, pero España siempre a la vanguardia, lo intentaría en aquellos meses de 1870. Hasta la voz airada de don Emilio Castelar, probo republicano, que luego sería presidente efímero de la Primera República española, se alza para aclarar algunos conceptos a aquellas señorías revolucionarias: «Una de las cosas que me prueban, monárquicos de ocasión que no conocéis la esencia de las instituciones antiguas, es el empeño en improvisar una monarquía. Todo se improvisa en el mundo: la república, la dictadura... pero no improvisaréis jamás una monarquía. Esa institución necesita mucho de tiempo y de historia; necesita que grandes servicios prestados en una larga serie de siglos le sirvan de prosapia. Los reyes pueden salir de un templo, pero no de una asamblea; pueden descender de una nube, de un misterio, pero no de una urna electoral». No hay mejor explicación sobre la esencia de la monarquía que esta salida de la boca de un republicano.

¿Quién quiere ser rey de España? Amadeo I de Saboya

Al final se vota positivamente que se ofrezca la Corona a algún príncipe extranjero. Antes se ha intentado con el «español más preclaro», como le llamaría el propio Carlos Marx, don Baldomero Espartero, duque de la Victoria, retirado en Logroño. El viejo general y laureado vencedor de tantas batallas rehúsa amablemente apelando a sus setenta y siete años. Se mira hacia Portugal, al viudo de la reina María de la Gloria de Braganza, Fernando de Sajonia-Coburgo, pero éste la rechaza de inmediato. Se piensa en los príncipes de la nueva monarquía italiana, los hijos de Víctor Manuel II, recién proclamado rey de la Italia unificada, y se hace el ofrecimiento al segundo hijo varón, don Amadeo, duque de Aosta, pero también se niega. Así se llega hasta Alemania, donde existe una legión de príncipes en espera de destino. Pero el candidato tiene que ser católico, claro está, para venir a reinar a la catoliquísima España, lo que restringe considerablemente las posibilidades. Pero en seguida alguien descubre que los Hohenzollern tienen una rama católica, hay incluso un príncipe de esta casa que acaba de contraer matrimonio con una hija de Fernando de Coburgo. Se ofrece la Corona a Leopoldo de Hohenzorllen-Simaringen, que los castizos madrileños siempre dando la nota acaban por llamar «Olé, olé, si me eligen», en una traducción bastante libre del ilustre apellido. Napoleón III se lleva un sofocón, no le gusta nada, pero nada, la alianza hispano-alemana y ni corto ni perezoso declara la guerra a Alemania. La cosa se ponía fea. Por su parte el general Serrano, regente del reino sin rey, azuzado por su ambiciosa esposa, la criolla condesa de San Antonio, que tiene ínfulas de reina, se autopropone como solución. Prim hace como si no lo hubiera entendido y vuelve al italiano.

Así las cosas, Víctor Manuel II de Italia, llama al orden a su hijo y le ruega, casi le ordena, que acepte la propuesta en nombre de la dinastía y de Italia. Ante semejante argumento, el bueno de Amadeo, que es un auténtico caballero romántico que se ha casado por amor con una princesita —no real— toscana, María Victoria del Pozzo y de la Cisterna, no tiene otra opción que aceptar. Aun así le escribe a su real padre: «¿A qué queréis que vaya a Madrid? ¿A regir los destinos de un país dividido...? Esa tarea, ardua para todos, lo será doblemente para mí, que ajeno al arte de gobernar, me impondrán su voluntad los que me hayan elegido... Éstas serían razones suficientes para renunciar a la Corona de España, pero invoca vuestra majestad intereses de nuestra dinastía y de Italia y ante estos sagrados nombres, me doblego». Pone, no obstante, una condición muy democrática: que la votación en el Parlamento de su candidatura tenga una mayoría suficiente. Y dicho y hecho. Prim somete el nombramiento a las Cortes y con un 61-50 Amadeo de Saboya es elegido, como los antiguos reyes godos, rey constitucional de España. Una comisión se desplaza a Turín para ofrecerle formalmente el trono y Amadeo de Saboya, de veinticinco años, pone rumbo a España.

No es la primera vez que pisa suelo español. Hacía tan sólo unos años atravesó España al regreso de Lisboa, adonde había ido al bautizo de un hijo de su hermana, casada con el rey de Portugal. En la corte le había hecho los honores el general Serrano, gobernador de Madrid, y llegó hasta Zaráuz donde estaba la reina de veraneo. Incluso se habló en aquellos días de un posible compromiso entre el joven príncipe italiano y la hija mayor de Isabel II, la infanta Isabel. No hubiese sido el primer enlace de un miembro de la Casa de Borbón con otro de la Casa de Saboya, la primera reina de la dinastía borbónica había sido una saboyana, la primera esposa de Felipe V, Luisa Gabriela de Saboya y en la rama de Parma había habido algunos otros. La dinastía de Saboya es una de las más antiguas de Europa y su origen se remonta al siglo XI. Los primitivos duques de Saboya fueron con los siglos ampliando sus territorios, a los que se incorporaron la Lombardía, el Piamonte y la Cerdeña. Habían enarbolado la antorcha de la unificación de todos los territorios italianos y acababan de coronar aquella empresa, que se llamó el *Risorgimento*, con la incorporación de los Estados Pontificios que eran los únicos que se resistían. El papa, muy ofendido y muy perjudicado en sus intereses temporales, que todo hay que decirlo, había excomulgado al padre del nuevo rey de España y alma de la unidad de Italia, Víctor Manuel II, pero a la muy católica España en aquellos momentos, esto parece importarle un pimiento.

Amadeo deja provisionalmente a su esposa, que ya le había dado dos hijos, en Turín y embarca camino de España, en donde entra por Cartagena. Minutos más tarde de pisar suelo español le comunican que la noche anterior ha muerto en Madrid, a consecuencia de un atentado, su valedor el general don Juan Prim y Prats, conde de Reus. La tormenta que le había acompañado toda la travesía realmente no había sido un buen presagio. Don Amadeo toma el camino de Madrid, donde lo primero que hace es ir a orar ante los restos de Prim, que están expuestos en la Basílica de Atocha. De allí, en medio de la indiferencia general y de la hostilidad abierta de la nobleza, a jurar la Constitución a las Cortes. Y de allí al Palacio Real, que le parece enorme y del que sólo ocupará siete habitaciones, incluso cuando lleguen su esposa y los niños dos meses después. Al saber este detalle la ex reina Isabel II dicen que replicó con gran sorpresa y su habitual retranca: «¡Pobres, no van a poder moverse!». Amadeo de Saboya sabía, por muy buena voluntad que le había echado al tema, que aquella aventura no podía salir bien. Su intuición se lo decía. Su intuición y algunas experiencias ajenas de improvisadas monarquías injertadas en países extraños que acababan de ocurrir, como la de Otto de Baviera en Grecia y Maximiliano de Habsburgo en México. Pero como un buen caballero que era, aquí estaba en cumplimiento de lo que estaba convencido que era su deber.

Amadeo I fue en realidad el primer monarca auténticamente democrático que tuvo España. Consciente de sus deberes constitucionales, fue un escrupuloso cumplidor del cometido que la Carta Magna le adjudicaba. Nunca jugó a hacer política, como hicieron tradicionalmente los Borbones. Incluso cuando alguno de sus políticos le anima a tomar medidas que rebasaban sus atribuciones en momentos delicados, él se opuso. Sólo se saltó la Constitución al abdicar, cosa que no estaba prevista en el articulado. Su reinado, que apenas duró dos años, fue un continuo disparate. Tuvo siete crisis de gobierno, hubo hasta tres elecciones a Cortes, más de cien cambios de ministros, se le declaró una nueva guerra carlista en el norte y no logró una relación medianamente aceptable ni con el pueblo, ni con la nobleza, ni con los políticos. Educado en el espíritu del *Risorgimento,* no entendía, por más que se esforzara, ese continuo enfrentamiento de un partido con el otro y de una facción con otra. En definitiva, se reproducía el mismo clima de división y enfrentamiento que había existido en los últimos años del reinado de la reina Isabel II. No llegó nunca a hablar castellano correctamente lo que le hacía blanco del típico y cruel humor español en revistas y diarios satíricos. La que sí lo hablaba con gran fluidez era su muy culta y riquísima esposa, que llegó a los tres meses a Madrid y se dedicó sobre todo a hacer obras de caridad.

Los Saboya eran una pareja muy sencilla y su corte para nada recordaba a la de los Borbones. Se comportaban en realidad como burgueses. El rey nadaba en el río Manzanares, desayunaba en el Suizo y tomaba el tranvía. Prefería vestir de levita, en vez de los aparatosos uniformes militares, y la reina María Victoria también vestía como una señora burguesa, con un modesto sombrerito. Fue famosa la anécdota que muestra a todas las señoronas de la rancia aristocracia española con sus ricas peinetas y mantillas de blonda en los paseos para humillar a la italiana, a la que incluso se negaban a ir a cumplimentar a palacio. Nadie quiso ser camarera de la reina ni gentilhombre del soberano y ni siquiera se prestaron al bautizo del tercer hijo de los reyes, el infante Luis Amadeo nacido en el Palacio Real unos días antes de la marcha de los soberanos. Al banquete que prepararon para celebrarlo sólo asistieron treinta personas. Así las cosas, Amadeo decide abdicar. Evidentemente una monarquía —como había dicho Castelar— no se improvisa.

Lo que sí debió contagiarle rápidamente el palacio madrileño al rey fue la infidelidad conyugal, ya que a pesar de estar enamoradísimo de su esposa, don Amadeo —en la mejor tradición borbónica— tuvo tiempo para tener una agitada vida sentimental. Vivió un tórrido romance con Adela Larra, *la Dama de las Patillas*, hija de Mariano José de Larra, el romántico suicida, que era una gran belleza morena que se paseaba por Madrid levantando pasiones y arruinando algo más que corazones. A su casa del barrio de Salamanca iba el rey cada noche hasta que duró la pasión. De sus amores con una dama de la nobleza, que debió pensar que la fidelidad a la causa alfonsina no tenía nada que ver con otros asuntos, le nació a don Amadeo un bastardo castizo. Su aventura española había durado dos años, un mes y varios días. Cuando llegaron de regreso a Turín una multitud les recibió con grandes ovaciones, que sorprendieron mucho a la tímida y modesta reina María Victoria. En Turín le erigieron un monumento y en España se celebraron funerales por sus almas cuando la noticia de la muerte de sus efímeros reyes saboyanos fue conocida años después en la corte.

Fracaso republicano

El 11 de febrero de 1873, apenas la reina María Victoria se encontraba recuperada de su parto, el rey Amadeo I envía a las Cortes su acta irrevocable de abdicación. Cuando el mensaje del rey es leído en el Parlamento se produce una situación rocambolesca. La misma de hacía algo más de dos años, hay una Constitución monárquica, pero no hay rey. La idea de volver a los Borbones ni se contempla. ¿Qué hacer? Los señores diputados de la mayoría absoluta de la cámara, que son los monárquicos están perplejos. Don Estanislao Figueras, que es el líder de la minoría republicana, ve llegada la hora de la república y aprovecha el momento. Afirma que nadie saldrá del hemiciclo si no es con la república triunfante o muertos. Los senadores y diputados no tienen otra solución, aunque la Constitución es monárquica se proclama una república. Es un auténtico golpe de Estado, que conculca la legalidad vigente en aquellos momentos. Pero nadie parece recordarlo. Sin ningún mandato constitucional que les ampare, unas Cortes ordinarias se convierten en cortes constituyentes. Había que hacer a toda prisa una nueva Constitución, que eliminara la figura del monarca.

Nunca llegaría a hacerse. En el año escaso que duró la primera aventura republicana española no hubo manera de elaborar un texto constitucional. Las Cortes se convirtieron en una asamblea ingobernable. Cuatro presidentes tuvo la Primera República, don Estanislao Figueras, don Francisco Pí i Margall, catalanes, y dos andaluces, don Nicolás Salmerón y don Emilio Castelar. Eran cuatro hombres honrados, cuatro intelectuales de buena fe, que vieron fracasar sus buenos propósitos contra un caos que no había manera de ordenar. Cuando se ha dicho que la Primera República fracasó por falta de hombres preparados se miente, se olvida que sus cuatro presidentes fueron prestigiosos profesores y catedráticos, dos de ellos juristas, los otros dos catedráticos, uno de metafísica y Castelar de historia. ¿Dónde estuvo el fallo? Los diputados de 1869 querían una república unida, los constituyentes quieren una república federal. Los nacionalismos y el fantasma del separatismo, que ya había recorrido el país como una sombra espectral de vez en cuando, se presentan ahora en forma de cantón. Mientras Pí i Margall diseña el nuevo mapa federal del Estado, con quince territorios autónomos, el caos estalla por todas parte, hay ciudades como Barcelona, Málaga, Valencia que quieren hacerse autónomas, Cartagena acuña moneda y hasta se atreve a declarar la guerra a Alemania, al decir de Figueras España es una jaula de grillos. Todos quieren separarse, la disolución de España —una idea que ahora vuelve a resurgir siglo y medio más tarde— se presenta como una posibilidad. Mientras, la guerra en el norte se convierte en un problema al que nadie tiene tiempo ni ocasión de enfrentarse. Por otra parte, la emergente clase del proletariado comienza a organizarse en los nuevos partidos socialistas y anarquistas. La crisis del sistema es total. Y nadie vislumbra una solución.

Pí i Margall se va, como ya había hecho Figueras, amargado, desencantado y horrorizado de lo que está pasando. Desórdenes, caos, ruina económica... Un Parlamento inoperante, que en seguida entrega el poder a Salmerón. Cincuenta días más tarde, don Nicolás se siente incapaz para frenar aquel desastre y dimite. Llega don Emilio Castelar. A los ocho días, las Cortes le da plenos poderes para imponer la autoridad. Cien días más o menos aguanta el mejor orador que nunca ha tenido España con poderes casi dictatoriales. Da un giro a la derecha intentado contener la descomposición del Estado; al no sentirse capaz, presenta su dimisión. Es el 3 de enero de 1874, el capitán general Manuel Pavía asalta el Congreso de los Diputados, con las fuerzas del orden, inaugurando una lamentable costumbre, y disuelve por la fuerza las cámaras. En su alocución, reclama la formación de un gobierno provisional, en el que no formen parte ni los cantonistas ni los carlistas para que resuelvan los problemas de la nación. Como presidente de aquel auténtico gobierno de salvación nacional se nombra a don Francisco Serrano, el antiguo general bonito de doña Isabel. Serrano es nombrado regente con tratamiento de alteza y durante un año intenta hacer componendas, pero nadie tiene nada claro. El camino para el regreso de los Borbones está otra vez expedito.

Serrano, al que sus enemigos llamaban el Judas de Arjonilla, por la facilidad con la que se vendía a unos y a otros, siguiendo su costumbre entabla contactos con el partido alfonsino. Sólo falta ya la ocasión propicia para el advenimiento del joven rey. Serrano mientras tanto vuelve a las provincias del norte para ver qué pasa con los carlistas. En Madrid las conspiraciones de los alfonsinos son cada vez más fuertes. Don Antonio Cánovas del Castillo trabaja sin pausa en la restauración. Pero quiere hacer las cosas bien, no quiere que el regreso de la monarquía sea por medio de un nuevo pronunciamiento. Cánovas, admirador del sistema parlamentario inglés, quiere que sea el Parlamento el que llame a don Alfonso de Borbón a ocupar el trono de sus mayores. Pero alguien se le adelanta. El general don Arsenio Martínez Campos reúne a sus tropas en un vasto campo a dos kilómetros de Sagunto en la mañana del 29 de diciembre de 1874 y les dirige una encendida proclama: «Nuestra patria se desangra en guerras civiles. La inestabilidad política de la república es cada día más patente. Nuestra agricultura, nuestra industria, nuestra economía se derrumban. Es preciso implantar un poder sólido, querido y respetado que salve a la nación de este caos en que ha caído por culpa de rencillas y ambiciones. Este poder no puede ser otro que el que personifica el legítimo rey, don Alfonso de Borbón y Borbón. Soldados, en nombre de la nación, representada aquí por su ejército en armas, proclamo rey de España a don Alfonso XII. ¡Viva el rey! ¡Viva España!»

Pronto el grito de ¡Viva Alfonso XII! recorrió toda España. Los ejércitos del sur y de Levante primero, y luego el de Castilla y la guarnición de Madrid se adhieren al levantamiento. El general Serrano acepta la situación y sale para Francia. Cánovas, que había sido detenido la noche del golpe, es puesto en libertad y se convierte en presidente de un consejo de Regencia, instituido el día 31 a la espera de la llegada del nuevo rey. No era como él tenía planeado, pero tiene que aceptar lo sucedido. «Después de todo ha sido un éxito y no ha habido ningún derramamiento de sangre», dice para consolarse con un sabio pragmatismo. Mientras tanto don Alfonso que ha llegado a pasar el fin de año con su familia en París, sabedor de la noticia por un telegrama de una anónima mujer, acude aquella noche al teatro con su madre y sus hermanas como si no pasara nada. Al volver al palacio de Castilla la noticia ya ha saltado y es conocida por todos. El marqués de Elduayen espera en el vestíbulo: «Señora, don Alfonso ha sido proclamado rey». Isabel II abraza a su hijo llorosa. Un golpe de Estado ha puesto otra vez en las manos de un rey Borbón la segunda oportunidad para corregir los errores de sus antepasados en el trono de España.

SEGUNDA OPORTUNIDAD: LA RESTAURACIÓN DE ALFONSO XII

En un caballo blanco

Hay un hermoso grabado que reproduce la entrada triunfal de Alfonso XII en Madrid. Es el 14 de enero de 1875. El rey ha sido recibido en la estación por Cánovas del Castillo y los hombres que han trabajado para hacer posible la Restauración. Un Madrid entusiasmado le rodea desde el momento en que Alfonso de Borbón, que tiene sólo diecisiete años, sale a la calle y monta en un soberbio caballo blanco. En el grabado se detalla el paso de la comitiva por la calle de Alcalá, esquina con la de Sevilla. Delante de la iglesia de San José se ha levantado un arco de triunfo, que el rey atraviesa entre el delirio de la multitud. El rey viste de capitán general, un uniforme que no le sienta del todo bien porque ha tenido que ser probado en el cuerpo de su amigo el conde de Benalúa por la prisa en confeccionarlo. Pero esto no le resta ninguna apostura. Toda la vida de Alfonso XII, el rey más romántico que ha tenido España, está rodeada por la leyenda y la mitología. Como la que cuenta que su prima la infanta Mercedes, que luego sería su esposa, había tenido una premonición años antes sobre aquel momento. En 1872, cuando pasaron juntos las navidades en el castillo de Randán, en la Auvernia francesa, le dijo: «Entrarás en Madrid en un caballo blanco y todos te vitorearán... Y será el caballo blanco del rey de la paz». Sin duda debieron ser sus ojos de enamorada. Pero, en efecto ocurrió. Y ocurrió que la llegada del rey significó al poco tiempo la tan ansiada paz en el norte, donde terminó la tercera guerra carlista. También debe ser otra leyenda la que cuenta que entre la multitud alguien grita lleno de entusiasmo al paso de la comitiva del rey que llega, éste se dirige a él y le dice: «Buen hombre, no grite tanto, que se va a quedar ronco», a lo que el castizo contesta con gracejo madrileño: «Más grité el día que echamos a su madre».

El tornadizo sentimiento de los pueblos es así. Pero esa anécdota esconde también una realidad social y una verdad palmaria. Habían sido tan nefastos los ensayos revolucionarios de 1868, el imposible reinado de Amadeo de Saboya y la aventura republicana de 1873, que todos miraban a Alfonso XII como si fuera la única y la última esperanza de una patria en ruinas. Al final, el largo proceso de preparación para el regreso de la monarquía que había desarrollado Antonio Cánovas del Castillo había dado su fruto y puede decirse que, a pesar de todo, una gran mayoría de los españoles de 1875 veían en el jovencísimo rey la posibilidad de salir al fin de un atolladero del que no se veía manera de escapar. Una lenta labor de propaganda en los periódicos y revistas afines, como *La Época*, *La gorda* y *El Tiempo*, y su labor constante en las Cortes habían obtenido el resultado perseguido. Un trabajo que Cánovas había iniciado apenas la reina Isabel II traspasó la frontera camino del exilio.

Doña Isabel y Cánovas nunca se cayeron bien. A ella no le gustaban los modos de Antonio y éste culpaba a la reina y a su vida privada de la mayoría de los males que habían acontecido en su reinado. Por eso en un principio la reina no confió en él y se dedicó a intrigar desde París para conseguir su regreso, ayudada por sus amigos y colaboradores de siempre. Tuvieron que pasar algunos años hasta que Isabel II le confiara la dirección del partido alfonsino y por tanto todos los trabajos de la Restauración. Responsabilidad que Cánovas asumió no sin antes poner sus condiciones, que eran, entre otras de orden estratégico, primero la abdicación de la soberana, asumir él directamente las directrices y decisiones en la educación de don Alfonso, y tomar todas las decisiones políticas. También pondría Cánovas como condición, más tarde, que la reina no interviniera de ningún modo en los asuntos de España y además su forzada ausencia de Madrid al menos en los comienzos de la Restauración.

Una educación cosmopolita

La desbordante personalidad política del malagueño Antonio Cánovas del Castillo ha ocultado a veces la no menos brillante personalidad del rey Alfonso XII. Diluido en su aura de rey romántico, se esconde el perfil del primer Borbón que realmente se plantea con seriedad ser un rey constitucional y sobre todo dar abiertamente entrada en la política española a las corrientes liberales. En su célebre Manifiesto de Sandhurst ya el joven rey se confesaba ferviente católico como habían sido todos sus antepasados, pero, como hombre de su época, también liberal convencido. Para comprender lo que esto significaba, y que hoy nos parece anacrónico, hay que situarse en 1874. El liberalismo era una doctrina política condenada por la Iglesia católica, que excomulgaba a los fieles que profesaran en ella. Siendo como era en aquellos momentos España un país de gran mayoría católica y conociendo la enorme influencia que todavía tenían los curas sobre la mentalidad, la educación y la vida de las gentes, hay que reconocer que era un gran avance la profesión del rey en el liberalismo. No hay que olvidar por supuesto que el rey, sobre todo en los primeros momentos, está tutelado y guiado políticamente por Cánovas, pero también es cierto que tanto el talante del joven soberano como su educación auténticamente cosmopolita hacían posible que aquel posicionamiento liberal fuera sincero.

Nacido en el Palacio Real de Madrid el 28 de noviembre de 1857, Alfonso XII vivió desde la infancia una complicada y tensa situación familiar. El infranqueable alejamiento entre sus padres repercutía decisivamente en el entorno hogareño, falto de afecto y cordialidad. A los once años tiene que salir para el exilio, e instalado en París sufre el abandono definitivo de su padre, que se marcha a vivir a otra parte. Es de suponer que de alguna manera el joven príncipe de Asturias fue informado de la verdad sobre aquella anómala situación. Hay algunos historiadores que aseguran que su preceptor en aquellos momentos, el marqués de Alcañices, José Isidro de Osorio y Silva, duque de Sesto, que tantos servicios prestó a la causa de la Restauración que llegó casi a arruinar su inmensa fortuna, fue el que tuvo el penoso y delicado deber de informar al niño sobre quién era su verdadero padre. Sobre todo para que el adolescente pudiera encontrar una explicación a las relaciones entre doña Isabel y Francisco de Asís.

La verdad es que aquella confesión debió marcar profundamente al heredero, que siempre se vio muy afectado por las complicadas relaciones entre sus padres. Los escándalos que habrían de producirse en el futuro sacaron de quicio a Alfonso de Borbón, que siempre, por otro lado, guardó un gran respeto hacia ellos e incluso manifestó un gran afecto hacia su madre, de la que había heredado en gran parte su buen carácter, la sencillez, la campechanía, su casticismo y su afición, también hay que decirlo, a mezclarse con el pueblo e ir de francachela a lugares populares. También heredó de su madre una compulsión sexual, que otros explican como una consecuencia de su enfermedad crónica, la tuberculosis, que sobre todo en su fase primera parece que produce esa desaforada sed sexual.

Ya desde niño don Alfonso había dado muestra de que la parte más débil de su constitución física eran sus pulmones. Siempre fue propenso a resfriados, toses y enfriamientos, y se tuvo esto muy en cuenta a la hora de enfrentarse a su formación y educación. En París se le matriculó en un prestigioso colegio regido por los jesuitas, los Stalisnas. El joven demostró una ágil inteligencia, una increíble memoria y un desarrollado sentido del deber, además de una gran madurez para su edad. Durante la etapa de alejamiento de París, con motivo de la revolución que acabó con el imperio de Napoleón III, la familia real se instaló en Ginebra, donde el príncipe acudió a un buen colegio, pero por poco tiempo, ya que en seguida se le envió a Múnich para que aprendiera el alemán suficiente como para ingresar en una de las más prestigiosas instituciones educativas de entonces, el Theresianum de Viena. Allí estaría don Alfonso durante tres años y allí lograría convertirse en un joven atlético, que practicaba algunos deportes y aprovechaba con largueza su educación académica. El príncipe no participó en los fastos del imperio de Francisco José, en primer lugar porque en aquellos momentos el severo emperador de Austria apoyaba la causa carlista y también por los escasos medios económicos de que disponía, aunque siempre estuviera al quite el generoso Pepe Alcañices, que con el tiempo y a pesar de la enorme diferencia de edad se convertiría en uno de sus más íntimos amigos y compañeros de correrías y aventuras galantes. Y allí tendría también ocasión de conocer a la que algunos años más tarde se convertiría en su segunda esposa, la archiduquesa María Cristina, de cuyos hermanos fue compañero y amigo en el afamado Theresianum.

De cualquier forma durante su estancia en Viena don Alfonso tuvo también ocasión de conocer la alegre vida de la capital de la música, asistió a la ópera, a los conciertos populares junto al Danubio, y sobre todo entró en contacto con otras formas de vida, con otras ideas, con otras costumbres y con las corrientes artísticas y de pensamiento que triunfaban y circulaban por Europa. Esta vida cosmopolita que luego se completaría con su estancia en Inglaterra sería muy beneficiosa en la formación del nuevo monarca Borbón. Ningún otro soberano español había tenido aquella educación, y sería éste uno de los fallos más graves en la formación que recibiría después su propio hijo, Alfonso XIII, encerrado en el Palacio Real de Madrid sin recibir otras ideas y otras corrientes que las que le inculcaban sus conservadores maestros y preceptores. Aquellas decisiones en materia de educación del príncipe estaban dictadas por Cánovas, que llegó a afirmar que Alfonso era «el príncipe mejor formado de la Europa de aquella época», opinión que nos recuerda lo que en estos tiempos se ha dicho y repetido acerca del actual Príncipe de Asturias, don Felipe de Borbón y Grecia.

Hay un hecho trascendental para el futuro de Alfonso XII que también ocurre en Viena, durante su estancia en el Theresianum. Es el encuentro con Elena Sanz. Elena Sanz era una hermosa cantante de ópera, que se había educado en una institución benéfica madrileña, de la que era protector Pepe Alcañices; su carrera como cantante lírica había estado protegida financieramente por la reina Isabel II, que como se ha explicado era una gran aficionada a la ópera. Cinco años mayor que Alfonso, Elena Sanz acudió a Viena a cumplir unos contratos profesionales, pero era portadora de una carta de la reina para entregar en mano a su hijo. Lo que quiere decir que es su propia madre la que echa en los brazos de la guapa Elena Sanz al príncipe Alfonso, porque aquel mismo día de su encuentro vienés una loca pasión envuelve a los dos personajes. Hay que recordar que en aquellos momentos el príncipe Alfonso ya había entablado relaciones con su prima María de las Mercedes, lo que nos lleva a poner en entredicho la autenticidad de los sentimientos amorosos del joven rey con su futura esposa. Hay quienes aseguran que tanto los sentimientos que manifiesta Alfonso hacia Mercedes como los que le ataron desde entonces a Elena Sanz eran sinceros. Su prima sería el amor tranquilo, romántico, hogareño, conveniente, la mujer ideal para convertirse en madre de sus hijos y por supuesto en reina de España. Y Elena Sanz la pasión, la aventura, la mujer que siempre le recordaría su despertar sexual, las primeras y placenteras experiencias en la cama.

Aquella historia con Elena Sanz en realidad no se acabaría hasta mucho después, y aunque en una primera etapa sólo se verían esporádicamente la retomarían en Madrid, años más tarde durante el tiempo de su noviazgo con Mercedes, para acabar siendo a la muerte de ésta la mujer en la que el rey buscó consuelo a su dolor de viudo y con la que acabaría teniendo al menos dos hijos, Alfonso y Fernando; hay un tercer vástago de la cantante que al parecer no era hijo de don Alfonso. El rey durante años encontraría a la cantante en su casa de la Cuesta de Santo Domingo, a unos pasos del Palacio Real, donde la acomodó y en donde Sanz se consagró durante un tiempo a su amante y a los hijos de ambos. Al morir don Alfonso —aunque es adelantarnos al desarrollo de la historia— les dejaría una generosa pensión, que la vengativa reina Cristina, su segunda esposa, les suprimiría, enzarzándose en un escandaloso proceso al querer Sanz y sus hijos chantajear a la Corona con la publicación de unas ardientes cartas del fallecido don Alfonso, que tenía como su madre incontinencia epistolar, en las que incluso reconocía la paternidad de aquellos dos bastardos. La reina Isabel, que en realidad era la mentora de aquella relación, siempre llamó a Elena Sanz «mi nuera ante Dios», para desesperación de su auténtica nuera, doña María Cristina de Habsburgo-Lorena.

Alfonso XII, de Inglaterra al trono

A principios de 1874 don Alfonso abandona el Theresianum y marcha a Londres. Sigue las recomendaciones de Cánovas, que no sólo quería que conociese en vivo el sistema parlamentario inglés, que él tanto admiraba y que se disponía a instaurar en España, sino que también deseaba que el rey tuviese en Gran Bretaña su preparación militar. Su intención era que ingresase en una de las prestigiosas academias militares inglesas. Se pensó primero en Woolwich, donde estaba el príncipe imperial Luis Napoleón, pero para evitar que coincidieran ambos herederos se le envió finalmente a Sandhurst. Sesenta años más tarde, su nieto don Juan de Borbón, que había seguido al exilio a su padre Alfonso XIII, ingresaría en otra de estas prestigiosas academias, en la de Dartmouth, de la que saldría como oficial de la Marina Británica. Don Alfonso no tuvo tiempo para tanto. La situación en España resultaba ya explosiva y los acontecimientos, como ya hemos contado, se adelantaron a lo previsto. Cuando el 29 de diciembre el joven rey en el exilio abandona por unos días sus estudios en Sandhurst para pasar las vacaciones de Nochevieja en París con su madre, en los campos de Sagunto acaba de ser proclamado rey de España. Sí ha tenido tiempo para hacer público el 1 de diciembre lo que se conoce como Manifiesto de Sandhurst, en contestación a todos los telegramas y cartas de felicitación que ha ido recibiendo el día de su cumpleaños, el 28 de noviembre.

En realidad este manifiesto, publicado por los principales periódicos europeos y que tuvo una enorme repercusión, es un programa de gobierno y un posicionamiento personal ante la situación que se había creado en España. En él, como hemos anticipado, don Alfonso se declara católico y liberal y partidario de una monarquía nueva, parlamentaria, integradora y moderada. En el documento estaban las líneas maestras de lo que se conoce como el canovismo, las ideas que había ido perfilando su mentor político para introducir cambios en España y que apenas se produce la Restauración se apresuró a poner en marcha. Convocadas las Cortes Constituyentes, éstas elaboran la Constitución de 1876, la de más larga vida hasta ahora en la historia de España y que serviría para organizar la vida política de la nación (salvo el paréntesis dictatorial de Primo de Rivera) hasta 1931, año en que se proclama la Segunda República, que elaboraría una nueva. Aquella Constitución liberal —que no democrática— contemplaba la soberanía compartida entre el pueblo a través de las Cortes y el rey. Éste tenía potestad para proponer leyes y disolver gobiernos. Realmente era una síntesis de las anteriores y consagraba el modelo de un Estado unitario (los Fueros vascos, los únicos que tenían entonces vigor, serían suprimidos por una ley suplementaria el mismo mes que se promulgó la Constitución aunque luego se establecería un régimen económico especial con las provincias vascongadas) y centralista. Se proclamaba la libertad de culto el sufragio universal para los varones de más de veinticinco años, y se establecía el sistema bicameral.

Cánovas, lo hemos dicho ya, era un profundo admirador del sistema inglés, y quiso trasladarlo a España. Erró en pensar que ese sistema era perfectamente extrapolable a nuestro país. Puso los medios, en la propia ambigüedad del sistema, para que los dos partidos mayoritarios se turnaran en el poder con el fin de darle consistencia y estabilidad. Para ello se dedicó a ir formando esos dos grandes partidos. Comenzó por transformar el suyo propio, liberal conservador, en un fuerte Partido Conservador, y logró que los liberales más radicales se agruparan en torno a un fuerte Partido Liberal que lideró Práxedes Mateo Sagasta, que se iba a convertir en el otro gran político de la Restauración y de la Regencia. Pero todo estaba montado sobre una ficción democrática, ya que por este sistema los partidos podían presentar crisis de gobierno cuando les pareciera oportuno, si no era el propio rey el que producía la crisis, de forma que el monarca llamaba a otro líder a formar gobierno y tras esto se convocaban elecciones, que naturalmente ganaba el gobierno que ya estaba gobernando. Entre otros vicios que propiciaba este sistema turnista o de alternancia estaba que se favorecía la política clientelista y el caciquismo —de hecho la compra de votos de una u otra manera fue algo que quedó establecido como normal en esta época—, y por otro lado daba ocasión al rey para intervenir en la política de la nación más de lo que en una verdadera monarquía parlamentaria está permitido, facultad que los reyes sucesivos utilizaron en demasía cada vez que les pareció oportuno.

Aun así de momento aquella alternancia tuvo ocasión de ensayarse en 1881, cuando Cánovas provocó una crisis para que gobernara Sagasta. Aquel sistema oligárquico tuvo fortuna en sus inicios porque los dos partidos que se alternaban se consideraban dinásticos, es decir, no cuestionaban para nada el sistema de gobierno monárquico ni la figura «del Rey por la gracia de Dios y de la Constitución española», como rezaba en el propio texto constitucional. Y también por la pasividad política de una sociedad harta de guerras y de desórdenes, con grandes zonas rurales, en las que el analfabetismo era un mal endémico. Pero las condiciones económicas de grandes masas de campesinos y obreros que ya empezaban a movilizarse gracias a la creación de partidos, como el Socialista Obrero Español, y de centrales sindicales, como la Unión General de Trabajadores y la CNT, empezarían pronto a ser un elemento desestabilizador del sistema, que nadie supo calibrar ni por supuesto encauzar dando cumplidas satisfacciones a sus justas demandas. El sistema liberal estaba en franca decadencia y el atraso secular de España era un buen caldo de cultivo para que las nuevas ideas de justicia social y de igualdad ante la ley se convirtieran en reivindicaciones sociales que, al no ser atendidas, se convertirían en focos de violencia y en una revolución pendiente que al fin estaba encontrando los cauces para lograr su victoria.

La política canovista lo que hizo fue consagrar y darle estabilidad a un régimen burgués, que olía a naftalina por todas partes, pero que sin embargo logró que la nación iniciara un fuerte despegue económico por la estabilidad y la tranquilidad imperantes. Crecieron sobre todo algunas regiones, como el País Vasco y Cataluña, convertidas en las adelantadas del despegue industrial, y algunas ciudades aisladas, como Madrid, capital política y de los negocios. Esto llevó a crear una apariencia falsa del país, ya que el contraste con el resto de las regiones y ciudades, atrasadas, empobrecidas y sin mucho futuro por delante, se hacía cada vez más grande y brutal. El Ejército era otro objetivo perseguido por Cánovas. Por eso consagró por la Constitución al rey como jefe supremo de las Fuerzas Armadas, para que tuvieran un solo mando y así evitar en lo posible los pronunciamientos que habían llenado la primera parte del siglo XIX. Con un Ejército unido, que luego se utilizaría como arma represiva, Cánovas creía tener la unidad política y la estabilidad de la nación aseguradas. No sabía tampoco, o no supo advertir, que con su sistema bipartidista, con la implicación del soberano en las decisiones de su gabinete y con el Ejército también bajo su absoluto mando, en realidad estaba convirtiendo al monarca en un rehén tanto de los partidos llamados dinásticos como del Ejército, como luego podría comprobarse claramente en el turbulento reinado de Alfonso XIII.

La Restauración fue en realidad el triunfo de los poderes fácticos, el Ejército, los oligarcas de la nueva burguesía, cada vez más poderosa, y de la Iglesia, que pronto supo subirse al carro del poder, dejando a un lado, como hace siempre por otra parte, sus escrúpulos morales ante el liberalismo. Reorganizada y recapitalizada tras la desamortización, la jerarquía católica supo aliarse nuevamente con los poderosos para así perpetuar el binomio, corona y altar, que tantas desdichas ha traído a este viejo país. En esta vuelta a primera línea, la Iglesia jugó un papel primordial en la fundación de infinidad de congregaciones dedicadas a los servicios de caridad, pero sobre todo a la enseñanza, que era la mejor forma de apoderarse de las conciencias de los ciudadanos de cara al futuro. Frente a esta vuelta a la enseñanza religiosa ultramontana, se levantó el esfuerzo laico de la Institución Libre de Enseñanza, creada en Madrid por un grupo de catedráticos e intelectuales, depurados algunos de la universidad, como Francisco Giner de los Ríos.

Cánovas siempre ejerció una especie de tutelaje proyector sobre el rey Alfonso. Y éste, a pesar de todo, siempre respetó a Cánovas, le admiró y le agradeció todo lo que había hecho por la Restauración de su dinastía, aunque a veces no tuvieran el mismo punto de vista y hubiera serios enfrentamientos, como cuando el rey se empeñó en conceder la gracia del perdón por dos veces, en sendos atentados que sufrió en Madrid. En ninguno de los dos casos Cánovas aceptó la petición del rey y se ejecutaron las sentencias. El rey, a pesar de todo, aceptó la decisión política. Él era más dado al perdón y

Cánovas era inflexible. También el presidente del Gobierno vigilaba muy de cerca la vida privada del rey y le reconvenía cuando sus agentes le daban cuenta de algunos excesos del monarca. Algunas queridas del rey, como la Biondina, otra cantante de ópera, fueron expulsadas de España por orden de Cánovas, sin que el rey pudiera hacer nada para impedirlo. En estos casos el respeto constitucional se impuso de una manera elegante y ejemplar.

La leyenda del rey romántico

España necesitaba un rey con leyenda; la dinastía también. Y en esto llegó Alfonso XII. Era el momento adecuado y la época idónea. En pleno romanticismo y con ocasión de refundar la dinastía en un país que ansiaba hacer borrón y cuenta nueva de la época anterior. El joven Alfonso reunía todas las condiciones para convertirse en esa figura legendaria, con la aureola del héroe y la fatalidad de un destino cruel y trágico. Y pronto se irían uniendo tres de los elementos que necesita toda leyenda: el amor, el valor y la desgracia. Puede afirmarse que el mito y la leyenda de Alfonso XII, el rey romántico, están montados sobre tres pilares que fueron confluyendo casi al mismo tiempo, en los primeros años de su reinado.

A los pocos días de llegar a Madrid, el rey —al que Cánovas también quería rodear del aura de rey soldado— marchó hacia el norte a ponerse al mando de los ejércitos que luchaban contra los carlistas. El coraje y el valor del rey —también hay que decirlo— fueron decisivos. En un par de semanas los carlistas se consideraban vencidos y el pretendiente, Carlos VII, duque de Madrid, cruzaba la frontera con un «volveré para salvar a España» que afortunadamente no se cumpliría jamás. El regreso del rey a finales de febrero de 1875 a Madrid fue otra apoteosis de entusiasmo. Ya tenía el soberano asegurado el título de «el pacificador», aunque su lucha por la paz en todos sus territorios viviría con los años otros felices momentos. A comienzos de 1878 el general Martínez Campos firmaba con Cuba la Paz de Zanjón, que acababa con la primera guerra en aquella colonia. Y más tarde Alfonso XII personalmente trataría el conflicto de las islas Carolinas, de las que intentaban apoderarse los alemanes, con el káiser Guillermo I. Su intervención y el arbitraje del papa León XIII lograrían que no estallara el conflicto con el imperio alemán, perpetuando la soberanía española sobre aquel archipiélago. Tenía pues asegurado el apodo de «rey pacificador».

El segundo elemento era el amor. Y pronto tuvo ocasión de que el pueblo le mostrara su apoyo en una historia que conmovería el sentimiento y la emoción de las gentes sencillas. En la Navidad de 1872 la familia real española en el exilio se había reconciliado. Meses antes se había firmado el llamado Pacto de Cannes. En esta ciudad de la Riviera francesa, la reina María Cristina había logrado al fin que sus dos hijas, la reina Isabel y su hermana la infanta Luisa Fernanda, duquesa de Montpensier, y el marido de ésta, Antonio de Orleans se volvieran a reunir y a hablar después de años de odios y separaciones. A Isabel le costaba olvidar lo que su cuñado había hecho para arrebatarle el trono. Y también la muerte de su cuñado Enrique a manos del duque en un duelo. Pero Isabel quería entrañablemente a su hermana Luisa Fernanda, con la que había compartido la soledad y los juegos y las pocas alegrías de su infancia y adolescencia. Para confirmar aquel acuerdo —en el quel una de las cláusulas estipulaba que una de las hijas del duque y el joven Alfonso contraerían matrimonio, siempre que no fuera contra su voluntad—, la reina y su hijo celebrarían las fiestas navideñas, tres días, en el castillo de Randán, refugio de los duques en aquellos primeros años de exilio. El joven Alfonso acudió receloso, conocedor de las ambiciones de su tío. Allí encontró a su prima María de las Mercedes, una de las hijas de los duques de Montpensier. Y entre los primos, que apenas se recordaban el uno al otro, estalló un flechazo. En realidad todo había sido hábilmente preparado por Antonio de Orleans, sabedor del carácter enamoradizo de su sobrino, digno heredero en este aspecto de su voluptuosa madre. Consciente del encanto de su hija y de la sensibilidad del joven Alfonso ante las mujeres, no tuvo más que propiciar aquel encuentro. El amor hizo el resto.

María de las Mercedes había nacido accidentalmente en el Palacio Real de Madrid, en 1860, siendo su madrina la propia reina Isabel. Tenía pues dos años y medio menos que su primo y se había criado en Sevilla, en el palacio de San Telmo, en la pequeña corte que sus padres habían formado en la capital andaluza, lejos de la de Madrid, donde se sentían postergados. Luisa Fernanda de Borbón y Antonio de Orleans habían tenido nueve hijos, de los que sólo sobrevivirían dos, la mayor, la princesa María Isabel, y el príncipe Antonio. En aquellos momentos la mayor ya se había casado con el conde de París, pero todavía vivían algunos otros, Cristina, Luis y Fernando, aparte de Mercedes. Todos habían seguido a sus padres al destierro, primero en Lisboa y luego en Francia. Tras una temporada en Randán, los duques se establecieron en las cercanías de París. Allí Mercedes y sus hermanas acudieron al colegio de la Asunción, y una vez restaurada la monarquía en España volvieron a Sevilla, previa visita en Madrid al nuevo soberano. En aquellos momentos es cuando se reanuda el idilio entre los primos, que en realidad nunca se había apagado, ya que, a pesar de que eran conscientes de la oposición de la ex reina a su noviazgo, los jóvenes se habían seguido viendo a escondidas en el Bois de Boulogne durante las vacaciones de 1872 a 1874.

En aquel nuevo encuentro en Madrid los jóvenes reanudan su noviazgo. La Semana Santa del año siguiente el rey va a Sevilla a ver a su novia. Con ella recorre los sagrarios y asiste a las procesiones en medio del delirio de los sevillanos. El Gobierno plantea al rey su matrimonio. Se barajan varias princesas europeas, Estefanía de Bélgica, alguna alemana, y la que era la preferida de Cánovas —siempre fiel a su admiración por Inglaterra—, la princesa Beatriz de la Gran Bretaña, la hija pequeña de la reina Victoria pero este matrimonio requería una conversión al catolicismo de la princesa inglesa y no prosperó la candidatura. (Andando el tiempo sería la hija de Beatriz, la princesa Ena de Battenberg, la que se casaría con el hijo póstumo de Alfonso XII, el rey Alfonso XIII.) El monarca contempla los retratos que le muestran de sus posibles novias sonriente y burlón. Y dice: «Ya he elegido. Me casaré con la infanta María de las Mercedes de Orleans. Con ella y con nadie más». Cánovas no ve tampoco bien aquella boda, por el pasado del padre de la novia, pero acepta y como es preceptivo en la Constitución de 1876 somete al Parlamento la aprobación de la boda del rey.

María de las Mercedes, el destino en contra

En el debate se escuchan graves acusaciones contra el duque de Montpensier. Hay un clima de gran tensión, sobre el que planea igualmente la oposición de la reina madre desde París, que ha dicho que jamás aprobará aquella boda, no por la novia «que es un encanto, sino por su padre». En medio de la acalorada discusión, el diputado Claudio Moyano, después de hacer una exhaustiva enumeración de las causas por las que no es conveniente aquel matrimonio, termina diciendo: «Podemos seguir discutiendo de todas esas cosas, pero jamás voy a discutir sobre la infanta Mercedes, porque los ángeles, señores diputados, no se discuten». El debate había terminado. Una ovación cerrada, incluso desde los bancos de la oposición republicana, aprueba finalmente la unión del rey con su prima hermana.

El vínculo familiar de los novios obliga a pedir a Roma la dispensa de consanguinidad. El papa la firma y se empieza a organizar la gran celebración. La reina Isabel, humillada una vez más por la victoria, por persona interpuesta, de su malvado cuñado, decide no asistir a la ceremonia. Serían pues padrinos la infanta Isabel, otra vez princesa de Asturias instalada junto a su hermano en el Palacio Real para hacer las funciones de primera dama, y el rey consorte, don Francisco de Asís, que vuelve por unos días de su exilio parisino. Toda España está conmocionada por la boda del rey. La leyenda romántica se ha disparado. Se habla de la premonición que a la joven infanta había hecho una gitana cuando todavía era casi una niña: «Veo una corona real sobre tu cabeza... Niña, un día serás reina... Pero...». La gitana no había querido continuar. Y ya algunos hacían cábalas. Todas las princesas de Orleans que habían venido a España habían tenido matrimonios desgraciados y habían acabado mal: la primera mujer de Carlos II, la joven esposa de Luis I... A pesar de esta sombra de malos augurios, el pueblo festeja la boda y canta en los corrillos: «El 23 de enero / se casa el rey / con su primita hermana / mira qué ley».

El delirio popular acompaña aquel matrimonio de ensueño que se celebra en la basílica de Nuestra Señora de Atocha el 23 de enero de 1878. El rey tiene apenas veinte años y la novia aún no ha cumplido los dieciocho. La pareja avanza por la nave central de la basílica, jóvenes, hermosos, felices y enamorados. La leyenda va a ser coronada por la alianza matrimonial. La felicidad se hace contagiosa y las coplas se suceden todos aquellos días en fiestas, verbenas populares, fuegos de artificio, corridas de toros y representaciones de ópera. Nunca una boda real había sido a la vez tan popular y tan sentida por las gentes sencillas, conmovidas ante la felicidad de los jóvenes reyes... Madrid enloquecido está feliz porque la novia es alteza real, pero también española, y cantan: «Quieren hoy con más delirio / a su rey los españoles / pues por amor se ha casado / como se casan los pobres». Terminadas las fiestas, los novios marchan al palacio de El Pardo a vivir su luna de miel.

Faltaba el último elemento para acabar de configurar el perfil del rey romántico, pacificador... Y compasivo. Unas catastróficas inundaciones en la región de Murcia ofrecen la ocasión para que el soberano muestre su lado más humanitario y compasivo. Sin pensárselo dos veces, el rey acude hasta la primera línea de la desgracia y socorre, consuela y escucha a unos y a otros. El regreso a Madrid, como es natural, vuelve a ser el delirio de un pueblo rendido ante su rey. La corona como un gran manto protector se pone de manifiesto no sólo en ese momento. Unos años más tarde, Andalucía fue sacudida por fuertes terremotos. Allí acudió nuevamente el rey solícito, estremecido, uniendo su dolor al dolor de la gente, prometiendo ayuda, consolando a los desconsolados que todo lo habían perdido. Pocos meses antes de morir, minadas ya sus fuerzas y muy enfermo, el rey fue protagonista de otro gesto que puso de manifiesto su talante más humano y el sentido de la majestad y de la realeza que tenía como una función también de servicio, de consuelo y de protección de sus súbditos. Una peste asolaba muchas provincias de Castilla y La Mancha. Aranjuez era una de las ciudades más castigadas por la muerte del cólera. El rey manifiesta su intención de acudir al lugar. Cánovas y el Gobierno se oponen tajantemente. Le prohíben de forma clara que vaya hasta Aranjuez, no sólo por su delicado estado de salud, es la posibilidad del contagio lo que quieren evitar los miembros del gabinete.

Pero don Alfonso no se arredra. Sale un día de palacio a dar un paseo discretamente acompañado tan sólo de un ayudante. Llegan a la estación de Atocha y toman un tren de riguroso incógnito. En una hora el soberano está en Aranjuez. Se pone al mando de la situación, abre el propio palacio, que queda convertido en un inmenso hospital. Él mismo acude al lecho de los moribundos. Ayuda, consuela... Cuando por la tarde regresa a Madrid, el recibimiento supera todo lo previsible. En la estación está Cánovas dispuesto a echarle una bronca, pero la sencillez y espontaneidad del monarca le desarma y político y soberano se funden en un abrazo. La reina Cristina abraza a su marido conmovida: «Hoy te admiro más que nunca». El regreso a palacio se convierte en un desfile apoteósico, el pueblo desengancha los caballos del coche real y en volandas conducen a los reyes a las puertas del Palacio Real. Alfonso XII ha llegado a la cumbre de su reinado y el personaje ya está perfectamente diseñado. Sólo faltaba la muerte en plena juventud para elevarlo a la categoría de leyenda. El destino había decidido que así fuera.

Contemplemos un retrato de Alfonso XII, el rey de la Restauración. El que se conserva en el Palacio Real de Aranjuez, debido al pincel de Ojeda. En él aparece el monarca vestido de militar, apoyado su brazo derecho en una mesa sobre la que reposa la corona real. El fondo es un salón palaciego sobre el que se destaca la figura del rey, ya con las largas patillas cuya moda él popularizó y que en realidad trataban de ocultar su extrema palidez. Cruza su uniforme de gala de capitán general la banda de la Orden de Carlos III, y sobre su pecho penden las más altas condecoraciones y el distintivo del Toisón de Oro. Su mano izquierda se apoya en el sable, que cuelga de su cinto. En este cuadro se repiten los símbolos de la soberanía que hemos ido viendo a lo largo de la iconografía de sus antepasados. La corona, el Toisón, el fondo palaciego. Pero el rey que nos mira tristemente desde este retrato es un rey soldado que quiere ponerlo de manifiesto no sólo con su vestimenta sino también con su actitud caballeresca. Sus ojos de profundo mirar oscuro están un poco ausentes. Y en toda su postura hay un algo de serenidad y abandono. No es el rey de las francachelas que han repetido en su rico anecdotario. Es el monarca que ha llevado sobre sí la responsabilidad de restaurar su dinastía en el trono de sus mayores. Hay en toda la figura del rey, en este cuadro, un gesto de valentía y de responsabilidad. Sabe, quien desde él nos mira, que tiene el deber de aprovechar la confianza que los españoles han vuelto a poner en una dinastía de siglos que él representa. Pero el cuadro desprende una cierta sensación de fatalidad, que nos obliga a pensar en un destino adverso.

La muerte se interpone

En efecto el destino se había confabulado en contra no sólo de la felicidad personal de Alfonso XII, sino también de que su reinado llegase a buen puerto. Apenas cinco meses duró la felicidad matrimonial de Alfonso y María de las Mercedes, aunque fueron cinco meses de continua luna de miel. El encanto y la bondad de la reina sedujeron a todos muy pronto, dotándola de una rápida popularidad. Cada salida de la reina con su marido o con sus cuñadas las infantas se convierte en un motivo de fiesta y alborozo. Al comienzo de la primavera la reina tiene un aborto. Apenas se ha repuesto comienza a flaquear su salud. Fiebres, trastornos, diarreas, vómitos, hemorragias intestinales. Los médicos no logran ponerse de acuerdo, pero las frágiles fuerzas de la joven reina van mermando a toda velocidad. Todos se turnan a su lado para llevarle algún consuelo. Sus padres llegan precipitadamente desde Francia. El día de su cumpleaños, el 24 de junio, la reina está en una situación que ya los médicos dan por desesperada. Consumida en el lecho real recibe los regalos de su marido, unas joyas que ya no podría ponerse. A los dos días, con dieciocho años recién cumplidos, la vida de María de las Mercedes de Orleans se apaga definitivamente. Cuando el cardenal primado le da la extremaunción, le pregunta no sin cierto sadismo: «¿Siente vuestra majestad dejar este mundo?», a lo que la pobre moribunda contesta con suma modestia y gran bondad: «Lo siento por el rey y por mis padres». A los pocos minutos deja de respirar.

El proceso de descomposición de la reina fue tan rápido que tuvo que abreviarse el tiempo que estuvo expuesto el cadáver en el Salón de Columnas del palacio. Miles de madrileños habían acudido a manifestar su duelo y su dolor ante la pérdida de la joven soberana, que en apenas cinco meses había conquistado el amor y el respeto de todos. No ha habido acuerdo para dictaminar la enfermedad que se llevó a la tumba a la reina Mercedes. Se habló de fiebres tifoideas, de un proceso infeccioso a consecuencia de no haber sido drenada correctamente tras su aborto, se habló incluso de envenenamiento... La fantasía popular se disparó sin ningún sentido, se señalaba a la infanta Isabel, pero la pobre cuñada estaba, como todos, hundida en un profundo dolor por la muerte de aquel ser angelical que se hacía querer inmediatamente, según acreditan todos los testimonios de los que la conocieron y trataron. Luego se abrió camino la tesis de unas aguas fecales que habían contaminado el agua que se bebía en el palacio de San Telmo de Sevilla. Y en realidad muchos de los hijos de los duques de Montpensier que murieron jóvenes lo hicieron con los mismos síntomas. Sea lo que fuere, la reina Mercedes reunía todos los requisitos para ser la persona que inspirara la leyenda romántica del rey Alfonso XII, fallecida en plena juventud, enamorada, bondadosa, popular... El amor de la pareja, que el cine mucho después consagró como la gran leyenda de la España romántica, dio como resultado una mitificación de la que ha sido inútil separar lo que había en ella de cierto y lo que había de adherencias míticas elaboradas por la imaginación popular y por el profundo sentimiento de tragedia que sacudió a los españoles aquel verano recién estrenado de 1878.

Destrozado, el rey vio pasar desde el balcón de su estudio en el Palacio Real el cortejo fúnebre que días después conduciría el cadáver de la reina hasta el Panteón de El Escorial. Como no podía reposar entre los reyes, don Alfonso dispuso que se construyera un túmulo en una capilla adyacente, en espera de que pudiera ser trasladada a la nueva catedral de la Almudena de Madrid, cuya construcción había animado la reina en su breve reinado. Durante muchos años se ha podido admirar ese monumento al amor que mandara construir el rey y en donde podía leerse: «María de las Mercedes, de Alfonso XII la dulcísima esposa». Tuvieron que pasar más de 120 años para que el deseo del rey de que su esposa reposara en la Almudena, en el corazón del pueblo madrileño que tanto la había querido, pudiera verse cumplido. En 1999 y de forma casi clandestina los restos de la romántica soberana fueron al fin inhumados a los pies del retablo de la Virgen de la Almudena, donde se puede seguir leyendo aquel sobrio epitafio que dictara su enamorado esposo.

María de las Mercedes no fue una mujer guapa. Su mitificación rapidísima y espontánea la hizo aparecer como una heroína romántica, hermosa, frágil y delicada, víctima de la tisis. Eso no es cierto, pero poco importa la verdad para que triunfe la leyenda. Era bajita, algo regordeta y demasiado velluda. Pero eso tampoco importa. Su imagen ha sido idealizada hasta el extremo de aparecer como una hermosísima heroína que un signo fatal arrebató en plena juventud y felicidad. Y en cierto modo, eso es cierto. Los pueblos no suelen equivocarse y si la vieron así es que en el fondo su belleza interior y la dulzura de su corazón la hicieron aparecer más hermosa de lo que fue. De lo que no cabe la menor duda es de que el amor de Mercedes y Alfonso dio a la dinastía esa aura de romanticismo y leyenda que necesitaba. Le proporcionó a la vez popularidad, cercanía, misterio y los atributos imprescindibles para permanecer en la memoria emocional y sentimental de todo un pueblo, que cantaría aquel amor desgraciado en romances y coplas que aún siguen estando en la memoria de las gentes: «¿Dónde vas Alfonso XII, / dónde vas, triste de ti? / Voy en busca de Mercedes / que ayer tarde no la vi...».

Alfonso XII ya nunca volvió a ser como antes. Hay numerosos testimonios que lo acreditan. Las Memorias de sus hermanas las infantas Paz y Eulalia, que vivieron aquella tragedia familiar cuando eran todavía unas adolescentes y que pudieron presenciar la desesperación que se apoderó del rey durante algunos meses. Hasta que vuelve a aparecer en su vida Elena Sanz. Luego la realidad se impuso y el monarca volvió a su trabajo, a sus obligaciones. Y la primera de ellas fue proporcionar un heredero a la dinastía y a la corona. Volvieron los ministros a preparar informes, fotografías de posibles novias. El rey quiso desposar a su cuñada Cristina, pero la hermana de Mercedes murió en San Telmo al año siguiente que su hermana y con parecidos síntomas. No fue la única desgracia que asoló por entonces a la familia real: murieron también la reina abuela, Cristina de Borbón Dos Sicilias, y una de las hermanas del rey, la infanta Pilar, en plena juventud. El rey no tenía ganas de nada, y se dejó aconsejar por sus ministros. Al final la elección cayó sobre una discreta y culta archiduquesa de Austria. Una sobrina del emperador Francisco José, hija del archiduque Carlos Fernando y de su bellísima esposa la también archiduquesa Isabel de Austria-Este-Módena.

Había nacido María Cristina de Habsburgo-Lorena en un castillo en Moldavia en 1858, tenía apenas unos meses menos que el rey. Su educación había sido exquisita, sencilla y alejada de los fastos de la corte vienesa. Tenía amplios conocimientos de muchas materias, no sólo humanísticas sino científicas, y era políglota, aparte de una apasionada de la música. Era discreta, reservada y diligente. Ante tantas virtudes su tío el emperador la nombró abadesa del Capítulo de las Damas Canonesas de Praga, que era una institución seglar instituida por la emperatriz María Teresa para acoger a treinta damas de la nobleza, solteras y carentes de fortuna. La imaginación popular española sin embargo creyó que era una monja e hizo bromas de dudoso gusto sobre el tema. El primer encuentro tuvo lugar en Arcachon, una playa francesa cercana a España que estaba entonces muy de moda. La archiduquesa acudió acompañada de su madre y el rey de Alcañices. La primera entrevista la presidió una fotografía de Mercedes que la archiduquesa había colocado en una mesita. Alfonso agradeció el gesto, pero con su natural gracejo y espontaneidad comentó a Pepe Alcañices al salir de la villa donde se había encontrado con su futura esposa: «Pepe, es una pena que gustándome más la madre tenga que casarme con la hija».

Semanas después, el 29 de noviembre de1879, se celebraba, también en la basílica de Atocha, el nuevo matrimonio del rey Alfonso XII. En esta ocasión sí estuvo presente la reina Isabel II, encantada con su nueva nuera. Por cierto que el rico velo de encaje de Alençon que lució la novia aquel día lo volvió a utilizar su tataranieta la infanta Cristina en su boda con Iñaki Urdangarín en Barcelona en 1997. Desde un principio la nueva reina había expresado la mejor disposición para ser aceptada por los españoles, ya que sabía el obstáculo que la precedía, al que se añadía su condición de extranjera. «Yo ruego ser considerada desde hoy como española, porque mi único deber es amar a España y hacer la felicidad del rey... Muy feliz sería si los españoles me quisieran tanto como yo quiero ya a España». No sabía la infeliz archiduquesa lo que se le venía encima al contraer matrimonio con Alfonso XII. Aunque el enlace había sido exclusivamente por razones de Estado, pronto María Cristina caería en las redes del carácter seductor del rey y se enamoraría de él. Nunca lo hiciera, pues el rey, aunque siempre la respetó como reina, como esposa nunca le sería fiel. Al romance con Sanz le sucedieron mil y una aventuras con otras hermosas mujeres, muchas de ellas cantantes. Hasta tal extremo llegó a sentir celos la reina María Cristina que en una ocasión, pese a tener el estricto sentido del deber que tenía, llegó a amenazar con irse de España. Poco a poco se iría acostumbrando a su papel, que era el de dar un heredero a la corona.

Nació primero una niña, que la reina con gran sensibilidad quiso que se llamara María de las Mercedes. Esto ocurría en 1880, cuando hacía tan sólo unos meses que la favorita Elena Sanz había dado su primer hijo varón al monarca, Alfonso Sanz, como fue inscrito en el registro. En 1882 la reina vuelve a dar a luz otra infanta, a la que se le pone el nombre de María Teresa; nueva decepción del rey ante la falta de un heredero legítimo varón, ya que su amante había dado a luz otro bastardo, que se llamaría Fernando Sanz. La reina se consumía de celos y de la impotencia de no ofrecer a su marido un sucesor que asegurara la obra de la Restauración, ya que la posibilidad de una nueva reina, a pesar de no existir ningún impedimento legal, preocupaba mucho a políticos y a la propia Casa Real, visto lo visto en el anterior reinado de Isabel II, que por aquel entonces volvía a pleitear con su marido, Francisco de Asís, ya que éste le pedía parte de los intereses de un aval sobre las joyas de la soberana que había hecho al llegar del exilio a París en la Banca Rothschild. La ambición y el afán de rapiña del antiguo consorte no se acabarían más que con la muerte, pues también acosaba en aquellos momentos a su hijo para que otorgara el ducado de Baños a su amante y secretario Antonio Ramos Meneses.

El año 1885 no comenzó con buenos augurios. Persistía el problema sucesorio, aunque la primogénita de los reyes ya había sido proclamada princesa de Asturias, cosa a la que al principio se negó Cánovas del Castillo para evitar gastos. El clima de tranquilidad que presidió la primera parte del reinado se había ido enrareciendo por la aparición de grandes masas de descontentos que demandaban mejoras sociales. Al amparo de la Ley de Asociaciones que se había aprobado en el gobierno de Sagasta de 1881 (el primer ensayo de alternancia de los dos grandes partidos dinásticos) se habían fundado el Partido Socialista Obrero Español y la Unión General de Trabajadores, y el anarquismo se había articulado en dos ramas, una la anarco-comunista, seguidora de Kropotkin y que tenía sus fieles en Andalucía, y la otra, la anarco-colectivista, partidaria de Bakunin, que los tenía en Cataluña. El republicanismo avanzaba e incluso se detectaba su numerosa presencia en las Fuerzas Armadas. Sin duda esta lenta pero imparable radicalización de la sociedad española y la salud del rey, que cada día se deterioraba más, preocupaban grandemente a Cánovas del Castillo, que veía peligrar el sólido entramado de la Restauración. Fue este temor lo que le llevó a atar en un pacto concreto lo que había sido el punto nuclear del canovismo, el turnismo o la alternancia de los dos grandes partidos. Reunido con el líder del Partido Liberal, Práxedes Mateo Sagasta, en el palacio de El Pardo, ambos firmaron —aunque siempre negaron la existencia de semejante acuerdo— el llamado Pacto de El Pardo, por el que los dos partidos se comprometían a llevar a cabo esta alternancia durante lo que ya se preveía como una larga regencia de la reina María Cristina, hasta la mayoría de edad de la princesa de Asturias. El conocimiento de que la reina estaba de nuevo embarazada no cambiaba esencialmente las cosas. Pero abría la esperanza de que la nueva criatura fuera un varón.

En 1885, cuando todavía no ha cumplido veintiocho años, Alfonso XII es un hombre prematuramente envejecido, extremadamente delgado y pálido, cuyo cuerpo está minado por una terrible enfermedad que avanza sin remedio. La prematura debilidad de sus pulmones se había puesto de manifiesto y, a las pocas semanas de su proclamación, cuando estando en el norte en la guerra carlista, sufrió una hemotisis. Aquella crisis fue ocultada completamente por Cánovas y el entorno del monarca. La muerte de la reina Mercedes le había lanzado a una vida turbulenta, de aventuras galantes y francachelas con sus amigos por los barrios de Madrid, que no había hecho sino precipitar el agravamiento de su dolencia. Hay que contemplar este comportamiento del rey, más que como una actitud irresponsable, como la necesidad imperiosa de su psique de devorar la vida a zarpazos, sabedor del destino fatal que le estaba ganando la partida, o como ese deseo impulsivo de vivir al límite, a causa de la juventud del monarca y, por qué no pensarlo también, de la mórbida atracción hacia la trágica unión de Eros y Tánatos tan presente en una época finisecular como aquella en la que vivió don Alfonso.

Lo cierto es que al rey, a pesar de la discreción con la que llevaba el avance de su enfermedad, cada día se le veía más deteriorado. Empezó a utilizar pañuelos rojos para disimular los continuos esputos de sangre, y procuraba no alterar su cargada agenda. Ante la situación en la que se encontraba en octubre de 1885, Cánovas —aconsejado por los médicos— decidió que se retirara al palacio de El Pardo, para ver si el aire puro le mejoraba. Entonces se creía que la vida al aire libre en la cercanía de la sierra era un remedio contra la tuberculosis. Sólo hacía tres años que Koch había descubierto el bacilo que lleva su nombre como el causante de la terrible enfermedad, y por tanto no había aún un remedio más eficaz. La reina María Cristina y la reina madre, que se encontraba en Madrid, se vieron obligadas por el primer ministro a seguir la ficción y no alterar el ritmo de la vida oficial y de la corte. Cuando podía, María Cristina recorría en un carro de mulas los kilómetros que la separaban de su moribundo marido. Al verse cuidado con tanto mimo y cariño, cuentan que Alfonso XII le dijo: «No merezco ser cuidado como tú me cuidas, pero eso me anima, porque sé que cuando me haya ido tú cuidarás de España como lo hubiera hecho yo».

La noche del 24 de noviembre ambas reinas asistían —aunque sobre estos hechos hay versiones contradictorias— a una representación de ópera en el Teatro Real cuando alguien llamó al palco y les informó de que el fin se acercaba. María Cristina salió apresuradamente, mientras la castiza Isabel II, fiel a su carácter (carácter es destino), exclamaba: «¡Mi hijo se muere y le dejan morir solo, como a un perro!». Cuando ambas lograron llegar a El Pardo, el soberano agonizaba, en medio de una terrible desolación. Los que estaban cerca del enfermo pudieron oír sus últimas palabras: «¡Qué conflicto, Dios mío, qué conflicto!». Eran las nueve menos cuarto de la mañana del día 25 de noviembre. Faltaban tan sólo tres días para que el rey cumpliera veintiocho años. Al día siguiente, 26 de noviembre, moría en Madrid otro de los grandes personajes de la época isabelina, el general Serrano. El conflicto a que se refería el rey moribundo era una viuda extranjera de veintisiete años, dos hijas pequeñas y la obra sin rematar de la Restauración de su dinastía en el trono de sus mayores. En esta ocasión era el destino, en forma de fatalidad, el que impedía que el regreso de los Borbones no culminara en una relación pacífica y en una época de paz y esplendor.

Sobreponiéndose a duras penas al dolor, María Cristina de Austria se hizo cargo de la Regencia, aceptó la dimisión de Cánovas como estaba previsto y encargó a Sagasta formar gobierno. *La Gazeta* de Madrid publicó el primer real decreto de la reina regente: «Con arreglo al artículo 72 de la Constitución de la Monarquía, todos los actos de gobierno se publicarán de ahora en adelante en mi nombre, como Regente del Reino, durante la menor edad del príncipe o princesa que deba legalmente suceder en el trono a mi difunto esposo (q. D. h.), don Alfonso XII, según lo dispuesto en el artículo 60 de la misma Constitución. Madrid, 27 de noviembre de 1885». Saltándose el protocolo de la corte española, que no permitía a los reyes asistir a los entierros, la joven y desconsolada viuda acompañada de sus dos hijas sí asistió al de su marido, hasta que los restos mortales fueron entregados al abad del monasterio de El Escorial para que reposaran en el pudridero antes de descansar entre sus antepasados en el Panteón Real. Tras unos espectaculares funerales de Estado celebrados en la basílica de San Francisco el Grande el 12 de diciembre, en los que Julián Gayarre cantó un desgarrador *Libera me Domine* de Barbieri, el último día de aquel año 1885 fatídico para la dinastía de los Borbones, la reina juraba solemnemente la Constitución ante las Cortes reunidas en sesión extraordinaria.

Hay un espectacular lienzo de Joaquín Sorolla, que se conserva en el Casón del Buen Retiro de Madrid, en el que se recrea este solemne y patético acto. La reina de riguroso luto, rodeada de dos enlutadísimas infantas, situada delante del trono, pone su mano derecha sobre la Carta Magna que sostienen el presidente de las Cortes y el del Gobierno, mientras pronuncia su juramento. Al lado del trono, conmovida, Isabel II. A la izquierda del cuadro, la estirada infanta Isabel muy en su papel, y sollozando la más joven de las hermanas de Alfonso XII, Eulalia, que se apoya en su prometido, Antonio de Orleans. Hay en todo el cuadro un clima de tragedia y de contenido dolor. En el centro Antonio Cánovas del Castillo, que había dicho ya que aquella muerte era el primer gran fracaso de la Restauración.

María Cristina de Habsburgo, una regencia difícil

Aunque la anécdota es muy gráfica, no parece muy verosímil. Por muy castizo que fuera Alfonso XII no parece real contemplarle en el lecho de muerte del palacio de El Pardo, en su terrible agonía, dándole aquel consejo a su mujer, la reina Cristina —Crista en familia—, pero así se ha transmitido en el rico anecdotario de los Borbones españoles. «Crista, tú guarda el coño y de Cánovas a Sagasta y de Sagasta a Cánovas.» No parece real, por más que ése fuera el objetivo del llamado Pacto de El Pardo, por el que, como hemos dicho, los dos líderes de los partidos mayoritarios de la España de entonces se pusieron de acuerdo para crear un régimen de alternancia pacífica entre ellos que permitiera así la gobernación del Estado en las difíciles circunstancias en que quedaba a la muerte del rey Alfonso; innumerables problemas, dos infantas niñas y una reina extranjera y embarazada sin la menor experiencia política y de gobierno. Y sobre todo una ficción de régimen parlamentario hecho a semejanza del inglés pero que no se correspondía con la realidad ni con las características españolas. Sea como fuere, la reina viuda doña Cristina de Habsburgo-Lorena —que llevaba en sus genes austriacos la esencia del poder y de la realeza— cumplió a rajatabla el supuesto consejo de su esposo moribundo, que tal vez no fuera expresado en la forma descarnada en la que la tradición oral lo ha trasmitido. Aunque el mismo conde de Romanones se hace eco de esta anécdota en sus Memorias.

El segundo gran fracaso de la Restauración sería la Regencia de María Cristina. Durante ella España perdió definitivamente lo que quedaba de su imponente imperio: Cuba, Puerto Rico y las islas Filipinas. Estados Unidos destruyó la flota española y la continua amenaza de guerra en Marruecos puso a la nación en una permanente situación de alerta. Ante aquella ficción de parlamentarismo que depositaba en manos del monarca decisiones políticas de máxima trascendencia, poco podía hacer la reina Cristina sino entregarse en manos de los políticos que lideraban el Partido Conservador y el Partido Liberal, a pesar de que durante un tiempo todos trataron de hacerle las cosas más fáciles en atención a su estado de buena esperanza y, una vez nacido el heredero, por respeto a la manifiesta indefensión de gobernadora en nombre de un infante, en el doble sentido de la palabra. Su cuñada, la princesa Paz de Baviera, lo expresó no sé si muy acertadamente: «La caballerosa España protegerá a una mujer viuda y embarazada y a sus dos princesitas». La reina, en efecto, fue respetada y ella supo respetar escrupulosamente la Constitución, aunque siempre mostró sus simpatías por Sagasta, con el que se entendía de maravilla, a pesar de que sus ideas, decididamente conservadoras, estaban más cercanas a las de Antonio Cánovas del Castillo, del que sin embargo la separaba un mutuo rechazo personal y una total falta de sintonía.

Apoyada sobre todo en el Partido Liberal de Sagasta, la reina dirigió la nave del Estado con prudencia, ganándose el respeto de todo el mundo. Hasta el muy republicano Emilio Castelar llegó a decir, en uno de sus alardes retóricos: «En la calle debe uno descubrirse sólo al paso del Santísimo y de la reina madre». España es así, poniendo en boca de un republicano semejante frase tan católica y monárquica. Incluso el líder socialista y fundador del PSOE, Pablo Iglesias, le demostró su admiración, y el también republicano Benito Pérez Galdós la elogió generosamente escribiendo: «La reina

Cristina no tiene camarilla ni ese círculo de consejeros privados que a veces hacen llegar a los reyes una expresión falsificada del sentimiento público». Ayudada de su severísima y protocolaria cuñada, la infanta Isabel, se dedicó sobre todo a la educación de su hijo y al cuidado de su salud. Hijo de un tuberculoso, a la reina siempre le preocupó la salud del heredero, que además nació débil y propenso a las enfermedades, dando un buen susto cuando todavía era un niño de pocos años al que el pueblo llamaba «el peloncete» debido a la imagen que aparecía en las primeras monedas acuñadas con su efigie. Salvo este incidente, en lo que respecta a la salud del pequeño rey la regente obtuvo un decidido éxito porque la práctica de los deportes, una vida sana y una alimentación adecuada pronto le convirtieron en un muchacho fuerte y atlético. Aunque su salud nunca llegaría a ser excelente y siempre tuvo algunos problemas, los años y el abuso del alcohol y del tabaco le llevarían a una muerte temprana cuando sólo tenía 55 años.

En cuanto a la educación, aunque algunos historiadores dicen que fue muy buena y encomendada a los más eminentes profesores, el tiempo y los acontecimientos demostrarían que no fue así. Se le dio una educación excesivamente religiosa, apoyada en los más que añejos principios tanto morales como políticos. Se le inculcó una formación completamente conservadora, de monarca autárquico, que si bien se compensó con el talante decididamente liberal del monarca, a veces le traicionó y le hizo mantener posturas de rey absoluto y antidemocrático. Se le rodeó de personas mayores, rancias y de un conservadurismo a prueba de la Inquisición. Al contrario que su padre, que había recibido una educación absolutamente cosmopolita, Alfonso XIII no tuvo oportunidad de recibir los aires renovadores que podría haber adquirido si hubiera completado su formación en el extranjero. Por temores políticos, probablemente infundados, no se creyó prudente que el rey saliera de España, y tal vez ningún país se hubiera comprometido a mantener la seguridad en su territorio de un rey extranjero, aunque éste fuera un adolescente.

En un entorno sólo de mujeres que le idolatraban, el niño rey creció caprichoso, engreído, rodeado de aduladores que a pesar de algunos consejos en contra de su madre acrecentaron su carácter altanero, arbitrario y siempre dispuesto a que se hiciera su real voluntad. Tanto la infanta Isabel, la Chata, como su madre le hicieron ver desde su más tierna infancia que era el rey, lo que no fue, sin duda, en beneficio de su forma de ser y de comportarse. Como ejemplo de esto hay una anécdota que refiere la infanta Eulalia, su tía más joven, en sus Memorias, que resulta muy significativa. Estando un día comiendo en el Palacio Real, como ella no gustara de las coliflores que se servían, las rechazó. El rey niño le ordenó que las comiera, a lo que la infanta se niega; intervino entonces la encopetada e intransigente infanta Isabel: «Debes comerlas. Lo dice el rey y basta». Así se acostumbró Alfonso XIII a hacer siempre su voluntad y su capricho.

De esta manera creció Alfonso XIII, medianamente culto, poco aficionado a la lectura y a los ejercicios intelectuales, inclinado a los deportes como el polo, el golf y las regatas, excelente jinete, elegante, caballeroso, con un fuerte atractivo para las mujeres, cualidad que ejerció profusamente durante toda su vida. Heredó el físico de los Habsburgo de su madre y las demás cualidades de los Borbones, campechanía, sencillez, memoria, casticismo y capacidad de seducción. Si contemplamos algunos de los retratos reales del soberano podremos apreciar algunas de estas características que mencionamos. Por ejemplo en el óleo de Joaquín Sorolla que se conserva en el Ministerio de Asuntos Exteriores de Madrid. Es uno de los primeros retratos del monarca, cuando en 1902 fue declarado rey efectivo de España. El joven soberano aparece vestido rigurosamente de negro, con uniforme militar, delante del trono, con las manos caídas y la izquierda apoyada en el sable. En esta mano confluye la de su madre, que se sitúa a su lado, vestida ricamente, coronada con la diadema real y sobre sus espaldas el famoso manto de armiño de las reinas de España.

Es un cuadro simbólico que esconde una verdad palmaria: la continua protección de su vástago que ejerció siempre la reina madre. En aquellos momentos, y es el primer mensaje que transmite este cuadro, acaba de dejar paso a su gobierno efectivo, terminada su regencia. Pero hay también otro mensaje subliminal, del que no sé si fue consciente el propio artista. Doña Cristina siempre sería una sombra sobre don Alfonso, su más fiel consejera e incluso en los primeros años del reinado, la que estaba detrás de muchas decisiones, como en las célebres crisis orientales —llamadas así por gestarse en el Palacio de Oriente—, una de las cuales apartó de la política definitivamente a Francisco Silvela. Ella fue siempre su refugio, Alfonso la adoraba, y cuando murió en 1929 aquel vacío se convirtió en un elemento decisivo para que el rey tirara la toalla en abril de 1931 y saliera de España. En este retrato Alfonso XIII es todavía una esperanza y como tal muestra el pasado y el presente. Estamos en 1902 y todavía sobre España pesan los desastres del 98. Lo peor estaba por llegar.

El 98 y el regeneracionismo

La España del 98 es una sociedad en estado de máxima postración, con un pesimismo profundo del que poca o ninguna energía podía esperarse para enfrentar el comienzo de un siglo en el que los cambios iban a ser tan espectaculares que pocas monarquías aguantarían el vendaval que se avecinaba. Cuando en 1902 la reina entrega la nave del Estado a un jovencito de dieciséis años, ni siquiera el entusiasmo por el reciente nuevo siglo ni la alegría por el comienzo de un nuevo reinado y de una nueva época, que se prestaba a grandes esperanzas y realizaciones, podían paliar a la nación entera la sensación de estar asistiendo a una profunda y tal vez definitiva decadencia. El balance de la Regencia es negativo porque durante esos dieciséis años no sólo se perdieron las colonias, aunque en este aspecto la prudencia y discreción de la reina hizo que la corona no se viera afectada, sino que poco se hizo para dar una respuesta a las cada vez mayores demandas sociales y de libertad que respiraba la sociedad, que al fin despertaba del letargo pasivo de los años de la Restauración. No obstante, hay que poner en su haber la aprobación durante el gobierno liberal de Sagasta, en 1890, de la Ley del Sufragio Universal Masculino y la Ley del Jurado.

Hay que mencionar aquí, aunque sea de pasada, el hecho trascendente de la existencia de la llamada generación del 98. Es la primera vez que existe una generación no sólo de escritores sino de artistas e intelectuales que hacen de España, de la reflexión acerca de su existencia y de su destino, el eje de sus obras y de sus meditaciones. Unamuno, Pío Baroja, Azorín, Valle-Inclán, Ramiro de Maeztu, Antonio Machado pondrían un acento hipercrítico y un hondo pesimismo en su mirada sobre España, su historia y sobre todo en el momento de decadencia que entonces vivía. Tampoco éste fue el mejor mensaje que podía recibir la sociedad española para salir de una profunda crisis espiritual, histórica, social y económica. Ya durante el reinado efectivo del monarca, la generación de 1914 con los Ortega y Gasset, Salvador de Madariaga, Azaña, Américo Castro, Sánchez Albornoz, Fernando de los Ríos sí ofrecían un horizonte mucho más optimista y esperanzador, creyendo ver en la educación de las nuevas generaciones un elemento esencial para la transformación y regeneración del país, de sus instituciones, de su vida política, social y cultural. El distanciamiento que el monarca mantuvo todo su reinado respecto de las élites intelectuales, universitarias, culturales y artísticas sería un elemento demoledor. Su absoluto desprecio por los escritores e intelectuales de su época sería, con el tiempo, uno de los errores garrafales del reinado de Alfonso XIII, ya que de alguna manera todos ellos denostaron la monarquía, haciéndose fervientes republicanos, y creyeron encontrar en la caída de la institución monárquica y en el advenimiento de una nueva república la solución a los males seculares de la nación. Todos contribuyeron con entusiasmo al cambio de régimen.

Doña María Cristina había sabido dar un aire de gran austeridad a la vida de palacio. La que fuera llamada «doña Virtudes» por sus enemigos imprimió a la corte de Madrid un aire de tristeza y aburrimiento, de religiosidad y severidad que pareciera que hubieran vuelto sus antepasados los Austrias del siglo XVI en pleno auge de la Contrarreforma. Las damas eran viejas y feas y vestían de negro, y desaparecieron por completo las fiestas y otros saraos que habían dado un aire de frivolidad al reinado de Isabel II. Naturalmente las relaciones con su suegra —a pesar de que ésta seguía residiendo en París y sólo aparecía por la corte ocasionalmente— no fueron ideales por lo contrapuesto de sus caracteres. La una intelectual, reflexiva, seria, responsable, apegada al protocolo y a las rígidas formas de la etiqueta; la otra ligera, bonachona, sensual, maleducada, sencilla, campechana y con unas ganas de vivir que todavía en 1888 era capaz de escribir en una carta a un familiar: «Me siento tan lozana y frescachona como cuando juré la primera Constitución». Tenía entonces Isabel II 58 años, pero el cuerpo todavía le pedía guerra. Y se la siguió pidiendo casi dos décadas más.

Con sus cuñadas la regente sí se llevó muy bien y la Chata fue su gran apoyo tanto en la educación del rey Alfonso XIII, por el que su tía sentía veneración, como en la organización doméstica de palacio, al menos hasta que la infanta decidió irse a vivir a un palacete en la calle Quintana. Con Paz y Eulalia, que eran las intelectuales de la familia, mantuvo unas relaciones casi fraternas. Con Paz —que vivía en Múnich— tuvo una fluida correspondencia, y con Eulalia, que residía en París pero viajaba constantemente por toda Europa, y que fue la oveja negra de los Borbones, a pesar de sus posturas vanguardistas respecto a la mujer y sobre el matrimonio siempre conservó una buena amistad.

La verdad es que la vida privada de la regente fue un modelo de entrega a sus obligaciones, discreta, trabajadora, estricta, puntual, ordenada y minuciosa. Sólo se permitía un capricho, sus vacaciones veraniegas en San Sebastián, ciudad de la que se enamoró y en donde hizo construir a sus expensas el palacio de Miramar, desde donde podía contemplar el espléndido paisaje de la bahía de la Concha y donde se entregaba a sus aficiones preferidas, la lectura y el piano; solía interpretar preferentemente a Mozart y Beethoven, con bastante pericia al decir de los que tuvieron la oportunidad de oírla.

Hay sólo un borrón en la actitud de persona tan recta y escrupulosa: la fría y mezquina venganza que tomó tanto de la amante de su marido Elena Sanz y los hijos que ambos tuvieron, como del gran amigo, mentor y compañero de juergas de don Alfonso, Pepe Alcañices, al que fue apartando poco a poco de sus cargos y funciones en palacio y al que arrebató incluso su querido título de duque de Sesto, como ha documentado fehacientemente Ricardo de la Cierva. La mezquina soberana ya le había manifestado su desafecto en muchas ocasiones. Se refiere una anécdota en la que un día, al sorprender a Sesto presentando a su esposo Alfonso XII a una joven y hermosa actriz, María Cristina le propinó una sonora bofetada a Pepe Alcañices. Ella le culpaba de la vida licenciosa de su marido y sobre todo de haber propiciado la larga relación con Elena Sanz.

Poco después de la muerte del rey, María Cristina le pidió cuentas de unas cantidades que su difunto esposo había transferido a las arcas de su amigo y benefactor. La elegancia natural del duque suponemos que evitó decirle que eran parte del pago de la inmensa fortuna que él había puesto generosamente para subvencionar a la familia real en el exilio y en la operación para restaurarla en el trono. La voraz y vengativa Cristina se apropió no sólo del título —que era de origen italiano— sino de las posesiones que este título tenía en Nápoles. Una inmensa fortuna que, una vez vendida años más tarde, fue a parar a las cuentas privadas de Cristina de Habsburgo-Lorena. El pueblo de Madrid fue más generoso con quien había sido su alcalde y gobernador y no sólo le dedicó una calle con su título ducal tan querido por él y por su esposa Sofía —que todavía figura en el callejero madrileño—, sino que le hizo un magnífico entierro cuando murió en 1909.

Más terrible fue la venganza contra la antigua amante del rey. Nada más morir Alfonso XII, que falleció sin hacer testamento, suprimió la pensión que éste le pasaba desde que la retiró del teatro y la instaló en una casa de la Cuesta de Santo Domingo, cercana a palacio. Elena Sanz, a punto de caer en la miseria, intentó chantajear a la Casa Real con unas comprometedoras cartas del rey, en las que había pruebas de su paternidad de los dos hijos que habían tenido, Alfonso y Fernando. Se hizo un pacto de silencio y a cambio de las cartas se le entregó una cantidad y se crearon en París unos fondos que los hijos recibirían cuando fuesen mayores de edad. No fue así, y después de un larguísimo y penoso proceso tanto en los tribunales franceses como en el Tribunal Supremo de España, la corona se deshizo de aquellos molestos bastardos de una manera vergonzosa e inhumana.

Un nuevo siglo, un nuevo rey, otra esperanza frustrada

El primer Consejo de Ministros de Alfonso XIII se saldó con un altercado entre el rey y uno de sus ministros por un decreto sobre concesión de honores que el monarca quiso imponer. Era toda una premonición de lo que sería su largo reinado, 45 años nominales y 29 efectivos. Al rey, en la mayoría de los casos tratando de buscar el bien de su amada España, todo hay que decirlo, le gustaba demasiado intervenir en política. Alfonso XIII no se conformaba con ser un rey constitucional, situado como árbitro por encima de las luchas de los partidos, sino que intervino en ellas; utilizando el poder que le daba la propia Constitución, superada por los acontecimientos y la realidad, hacía y deshacía gobiernos, provocaba crisis e intentaba manipular la vida política, no siempre en la dirección acertada. Es verdad, como se ha dicho, que Alfonso XIII tenía un talante liberal, pero estaba educado y autorizado por una Constitución que le hacía copartícipe de la soberanía nacional con el Parlamento para comportarse como un rey autocrático. Su autoritaria madre, criada en el seno de la monarquía imperial austriaca que aún estaba dominada de modos y formas del absolutismo dieciochesco, le adiestró en ello. Y así, su buena voluntad se estrellaba continuamente con los imponderables de una época convulsa, de una realidad social turbulenta, cambiante y sometida a tensiones sobrecogedoras. Es verdad que él ponía por encima de todas las cosas su amor a España, pero su carácter voluble y caprichoso, su frivolidad y sus continuas preferencias por este o aquel político acabaron arruinando su crédito moral, su reinado y su inmensa popularidad.

A Alfonso XIII, en general, la historiografía le ha juzgado con mucha severidad y hasta con odio y saña revanchistas. Sólo en los últimos años se le ha tratado con cierta objetividad, especialmente por parte de los profesores Carlos Seco Serrano y Javier Tussell, que han estudiado minuciosamente su reinado. Pero ni siquiera la celebración del primer centenario de su subida al trono, en mayo de 2002 —que por otra parte ha pasado sin pena ni gloria—, ha servido para que ese esfuerzo de objetividad tenga sus frutos. El otro extremo lo forman los biógrafos entregados al fácil oficio de la hagiografía, tratando a veces de salvar lo insalvable y de disculpar lo indefendible. Tal vez la cercanía aún de su largo reinado y de las catastróficas consecuencias que tuvo su final impidan un juicio menos severo y más comprensivo de su ejecutoria y de sus acciones. No es justo, por ejemplo, que cuando se le acusa de perjuro y de traición a la Constitución por haber permitido el golpe de Estado que llevó a la dictadura del general Primo de Rivera, se olvide que aquella intervención militar fue bien vista y hasta justificada y celebrada por muchos políticos e incluso por líderes de las fuerzas de izquierda, dada la caótica situación en que se encontraba España en los años veinte. Todavía más, el golpe y la dictadura tuvieron un continuo apoyo popular y tal vez sólo haya que poner en el debe del rey el no haber sabido reconducir a tiempo la situación y presionar al dictador para que cumpliera lo que había prometido, la excepcionalidad de su labor y que lo primordial era la pacificación del país, el fin de la guerra de Marruecos y la elaboración y aprobación de una nueva Constitución.

También se obvian con demasiada frecuencia la estrechez de miras, las luchas personales y el olvido del bien y el interés públicos del que hicieron gala la mayoría de los políticos de la época. Luchas y ambiciones personales por el poder que hicieron fracasar muy buenos propósitos y las mejores intenciones. El acoso de los crímenes terroristas que asesinaron las ansias de auténtica renovación de un hombre tan honrado y progresista como José Canalejas y, en fin, las traiciones continuas de algunos de los hombres en los que el rey depositó su confianza. Los odios personales que Alfonso XIII suscitó entre los líderes de los dos partidos dinásticos por mostrar sus preferencias por unos o por otros, que nunca le perdonaron y maquinaron su venganza de forma inconsciente y ligera, pusieron en peligro no sólo la continuidad de la monarquía, que acabó siendo arrastrada por el vendaval de los acontecimientos, sino incluso la estabilidad del Estado, que acabó conduciéndonos a una cruenta y desdichada guerra civil.

Pero en 1902 lo único que pensaba el joven monarca era en la grandeza de su reinado y en ser el rey de todos los españoles, remoquete que han repetido todos los monarcas de la dinastía borbónica desde el Manifiesto de Sandhurst del todavía pretendiente Alfonso XII en 1874. Ésa era la aspiración de su hijo Alfonso XIII y ésa fue una idea machaconamente repetida por don Juan de Borbón, su sucesor y aspirante al trono español durante más de cuarenta años de franquismo. Y ése fue el núcleo sobre el que giró el primer discurso de la Corona que pronunció Juan Carlos I al ser proclamado Rey a la muerte de Franco en 1975 ante las Cortes franquistas. Una aspiración que también significaba reconciliación y poner por encima de las diferencias el bien de la nación. Esa voluntad de servicio a todos los españoles, de superación de las diferencias entre dos Españas secularmente enfrentadas, ha sido aspiración de los sucesivos monarcas que no todos han podido ni sabido cumplir. Alfonso XIII desde luego no, pues permitió y favoreció con muchas de sus actitudes el que la corona se identificase plenamente con una sola clase social y con unas ideas políticas determinadas.

A ello se opusieron los problemas que arrastraba el país desde hacía centurias, el atraso económico y social, las diferencias de riqueza y desarrollo de unas regiones con otras, el búnker que formaban los poderes fácticos, el clero, la nobleza, el Ejército y la alta burguesía, los vicios políticos del viejo liberalismo que no había logrado transformar el sistema en una democracia, y el que iba a ser uno de los problemas más acuciantes del reinado de Alfonso XIII y que tras la dictadura volvería a resurgir con una efervescencia inusitada: el separatismo, el poder centrífugo de las diversas regiones por conseguir su autonomía e incluso el viejo sueño federal de la Primera República. El problema catalán se vio desbordado por el problema vasco, por el problema gallego, por el problema andaluz... El viejo compromiso histórico que había dado como resultado una nación llamada España saltaba por los aires y amenazaba con la desintegración. La monarquía, que había representado ese compromiso histórico, perdió en el reinado de Alfonso XIII ese carisma de unidad, y cuando el rey marchó al exilio apareció como lo que parecía el problema más urgente del país, cuando en realidad había otros y mucho más urgentes que quedaron postergados por el egoísmo autonomista de algunas regiones. El principio progresista de una nación única, consagrado por las diversas constituciones, saltaba hecho añicos en lo que parecía una repetición de los errores de la República de 1873. La unidad de toda España, que se había producido de forma espontánea y visceral en 1808 para luchar contra los franceses y que luego consagró la Constitución de 1812 al hablar de nación única, se deshizo en el aire como una pompa de jabón, dejando paso a los antiguos y periclitados agravios comparativos de los antiguos reinos y territorios que habían formado la monarquía hispánica.

Alfonso XIII, un reinado turbulento

Y fue en Barcelona donde estallaron los dos primeros graves problemas que perturbaron el comienzo del reinado de Alfonso XIII. Apenas tres años después de su proclamación, el asalto de la redacción de un periódico humorístico por parte de un grupo de oficiales del Ejército, que se habían sentido agredidos por unos artículos satíricos, provocó una crisis de gobierno y la Ley de Jurisdicciones, que iba a romper el principio constitucional de unidad jurisdiccional al permitir a los tribunales militares juzgar los delitos de opinión sobre el Ejército. No sólo era un grave quebranto de la Constitución, sino que significaba una intolerable intromisión de los militares en la vida civil. Y sobre todo ponía en evidencia la incapacidad de las instituciones civiles, incluida la corona, para enfrentarse al poder de la milicia. Este incidente ya presagiaba futuros desastres y el entreguismo de la corona y el Ejecutivo en manos de los generales, que desembocaría en la dictadura de Primo de Rivera. Por añadidura el excesivo uso que hizo el Gobierno del Ejército y de la Guardia Civil para reprimir movimientos sociales, huelgas y manifestaciones llevaría a poner a la sociedad civil en contra de los militares e incrementaría el descrédito e impopularidad de éstos, siendo éste uno de los males que se arrastrarían hasta muchos años después de la instauración de la Monarquía juancarlista. Tanto que tal vez aún los españoles sientan un abismo profundo que les separa de la institución militar. Y por supuesto de la Guardia Civil.

También tuvo como escenario la Ciudad Condal otro de los más graves sucesos del comienzo del reinado alfonsino. A finales del mes de junio 1909 se produjo lo que se conoce como la Semana Trágica de Barcelona. La opinión pública estaba en contra del envío de reservistas a defender Melilla, que estaba siendo atacada por las tribus del Rif. Al ordenar el Gobierno el reclutamiento de los reservistas provocó una fuerte reacción popular, que se mezcló con las reivindicaciones sociales de los más humildes, el sentimiento contra el Ejército y el clero, y estalló una revuelta durísima. Los incidentes, que llevaron parejos la quema de conventos e iglesias, fueron duramente reprimidos por el gobierno de Maura, que además buscó un responsable en el anarquista Ferrer Guardia, que sin unas pruebas definitivas fue ejecutado sin atender tampoco a la petición de gracia del rey.

La campaña interna y en el exterior contra Maura fue terrible. Y Alfonso XIII, violentando el turno pacífico de los partidos, relevó al conservador Antonio Maura —que nunca perdonaría al rey aquella jugada— por el liberal Segismundo Moret. No sería la última ocasión en la que el rey se saltaría a la torera este establecido turnismo gubernamental, lo que le acarreó no pocos odios de los políticos y partidos preteridos y el excesivo recurso a los gobiernos de concentración, con la participación de figuras de las diversas tendencias en las que iban disgregándose los tradicionales partidos dinásticos, conservadores y liberales. Esta actitud del monarca precipitó también el transfuguismo de muchos políticos de un partido a otro; incluso, conforme avanzaba el reinado, habría muchas deserciones de los partidos monárquicos a los republicanos, con la amargura que esto suponía para el rey, que lo consideraba una traición a la corona.

Alfonso XIII pensaba que el sistema parlamentario español estaba caduco, pero al hacer corresponsable al rey con las Cortes, sus fracasos desgastaban igualmente a la institución monárquica, lo que le servía de autojustificación para intervenir cuanto le placía en las cuestiones políticas. Él deseaba que hubiera una nueva Constitución, pero no estaba autorizado para abrir un proceso constituyente. Lo buscó de muchos modos, pero no acertó con el método. Los políticos preferían el sistema establecido y no hubo nunca voluntad en ellos de consensuar una nueva Constitución que hubiera esclarecido y desligado a la monarquía del Parlamento, dejando los papeles institucionales mejor distribuidos y sin implicar a la corona en el desgaste de la política diaria, evitando también que el rey pudiera entrometerse en este juego de partidos como lo hacía constantemente. Aunque Alfonso XIII creyó de buena fe que ése era su deber para con su patria, a la que amaba sincera y apasionadamente, no supo darse cuenta de que estaba cometiendo una equivocación irreparable que finalmente conduciría a la impopularidad de la monarquía y de su persona y que acabaría arrebatándole lo que él más valoraba, el amor y el favor de los españoles.

El amor y la tragedia

Cuando ocurren los terribles sucesos de la Semana Trágica de Barcelona, el rey Alfonso atraviesa uno de los momentos más amargos de su vida: la constatación de que la reina Victoria Eugenia transmite a sus hijos una extraña enfermedad, llamada hemofilia, que ya padece el heredero, el príncipe de Asturias, don Alfonso, que había nacido en 1907. Esta tragedia íntima y privada marcaría no sólo su vida familiar y amorosa sino en gran medida el propio reinado por lo que afectó al carácter del rey. El conocimiento de que la reina había transmitido a su familia una enfermedad incurable y el negarse a reconocer que su idolatrado heredero estaba incapacitado para sucederle hizo tomar al rey una actitud ajena a la realidad y le produjo un continuo estado de tensión y de ansiedad por encontrar el remedio a la enfermedad de su hijo, por ocultar la verdad a la opinión pública y por la incertidumbre sobre los nuevos nacimientos de los infantes, y un cruel e injusto resentimiento contra su esposa amén de la obsesión por tener hijos sanos, aunque éstos fueran concebidos al margen del matrimonio.

Se ha discutido mucho sobre si el rey conocía o no —antes de su boda— que su mujer podía ser transmisora de la hemofilia, una enfermedad de la que entonces se sabía muy poco y mucho menos sobre su tratamiento. Es una enfermedad que transmiten las mujeres y padecen los hombres, basada en una degeneración de los cromosomas que se manifiesta en la dificultad para la coagulación de la sangre; al parecer en la familia de la soberana se produjo a partir de la reina Victoria de la Gran Bretaña, y provenía de la familia Hannover y no de los Hesse, como entonces se creía. Se ha afirmado, sin demasiado fundamento, que Alfonso XIII fue advertido por el rey Eduardo VII de Inglaterra sobre la posibilidad de que su sobrina fuera portadora del mal. Y que el rey Alfonso no le dio importancia. Otros, en cambio, han asegurado, con la misma falta de fundamento, que el rey no sabía nada y sólo cuando se descubrió que la padecía el heredero fue cuando se enteró de la tragedia que acababa de caer sobre su familia.

Lo más probable es que, en efecto, tema tan importante no fuera ocultado a Alfonso XIII cuando manifestó el deseo de contraer matrimonio con la princesa de Battenberg, pero al no tenerse una información demasiado completa sobre en qué consistía, el rey invocara a su buena estrella —Alfonso XIII creía ciegamente en su suerte; luego tendría motivos para desengañarse— para no tomar en consideración aquella prevención que le ponían sobre la mesa. Aunque había varios antecedentes ya conocidos de descendientes de la reina Victoria que habían padecido la terrible enfermedad, no se conocían las probabilidades que existían de la transmisión. No fue hasta años después que los científicos fueron describiendo el comportamiento de la hemofilia, su forma de transmisión y las combinaciones cromosomáticas que la producían, y más tarde aún los tratamientos para combatirla. Lo que sí se sabía con certeza es que producía hemorragias tremendas a cualquier pequeño golpe del enfermo afectado y que podía darse en mayor o menor grado. Dos hermanos de la reina Victoria Eugenia al parecer la padecieron, entre otros muchos descendientes de Victoria de Hannover y Alberto de Sajonia-Coburgo-Gotha. El mayor y el menor de los hijos de Alfonso XIII y Victoria Eugenia fueron hemofílicos, pero parece que después la enfermedad se ha extinguido en la familia, pues no se ha conocido ningún otro caso entre los descendientes de los demás hijos de los reyes.

No es muy conocido que Alfonso XIII tenía frecuentes depresiones, que si bien no llegaron a tener la gravedad de las crisis que padeció el fundador de la dinastía española de los Borbones, Felipe V, y algunos de sus herederos, sí fueron frecuente motivo de preocupación entre su círculo más íntimo. Que el tremendo revés que supuso la entrada en su familia de la hemofilia tuviera una grave incidencia en estos episodios depresivos es algo que está por estudiarse con detenimiento. De lo que no cabe duda es de que de alguna manera afectaron al carácter inestable, ansioso y autodestructivo que tuvo el monarca y que los años agravaron. Fue siempre una de las razones por las que la reina Victoria Eugenia no llegó a separarse de su marido, cuando el matrimonio entró en crisis, y llevada de su afecto y lealtad, a pesar de las continuas y escandalosas infidelidades, intentó apoyarlo en esos momentos depresivos que ella conocía bien; con escaso éxito por otra parte, ya que el rey no llegó nunca a perdonarla por algo de lo que ella no era responsable sino tan víctima como él.

El nuevo desencuentro de la pareja real en este tema no haría sino ahondar aún más el abismo que les separaba, cuando podía haber tenido el efecto contrario de unirles más en el dolor y el drama de un destino cruel y adverso que había acabado arruinando su vida familiar. En este sentido, a otra pareja real con el mismo problema, el zar de Rusia Nicolás II y su mujer la zarina Alejandra de Hesse, prima hermana por cierto de doña Victoria Eugenia y nieta también de la reina Victoria de Inglaterra, la grave hemofilia que padecía el príncipe heredero, el *zarevich* Alexis, les unió más al afrontarla juntos. Aun así, la búsqueda de un remedio prodigioso para su curación, que parecía tener en sus manos el monje y farsante Rasputín, les conduciría también a la ruina moral y de alguna manera tendría su influencia en el estallido de la revolución.

La historia de amor de Alfonso de Borbón y Victoria Eugenia de Battenberg —Ena en familia— es uno de los episodios más tristes de la historia de la dinastía en el siglo XX. La historia empezó siendo romántica y propicia a la leyenda; la predestinación del encuentro, la juventud de la pareja y los inconvenientes que tuvieron que vencer para contraer matrimonio eran elementos que podían haber convertido aquel amor en una leyenda semejante a la de Alfonso XII y María de las Mercedes. Pero el destino había decidido que no fuera así. Aunque se ha exagerado y de alguna manera deformado el inicio de la relación entre el joven rey español y la bellísima princesa inglesa, la verdad es que tuvo un comienzo verdaderamente insólito. Hasta qué punto intervino el azar o si sólo fue un elemento más de un enlace de Estado, pactado de alguna manera, es algo difícil de dilucidar. Lo cierto es que el rey debía casarse porque había urgente necesidad de asegurar la sucesión al trono para así lograr el afianzamiento de la dinastía. También es cierto que había interés en ambos países, Inglaterra y España, en que se intensificaran los vínculos entre las dos casas reales con algún matrimonio, cosa que no había ocurrido desde el siglo XVI, con el enlace de Felipe II con su tía la reina María I Tudor, llamada *la sanguinaria*. Algunos políticos españoles eran fervientes partidarios de este compromiso. Y también parece estar suficientemente demostrado que la elegida, como ha contado una y otra vez la leyenda, era una sobrina igualmente hermosa del rey de Inglaterra, Eduardo VII, Patricia de Cognnaught, hija del príncipe Arturo de Gran Bretaña, hermano del rey.

Pero ahí acaban los entresijos conocidos y se dispara la imaginación, y es ya imposible aclarar lo que hay de cierto y lo que hay de recreación romántica. Al ser rechazado de manera ostensible el joven y simpático rey de España por la princesa inglesa (que parece ser ya estaba enamorada y no tenía la menor intención de seguirle el juego a su familia en sus manejos casamenteros), Alfonso, que primero se siente defraudado en su orgullo masculino, se fija en seguida en una princesa rubísima, de ojos casi transparentes que también asiste a las fiestas organizadas con motivo de su visita oficial a Londres. Pregunta por ella. Le aclaran que es la nieta más joven de la reina Victoria, fallecida hacía tan sólo tres años. Era su alteza serenísima Victoria Eugenia de Battenberg, hija de Beatriz, la menor de las hijas de la gran Victoria y de un príncipe alemán, Enrique de Battenberg, también fallecido hacía unos años. Y aquí empiezan las sospechas de que aquel encuentro no fue tan casual. La princesita es ahijada de la española Eugenia de Montijo, la que fuera emperatriz de Francia, que vive desde hace mucho tiempo en Inglaterra, envuelta en los recuerdos de su pasado esplendor y dedicada a conservar la memoria de su único hijo muerto en plena juventud. Vive prácticamente junto a su sepulcro, en una espléndida propiedad campestre. Eugenia siempre había sido muy casamentera. Ya había intentado casar a su hijo, el príncipe imperial, con la infanta española Pilar, una de las hermanas de Alfonso XII. Y se dice que también intentó casarlo con la princesa Beatriz, precisamente la madre de Victoria Eugenia.

La anciana emperatriz ha decidido colocar en el trono español a su ahijada y ha trabajado en su proyecto desde hace tiempo. Ha maquinado con el embajador español, ha insistido en que la princesa asista a los banquetes, bailes y fiestas que se celebran en Londres en honor del rey de España, y en cuanto advierte que la bella joven ha suscitado el interés del joven Alfonso se prepara para dar la batalla final. Todo esto está documentado por cartas y testimonios de todos los que participaron en la conjura de la emperatriz para casar a Ena con el rey Alfonso. ¿Existió pues el flechazo tan cantado y repetido por los cronistas de la época? Al margen de todo este entramado y de que la razón de Estado existía y era partidaria de emparejar a los dos jóvenes, parece que Alfonso quedó completamente deslumbrado por la hermosura rubia de la princesa. Si fue amor o no, sólo él podría confirmarlo.

Todo hace pensar que fue una pasión que se quemó con la misma intensidad y virulencia con que empezó. Teniendo en cuenta la forma de ser del monarca, vehemente y apasionado, cabe imaginar que fue un capricho que duró lo que duraban otros semejantes en su voluble y veleidoso carácter. Victoria Eugenia más que enamorada fue seducida y deslumbrada por la pasión del monarca. Siendo como era una inexperta jovencita de dieciocho años debió quedar completamente fascinada al despertar aquel volcán amoroso en el rey de un gran país. Perteneciendo, como pertenecía ella, a una rama de la familia granducal de Hesse-Darmstad, que había tenido que cambiar su apellido por una unión morganática, la de su abuelo Alejandro de Hesse con una dama llamada Julia Teresa von Hauke, luego condesa y más tarde princesa de Battenberg, vio en aquella boda una forma de ascender las gradas de un trono y convertirse en la reina de aquel país exótico del que su padre le había hablado en una postal que le había enviado desde Sevilla en uno de sus viajes.

La imaginación romántica de Ena debió desbordarse, y la capacidad de seducción y la caballerosidad de Alfonso hicieron el resto. De vuelta a España el rey pone en conocimiento de su madre y de su Gobierno que ya ha elegido esposa. A la estricta *doña Virtudes* no le gusta nada el proyecto. Ella prefiere una archiduquesa de su familia austriaca. Además está el problema de la hemofilia y otro casi peor, la diferencia de religión: la princesa está bautizada en la Iglesia de Escocia. Y es impensable una reina de España protestante y por tanto hereje. Cristina hace que su hijo le prometa por lo menos que antes de tomar una decisión definitiva viajará a Alemania y a Austria a conocer a otras posibles esposas. Y así lo hizo Alfonso. Fue a Berlín, conoció a unas cuantas princesas alemanas católicas, y fue a Viena y conoció a una legión de archiduquesas igualmente católicas, apostólicas y romanas. Pero él era terco cuando quería conseguir algo. Durante todo ese tiempo mantuvo con Ena una intensa correspondencia en tarjetas postales, que la princesa, siguiendo una moda de la época, coleccionaba. En la lectura de esas tarjetas, que se conservan en el Archivo del Palacio Real de Madrid, puede verse la evolución del proceso de seducción y del noviazgo: desde el distante señor al queridísimo Alfonso pasan tan sólo unos meses. La joven princesa se ha tragado el anzuelo hasta el fondo y se ha enamorado de su caballero.

Y como el amor y la pasión mueven montañas, todos los obstáculos fueron allanados. Victoria Eugenia, convertida en su alteza real princesa de Gran Bretaña e Irlanda por su tío el rey de Inglaterra para estar a la altura de la dignidad y la realeza de Alfonso, se convirtió al catolicismo, renunció a sus derechos al trono inglés y se dispuso a estudiar castellano. El tema de la dote también fue allanado por deseo de don Alfonso, ya que la joven princesa no tenía gran fortuna. Después de un breve noviazgo oficial, Victoria Eugenia de Battenberg se casó con Alfonso XIII el 31 de mayo de 1906, en una de las bodas más suntuosas que haya tenido ocasión de presenciar Madrid. En contra de la tradición de la familia real de casarse o en el propio palacio o en la basílica de Nuestra Señora de Atocha, se eligió la iglesia de San Jerónimo el Real, donde secularmente habían sido jurados los príncipes de Asturias. Se eligió por estar más cercana al Palacio Real y por su capacidad ya que, como se esperaba, la boda concentró en la capital de España a numerosos invitados reales, encabezados por el príncipe de Gales, el futuro Jorge V, y su esposa María de Teck, gran amiga de Ena, amén de embajadores y delegaciones de muchos países, de las antiguas colonias americanas, y curiosos de todo el país.

Entre aquella multitud estaba Mateo Morral, un anarquista catalán de la escuela de Ferrer que había llegado dispuesto a pasar a la historia. Su intención, asesinar a la pareja real. Primero pensó ejecutar el atentado en la propia iglesia, para lo que consiguió un pase de prensa, pero ante los cambios efectuados en las tribunas (por la asistencia del príncipe heredero, un niño de pocos años, la que estaba reservada a la prensa fue anulada), Mateo Morral varió sus planes. Tomó una habitación en la calle Mayor, una de las arterias principales de Madrid, por donde debía pasar el cortejo nupcial de regreso de la ceremonia al Palacio de Oriente. Preparó una bomba. Se acercó al balcón de la habitación y cuando la carroza que llevaba a los nuevos esposos pasaba por delante la arrojó sobre ellos camuflada en un ramo de flores. Ocurrió una catástrofe. Una indicación a su esposa para que mirase hacia el lado contrario donde cayó la bomba evitó lo peor. Alfonso y Ena sobrevivieron a aquel brutal atentado, pero murieron muchas personas, hubo un centenar de heridos, algunos caballos fueron despedazados por el impacto y la carroza quedó destrozada. Nadie se explica cómo pudieron los novios salir sanos y salvos. Victoria horrorizada vio su traje de novia manchado de sangre.

El augurio no podía ser más desolador. Aquellas bodas de sangre acabaron de condenar al fracaso a aquel amor juvenil y fueron también el macabro comienzo de una relación que nunca llegaría a cuajar: la de Victoria Eugenia con los españoles. Formada en el más estricto protocolo y preparada para ser reina desde la cuna, educada en la represión de los sentimientos personales como una buena británica, los españoles no entendieron nunca la aparente frialdad de la nueva reina. Aquel desencuentro habría de continuar todo el reinado. El pueblo, que admiraba su gran belleza y su enorme discreción, la llamó la «bella estatua indiferente» y ella no comprendió nunca qué más podía hacer para obtener el cariño de los españoles. Con esa amarga reflexión se fue a la tumba más de sesenta años después.

El amor traicionado

Se ha dicho y han afirmado competentes y rigurosos historiadores que el motivo principal del fracaso matrimonial de Alfonso XIII y Victoria Eugenia de Battenberg fue el resentimiento del rey hacia su mujer por haber contagiado a su dinastía el «mal de los Hesse», como entonces se conocía a la hemofilia, que ya aquejaba a diversos miembros de las familias reales europeas. En realidad eso es sólo verdad a medias. Cuando el rey empieza a traicionar a Victoria Eugenia ni siquiera han contraído matrimonio, son novios. Su amante es una señora de la alta sociedad francesa, Mélanie de Vilmorin. De aquellas relaciones el rey tendría su primer hijo bastardo, Roger de Vilmorin, de gran parecido físico con su padre, pero que el complaciente marido de Mélanie aceptó como suyo. En los primeros años del matrimonio, cuando apenas se conocía el impacto de la hemofilia en la prole real, hay una relación del rey con una niñera del propio palacio. Aquella mujer —rápidamente despachada de su trabajo—, Beatrice Noon, irlandesa criada en Escocia, quedaría embarazada y tendría una hija llamada Juana Alfonsa Milán, nacida en 1916, que al parecer aún vive en Madrid, ha tenido abundante descendencia y posee un extraordinario parecido borbónico.

La verdad —hay que decirlo— es que Alfonso XIII había heredado la pulsión sexual de su padre y de su abuela. Era lo que Marañón seguramente llamaría un inmaduro sexual, que buscaba constantemente y de forma compulsiva relaciones sexuales con la primera mujer que se pusiera a tiro. Tuvo una larga lista de amantes y aventuras más o menos esporádicas, algunas entre la alta nobleza. Más de una encopetada duquesa, e incluso se rumoreó que la princesa Beatriz de Sajonia, prima de la reina y esposa del infante Alfonso de Orleans, primo e íntimo amigo del monarca; Raquel Meller, Celia Gámez y un buen números de actrices y folklóricas se ha afirmado que pasaron por la cama del rey, que ya en los años veinte tomó como amante casi oficial a la conocida actriz Carmen Ruiz Moragas (de enorme parecido con la propia reina Victoria), a la que puso un hotelito, en la avenida del Valle de Madrid, y con la que tuvo dos hijos, María Teresa, nacida en 1926, casada luego con un italiano y muerta prematuramente, y Leandro Alfonso, nacido en 1929 y que, aunque ya era conocida su existencia y su procedencia, provocó un enorme escándalo con la publicación de un libro sobre su origen, *El bastardo real,* pretendiendo —entre otros desatinos, títulos y condecoraciones— ser reconocido como infante de España. Finalmente, después de una gran y dirigida campaña mediática, Leandro Alfonso ha logrado que la justicia le reconozca su derecho a utilizar el apellido Borbón, pero no la utilización del título de infante de España, ya que no hay referencia a este caso en el decreto sobre el tema que regula los títulos y tratamientos de la Casa Real, publicado en 1987 y al que más tarde aludiremos detalladamente. A pesar de ello se ha publicado la tarjeta de visita que se ha hecho imprimir Leandro Alfonso de Borbón, en la que se autotitula infante de España.

Del futuro de Juana Alfonsa, de María Teresa y de Leandro se ocupó el propio rey dejándoles unas rentas para contribuir a su educación y sostenimiento. Nada se sabe de otros bastardos que pudiera haber tenido. Hubo un actor español, Ángel Picazo, cuyo parecido con Alfonso XIII era escalofriante, pero nada se ha publicado sobre su origen, desconozco los motivos. En el extranjero, principalmente en Francia, el rey tuvo innumerables aventuras. A París acudía Alfonso XIII con frecuencia a gozar de sus juergas con más privacidad de lo que podía hacerlo en Madrid. Tras su salida de España se le conocieron otro montón de relaciones galantes. En la primera de ellas, estando en Fontainebleau, la fría Victoria Eugenia no pudo aguantar más y le mandó definitivamente a paseo. Olvidando, por un momento, su buena educación y su flema británica, Ena explotó en un ataque de ira y le dijo —según contó ella misma a unos amigos ingleses poco después y así lo recoge el mejor de sus biógrafos Gerad Noel—: «No quiero ver más tu fea cara delante de mí», naturalmente en correctísimo inglés.

Así acababa aquel matrimonio desdichado, que sólo había durado lo que dura una efímera pasión. De cualquier forma la pareja tuvo siete hijos y un aborto, de los que sobrevivieron seis. Dos fueron hemofílicos, Alfonso, el heredero, y Gonzalo, el pequeño. El tercero se quedó sordomudo a consecuencia de una mastoiditis sufrida en la infancia. Las dos infantas siguieron la suerte de la familia en el exilio al lado de su padre y se casaron morganáticamente, ya talluditas, con sendos nobles italianos, Alejandro Torlonia, la infanta Beatriz, y Enrico Marone, la infanta Cristina. El tercer varón, Juan, se convirtió en el heredero de los derechos dinásticos tras la renuncia de sus hermanos mayores y se casó en 1935 con su prima María de las Mercedes de Borbón Dos Sicilias y Orleans, siendo éstos los padres del actual rey Juan Carlos I. Alfonso, convertido tras su renuncia en conde de Covadonga, casó sucesiva y morganáticamente con dos beldades cubanas y murió tras un accidente de automóvil en Miami en 1938. El segundo, Jaime, convertido en duque de Segovia, se casó con la aristócrata italo-francesa Enmanuela Dampierre, con la que tuvo dos hijos, Alfonso y Gonzalo, pero la madre los abandonó a los tres muy pronto para escaparse con un agente de bolsa milanés. (Enmanuela Dampierre acaba de publicar en una conocida editorial sus Memorias dictadas a la periodista Begoña Aranguren —divorciada de José Luis de Vilallonga—, en las que ha vertido, a punto de cumplir noventa años, todo el rencor, el resentimiento y un interminable memorial de agravios contra su ex familia política, tratando, sin embargo, de salvarse ella misma de sus muchas irresponsabilidades.)

Por último Gonzalo, al parecer el más brillante e inteligente de los hijos de la pareja, hemofílico como su hermano mayor aunque en menor grado, murió desangrado tras un accidente de automóvil sin importancia en Austria en el verano de 1934. Para entonces suponemos que Alfonso XIII había renunciado a confiar en su buena estrella. Y las desgracias no habían hecho más que empezar; en otro capítulo de este libro nos ocuparemos de ellas con detenimiento.

La vida en la corte de Madrid de Victoria Eugenia de Battenberg fue una larga soledad que ella, educada por la estricta mano de su abuela Victoria I de Gran Bretaña, disfrazaba de dignidad y distanciamiento. En los primeros años de su matrimonio transformó el ambiente tristísimo del palacio, se rodeó de gente joven y elegante e introdujo costumbres que entonces parecieron escandalosas a la pudibunda sociedad española de la época, como fumar, bañarse en la playa y tomar el sol en bañador. Cuando la infidelidad del rey se hizo patente, los dos trataron de que nada trascendiera a la opinión pública y mantuvieron una ficción de matrimonio y de familia bien avenida. Las enfermedades de sus hijos hicieron caer al rey en una vida desenfrenada y en una ansiedad creciente; en cambio la reina se refugió en las obras benéficas. Se ocupó muy especialmente de la Cruz Roja española, fundó sanatorios antituberculosos y otras muchas instituciones volcadas en la sanidad, en la dignificación del trabajo femenino y en las obras de caridad. La que ha sido conocida como la reina más guapa que ha tenido España desde la hermosa Isabel de Portugal, mujer del emperador Carlos V, reinó veinticinco años sin llegar jamás a tener el amor de su pueblo.

Los españoles la admiraban por su extraordinaria belleza y elegancia, pero la veían distante y fría. La verdad es que nadie supo ver su enorme dolor, su tragedia personal, desamada, traicionada continuamente, puesta en evidencia por los escándalos y amoríos del rey, su incompatibilidad con la reina madre, con la que mantuvo, eso sí, una exquisita y distante relación, y en fin, la enfermedad de sus hijos. Ella lo diría, casi al final de su vida, «con tantas desgracias o te haces una amargada o una sabia». Sin duda ella estaba capacitada por su carácter y por su formación para elegir la segunda opción. A su alrededor en los años de su reinado se reunió un pequeño grupo en el que ella se refugiaba, frente al mucho más numeroso que rodeaba y adulaba a su esposo el rey, capitaneado por doña Sol, duquesa de Dúrcal, y una legión de admiradoras de la alta nobleza. Cuando salió al destierro pronto acabó, como ya hemos apuntado, aún de forma discreta con aquella ficción de matrimonio.

Si admiramos el maravilloso retrato que de ella hizo el pintor Laszlo vemos a una mujer de extraordinaria belleza, ya en los umbrales de la madurez, una pequeña diadema enmarcando sus cabellos rubios, las perlas adornando sus orejas y su cuello con generoso escote, en forma de collar de dos vueltas. Llama la atención la transparencia de sus ojos, que se fijan tristemente en un punto indefinido, casi ausentes, como sumidos en su propio interior y en su íntima desgracia. Es la «bella estatua indiferente» que veían muchos. La verdad es que ella, extranjera en un país que no llegó a entender nunca y que nada hizo por entenderla, tuvo que refugiarse en su sentido del humor y en el muro inaccesible que se hizo construir alrededor de su intimidad. Entre sus pocos amigos estaban los duques de Lécera, de los que se ha llegado a afirmar que estaban ambos enamorados de la reina. Ella, aislada y sola, se dejaba querer, pero nadie ha podido probar nunca ni la menor infidelidad de Victoria Eugenia, que siempre fue una esposa fiel, una reina dignísima y una compañera leal para Alfonso XIII.

EL FRACASO DE ALFONSO XIII

En 1910 Alfonso XIII confió el Gobierno a alguien que podría haber llevado a cabo las reformas y transformaciones que la España de entonces reclamaba, el político gallego liberal José de Canalejas. Fue una decisión que implicó para el monarca un alto coste, ya que para nombrar a Canalejas tuvo que pasar por encima de otros liberales, Montero Ríos y Segismundo Moret, pues el Partido Liberal, como el Conservador, una vez desaparecidos sus líderes carismáticos Cánovas y Sagasta se había escindido en varias facciones. Pero el rey confiaba en que Canalejas, que era un hombre verdaderamente progresista, lo que prueba que Alfonso XIII también tenía esa voluntad de caminar hacia un verdadero progresismo, llevara a cabo una política de aproximación con los partidos que se negaban a integrarse en el sistema político, los republicanos y los socialistas; es en las Cortes de Canalejas cuando Pablo Iglesias tiene su primera acta de diputado.

También apoyó el rey incondicionalmente la política reformista de Canalejas en materia social y respecto a la Iglesia y el Ejército, instituciones a las que restó algunos privilegios. En la famosa Ley del Candado —por la que limitaba la posibilidad de la Iglesia de crear nuevas congregaciones y colegios—, que le atrajo las antipatías del clero y de las fuerzas más reaccionarias, también tuvo el apoyo incondicional del monarca, que a pesar de su religiosidad supo distinguir como Canalejas entre la labor de la Iglesia en materia religiosa y lo que era su poder temporal. En este asunto Alfonso XIII tuvo en contra a la reina madre, que aparte de su beatería no tragaba a Canalejas, ya que lo veía como el ala más izquierdista de los liberales. En efecto Canalejas, que ya había defendido en uno de sus escritos el acercamiento a los socialistas, había confesado abiertamente su creencia en que el socialismo, más que un ideario político, era una cultura y una interpretación y una filosofía de la vida.

Entre los aciertos de Canalejas —cuyo Gobierno fue uno de los más largos del reinado alfonsino—, hay que anotar la reconducción de diversas crisis de carácter social. Conflictos en los que el presidente del Gobierno no dudó en apoyar las reclamaciones de los obreros contra los intereses de los patronos y oligarcas, lo que naturalmente le deparó una buena cantidad de enemigos. Igualmente la ley por la que se imponía el servicio militar obligatorio, suprimiendo la posibilidad de librarse de él que tenían los ricos pagando una cantidad, suscitó una airada respuesta de los militares. Cuidó al mismo tiempo Canalejas la cada vez más espinosa cuestión catalana, con la presentación de la Ley de Mancomunidades. Precisamente comenzada la discusión de esta ley a finales de octubre de 1912, el 12 de noviembre, cuando se dirigía Canalejas al Ministerio de la Gobernación desde su casa de la calle de las Huertas, se detuvo en la esquina de la Puerta del Sol, en una librería llamada de San Martín. Un anarquista llamado Pardinas que estaba allí apostado con intención al parecer de asesinar al monarca, no quiso desaprovechar la ocasión teniendo a tiro al primer ministro y disparó contra Canalejas, asesinando así la última oportunidad que tenía el sistema de renovarse y cambiar. Profundamente afectado por aquel cruel asesinato, Alfonso XIII, contra toda orden en contra temiendo por su seguridad, presidió la capilla ardiente y los funerales de su primer ministro más progresista.

Aquel no fue más que uno de los terribles magnicidios que emborronaron el reinado de Alfonso XIII. La serie había empezado con Cánovas, asesinado en un balneario en 1897, y tendría otros nombres en su horrenda lista como el del también presidente del Consejo de Ministros, Eduardo Dato. Parecía como si una mano negra tratara de eliminar todos los elementos que pudieran dar continuidad y reformar el sistema político para adecuarlo a los nuevos tiempos y para que pudiera dar respuesta a los grandes retos que cada día se presentaban. El asesinato de Canalejas marcó, sin duda, el principio del fin del sistema de la Restauración. Las distintas familias políticas siguieron turnándose en el poder, pero a partir de la huelga general de 1917 los conflictos sociales fueron radicalizándose cada día más y la virulencia de las reivindicaciones y de las luchas obreras se generalizaron de tal manera que tanto Andalucía como Cataluña se convirtieron en auténticos avisperos revolucionarios.

Hay que mencionar en este período del reinado de Alfonso XIII dos hechos favorables al monarca que pusieron de manifiesto su altura de estadista y su lado más humanitario. El primero fue la actitud de absoluta neutralidad en la que el rey mantuvo a España en el gran conflicto internacional que supuso la Primera Guerra Mundial, que enfrentó a las grandes naciones europeas y que significaría el fin definitivo del Antiguo Régimen. Se formaron dos grandes bloques, uno, el que formaban los llamados imperios centrales y el otro, el de los aliados. En ambos bloques tenía familiares el rey. En los imperios centrales luchaban los hermanos de la reina madre, y con los aliados sus cuñados, los príncipes de Battenberg, hermanos de la reina Victoria Eugenia; uno de ellos incluso entregaría su vida en el frente. Sólo un esfuerzo de buena educación y un alarde de cortesía y buena voluntad hizo que las victorias y fracasos de uno y otro bando no rompieran la armonía familiar del propio Palacio Real.

En realidad aquellos dos bandos estaban también reflejados en la opinión pública y entre los políticos españoles, algunos partidarios de los imperios centrales, los llamados germanófilos, y otros partidarios de los aliados, llamados anglófilos. El rey no consintió nunca que la neutralidad se rompiera, lo que permitió que España se convirtiera en refugio para muchos de los que huían de la guerra y diera un gran empuje a su economía. Fue la ocasión para que el rey demostrara además su cara más humanitaria, ya que instaló en las oficinas del palacio una oficina de ayuda que salvó muchas vidas, liberó a numerosos presos e hizo posible que infinidad de familias se reunieran. Aquella labor humanitaria del monarca, que se hizo a expensas de su peculio privado, fue reconocida internacionalmente y fue recibida con grandes elogios, en Francia y en Bélgica especialmente.

El otro hecho también tuvo un sesgo social y humanitario. En 1922 Alfonso XIII encabezó una expedición a una de las regiones más deprimidas, olvidadas y desamparadas de España, Las Hurdes. Acompañado por el doctor Marañón, el rey viajó a aquella región al norte de Extremadura, que vivía como en la Edad Media, en la más absoluta pobreza y abandono. La prensa de la época le dio a este viaje una extraordinaria repercusión. Alfonso XIII viajó en burro, a pie, a caballo y recorrió cada aldea y cada lugar de aquella tierra en la que parecía que el tiempo se hubiese detenido. Después el rey, que tomó aquella empresa como propia, fundó el Real Patronato de Las Hurdes, que realizó una ingente labor en la zona, llevándoles el agua, construyendo casas y caminos y colocándoles en el siglo XX. La higiene y la educación fueron temas preferentes y se llegaron a construir doscientas escuelas.

La primera dictadura

Si el asesinato de Canalejas significó el principio del fin de la política de la Restauración, el desastre de Annual de 1921 fue el origen de un conflicto que a la larga sería la sentencia de muerte del reinado de Alfonso XIII, la dictadura militar del general Primo de Rivera. El honor del Ejército había tenido un grave quebranto en la guerra de Cuba y con la pérdida de las últimas colonias. A pesar de algunas novedades, como la creación de las Juntas de Defensa nacional, que intentaron paliar su sucesivo deterioro por la utilización excesiva que algunos ministros, como Romanones o García Prieto, hacían de la milicia para reprimir huelgas, manifestaciones y otras reivindicaciones sociales, algunos generales pensaron que la mejor manera de dar nueva moral a sus filas era una guerra; la guerra en África podía restituirles el honor perdido. Fue todo lo contrario.

El desastre de Annual, en el que perecieron miles de soldados españoles por las emboscadas de las feroces tribus rifeñas del norte de Marruecos, significó una grave crisis, que se saldó con el Expediente Picasso, por el que se quisieron esclarecer las responsabilidades y que en realidad produjo un gran malestar entre los jefes y oficiales. En este estado de cosas, el capitán general de Cataluña, Miguel Primo de Rivera, junto a un grupo de conjurados dio un golpe de Estado el 13 de septiembre de 1923. Aunque a veces se ha dicho que el rey estaba en el secreto y en la conjura de aquel golpe, lo cierto es que Alfonso XIII lo ignoraba todo y estaba de vacaciones en San Sebastián. Después de consultar con sus ministros, que no veían la forma de reconducir el pronunciamiento, ordenó a Primo que se presentara al día siguiente en Madrid, adonde él mismo se encaminó rápidamente.

Cuando el rey recibió a Primo de Rivera en palacio ya sabía que no tenía otra opción que aceptar los hechos consumados y por tanto el golpe de Estado. Puso sus condiciones: que fuera un régimen transitorio y excepcional que condujera a la pacificación del país y a la elaboración de una nueva Constitución. En los siete años que duró la dictadura de Primo de Rivera se cumplieron algunos de aquellos propósitos, se puso orden en el país, se terminó con buenos resultados la guerra de Marruecos y se vivieron unos años de prosperidad. Claro que el precio fue demasiado alto: la desaparición de algunas libertades, la imposición de la censura, la prohibición de los partidos políticos, el destierro de intelectuales críticos y un largo memorial de agravios a la democracia. Eran tiempos propicios a los fascismos y los reyes pudieron realizar al fin un aplazado viaje a la Roma fascista para visitar al Papa. Viaje al que les acompañó el dictador, que tuvo ocasión de conocer y entrevistarse con Benito Mussolini.

El tiempo pasaba y el dictador dio muestras de haber olvidado lo excepcional de su mandato y la obligación de conseguir restablecer el sistema parlamentario con una nueva Constitución. Primo de Rivera se sentía cómodo instalado en el poder. El error y el gran pecado del rey fue claudicar ante la dictadura y no hacer nada para que Primo de Rivera cumpliera con su compromiso. Muy al contrario, parecía estar encantado con la situación, no desaprovechaba ocasión para ensalzar la labor del general y marqués de Estella, lo que daba a entender que aceptaba la institucionalización de su régimen dictatorial. Un enfrentamiento con el Arma de Artillería por unas reivindicaciones profesionales produjo una grave crisis en la milicia, lo que hizo al dictador recabar la opinión de los militares sobre su mando sin obtener los resultados esperados y apetecidos por el general. El rey no tuvo otro remedio que prescindir de Primo de Rivera y restablecer el régimen parlamentario, para lo que cometió otro error confiando el poder a otro general, el general Berenguer. Este gobierno fue conocido como la dictablanda, y tampoco consiguió crear las condiciones para llegar a un consenso entre las fuerzas políticas, que la dictadura primorriverista había conseguido radicalizar en sus posiciones, pues muchas personalidades del centro derecha liberal que siempre habían apoyado a la monarquía se habían pasado al bando republicano.

El último error de un desprestigiado Gobierno y un más desprestigiado Alfonso XIII por su connivencia con la dictadura fue el elaborar un programa de elecciones absurdo. Programaron antes que las generales, donde con seguridad habrían tenido mayoría los partidos monárquicos, las municipales, que celebradas el 12 de abril de 1931 dieron un claro triunfo a las fuerzas republicanas en las grandes ciudades y capitales del Estado, con lo que la crisis estaba servida. El día 13 se formó un «Comité revolucionario» que proclamó la República. El Gobierno, presidido por el general Aznar, presentó su dimisión al rey y éste se vio impotente de formar otro nuevo, ya que ni los pocos monárquicos que quedaban se prestaron a ello. Todo fue en vano, ni los más fieles como De la Cierva y Bugallal pudieron hacer nada por levantar la moral del Ejecutivo, que además se sentía desprotegido, ya que el general Sanjurjo, responsable de la Guardia Civil, no respondía ni siquiera de la fidelidad constitucional de este cuerpo. Aconsejaron al rey que abandonara el país, como exigía el Comité republicano presidido por el antiguo monárquico, don Niceto Alcalá Zamora; éste se negó en redondo a ninguna negociación, pidiendo la inmediata salida de España de toda la familia real.

El día 14 de abril, el rey Alfonso XIII redactó un manifiesto a los españoles en el que les explicaba su actitud pero no abdicaba. Después se reunió con la reina y sus familiares y les explicó que él abandonaría España aquella misma noche y ellos deberían hacerlo al día siguiente, camino de París. Allí se reunirían todos, incluido el infante don Juan, que estaba en Cádiz en la escuela de guardiamarinas de San Fernando. Y así se hizo. Aquella madrugada el rey, acompañado de su primo el infante Alfonso de Orleans, el hijo de la infanta Eulalia, embarcó en Cartagena en el crucero *Príncipe de Asturias* camino de Marsella, adonde llegó al amanecer. De allí a París, al hotel Meurice, adonde al día siguiente llegaba el resto de la familia Borbón, nuevamente camino del exilio. Era la tercera vez en menos de 120 años que aquella historia se repetía. Los Borbones españoles se veían obligados a abandonar España, en este caso por una revolución que ya había proclamado la Segunda República Española desde el balcón del Ministerio de la Gobernación en la Puerta del Sol, en medio del entusiasmo popular, que gritaba de nuevo «¡Abajo los Borbones!», «¡Fuera los Borbones!». De la historia de ese tercer exilio nos ocuparemos en el siguiente capítulo de este libro.

¡FUERA LOS BORBONES!

El mensaje del rey Alfonso XIII a los españoles antes de tomar el camino del exilio decía: «Las elecciones celebradas el domingo me revelan claramente que no tengo hoy el amor de mi pueblo. Mi conciencia me dice que el desvío no será definitivo, porque procuré siempre servir a España, puesto el único afán en el interés público hasta en las más críticas coyunturas.

»Un rey puede equivocarse, y sin duda erré yo alguna vez, pero sé bien que nuestra patria se mostró en todo momento generosa ante las culpas sin malicia.

»Soy el rey de todos los españoles, y también un español. Hallaría medios sobrados para mantener mis regias prerrogativas, en eficaz forcejeo con quienes las combaten. Pero, resueltamente, quiero apartarme de cuanto sea lanzar un compatriota contra otro en fratricida guerra civil. No renuncio a ninguno de mis derechos, porque más que míos son depósito acumulado por la Historia, de cuya custodia ha de pedirme un día cuenta rigurosa.

»Espero a conocer la auténtica y adecuada expresión de la conciencia colectiva, y mientras habla la nación suspendo deliberadamente el ejercicio del poder real y me aparto de España, reconociéndola así como única señora de sus destinos.

»También ahora creo cumplir el deber que me dicta mi amor a la patria. Pido a Dios que tan hondo como yo lo sientan y lo cumplan los demás españoles. Madrid, 14 de abril de 1931.»

Al igual que sucedió con la revolución de 1868 y el destronamiento de Isabel II, la caída de su nieto Alfonso XIII fue consecuencia de una conjura, el famoso Pacto de San Sebastián, firmado por todas las fuerzas republicanas en agosto de 1930. Este acuerdo fue el que preparó el camino para hacer absolutamente ingobernable el país los pocos meses que le quedaban al Antiguo Régimen, nacido de la Restauración. El ex monárquico Gregorio Marañón, con Ramón Pérez de Ayala y el filósofo José Ortega y Gasset firmarían un manifiesto dirigido a los intelectuales y publicado en *El Sol* el 10 de febrero de 1931 para animarles a ponerse al lado de la revolución que se avecinaba. Fue la sentencia de muerte de la monarquía alfonsina. Ortega lo expresó escuetamente: «Delenda est Monarchia».

El rey había caído en los mismos errores que su abuela. Tanto en uno como en otro caso el pueblo había acabado asociando la monarquía con una sola parte de la sociedad, la más conservadora y reaccionaria y la que más privilegios tenía. Con lo que el famoso mensaje de «rey de todos los españoles» había acabado por ser de nuevo traicionado. Los Borbones habían vuelto a defraudar a la sociedad española, que puso en la restauración de Alfonso XII las esperanzas en su renovación y la solución a sus seculares problemas. La asociación de monarquía y derecha retrógrada e inmovilista había vuelto a ser la trampa mortal en la que las mejores intenciones y la idea de una monarquía verdaderamente representativa de todos los españoles volvía a ser deglutida en las cloacas de la historia.

No había llegado todavía el rey Alfonso XIII a París cuando, en Barcelona primero y luego en Madrid, la República quedó constituida. *El Socialista* daba así la noticia, el día 15 de abril de 1931:

«Ayer se proclamó la República en España. El pueblo se entregó a manifestaciones de entusiasmo. ¡Viva España con honra y sin Borbones!». El nuevo gobierno estaba presidido por don Niceto Alcalá Zamora y en él estaban todos los firmantes del manifiesto revolucionario, al igual que sucedió en 1868. Desde Alejandro Lerroux a Miguel Maura, Indalecio Prieto, Manuel Azaña, Diego Martínez Barrios, Santiago Casares Quiroga, Marcelino Domingo, Álvaro de Albornoz, Francisco Largo Caballero y Fernando de los Ríos.

No había pasado aún un mes de la proclamación de la República cuando el viejo odio anticlerical encendió la pasión y la violencia en muchas ciudades españolas. Conventos e iglesias fueron incendiados y curas y religiosos perseguidos y asesinados, reverdeciendo una vieja y siniestra tradición revolucionaria española. La vieja tea del separatismo también volvía a prender en muchos territorios de España y la sombra del cantonalismo de la Primera República volvía a ser un obstáculo para crear una república nacional, fuerte y unitaria, ilusionada en torno a una sola noción de un Estado moderno y evolucionado. Poco tiempo habría de pasar para que se comprobara que a los revolucionarios de 1931 les había unido solamente, como a los de 1868, el odio a los Borbones y a la monarquía y no una idea común de España, como nación y como Estado. Esto no sólo sería a la postre el nuevo fracaso del régimen republicano sino el origen de una desastrosa y terrible guerra civil. Y desde luego la ocasión para que la derecha reaccionaria se apropiara de esa idea de España, sin permitir la existencia de otra que no comulgase con sus viejos, obsoletos e injustos ideales.

Para hacer una última reflexión acerca del reinado de Alfonso XIII, volvamos la mirada hacia ese magnífico retrato de su madurez, los últimos de su reinado, que hizo de él el pintor Laszlo y que se conserva en el Museo Español de Arte Contemporáneo. Prematuramente envejecido aparece el rey descendiente de Austrias y Borbones, dos de las dinastías que han protagonizado durante siglos los destinos de Europa. Es la imagen de un hombre que ha tenido desde que nació el sentimiento de la orfandad, la ausencia dolorosa y significativa de la figura paterna como guía y asidero de su comportamiento. Vestido con uniforme del regimiento de húsares, cruzado su pecho de bandas y condecoraciones, de su cuello cuelga la insignia del Toisón de Oro, como una constante más de los símbolos de la historia de la que él es representante. Más Habsburgo que Borbón, su fisonomía muestra la de un hombre cansado que ha visto los sueños de gloria y grandeza para su reinado que acarició el adolescente rey en su diario, uno a uno todos frustrados. Aunque España ha avanzado y se ha modernizado enormemente durante los años de su reinado, la conflictividad y las desastrosas luchas políticas han convertido la vida española en un caos ingobernable, con gobiernos que se han mostrado incapaces para hacer frente a los retos que se presentaban no sólo en lo económico y social, sino en el desarrollo del propio sistema político hacia una democracia homologable con las que ya existían en otros países de Europa. Los ojos de este monarca que aparece en el retrato están hundidos y enmarcados de grandes y profundas ojeras. Aunque su amor a España es incuestionable, no ha podido hacer que esta pasión se transformara en eficacia para conducir la nave del Estado a buen puerto. Hay en todo el gesto del personaje que retrataba Laszlo un aire de infinito cansancio y una entrega al destino que presagia un próximo final.

Hay que decir a favor de Alfonso XIII que fue un europeísta y un progresista convencido, que tal vez no estuvo rodeado de políticos que compartieran sus deseos o que no supo atraerse a los que sí hubieran llevado al país por los caminos de una democracia moderna. Estuvo siempre rodeado de políticos mayores que él, pertenecientes, en la mayoría de los casos, a otra época y a otra generación. A Alfonso XIII le faltó una generación de políticos jóvenes y audaces que se atrevieran a modernizar el sistema político pasando por encima de intereses de clases y de grupos de presión. En este caso hay una enorme y significativa diferencia con el reinado de su nieto Juan Carlos I, que supo deshacerse a tiempo de los viejos políticos que representaban el pasado y rodearse de una generación de políticos jóvenes y audaces que fueron un eficacísimo resorte para llevar a buen puerto la difícil tarea de la transición. Alfonso XIII no tuvo ni a un Adolfo Suárez ni a un Felipe González que le ayudaran a transformar la sociedad española.

Fue su época una de las más convulsas de nuestra historia. El balance de su reinado, que conoció 36 gobiernos, una dictadura, una guerra mundial, la guerra interminable de Marruecos y el embate de un emergente proletariado que exigía con una contundencia y una violencia inusitadas sus derechos y una concepción más social del Estado, fue un continuo naufragio que ni su buena voluntad, su probado amor a España ni su más que demostrada valentía personal pudieron finalmente salvar. De ahí la inmensidad de la tragedia íntima y personal que debió sentir el monarca aquel 14 de abril de 1931 cuando redactaba su mensaje postrero a los españoles en el palacio de sus mayores, mientras Ramón Franco sobrevolaba el viejo alcázar amenazadoramente y en todos los alrededores unos potentes micrófonos difundían la voz de Miguel Fleta cantando la *Marsellesa*. Ni Carlos IV y Fernando VII saliendo en busca de la protección de Napoleón, ni Isabel II huyendo de la revolución de 1868 pudieron experimentar el mismo sentimiento de fracaso, de abandono y de desolación que Alfonso XIII en su despacho al tomar la decisión de interrumpir por tercera vez lo que para él era el primer deber de su dinastía, el ejercicio de la soberanía. Por tercera vez un rey Borbón abandonaba a la deriva la nave que el destino había puesto en sus manos para conducirla por los procelosos caminos de la Historia.

La Segunda República y sus errores

Aunque no es éste el lugar para hacer crónica de la II República Española, que gobernó el país desde 1931 a 1936, como en anteriores ocasiones y períodos haremos algunas referencias a su historia, para el correcto entendimiento de nuestro relato sobre la dinastía de los Borbones españoles. La República se proclama el mismo día, 14 de abril de 1931, en que el rey Alfonso XIII abandona España, sin abdicar de sus derechos históricos. Acabaría sus días por la fuerza de un levantamiento militar contra la legalidad republicana emanada de las Cortes legítimamente elegidas y de la Constitución de 1931 que consagró por la voluntad popular libremente expresada la nueva forma de gobierno y de régimen de España.

Antes de seguir adelante tal vez convendría hacerse una reflexión, ¿por qué han fracasado los dos intentos de república en España? Lo mismo de falso sería recurrir al tópico que en muchas ocasiones han esgrimido algunos de que la monarquía ha sido siempre la forma tradicional de gobierno en España, que a los argumentos de los que recurren a abstracciones categóricas para intentar ocultar lo que fueron torpezas, errores y falta de unidad de las fuerzas que tanto en 1873 como en 1931 lograron instituir el régimen republicano en nuestro país. Ni España es esencialmente monárquica, ni España es esencialmente republicana, por más que la fácil publicidad de uno u otro bando así lo haya proclamado en numerosas ocasiones. Ni España, ni Francia, ni Inglaterra, ni ningún país, ni nación alguna de la tierra es, por esencia, ni monárquica ni republicana. Las naciones, los países aceptan y se otorgan la forma de gobierno que realmente sabe expresar sus aspiraciones de vida y convivencia en común y su legítimo desarrollo. Hay, pues, que poner en el debe de los sucesivos regímenes republicanos que ha tenido este país los fallos y errores para que su forma de gobierno no haya triunfado en ninguna de las dos ocasiones en que ha tenido oportunidad para ello y no en el carácter ni en la esencia monárquica o republicana del pueblo español. Y lo mismo podríamos decir de la monarquía, en cada ocasión que el pueblo se ha visto defraudado por ella, y en otras tantas que ha expulsado a la dinastía reinante; de eso trata precisamente este libro, de las distintas ocasiones en que la dinastía borbónica accedió al trono de España y de las tantas otras veces en que se vio obligada a abandonarlo.

Una vez hecha esta reflexión, creo que hay suficientes elementos para afirmar que lo mismo que los revolucionarios del 68 sólo tenían claro que lo que querían era echar a Isabel II, los de 1931 lo único que tenían en común era el deseo de expulsar a Alfonso XIII y a los Borbones de España. Lo demás, ya se vería. Y así les lució el pelo. En una cosa sí se había avanzado, los revolucionarios de la Gloriosa no querían prescindir de la monarquía como forma de gobierno, prueba de ello es que lo primero que hicieron fue ir ofreciendo la corona de España de país en país y de candidato a candidato. Los revolucionarios de 1931 eran ya todos republicanos. Algo es algo. Es decir, en 1931 todos los que se aliaron para expulsar a Alfonso XIII de España tenían muy claro que la solución de España pasaba por un cambio en la forma de gobierno. España tenía que ser republicana. Pero fuera de esto, tampoco tenían nada demasiado diáfano ni en común. Unos querían una república de derechas y otros una república de izquierdas; unos querían una república unida y otros una república federal; unos querían una república socialista y otros querían la anarquía y la autogestión como forma utópica e ideal de organización. ¿Cuál fue el resultado de todo aquello? Tristemente hay que contestar que la guerra civil. Y un millón de muertos. Y cuarenta años de dictadura.

Esa falta de unidad acabaría ahogando las aspiraciones mejores, las de los intelectuales, artistas y poetas que habían soñado por esos años con una España verdaderamente libre y moderna, capaz de sentirse orgullosa de sus glorias pasadas sin necesidad de ser por ello rehén de esa grandeza. Una España no sometida por fin a la corrupción de los poderosos, llámense clero, monarquía, nobleza, oligarquía financiera, burguesía despótica, Ejército o caciques. Liberada de la enseñanza eclesiástica y tridentina que nos había emponzoñado en el inmovilismo y en la reacción y que había dejado masas de analfabetismo por todo el país, abandonando a España al oscurantismo y a un sueño paralizado de la historia. Pero también creían en una España optimista que definitivamente volviera a contar en el mundo como país. Con una legislación social y democrática y con unos ideales de convivencia que desterraran para siempre el afán de los salvadores de patria uniformados que sólo obedecen a los impulsos de sus botas cuarteleras.

Muchas de estas ideas inspiraban a la más deslumbrante generación poética que han conocido los siglos, la generación del 27, que algunos llaman de la dictadura, de la república y hasta de *Litoral*, la revista que le dio expresión y presencia pública en la vida española. He dicho poética y mejor sería decir artística e intelectual, porque no fue sólo la poesía la que vivió una auténtica Edad de Plata, fueron casi todas las artes. No fue sólo aquella deslumbrante capillita de poetas, Jorge Guillén, Pedro Salinas, Vicente Aleixandre,

Federico García Lorca, Dámaso Alonso, Emilio Prados, Manuel Altolaguirre, Rafael Alberti, Gerardo Diego, Luis Cernuda; ahí estaban también Rosa Chacel, María Zambrano, Francisco Ayala, Ramón J. Sénder, en la prosa. Y allí estaban igualmente Salvador Dalí, Esteban Vicente, Gregorio Prieto, Ramón Gaya y la llamada Escuela de París, en las artes plásticas. Y ahí están Florián Rey, Imperio Argentina y Luis Buñuel en el cine, Pastora Imperio, Margarita Xirgu, La Argentinita, en el teatro. Ahí estaban científicos como Severo Ochoa... La generación del 27 fue la eclosión de todo un potencial de energía que recorrió la sociedad española de los años 20 y 30 y que, pese a la desgracia de la guerra que la dispersó y que lanzó a la mayoría de ellos a un doloroso exilio, hoy es un punto de referencia y la demostración de la riqueza de una cultura que Alfonso XIII en uno de sus más imperdonables errores no supo vislumbrar ni apreciar ni atraerse a sus ideas regeneracionistas. La inmensa mayoría de todos estos nombres pusieron, por el contrario, su ilusión de una patria mejor en los ideales democráticos de la Segunda República.

Los comienzos de la República, tal vez por los deseos primeros de acertar, fueron buenos y apoyados entusiásticamente por todos. De ese consenso nació la Constitución de 1931 que consagraba un país democrático, laico y centralizado, que estaba dispuesto a promulgar los diversos estatutos de autonomía para dar solución a lo que en aquel momento ya se planteó como una de las más acuciantes aspiraciones de las distintas regiones y territorios históricos. Algo que también fue muy positivo, y que era el lógico reflejo de un Gobierno en el que había muchos intelectuales, fue comprender que uno de los males endémicos españoles era la falta de educación: se crearon más de 10.000 escuelas y las llamadas Misiones Pedagógicas, que recorrían los pueblos y ciudades de España llevando la cultura y el arte a todas partes. En estas Misiones colaborarían poetas e intelectuales de aquella época, muchos de los cuales, por este simple hecho, tendrían luego que abandonar el país y comenzar el largo y triste camino «del éxodo y el llanto», como diría uno de ellos, León Felipe.

Uno de los temas pendientes del reformismo español fue el campo, la reforma agraria tantas veces prometida, a veces intentada y nunca puesta en marcha. Azaña lo hizo en su primer Gobierno, pero la lentitud burocrática, las eternizadas discusiones en el Congreso, los obstáculos de los poderosos y el hambre acuciante que cercaba a los jornaleros andaluces dieron al traste con una tímida Ley de Reforma Agraria, que de alguna manera quedó ahogada en los terribles sucesos ocurridos en Casas Viejas en enero de 1933. Un levantamiento de jornaleros andaluces fue ferozmente reprimido por fuerzas de la Guardia Civil y la recién creada Guardia de Asalto (lo que luego serían los *grises* del franquismo). El conflicto entre republicanos y socialistas rompió la coalición que gobernaba y propició unas nuevas elecciones, en las que por primera vez en España votaban las mujeres, cuyos votos para muchos eran rehenes de su casi absoluta falta de formación y de los curas, que entonces ejercían un gran poder sobre todo en las conciencias de las mujeres españolas a través del confesionario. Con este impedimento, la izquierda desunida, el desencanto producido en las filas del progresismo moderado y los anarquistas que no se presentaban, el resultado de aquellas nuevas elecciones fue el triunfo de una coalición de centro-derecha, la CEDA (Confederación Española de Derechas Autónomas) que lideraba José María Gil Robles y los centristas de Alejandro Lerroux.

Desde 1933 a 1934 la derecha gobernante se dedicó a echar por tierra los pocos y tímidos avances que en materia social se habían logrado. Lo mismo ocurrió con el proceso secularizador de la enseñanza, que la derecha pone de nuevo en manos de la Iglesia. Gil Robles, líder de la CEDA, se dedicó igualmente a trabajar por una idea cada vez más centralista y autoritaria del Estado, lo que hizo envenenar las relaciones con las distintas regiones a las que se les había prometido estatutos de autonomía. La impresión que tenían los españoles al comienzo de aquella nueva legislatura era la de que España se estaba convirtiendo en terreno abonado para que los regímenes fascistas que triunfaban por gran parte de Europa acabaran por imponerse también aquí. Eso debieron pensar los partidos más revolucionarios, que se decidieron a poner en marcha una auténtica revolución popular como una manera de presión y de forzar los acontecimientos. El primer exponente es la huelga general. A ésta sucede una verdadera insurrección popular que tiene especial violencia en Asturias, donde en toda la cuenca minera se producen ataques a los cuarteles de la Guardia Civil y se fundan comunas y repúblicas libertarias. Aquella utópica revolución, que creía en su buena fe en una sociedad justa, sin clases y sin autoridad, quedó ahogada en sangre por la durísima represión del Ejército, que tras nueve días de combate entró en Oviedo. El gran estratega de aquella sangría contra el pueblo asturiano fue Francisco Franco, un joven general que seguramente debido a aquel éxito debió caer en la tentación de creerse un nuevo salvador de la patria.

La revolución de Asturias acabó con el Gobierno Lerroux e hizo a los gobernantes de la República ir alejándose cada día más de la realidad social y política. En febrero de 1936 el Frente Popular (unión de todas las izquierdas) obtuvo un éxito total en las nuevas elecciones. Azaña intenta volver a la unión y al consenso de 1931 en los principios del nuevo régimen. Pero ya es imposible. La división de España es total y la derecha tiene nuevos y peligrosos adeptos, la Falange Española, que ha fundado el hijo del dictador, el joven fascista José Antonio Primo de Rivera. La Falange es tan antimonárquica como antirrepublicana y sólo aspira a convertir España en una nueva dictadura fascista siguiendo el modelo de las ya existentes en Europa. Para ello utilizan todos los métodos que tienen a su alcance, incluida la violencia y el terrorismo callejero. Los sindicatos obreros se radicalizan también y caen en la trampa de la violencia. El verano del 36 España es un polvorín, que sólo necesita que alguien, algún desaprensivo, encienda la mecha para que el país salte por los aires.

Y eso es exactamente lo que sucede. El 12 de julio cae asesinado en la calle un guardia de asalto que estaba amenazado por Falange, al día siguiente es el líder de la derecha José Calvo Sotelo (que luego Franco convertiría en el protomártir de la cruzada) el que es asesinado en una calle de Madrid, tras un altercado parlamentario con la diputada comunista Dolores Ibárruri *la Pasionaria* en el Congreso. Cuatro días después la guarnición militar de Melilla inicia la sublevación militar, que al día siguiente 18 de julio se convierte en todo un golpe de Estado contra la República de la mayoría de los generales, desde Mola, apoyado por los carlistas en el norte, hasta el norte de África y Canarias, lugar del que vuela en seguida a la Península aquel generalito que había acabado con la revolución asturiana y que regresa ahora para ponerse al mando del Movimiento Nacional, Francisco Franco Bahamonde.

Dividida en dos, España se desangrará durante tres años en una de las más crueles y terribles guerras que han conocido los tiempos. Hermano contra hermano, pueblo contra pueblo, y todos contra la razón. La barbarie reinó durante tres años en cada rincón de España. Lo que quiso evitar el rey Borbón Alfonso XIII se había cumplido con creces, la derecha contra la izquierda, la reacción contra el progreso, la represión contra la libertad, la Iglesia bendiciendo a los ejércitos como si se tratara de una nueva cruzada, una concepción del mundo, profundamente injusta, contra otra nueva concepción del mundo que perseguía la justicia, la igualdad y la libertad de los individuos. Si España fue o no un ensayo de la Segunda Guerra Mundial, como se ha dicho y sostenido, eso poco ya nos importa a los españoles, lo cierto es que durante tres años nuestro país fue el campo de batalla donde se intentaban resolver de la manera más brutal, torpe y estúpida posible problemas ancestrales, odios y diferencias enmascarados durante centurias y los intereses de unos pocos contra los de la gran mayoría. Dos Españas y hasta diez que hubiera habido se habrían enfrentado en el verano del 36, para todas salir perdiendo tres años después, en octubre de 1939, cuando «cautivo y desarmado el ejército republicano ha abandonado sus últimas posiciones. Españoles, la guerra ha terminado».

Así acababa el último parte de guerra por el que el Generalísimo de todos los ejércitos Francisco Franco (por tercera vez en nuestra historia se utilizaba ese maldito título) daba a conocer desde su cuartel general en Burgos a los españoles que la guerra había acabado. Pero era una más de sus mentiras. La guerra no había acabado. Sólo empezaba su última fase, que era el aplastamiento moral, psicológico y humano del enemigo que durante muchos años seguiría practicando el dictador. Porque el mayor crimen de la dictadura franquista no fue mantenerse durante cuarenta años, violentando la voluntad democrática de los españoles, no fue suprimir las libertades, no fue acallar la disidencia, aplastar a los contrarios, no fue imponer una visión de España sobre las otras posibles, no fue manipular la historia, no fue ni tan siquiera corromper las conciencias y educar a varias generaciones sin posibilidad de tener su propia ideología; el peor crimen de Francisco Franco fue mantener el enfrentamiento entre los españoles que habían luchado en uno u otro bando, impedir la reconciliación nacional, ahondar más y más y hasta límites insospechados la separación entre esas dos Españas, el abismo que las separaba, mantener abiertas las heridas que ambas se habían causado feroz y despiadadamente. Por ese crimen es por el que lo juzgará con más severidad la historia venidera.

España: un reino sin rey, pero con dictador

Franco —del que tampoco es éste el lugar de ocuparse, pero cuya referencia es obligada para el lógico desarrollo de la crónica de la dinastía borbónica— en el transcurso de la guerra procuró quedar como único e invicto vencedor. Ningún general que le pudiera hacer sombra, ningún líder de la derecha que pudiera interponerse entre él y el poder absoluto al que aspiró desde el primer momento, proclamándose Generalísimo de los ejércitos y jefe del Estado al comienzo de la contienda. ¿Cuáles fueron sus pensamientos respecto a la salida normalizadora que debería suceder obligatoriamente al final de la guerra? El creerse salvador de la patria como se creía nos hace suponer que siempre pensó que debería ser él el que diseñase el futuro una vez finalizado el conflicto armado. ¿De qué forma? Eso parece más arriesgado afirmarlo. Franco no era un hombre intelectual ni con formación política alguna, por lo que cabe adivinar que tampoco tenía un ideario político determinado. Tuvo la astucia (en Franco siempre hay que hablar más de astucia, de intuición, de olfato, que de verdadera inteligencia) política de dictar el decreto de unificación entre la Falange y los Requetés, que eran el brazo armado del carlismo más recalcitrante. De esa unión contra natura nació un no menos producto nefando llamado Falange Española Tradicionalista y de la JONS, el Movimiento Nacional, que fue lo que intentó dotar al nuevo régimen, nacido del golpe de Estado y levantamiento militar del 18 de julio de 1936, de una cierta ideología política. Con lo que los ancestrales gritos del carlismo, que eran como decir los de la España más negra, de Dios, Patria, Rey y Fueros, se adaptaron pronto a los de España Una, Grande y Libre. En esa España reinaron desde entonces Dios y Franco, o más exacto sería decir, Franco ayudado eficazmente por Dios y sus representantes en la tierra, los obispos. El colaboracionismo de la jerarquía eclesiástica española tanto en la guerra como en la dictadura franquista es uno de los episodios más vergonzosos de la historia de la Iglesia española y universal.

Que los intereses y la ambición política de Franco se fueron desarrollando durante los tres larguísimos años que duró la guerra puede adivinarse por la relación que mantuvo en todo este tiempo con el rey en el exilio y con los que en España representaban los intereses de la monarquía alfonsina. Tanto Alfonso XIII como toda la familia real apoyaron y alentaron incondicionalmente el levantamiento militar de Franco y sus secuaces. En aquellos momentos lo veían como la única forma de acabar con la insostenible situación a la que había llegado la Segunda República. El rey siguió puntualmente los avances de las tropas de Franco y éste le informó sobre la contienda cada vez que había algún cambio significativo. Esa comunicación se acabó exactamente cuando la guerra terminó. Franco no se lo comunica al rey. Éste comprendió en ese instante cuáles eran las verdaderas intenciones de Franco. Aun así confió casi hasta sus últimos días en que el vencedor de la guerra restauraría la monarquía. Cuando en 1940 acudió a Roma el *cuñadísimo* Serrano Suñer, Alfonso XIII se dió cuenta definitivamente de que estaba equivocado y que Franco no iba a hacer lo que le había venido prometiendo, la vuelta a la legalidad monárquica previa a 1931. Con esta postrera desazón el rey —ya cansado y enfermo— hizo testamento, preparó el documento de abdicación en su hijo don Juan y murió poco después de abdicar en la habitación número 32 del Gran Hotel de Roma, el 28 de febrero de 1941. «Majestad, sobre todo España», fue la última recomendación a su heredero. Ya volveremos sobre esto.

La Segunda Guerra Mundial dio a Franco un período de impunidad para ir elaborando su plan para institucionalizarse en el poder. Aunque parece que hubo alguna tentativa de las potencias aliadas democráticas para acabar con la dictadura, finalmente debieron pensar que el régimen franquista era un buen antídoto para el comunismo y les convino hacer la vista gorda y dejarlo en el poder. Franco, que coqueteó con el fascismo y con Hitler, se mantuvo neutral y contentando a todos con esa neutralidad que a todos convenía jugó su baza personal dando a su gobierno excepcional una ficción de legalidad, creando unas cortes a su medida, una Constitución a su medida, que llamaron el Fuero de los Españoles y las Leyes Fundamentales del Reino, y hasta un sindicato a su medida, que era el sindicato vertical. Todo muy simple, pero muy astutamente elaborado para no ser rechazado en el concierto de las naciones, que acabarían acogiendo para su vergüenza y escarnio poco tiempo después a la España franquista en algunas instituciones internacionales.

Constituido el país en un reino sin rey, Franco se reservaba, según sus propias leyes aprobadas en referéndum, que tenían de libres y de jurídicamente válidos lo que a Franco le parecía, la capacidad para elegir al nuevo rey de esa nueva monarquía instituida por él, no restaurada, sino una monarquía de nuevo cuño, nacida del 18 de julio. Debía ser español, mayor de treinta años, católico... Y todos los etcéteras que a la voluntad del dictador le pareciera. Se volvía a la monarquía electiva, como en tiempo de los godos, como ya habían hecho las Cortes de 1869... Sólo que en 1947 el único que tenía capacidad para elegir al rey era el dictador Franco... Dado que sus relaciones con el pretendiente don Juan, conde de Barcelona, no fueron nada cordiales, sobre todo a partir del Manifiesto de Lausana, de 1945 en el que el heredero de la monarquía legítima criticaba duramente el régimen franquista, Franco se dedicó durante mucho tiempo a buscar discretamente a un rey a su gusto. Sobre estas relaciones ya volveremos más adelante de forma detallada.

Parece que ofreció la corona de España a la Casa de los duques de Medinaceli, que provienen en efecto de los antiguos reyes de Castilla, a Otto de Habsburgo, hijo y sucesor del último y efímero emperador Carlos de Austria-Hungría y de Zita de Borbón-Parma, y por tanto sucesor de los Habsburgo españoles. Con el tiempo Franco, aunque es posible que siempre pensara en el heredero de la dinastía alfonsina para sucederle cuando él muriese, alentó las pretensiones de numerosos aspirantes. Como el primogénito de Jaime de Borbón y Battenberg, que había revocado su renuncia de 1933, Alfonso de Borbón Dampierre, al que incluso convirtió en su nieto político al casarlo en 1972 con su nieta mayor Carmen Martínez-Bordiu Franco. O como el pretendido heredero de la rama carlista Carlos Hugo de Borbón-Parma. Toda una ceremonia de la confusión, sobre la que también volveremos, que lo único que pretendía era convertirlo a él en el árbitro de la vuelta o no de la monarquía a España. Cosa curiosa de comprender, cuando los propios ideólogos del franquismo se pasaron cuarenta años difamando a la monarquía como institución y trabajando en su contra al hacer una escorada y manipulada interpretación de la historia.

Naturalmente la dictadura de Francisco Franco no fue igual de dura los cuarenta años que duró. A un primer período de gran represión, en el que se cometieron crímenes sin cuento, en el que se guerreó en zonas del norte contra los maquis, rebeldes que se habían quedado o se habían echado al monte tras la guerra y en el que las cárceles se llenaron de personas por el simple hecho de haber sido simpatizantes de la República, siguió otro de aparente dulcificación de la situación política y de normalización de cara al exterior. Franco consigue que su régimen sea reconocido en el mundo, que se le abran los organismos internacionales, como la ONU, y hasta que el todopoderoso presidente de los Estados Unidos Ike Eisenhower visite España y nos dé su apoyo a cambio de la instalación de bases estratégicas militares norteamericanas en territorio español.

Éstos son años de gran penuria económica y el origen de que otra inmensa legión de españoles tenga que tomar el camino de la emigración en busca de un lugar donde vivir mejor. Con los años sesenta y los sucesivos planes de desarrollo, que respondieron a un cambio también político, se produce la sustitución de los falangistas por los tecnócratas miembros del Opus Dei en la cúpula del poder. Este período coincide con el *boom* turístico de España, lo que atrae hasta nuestro país a miles y miles de extranjeros que a la par que divisas traen a España aires nuevos, nuevas ideas, nuevas costumbres, en conclusión, un potente chorro de aire fresco que acabaría transformando la sociedad española, realizando por sí misma el cambio sociológico que la censura y la falta de libertad tenían amordazado y contenido. Millones de españoles nacidos en la década del sesenta se encontrarían así dispuestos a afrontar la sugestiva y radical transformación del país que se produciría a la muerte del pequeño dictador.

Franco y don Juan, un continuo desencuentro

Aunque ya me ocuparé en el capítulo siguiente del devenir de la familia real española en el exilio durante todo el período que va desde su salida de España, en abril de 1931, ahora conviene que nos fijemos especialmente en las relaciones que mantuvieron el pretendiente a la corona, don Juan de Borbón y Battenberg, rey de derecho desde la abdicación de su padre Alfonso XIII, y el dictador Francisco Franco. Durante la guerra, el entonces príncipe de Asturias quiso venir a España y luchar en el frente al lado de los ejércitos nacionales. Por dos veces lo intentó bajo el falso nombre de Juan López y las dos veces fue detenido por Franco, no sabemos si por celos de que pudiera atraer hacia su persona la adhesión de todas las fuerzas políticas que luchaban en el bando nacional, al ver en él la representación de la continuidad histórica de su dinastía; o por las razones oficiales que entonces se dieron y que son las únicas históricamente válidas, lo imprudente que era que el que un día pudiera estar llamado a reinar en España combatiera en uno de los dos bandos en los que estaba dividida dolorosamente la nación. Sea como fuere y tuviera las verdaderas motivaciones que tuviera, hay que reconocer que con este gesto Franco le hizo un gran favor al heredero de Alfonso XIII, que pudo, una vez acabada la guerra, alzar la bandera de la reconciliación nacional sin haber estado implicado en bando alguno de aquella cruel guerra fratricida.

Rey de derecho desde la abdicación de Alfonso XIII, en enero de 1941, don Juan prefirió utilizar el título soberano de conde de Barcelona, con el que ha pasado a la historia y con el que atravesó los cuarenta años de la dictadura, al de Juan III, que legítimamente podría haber utilizado —y que muchos de sus partidarios le dieron durante toda su vida—, dada la circunstancia de que su padre no había renunciado al salir de España a sus títulos y prerrogativas de los que estaba legal y legítimamente investido. El 28 de febrero Alfonso XIII moría como hemos dicho en el hotel romano donde había residido en sus últimos años de exilio. En todo momento don Juan asumió la jefatura de la Casa Real y continuó las relaciones con Franco, que durante un tiempo siguió manteniendo la ambigüedad de una pronta restauración de la monarquía en España.

Como su padre, don Juan había estado al tanto de todos los movimientos de los partidos monárquicos, que sobre todo a partir de 1932 se habían puesto a trabajar para derribar a la República y restaurar la monarquía. Junto a algunos generales como Sanjurjo conspiran representantes de la derecha liberal, como Sainz Rodríguez, pero también de la derecha más reaccionaria como Eugenio Vegas Latapié. Tras una intentona de golpe de Estado que resulta fracasada, todos vuelven a colaborar en el golpe que triunfa definitivamente en julio de 1936 y que conduce a la guerra civil. Una vez terminada ésta y muerto el rey Alfonso XIII, don Juan queda como único representante de las dos ramas monárquicas que aspiran a la restauración de la monarquía, ya que en 1936 su padre el rey Alfonso XIII había firmado un pacto con el último representante del carlismo, Alfonso Carlos, muerto precisamente ese mismo año, sin dejar descendencia. Con todo, el ala más conservadora y rancia del carlismo político no reconocería nunca a don Juan como representante también de aquella rama extinguida y proclamaría regente a un sobrino del último monarca carlista fallecido, o más concretamente al sobrino de su mujer, Javier de Borbón-Parma, representante a su vez de esta rama borbónica desposeída de sus Estados italianos en 1870 tras la unidad de Italia. Javier de Borbón-Parma depositaría los derechos carlistas en manos de su hijo mayor Hugo Carlos, que reclamó la nacionalidad española e invirtió el orden de sus nombres, tomando la antorcha de un nuevo carlismo de raíz socialista. Pero eso sería mucho tiempo después y ya nos ocuparemos de contarlo detenidamente más adelante.

En 1941, cuando acaba el luto por la muerte de Alfonso XIII, están solos frente a frente don Juan y Franco. Se iniciaba la historia de un desencuentro y el que sería uno de los combates más duros y tremendos por parte de cada uno para hacer que el otro cambiase sus posiciones. Ninguno lo conseguiría. La lucha por mantener sus derechos dinásticos por parte de don Juan, exigiendo a Franco que diera paso a un régimen democrático que devolviera la soberanía popular al pueblo español y la cerrazón del dictador de mantenerse en el poder de por vida produciría uno de los más apasionantes episodios de la historia contemporánea española, que hasta fecha muy reciente no ha salido a la luz en multitud de libros que han estudiado las relaciones de Franco y don Juan y las estrategias de cada uno para mantener su postura. El dictador para mantenerse en el poder y el aspirante para reclamarlo. El poderoso aparato propagandístico y el de la censura franquista hizo que la figura de don Juan quedara no sólo velada para la mayoría de los españoles, sino que fuera vilipendiada, calumniada y completamente falseada por los bastardos intereses del dictador. Así, cuando en 1975 Franco muere en la cama, después de una atroz agonía, don Juan es un desconocido para los millones de españoles que se disponen a asistir con más escepticismo que confianza a los comienzos del reinado de su hijo, Juan Carlos I, al que muchos llamaron con una absoluta falta de visión de futuro Juan Carlos *el Breve*. Desconocían, quienes esto afirmaron y pensaron, que los Borbones —que llevan en sus genes la esencia del poder— estaban preparados para afrontar cualquier contingencia.

Don Juan, cuando en 1942 tuvo el convencimiento de que Franco no daría paso fácilmente a la monarquía en España, buscó apoyos internacionales para forzar la caída del dictador. Y a punto estuvo de conseguirlo. Es curioso ver cómo esa larga estrategia del pretendiente a la corona de España en el ámbito internacional iría forzando de alguna manera la transformación del régimen autoritario de Franco. Aunque el plan internacional para derrocar al dictador español al final de la Segunda Guerra Mundial fracasa, Franco, conocedor de toda la conspiración a través de sus servicios secretos, va urdiendo una ficción de régimen con apariencia de democracia. Dicta leyes, que hace aprobar por referéndum, crea unas curiosas Cortes insólitamente representativas, inventa el llamado Fuero de los Españoles, una especie de Constitución muy *sui generis* y va completando todo un aparato legal, las Leyes Fundamentales del Movimiento Nacional, que acabaría como hemos dicho engañando al mundo y determinaría que el régimen personal de un general, vencedor de una cruel guerra civil, terminara siendo aceptado por las organizaciones internacionales. Franco se dio cuenta a tiempo de que su permanencia en el poder era un elemento más de equilibrio en el tablero internacional en la guerra fría entre Occidente y el comunismo. Y supo aprovecharlo a fondo.

La fuerza de Franco fue esa, saber que a las potencias internacionales les interesaba que en un sitio tan estratégico al sur de Europa como la península Ibérica existiera un régimen que fuera un muro frente al comunismo. No sólo fue la dictadura franquista, también le interesó a Occidente que en el vecino Portugal otro dictador, Oliveira Salazar, fuera otro muro de contención para que las fuerzas del mal, que entonces encarnaba la Unión Soviética, no pudieran infiltrarse en el viejo y triunfante capitalismo. Franco lo supo y sobre este toma y daca con el mundo construyó su largo gobierno, apoyándose ya en la Falange, ya en otras tantas familias que iba produciendo el propio sistema, los tecnócratas del Opus Dei, los aperturistas... Todos sacaban su provecho de apoyar al dictador y todos se preparaban a fondo para lograr el mejor botín cuando llegara el momento del derrumbe, porque todos sabían, y Franco el primero, que las dictaduras son siempre un paréntesis de la historia.

Por eso desde sus primeros años en el seno mismo del sistema creado por Franco y sostenido por el terror y luego por la corrupción y por un bien montado tejido de intereses y de privilegios, se fue desarrollando una interminable lucha por la sucesión. Franco lo dijo en más de una ocasión, y así incluso lo consagró con sus leyes que lo hacían caudillo y jefe del Estado de por vida, que no saldría de El Pardo, el palacio de los Borbones donde se había instalado, rodeado de una patética corte de aduladores, si no era con los pies por delante. Como así fue. A su régimen personal sólo la muerte podía darle final. Y con esa tranquilidad y la que le daba su sistema policíaco y la buena salud que heredaba de una familia longeva, se dispuso a gobernar a su antojo y capricho durante casi cuarenta años. En realidad a él la sucesión le importaba un bledo. Su organización y su ordenación por medio de leyes importantísimas fue sólo un elemento más de su estrategia de mantenerse en el poder. Él sabía que sin aquella ficción de régimen seudodemocrático y representativo no hubiera aguantado tanto tiempo. Pero también sabía que su régimen se acabaría con él. Muchos años después de su muerte se ha sabido que uno de los consejos que dio a don Juan Carlos un día, fue: «Usted tendrá que hacerlo de otra manera». Y así fue, afortunadamente para los españoles.

No sería justo negar que durante la larga dictadura se creó y se desarrolló la clase media española, que sólo muy tímidamente ya existía antes de la guerra civil. Esa clase media que fue la mayor beneficiaria de un fuerte crecimiento económico, sobre todo a partir de los planes de desarrollo llevados a cabo por los equipos tecnócratas que gobernaron el país en largos períodos de la dictadura y también por la increíble expansión que la industria del turismo dio a la economía española, al tiempo que transformaba las costumbres y dotaba a la sociedad española de un saludable chorro de aire fresco, como después ayudaría a hacer la transición del régimen sin fuertes traumas y con una rapidez que ni los más optimistas hubiesen podido predecir. Pero eso ya forma parte de otra historia, pertenece al siguiente capítulo, la última oportunidad que han tenido los Borbones para volver al trono de España.

UN PARÉNTESIS, LA HISTORIA IMPOSIBLE

La rama carlista

Antes de adentrarnos en el siguiente capítulo, es conveniente que hagamos un paréntesis para hacer un breve recorrido por la llamada rama carlista, que a partir del hermano del rey Fernando VII, el infante Carlos María Isidro de Borbón, se convertiría no sólo, como hemos visto, en un conflicto dinástico que enfrentó durante más de un siglo a dos ramas de la misma familia, sino en un grave problema político, que produjo tres guerras y se convertiría a la postre en el origen de una conflagración aún más grave al enroscarse en el nacimiento de un violento movimiento nacionalista. Cuando muchos estudiosos y comentaristas afirman que el carlismo está en el origen del más violento nacionalismo vasco y por tanto del grupo terrorista ETA no dicen nada gratuito. De alguna manera la semilla de todo ese conflicto que se ha convertido en un cáncer de la democracia española desde 1975 se funde de manera emocional e irracional en las bases que dejó el carlismo decimonónico en la sociedad vasca y navarra. Aunque no entraré a desarrollar ese apasionante y polémico tema, sí haré un breve recorrido por la evolución del carlismo, desde sus orígenes a las diversas interpretaciones que ha tenido en el último tercio del siglo XX.

En realidad todo parte de un equívoco y de la ambición de una mujer. El equívoco es que la falta de descendencia de Fernando VII, a pesar de sus cuatro matrimonios, había hecho crear esperanzas a su hermano Carlos María Isidro, y sobre todo a la primera mujer de éste, la infanta portuguesa María Francisca de Braganza, en que a la muerte del achacoso rey, ellos se convertirían en reyes de España. Pero el cauto de Fernando VII, al contraer su cuarto matrimonio con su sobrina la muy lozana princesa María Cristina de las Dos Sicilias, recordó que su padre había revocado la Ley Sálica traída de Francia por el primer Borbón Felipe V que, contra la tradición española que tiene su origen en las Partidas de Alfonso X el Sabio y permitía reinar a las mujeres, fue publicada en 1713 e impedía el acceso al trono de las mujeres si hubiera una línea masculina aunque no fuera la principal. Carlos IV en efecto en una Pragmática de 1789 había derogado la Ley Sálica y había vuelto a la tradición española, sobre todo porque las disposiciones de Felipe V también prohibían que reinase en nuestro país nadie que no hubiera nacido en España, lo cual perjudicaba al propio Carlos IV, que había nacido en Nápoles durante el reinado en aquellos Estados de su padre Carlos III. (De seguir vigente esa ley tampoco habría podido reinar por tanto Juan Carlos I, nacido como todos sabemos en Roma durante el tercer exilio de la familia real.)

Como Carlos IV, aparte de un poco simple, era bastante descuidado, se olvidó de publicar su Pragmática. Aunque en 1805 la Novísima Recopilación de las Leyes de España volvían a las normas de Las Partidas, para asegurarse que todo quedaba bien arreglado y previendo que no pudiera tener sucesión masculina, al contraer matrimonio con su sobrina Cristina de Nápoles, Fernando VII hizo publicar en 1829 la Pragmática de su padre de 1789. Carlos María Isidro no aceptó aquel cambio que echaba por tierra sus esperanzas de sentarse en el trono en cuanto muriera su decrépito hermano. Pero como estaba por ver que con las escasas fuerzas que le quedaban fuera capaz de engendrar hijos en el cuerpo rozagante de la napolitana, Carlos María y María Francisca esperaron. Y su gozo en un pozo. Al poco tiempo la reina quedó embarazada y tras nueve meses llegó al mundo una hermosa niña, a la que pusieron por nombre Isabel, como la primera de las reinas de la España unificada, para que quedara aún más claro que estaba llamada a suceder a su padre. También es verdad que era el nombre de su abuela materna, la reina Isabel de Nápoles. Fernando VII, para evitar cualquier problema, la hizo en seguida jurar como princesa de Asturias.

Y claro, eso ya no lo aguantaron los desencantados Carlos María Isidro y María Francisca, que entraron en rebeldía y se negaron a jurar fidelidad y acatamiento a su sobrina, la ya legítima heredera. No solamente eso, se negaron a asistir al acto, celebrado, como ya hemos contado, en la iglesia de San Jerónimo el Real, como era secular costumbre de la Monarquía hispánica. Se largaron a Portugal para intrigar y conspirar más a gusto. No solamente había ya una heredera, sino que nacerían otras infantas, de las que sólo sobrevivió una, que llegaba para asegurar aún más la descendencia fernandina y a la que pusieron por nombre María Luisa Fernanda, Fernanda por su padre y María Luisa imaginamos que por su desastrosa y casquivana abuela, María Luisa de Parma.

Lo que sucedió después también lo hemos contado. Hay intentos de cambiar la voluntad del rey, le asustan con las calamidades que pueden ocurrir en España si llega a reinar su hija y el pobre y enfermo Fernando firma la restauración de la Ley Sálica, forzada su mano por los enemigos de Isabel. Pero llega a tiempo la intrépida infanta Luisa Carlota, cuñada y sobrina del rey, y que tal vez ya maquinaba casar a uno de sus hijos con la niña heredera, le arrebata el decreto a Calomarde, le da una sonora bofetada y arroja el papel al fuego. Fernando supera la crisis de salud y una vez repuesto tiene tiempo de afianzar nuevamente en su testamento la sucesión de su hija, antes de que los excesos cometidos en su vida canallesca acabaran con él en 1833, cuando su hija y heredera tenía sólo tres añitos. Al tiempo que las Cortes reconocen y juran a la niña reina como Isabel II, los partidarios de Carlos María Isidro lo proclaman a su vez rey, en Talavera de la Reina, con el nombre de Carlos V. Sería el primer rey de esta rama carlista que llegaría a ser enemiga irreconciliable de la rama isabelina y legítima, a la que luego despectivamente llamarían puigmoltesa, por la supuesta paternidad del príncipe Alfonso, heredero de Isabel II, atribuida al valenciano Enrique Puigmoltó.

La historia de la dinastía carlista es complicada y está llena de traiciones, desafueros, abdicaciones y peleas entre sus distintos miem-

La familia de Felipe V (1743) de Michel van Loo, Museo del Prado de Madrid. Los primeros Borbones españoles se muestran en toda su realeza.

Isabel de Farnesio, segunda esposa de Felipe V, fundador de la dinastía española de la Casa de Borbón, luchó por ver a sus hijos en diversos tronos de Europa y a su primogénito en el de España.

Retrato de Fernando VI, Museo Naval de Madrid. Este rey enloqueció cuando murió Bárbara de Braganza, su amada esposa.

Retrato de Godoy de Agustín Esteve. Su íntima amistad con Carlos IV y María Luisa de Parma llegó a ser tan llamativa que fueron conocidos como «la Trinidad».

Este famoso retrato de Carlos IV ha tenido múltiples lecturas. En él, Francisco de Goya deja entrever el comienzo de una decadencia.

Boda de Alfonso XII y María de las Mercedes en la Basílica de Atocha de Madrid, el 23 de enero de 1878. Uno de los momentos de mayor gloria y romanticismo de la dinastía.

Debido al atentado que tuvo lugar en la calle Mayor tras la boda del seductor rey de España y la hermosa princesa británica, muchos la llamaron «boda de sangre».

Alfonso XIII y Victoria Eugenia de Battenberg se casaron en los Jerónimos de Madrid en mayo de 1906. Todo parecía un nuevo cuento de hadas.

En este magnífico retrato vemos a un Alfonso XIII prematuramente envejecido. Se iban frustrando las esperanzas que su reinado, iniciado con la centuria, había despertado.

Don Juan de Borbón y doña María de las Mercedes de Borbón Dos Sicilias se casaron en Roma el 12 de octubre de 1935. El enlace supuso una reafirmación de la dinastía en el exilio, aunque la madre del novio no estuvo presente.

El 30 de enero de 1968 nacía al fin el heredero varón de don Juan Carlos y doña Sofía. La exiliada reina madre volvió a España por primera vez para apadrinar a su nieto Felipe, junto al conde de Barcelona.

Boda en Atenas el 14 de mayo de 1962 entre don Juan Carlos de Borbón y doña Sofía, primogénita del rey Pablo de Grecia. Entonces se consideraba muy difícil que llegaran a reinar.

Proclamación de Juan Carlos I Rey de España en noviembre de 1975. Aunque las primeras palabras del nuevo rey fueron esperanzadoras, nadie confiaba en que se convertiría en el motor del cambio hacia la democracia.

30 de enero de 1986. El príncipe Felipe cumple dieciocho años. En la nueva monarquía juancarlista el heredero jura su fidelidad a la Constitución y al Rey en el Parlamento.

Don Felipe de Borbón al frente de la delegación española en las Olimpiadas de Barcelona en 1992. Entonces supuso una nueva imagen de la España moderna.

Don Juan Carlos I quiso que su padre recibiera un homenaje y una reparación histórica. Fue enterrado con honores de rey, él que había sido hijo, nieto y padre de reyes.

La vinculación de la Casa Real con Sevilla se remonta a siglos atrás. En la boda de la infanta Elena con don Jaime de Marichalar, en marzo de 1994, la ciudad estuvo a la altura de las circunstancias.

La infanta Cristina se casó en Barcelona con don Iñaki Urdangarin en octubre de 1996. El hecho de que el novio fuera un deportista de élite vasco y de familia del PNV dio lugar a una boda catalana verdaderamente «autonómica».

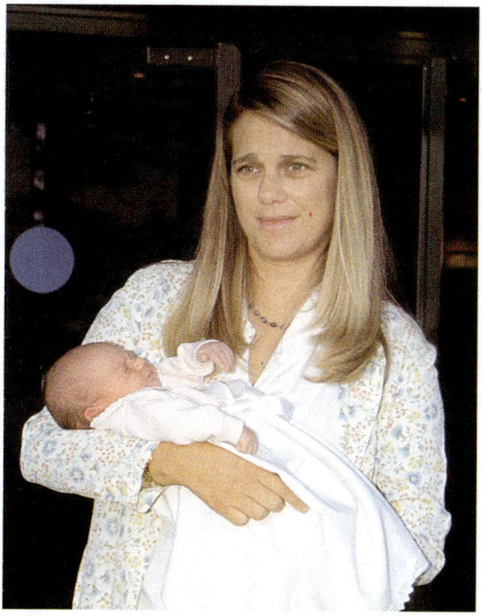

Isabel Sartorius, hermosa, aristócrata y culta, fue el primer gran amor de Felipe de Borbón. Las críticas de los medios y la juventud de los novios frustraron la boda. Su hija Mencía es la ilusión de Isabel.

El largo romance de don Felipe de Borbón con la modelo noruega Eva Sannum se convirtió en un culebrón. Ambos se dejaron ver en la boda de Haakon Magnus de Noruega, en agosto de 2001.

La periodista Letizia Ortiz acude a un concierto en el Teatro Real junto a su nueva familia política. Fue la primera vez en la que el Himno Nacional sonó también en su honor.

Letizia Ortiz pasa la primera prueba arropada por la familia real. Más relajada, charla con su novio en el coche cuando salen hacia el Palacio de Oriente para la primera cena en familia.

Primera aparición en público de don Felipe de Borbón con su prometida Letizia Ortiz en los jardines de la Casa del Príncipe, cuando el país no se había recuperado del sorprendente anuncio del compromiso.

La petición de mano de doña Letizia Ortiz por parte del Príncipe de Asturias fue motivo de la mayor concentración de medios hasta ahora conocida en un evento de la familia real. La boda mediática será todo un éxito.

bros. En cuanto a la ideología que se guarecía tras sus supuestas legitimidades ha quedado claro en el apartado correspondiente cuál era y lo que significaba. El carlismo fue el refugio de la reacción más ultramontana, del conservadurismo y de la extrema derecha. Defensor de los privilegios y de la monarquía absolutista, el carlismo se proclamaba abanderado de las más obsoletas tradiciones morales, sociales, religiosas y el enemigo más serio que ha tenido el progreso en nuestro país. Su lema «Dios, Patria, Rey y Fueros» formó durante décadas el símbolo de la España más retrógrada y arcaica, defensora de los privilegios regionales, antiliberal, más apostólica que la propia Iglesia y el estandarte de la involución enemiga de la modernidad y del aperturismo.

Carlos V de la rama carlista fue el primer monarca de esta dinastía que se levantó en armas contra su sobrina y su cuñada, la reina gobernadora doña María Cristina de Nápoles, regente durante la minoría de edad de Isabel II. Aquella guerra, se desarrolló en algunas provincias del norte, donde el carlismo se hizo fuerte y tuvo su mejor acogida por la defensa de los fueros y privilegios regionalistas que aún detentaban. El general Zumalacárregui fue su héroe, logró algunas victorias hasta caer herido en una batalla. Poco después el general Esparteros acabaría con la guerra y firmaría la paz mediante el llamado Abrazo de Vergara. Así terminaba la primera guerra carlista. Carlos, al quedar viudo de María Francisca, se casó con su propia cuñada, la despótica y autoritaria María Teresa de Braganza, princesa de Beira, que sería durante muchos años el alma del carlismo y la principal defensora de sus ideales y del mantenimiento de la pureza de sus principios.

Ya hemos dicho cómo Jaime Balmes, cuando se empieza a hablar del matrimonio de la reina Isabel II, concibió la luminosa idea de acabar con el pleito dinástico, uniendo a la joven reina con su primo hermano Carlos Luis, primogénito del pretendiente. Durante más de una década se habló de aquella unión, pero no sólo tenía la oposición de parte del carlismo, sino de la propia Isabel, que al enterarse que su real primo era bizco rehusó el matrimonio. Aun así Carlos V había abdicado en Carlos Luis, tomando para sí el título de conde de Molina. El nuevo rey carlista Carlos VI, que se tituló a su vez conde de Montemolín, inició otra guerra años más tarde, que fue la más breve y en la que destacó en la parte carlista el general Cabrera, que ocupó parte de Cataluña. Por tres veces Carlos VI abdicó en su hermano Juan Carlos, conocido por algunos como el Juan III del carlismo, para finalmente desentenderse de sus pretensiones al trono. El reinado de Juan III, que sólo duró cinco años, acabó de forma violenta al condenarle la vieja princesa de Beira por haber querido acabar con el pleito dinástico reconociendo a su prima Isabel II. Como Carlos VI, que recuperó la ilusoria corona, murió sin descendencia, a pesar de haber contraído matrimonio dos veces, la primera con Carolina de las Dos Sicilias y la segunda morganáticamente con una actriz, le sucedió su sobrino mayor, Carlos María de los Dolores, Carlos VII, hijo primogénito del efímero y no generalmente reconocido como rey carlista Juan III y de su esposa Beatriz de Austria-Este, de una de las ramas de los Habsburgo.

Carlos VII, que tomó el título de duque de Madrid, fue el único rey carlista que llegó a tener poder real brevemente en un pequeño territorio y el único que acuñó moneda, ya que fue el que llevó a cabo la tercera y última guerra carlista, declarada en 1872, durante el interregno de la dinastía legítima después de la revolución de 1868. Esta guerra se prolongaría hasta 1876, restaurada ya la rama isabelina en la persona de Alfonso XII, que tomó parte y valerosamente en la propia guerra. Su terminación le acreditó con el título de Pacificador, con el que ha pasado a la historia tras su breve reinado. El duque de Madrid se casó en primeras nupcias con la aguerrida Margarita de Borbón-Parma, otra de las figuras femeninas del carlismo, gran animadora de la causa, de la que tuvo cuantiosa prole, el nominado en la dinastía carlista Jaime III, y un montón de hijas. Una vez viudo se casó con la riquísima Berta de Rohan, que fue una verdadera demoledora de la causa y de la familia de su marido.

En 1931 murió soltero Jaime III de Borbón, al que habían intentado casar en numerosas ocasiones, una de ellas con la hermana mayor de Alfonso XIII, en uno de los muchos intentos que a lo largo de los años se han hecho para acabar con el conflicto dinástico a través de un enlace matrimonial. Este compromiso no llegó a realizarse, ni ninguno de los muchos que se le propusieron; por una u otra causa, siempre quedaron abortados. Jaime hizo carrera militar en Austria y sirvió en el ejército del zar de Rusia. A su muerte la causa carlista sufre un verdadero desaguisado. Le sucede su tío, Alfonso Carlos I, un venerable anciano de 82 años, casado con la infanta de Portugal María de las Nieves de Braganza, con la que en su juventud había venido a pelear en la última guerra carlista y a la que los tradicionalistas llamaron siempre, sin que se sepa muy bien por qué, Blanca. Fue otra de las figuras femeninas del carlismo. Éste sería el último rey carlista según las reglas por las que se había iniciado el conflicto dinástico, ya que al morir sin descendencia, con él se extinguía por línea de varón la descendencia de aquel Carlos María Isidro, origen de todos los desastres.

Tanto Jaime III, en sus últimos años de vida, como Alfonso Carlos I, trataron, previendo lo que iba a ocurrir, tender puentes con su pariente Alfonso XIII, rey de España, ya que en él, desaparecida la rama carlista, coincidían las dos legitimidades, porque extinguida la descendencia de Carlos María Isidro, la legitimidad defendida por los carlistas pasaba al descendiente del hermano menor de éste, el infante Francisco de Paula de Borbón, bisabuelo de Alfonso XIII. Pero tanto Jaime III como Alfonso Carlos I exigían que Alfonso XIII abjurara y condenara la monarquía liberal de su padre y de su abuela, lo cual era pedir que condenara a sus propios antepasados. Demasiado. Sin embargo se tomaron algunos acuerdos, ya que ambos también sabían que fatalmente y si querían ser fieles a los principios que habían dado origen al conflicto, Alfonso XIII se convertiría en el heredero de las dos ramas.

Sin embargo no fueron así de sencillas las cosas. Al no llegar a un acuerdo y mientras se buscaba una solución a la herencia de los derechos carlistas, Alfonso Carlos I nombró regente a su sobrino político Javier de Borbón-Parma, cabeza de esta rama de Borbones italianos, e hijo de María Antonia de Portugal, hermana de la mujer del anciano rey carlista. Por otra parte una de las hermanas de Jaime III, la infanta Blanca, casada con el archiduque Leopoldo Salvador de Austria, reclamó para ella los derechos de sucesión en la persona de su hijo Francisco José Carlos, en el que ella veía también la herencia de los Habsburgo españoles. Lo cual era mucho retrotraerse. Aun así contraviniendo las normas del carlismo, que no podía transmitirse por línea femenina, quedaron frente a frente dos pretendientes que realmente carecían de legitimidad de ningún tipo. Por un lado, el hijo de la infanta Blanca, que tomó el nombre de Carlos VIII y que rápidamente quedó anulado al contraer matrimonio morganático (tampoco aceptado por el carlismo) con Cristina Sattger, muriendo en 1953 sin descendencia, después de haber vivido algunos años en Barcelona. Y por el otro, el regente nombrado por Alfonso Carlos, Javier de Borbón-Parma, que ni corto ni perezoso se proclamó también en Barcelona, en 1952, rey de la causa carlista, siendo reconocido por algunos grupos del carlismo.

El pretendiente oportunista

Javier de Borbón-Parma se había casado con la descendiente de una rama menor francesa de la Casa de Borbón, Magdalena de Borbón-Busset. En 1975, dos años antes de morir, abdicó en su hijo primogénito Hugo Carlos de Borbón-Parma, que desde hacía años se había instalado en España con sus tres hermanas solteras, María Teresa, María Cecilia y María de las Nieves, convertidas en nuevas musas de un carlismo muy distinto al de sus fundadores, ya que el príncipe Hugo, que dio la vuelta a sus nombres y empezó a ser llamado Carlos Hugo, en un alarde audaz y bastante heterodoxo con el carlismo tradicional, reconvirtió sus ideales tradicionalistas a un socialismo *sui generis* y autogestionario. Carlos Hugo contrajo matrimonio con una princesa holandesa y protestante, que tuvo que convertirse en catoliquísima para estar a la altura de la beatería carlista, Irene de Orange-Nassau, hija segunda de la reina Juliana de Holanda y del príncipe Bernardo de Lippe. Irene, aparte de convertirse al catolicismo, tuvo que renunciar a sus derechos al trono holandés. El matrimonio, que tuvo cuatro hijos, Carlos Javier, los gemelos Jaime y Margarita y la princesa Carolina, se instaló en Madrid y la ambigüedad de Franco en el tema sucesorio permitió que Carlos Hugo entrara en la ronda de los posibles sucesores.

Al advenimiento de la Monarquía juancarlista, Carlos Hugo, erigido en el líder de una parte de los carlistas —la mayoría ya reconocía en la rama isabelina representada por don Juan y su hijo don Juan Carlos la doble legitimidad—, se presentó a las primeras y segundas elecciones democráticas sin mucho éxito. Su carlismo en realidad era un producto espurio que nada tenía que ver con la tradición de su rama dinástica ni con los ideales que lo había inspirado. En 1980 reconoció a su primo como Rey de España y abandonó el partido carlista. Se divorció de su mujer y se marchó a Estados Unidos, en cuya Universidad de Boston ha ejercido como profesor durante muchos años.

Jubilado ha regresado a Europa y ahora preside diferentes fundaciones en los Estados italianos de sus antepasados, los ducados de Parma, Piascenza y Guastalla. En el año 2002 ha entregado al Ministerio de Cultura del reino de España los archivos del carlismo. En la ceremonia, que se celebró en la sede del ministerio, le acompañaba su hija menor la princesa Carolina, una hermosa joven, de sólida formación académica, de preocupaciones humanitarias, que trabaja en diversas ONG y que acompaña a su padre, al estar divorciado de su madre, en algunos acontecimientos especiales y relacionados con su dinastía.

A esta princesa se la relacionó, sin mucho fundamento ni causa conocida, con su lejano primo don Felipe de Borbón y Grecia, Príncipe de Asturias. El viejo sueño de la reconciliación final de las ramas divididas en 1833 volvió a crear una nueva ilusión. Aunque la princesa Carolina tiene doble nacionalidad, española y holandesa, tratamiento de alteza real y es princesa de Parma, marquesa de Sala e infanta de España, como es tradicional en todos los descendientes de los duques de Parma, y sabe varios idiomas, entre ellos euskera, el proyecto, como en anteriores ocasiones históricas, no ha prosperado.

II

UNA OPORTUNIDAD INSÓLITA

La monarquía de Juan Carlos I de Borbón

Aquel que recibe la misión de gobernar los pueblos
ha de ocuparse de los negocios públicos y no privados,
y no ha de pensar en otra cosa que en la utilidad general.
ERASMO DE ROTTERDAM

Aquel que nace para rey, y cuando lo es,
demuestra que merece serlo, es un hombre afortunado.
FRANCISCO DE QUEVEDO

La verdadera soberanía está en el recto comportamiento.
Nada tendrá que envidiar a la grandeza quien sea norma de ella.
Especialmente a los allegados al trono
pégueseles algo de la verdadera superioridad.
BALTASAR GRACIÁN

EMPIEZA UNA ÉPOCA

La última oportunidad de los Borbones de regresar de su tercer exilio y recuperar el trono de España la hemos presenciado por televisión. Si de las anteriores los testimonios iconográficos que poseemos son grabados, cuadros que tenemos que buscar en museos, palacios y pinacotecas, de esta historia hemos podido ser testigos nosotros mismos. Y no de la forma fragmentaria, a la vez cercana y distante que los ciudadanos madrileños pudieron presenciar la entrada triunfal de Fernando VII o la más próxima en enero de 1875 de Alfonso XII, montado en un caballo blanco y aclamado por una multitud. No. De esta historia hemos sido testigos todos nosotros a través de la televisión y su indiscreta manera de ir de la panorámica al plano general y de éste al primerísimo plano. Por primera vez ocurría algo semejante en nuestra historia.

A través de la pequeña pantalla los españoles actuales hemos podido asistir como unos invitados más a los actos desarrollados tanto en el hemiciclo del Palacio del Congreso de los Diputados durante el acto de proclamación de Juan Carlos I como Rey de España, como al tedéum de Acción de Gracias en Los Jerónimos por el comienzo de su reinado.

Y así pudimos ver desde las impresionantes ojeras del joven rey el día de su proclamación, a la extravagante capa del general Pinochet en el entierro del dictador Francisco Franco. Y desde los gestos encantadoramente infantiles del príncipe Felipe a la complacida mirada de los miembros de la realeza y de algunos dignatarios del mundo que vinieron a apoyar con su presencia al nuevo Rey de España. Pudimos ser testigos inmediatos y cercanos tanto de las palabras de Juan Carlos I hablando por primera vez de ser el rey de todos los españoles, de reconciliación nacional y de la diversidad de las regiones españolas, como de las del cardenal Tarancón, que eran la confirmación de ese programa de gobierno y una invitación a la justicia social. Por primera vez la historia ocurría delante de todos nosotros y entraba en nuestras propias casas.

«Hoy comienza una nueva etapa de la Historia de España. Esta etapa, que hemos de recorrer juntos, se inicia en la paz, el trabajo y la prosperidad, fruto del esfuerzo común y de la decidida voluntad colectiva. La Monarquía será fiel guardián de esa herencia y procurará en todo momento mantener la más estrecha relación con el pueblo... Deseo ser capaz de actuar como moderador, como guardián del sistema constitucional y como promotor de la justicia. Que nadie tema que su causa sea olvidada; que nadie espere una ventaja o un privilegio. Juntos podremos hacerlo todo si a todos damos su justa oportunidad. Guardaré y haré guardar las leyes teniendo por norte la justicia y sabiendo que el servicio del pueblo es el que justifica toda mi función...

»Un orden justo, igual para todos, permite reconocer dentro de la unidad del Reino y del Estado las peculiaridades regionales, como expresión de la diversidad de pueblos que constituyen la sagrada realidad de España. El Rey quiere serlo de todos a un tiempo y de cada uno en su cultura, en su historia y en su tradición...

»La institución que personifico integra a todos los españoles y hoy, en esta hora tan trascendental, os convoco porque a todos nos incumbe por igual el deber de servir a España. Que todos entiendan con generosidad y altura de miras que nuestro futuro se basará en un efectivo consenso de concordia nacional.

»El Rey es el primer español obligado a cumplir con su deber y con estos propósitos, en este momento decisivo de mi vida, afirmo solemnemente que todo tiempo y todas las acciones de mi voluntad estarán dirigidas a cumplir con mi deber... Os prometo firmeza y prudencia. Confío en que todos sabremos cumplir la misión en la que estamos comprometidos. Si todos permanecemos unidos habremos ganado el futuro. ¡Viva España!»

Cuando el día 27 de noviembre se celebra el tedéum de Acción de Gracias en los Jerónimos, las palabras de monseñor Vicente Enrique y Tarancón, que es el presidente de la Conferencia Episcopal Española y una de las principales figuras que están propiciando el cambio en la propia institución eclesiástica, sus palabras, rotundas y graves, cobran un especial relieve porque muestran el apoyo decidido de la Iglesia a la transición que se avecina y a la nueva situación. Más aún, en su discurso —que fue llamado «el taranconazo»— monseñor Tarancón marcaba también unas pautas para la propia institución monárquica. Viniendo como venía de la máxima autoridad religiosa de la Iglesia católica de España, que tan entusiásticamente había colaborado con el franquismo, del que había sido un apoyo incondicional en muchas ocasiones, aquellas palabras resonaron como una bomba en muchos ámbitos:

«Tomáis las riendas del Estado en una hora de tránsito, después de muchos años en que una figura excepcional, ya histórica, asumió el poder de forma y en circunstancias extraordinarias. España, con la participación de todos y bajo vuestro cuidado, avanza en su camino y será necesaria la colaboración de todos, la prudencia de todos, el talento y la decisión de todos para que sea el camino de la paz, del progreso, de la libertad y progreso mutuo que todos deseamos... en la excepcional importancia de la hora que vivimos y también en su extraordinaria dificultad, la Iglesia se siente comprometida con la patria...

»Pido que seáis el Rey de todos los españoles. Pido para vos acierto y discreción para abrir caminos del futuro de la patria para que, de acuerdo con la naturaleza humana y la voluntad de Dios, las estructuras jurídico-políticas que ofrezcan a todos los ciudadanos la posibilidad de participar libre y activamente en la vida del país, en las medidas concretas de gobierno que nos conduzcan, a través de un proceso de madurez creciente, hacia una patria plenamente justa en lo social y equilibrada en lo económico... Debéis promover los derechos humanos, fortalecer las libertades justas, ayudar a promover las causas de la paz y de la justicia...

»Señor, que sea el vuestro un reino de justicia en el que quepan todos sin discriminaciones, que sea el vuestro un reino de amor, donde la fraternidad acoja las diferencias y, respetándolas, las ponga todas al servicio de la comunidad; que, sobre todo, sea un reino de auténtica paz, una paz libre y justa, una paz ancha y fecunda, una paz en la que todos puedan crecer, progresar y realizarse como seres humanos y como hijos de Dios.»

La hora del cambio

Pero la historia, sin duda, tiene varios niveles de conocimiento. Y muchas interpretaciones e innumerables vericuetos y pasajes secretos, que sólo conocen los protagonistas. Y a veces ni los protagonistas en su totalidad. Aquellos días de noviembre de 1975 los españoles sabíamos, lo veíamos delante de nuestros ojos asombrados, que empezaba una nueva época Y a pesar de la incertidumbre, de la inquietud y del escepticismo, confiábamos y esperábamos que esa época fuera mejor para todos. Por tercera vez en nuestra historia —aunque eso lo desconocía la mayoría— ese temor y esa esperanza los personificaba un rey de la Casa de Borbón. Por muy insólito que esto pudiera parecer. Los entresijos para que aquella representación y otras muchas que habrían de sucederse ocurrieran exactamente como han ocurrido son la apasionante historia de la transición que ha despertado el interés y hasta el desconcierto de politólogos y eruditos de la ciencia política y de la historiografía de todo el mundo. La reinstauración de una monarquía democrática como colofón de un larguísimo régimen dictatorial en los finales del siglo XX era algo que nadie había imaginado que pudiera suceder. Pero ha sucedido y ha admirado a todos. Y una de las sorpresas mayores de todo ese proceso ha sido el descubrimiento de la figura del rey Juan Carlos, por el que nadie en su sano juicio apostaba y que resultó ser el motor que impulsó uno de los cambios más espectaculares que se han producido en este viejo país.

Por encima de cualquier otro aspecto de su reinado que ha superado ya el cuarto de siglo, el gran mérito del rey Juan Carlos —y por el que merece pasar a la historia con el sobrenombre de *el Reconciliador*—, en el proceso de la transición política española, es doble. Por un lado, el haber hecho realidad la reconciliación nacional y por otro lado y como consecuencia de ello, haber logrado hacer compatibles dos conceptos que parecían antagónicos, monarquía y democracia. Si todos los esfuerzos de los políticos españoles de los años veinte y treinta del pasado siglo por la democratización del país fracasaron y resultaron inútiles, fue porque nadie se planteaba en serio, tampoco la propia corona, que este proceso fuera posible contando con la monarquía. Ningún político de los años treinta creía en la posibilidad de que democracia y monarquía parlamentaria pudieran caminar unidas en nuestro país. De ahí que siempre que se planteaba la implantación de una democracia plena —y no la ficción de democracia que aportó la Constitución de 1876— se hacía partiendo de presupuestos republicanos. En los años treinta en España, democracia era igual a república, y no sólo porque se creyera que la monarquía como forma de gobierno era una cosa del pasado, una institución obsoleta y periclitada, sino porque no existía tradición lo suficientemente asentada y verificada de una decidida aportación de la corona a la democratización del país.

Los gobiernos liberales tanto de Isabel II como los de la Restauración con Alfonso XII y con la Regencia, incluso los primeros gobiernos liberales de Alfonso XIII, en realidad nunca se plantearon que la normalización democrática de España pasara por la conciliación y la identificación de ésta con la monarquía. Cuantas veces Alfonso XIII instó a sus sucesivos gobiernos, incluido el de la dictadura de Primo de Rivera, a hacer una nueva Constitución, nunca este proyecto hubiese pasado, de haberse abordado en serio —cosa que no sucedió— por una definición del Estado y de la Monarquía como la que se hizo en la Constitución de 1978, cuyo Artículo I dice:

«1. España se constituye en un Estado social y democrático de Derecho, que propugna como valores superiores de su ordenamiento jurídico la libertad, la justicia, la igualdad y el pluralismo político.

»2. La soberanía nacional reside en el pueblo español, del que emanan los poderes del Estado.

»3. La forma política del Estado español es la Monarquía parlamentaria.»

Mediante un proceso verdaderamente tan audaz como fascinante, se consensuaba una definición que a las monarquías de nuestro entorno europeo les había costado un largo camino de adaptación. Y a España más de un siglo de luchas políticas, de enfrentamientos civiles y de tensiones sociales.

Pero nadie podía imaginar siquiera aquellos días de noviembre de 1975, con el dictador todavía de cuerpo presente, que en apenas tres años el régimen que él creía dejar atado y bien atado se transformaría en una de las democracias más avanzadas del mundo. Y todo ello sin ninguna ruptura, yendo de la legalidad del propio sistema dictatorial, mediante una tajante reforma, a una legalidad absolutamente democrática. O como diría el artífice de tan sofisticado método, Torcuato Fernández Miranda, «a la ley desde la ley». Torcuato Fernández Miranda había sido consejero y profesor de Derecho Político del príncipe Juan Carlos y había sido, como se ha sabido después, el que despejó sus dudas y sus escrúpulos de conciencia para no ser tachado de perjuro, tanto al prestar juramento a los Principios del Movimiento Nacional al aceptar ser nombrado sucesor de Franco, como en el preciso momento en que según las previsiones de la Ley de Sucesión, fuera proclamado Rey por las Cortes franquistas. Perfecto conocedor de los entresijos de las leyes, el profesor Fernández Miranda convenció a don Juan Carlos de Borbón que no tendría que violentar su juramento pues se podría hacer el cambio a través de las reformas de las propias leyes de Franco.

Así mediante un rebuscado sistema legal, el Movimiento Nacional se hizo el *harakiri* y se dio origen a la reforma del sistema a través de un referéndum y una vez legalizados y autorizados todos los partidos políticos, incluido el comunista, se convocaron las primeras elecciones democráticas, que dieron origen a las primeras Cortes democráticas, convertidas en Constituyentes, que tras año y medio de trabajo elaboraron una nueva Constitución, la de 1978, que una vez aprobada por el Congreso y el Senado y ratificada en referéndum el 6 de diciembre, por una inmensa mayoría de españoles, Juan Carlos I firmó y promulgó en solemne sesión conjunta del Congreso de Diputados y del Senado. Habían transcurrido tan sólo tres años y 37 días desde la muerte del dictador.

UNA TRANSICIÓN COMPLICADA

Como ya hemos dicho en otros capítulos de este libro, no son estas páginas el lugar para analizar la historia política de España, tampoco la de estos últimos veintiocho años. Ni de la transición, ni de la España que comenzó su andadura una vez realizada la normalización democrática. Sólo lo haremos en los aspectos que tengan que ver con lo que es el propósito de este libro como una crónica de la dinastía, de las oportunidades que ha tenido la Casa de Borbón para volver al trono a lo largo de su complicada historia. Y su regreso en 1975, al final de la dictadura, ha sido el más insólito de cuantos ha protagonizado en siglo y medio. Como también hemos dicho en otras partes de este libro, la comprensión de este apasionante relato, nos obliga a seguir aunque sea de manera superficial los acontecimientos políticos que lo hacen comprensible.

A pesar de la abrumadora cantidad de páginas, de estudios y de interpretaciones que ha merecido el proceso de la transición política española desde el régimen dictatorial, con todo su entramado de leyes que lo sustentaban, a la Monarquía parlamentaria que tenemos, es difícil llegar a unas conclusiones claras para saber quiénes manejaron los hilos de aquel inmenso tinglado, quiénes en definitiva hicieron posible que todo se sucediera pacíficamente y quiénes tienen un papel secundario, pero en todo caso también importante, pues no se entendería que un tan complicado proceso pudiera realizarse tal y como se hizo sin la participación de algunas de las partes. Y éstas eran muchas. Estaba el viejo régimen, con sus políticos, sus familias, sus grupos de presión, los poderes fácticos que naturalmente se oponían en principio a cualquier cambio. Estaba por otra parte la oposición, con una infinita variedad de matices, desde los que exigían una ruptura total con lo anterior a los que suavizaban sus posturas y estaban dispuestos a someterse a los compromisos que fueran necesarios para lograr esa ruptura pactada. Estaban los reformistas tanto los descolgados del régimen franquista, como los que a pesar de estar en la oposición de las fuerzas democráticas veían en el reformismo la única manera de un tránsito lo menos traumático posible. Estaban los intereses internacionales, los mismos que habían terminado apoyando la dictadura de Franco durante cuarenta años, que veían con inquietud lo que podía suceder en España tras su desaparición. Y que tal vez no estaban dispuestos a que aquel proceso de cambio y democratización se les fuera de las manos.

Estaba el Rey que era entonces una incógnita, pues apenas había manifestado su opinión durante los seis años en que había desempeñado el papel de sucesor de Franco, pero que en su discurso ante las Cortes había abierto algunas esperanzas, tal vez demasiado difusas. Y estaban los monárquicos juanistas, una minoría casi desconocida que había apoyado la opción de la restauración monárquica en España en la persona en la que estaban depositados los derechos históricos de la monarquía hispánica, es decir, en el conde de Barcelona, hijo y sucesor del último rey Alfonso XIII y, por una rocambolesca jugada de la historia, padre del príncipe que las leyes franquistas habían colocado en el trono. Un galimatías difícil de resolver.

Y estaba finalmente el pueblo español. Más de treinta millones de habitantes, de los cuales una gran mayoría había nacido y se había educado durante la dictadura, lo que significaba que en su inmensa mayoría no tenía opiniones políticas, se mostraba al menos indiferente hacia la monarquía, era mucho más avanzada socialmente que lo que las fuerzas políticas y los poderosos creían, y luego demostraría también que mucho más madura que lo que nadie podía imaginar. A pesar de que existía una buena parte de españoles que se interesaban por la política y militaban clandestinamente en partidos políticos y sindicatos obreros, en su mayoría el pueblo español en 1975 lo que quería era la paz (la guerra, vivida o dolorosa referencia de los mayores, era un oscuro túnel que nadie quería ni recordar), el bienestar que habían empezado a vislumbrar y una mayor libertad en todos los aspectos de la vida. En realidad aquella inmensa mayoría de españoles que estaba llamada a recuperar su soberanía, a que todos hablasen en su nombre y reclamaran su adhesión, lo que quería y sabía, más por intuición y sabiduría popular, es que había llegado su hora y que estaba llamada a convertirse en el auténtico protagonista de su futuro, un espectáculo fascinante, peligroso y de consecuencias insospechadas, pero que estaba a punto de comenzar.

Lo que parece que nadie ha contemplado como un elemento, que también haya tenido su influencia y un papel importante en la transición, es la intervención del azar. Tal vez porque a nadie le gusta reconocer que en un cambio tan importante y en un proceso tan complejo, no estaban todas las fuerzas controladas, todos los resortes medidos y todas las decisiones meditadas. Pero creo que no estaría de más reconocer que hubo elementos que nadie controlaba y que obraron a favor. Que la suerte —ese factor tan desacreditado— también estuvo, en esta ocasión, de parte de los españoles.

La transición se puede seguir a varios niveles. Al que ya hemos hecho referencia, que fueron los hechos que se sucedieron desde la muerte del dictador, y que eran la puesta en marcha del mecanismo que el propio sistema había previsto para el caso de la muerte del generalísimo Francisco Franco, ya que él se había cuidado muy bien de que quedara muy claro que su poder omnímodo era vitalicio. Y a otros niveles más críticos, intentando investigar en los entresijos que en la historia oficial siempre quedan velados. En 1973 Franco, advirtiendo que el final se avecinaba, se había visto obligado a ceder algo de su poder creando el cargo de jefe del gobierno, que antes ejercía él mismo. Designó para él a su más fiel colaborador, el almirante Luis Carrero Blanco, que había sido uno de los más firmes puntales de la llamada «Operación Lucero», junto a Laureano López Rodó, que logró el nombramiento de Juan Carlos de Borbón como sucesor a título de rey en 1969. Pero en diciembre de aquel mismo año Luis Carrero Blanco fue asesinado por ETA, en una operación inconcebible, horadando un túnel en las narices de los servicios secretos americanos, a pocos metros de la embajada de los Estados Unidos, para colocar una bomba en medio de la calle por la que habría de pasar el coche del almirante. Aquella bomba hizo saltar por los aires mucho más que al primer presidente del Gobierno de la dictadura.

Franco que en aquellos momentos al parecer ya no confiaba totalmente en el príncipe Juan Carlos, por ciertas declaraciones que había realizado en Norteamérica durante una visita oficial, y presionado por su entorno familiar que todavía tenía esperanzas en cambiar la decisión de Franco y depositar la corona en las sienes de su nieto político Alfonso de Borbón Dampierre, duque de Cádiz, nombró nuevo jefe del ejecutivo a uno de los mayores enemigos de la causa monárquica, Carlos Arias. Arias Navarro, que había sido alcalde de Madrid y era en aquellos momentos, responsable de la seguridad del Estado, había sido conocido como «carnicerito de Málaga», por sus fechorías durante la dura represión que ejerció como gobernador militar de esta provincia en la inmediata postguerra. En el verano de 1974 hubo oportunidad de hacer un ensayo general de las previsiones sucesorias, ya que por enfermedad del dictador, fue nombrado jefe del Estado en funciones el entonces príncipe de España, Juan Carlos de Borbón. Pero apenas repuesto de su flebitis, Franco, presionado por su entorno familiar y por sus más fieles, retomó el poder con una simple llamada telefónica al príncipe de España, al palacio de Marivent en Mallorca, donde éste veraneaba con su familia como de costumbre.

Cuando la larguísima agonía de Franco, el mecanismo tuvo que ser nuevamente activado, pero ya don Juan Carlos se negó a ello (no quería pasar por la misma desairada situación que en el 74) hasta no tener la certeza de los médicos de que la enfermedad del general era irreversible. Así es que cuando finalmente Franco fallece, las leyes franquistas se ponen en funcionamiento y el Consejo de Regencia toma el poder hasta que el día 22 el presidente de las Cortes, que también lo era del Consejo del Reino, Alejandro Rodríguez de Valcárcel, proclama a Juan Carlos I como Rey de España, tras la jura por éste de las Leyes Fundamentales del Reino. En sus primeras actuaciones como Rey, Juan Carlos, después de honrar la memoria del dictador y ennoblecer a su familia con sendos títulos, señora de Meirás, con grandeza de España a la viuda, Carmen Polo y Menéndez-Valdés, y duquesa de Franco también con grandeza de España para su hija Carmen Franco Polo, confirma en su puesto a Carlos Arias Navarro como jefe del Gobierno. En aquellos primeros momentos había que actuar con cautela. Y dar la primera impresión de que nada iba a cambiar. Una tímida e insuficiente amnistía política completó aquellas primeras medidas.

Al tiempo, el mismo día de la muerte de Franco todas las demás fuerzas interesadas comienzan a hacer también su trabajo, la oposición el suyo y la reacción el que se esperaba de ella, obstaculizar lo más posible cualquier cambio que se propusiera. Por unos meses todo se resuelve en una tensa espera. Pero todos saben que nada puede seguir como antes. Y empiezan tímidamente las señales, el Rey viaja a Cataluña y habla en catalán, reconociendo el hecho diferencial. El Rey viaja a los Estados Unidos y ante el Congreso promete una mayor democracia para España. Pero todo parece demasiado lento y la oposición se impacienta. La calle presiona y se manifiesta. Se pide una amnistía más generosa para los presos políticos, hay huelgas, lamentables y sangrientos sucesos en Montejurra, el panorama es gris y amenazante, los guerrilleros de Cristo Rey actúan con excesiva impunidad. El rey padre llama a su hijo y le dice que tiene que acelerar el proceso. El Rey llama al primer ministro Arias Navarro y lo despide secamente. Tiene que nombrar un nuevo jefe de Gobierno. El Consejo del Reino tiene que presentarle una terna. Y así lo hace. Y el rey elige al más inesperado: Adolfo Suárez González, ministro secretario general del Movimiento. Los viejos políticos monárquicos que esperaban su turno, Areilza entre ellos, se quedan con dos palmos de narices. Es la primera medida audaz de Juan Carlos I. Pero en aquel momento nadie la entiende. Desde un periódico, Ricardo de la Cierva, historiador y nieto de un ministro de Alfonso XIII, exclama «¡Qué error, qué inmenso error!».

Nadie sabía entonces que Adolfo Suárez era el hombre elegido por el Rey y por Torcuato Fernández Miranda para realizar la más insólita operación política. Suárez era el político joven y ambicioso que el Rey necesitaba para llevar a cabo los cambios necesarios para conducir a España a la democracia. Suárez realiza la autoinmolación del Movimiento Nacional, crea desde el poder un partido (Unión de Centro Democrático), en el que se agrupan todas las fuerzas políticas provenientes del régimen anterior y otras que también quieren una reforma moderada, cuyo principal cometido tiene que ser el de gobernar en un período de transición que en aquellos azarosos momentos nadie sabe cuánto puede durar. El cambio está en marcha. Pero las tímidas amnistías políticas concedidas, la presión en la calle de un pueblo cada día más concienciado de que tiene que luchar por sus libertades y por un sistema verdaderamente democrático, las demandas de los partidos políticos y la propia dinámica de la realidad exigen un ritmo más acelerado. En la Semana Santa de 1977 se legaliza el Partido Comunista de España, con las naturales tensiones que esto supone sobre todo entre las Fuerzas Armadas. Pero es un requisito necesario para que las elecciones que se van a convocar tengan un mínimo de credibilidad democrática en el mundo y frente a la oposición.

Convocadas pues las primeras elecciones democráticas, el padre del Rey, don Juan de Borbón, conde de Barcelona, que ha mantenido un expectante, pero exigente silencio, cree llegado el momento de traspasar los derechos dinásticos a su hijo. Y se realiza un sencillo acto en La Zarzuela, al que los gobernantes de entonces —Torcuato Fernández Miranda especialmente— no quisieron dar la solemnidad que requería por el propio desconocimiento e indiferencia que les producía la institución monárquica, creyendo que la de Juan Carlos, al ser una Monarquía instaurada, no necesitaba de aquellas formalidades dinásticas. Aunque me referiré a este momento más adelante, cuando nos detengamos en el papel jugado por el conde de Barcelona en la transición, sólo diré aquí, que el 14 de mayo de 1977 Juan Carlos I unía a la legalidad jurídica de su reinado, la legalidad dinástica que había mantenido su padre desde 1941, y que durante unos años había atravesado una situación insólita e irregular. Las elecciones que se celebrarían en junio dieron al fin legitimidad democrática al sistema que cambiaba ya rápidamente, aunque la calle y los partidos querían más.

El siguiente paso fue la elaboración de una nueva Constitución. Parlamentarios elegidos de las nuevas Cortes democráticas se constituyeron en un grupo de trabajo, en el que estaban representados todos los partidos, incluidos los nacionalistas que habían aparecido con mucha pujanza y con demandas muy precisas de autonomía en el panorama político. Aquellos «padres de la Constitución», con un espíritu auténticamente de consenso y gran generosidad por parte de todos, consiguió elaborar un texto verdaderamente avanzado y democrático, que una vez discutido y aprobado por los plenos del Congreso y el Senado, fue sometido a referéndum el 6 de diciembre de 1978, obteniendo una abrumadora mayoría de aceptación por parte de los españoles, a pesar de que hubo quienes pidieron la abstención. El 27 de aquel mismo mes de diciembre el Rey promulgaba y firmaba un ejemplar del texto constitucional que organizaba finalmente la vida democrática de España, convertida en una Monarquía parlamentaria.

La clave del nuevo Estado

Aparte de la aceptación de la corona por parte de los partidos políticos confesionalmente republicanos, que hicieron un esfuerzo para llegar a un consenso sobre la definición del Estado: «La forma política del Estado español es la Monarquía parlamentaria» en la elaboración de la Constitución, y reconociendo a Juan Carlos de Borbón como «Rey de España y representante de la Monarquía histórica», con lo que de hecho la Monarquía alcanzaba con la aprobación de la Carta Magna, su definitiva legitimación democrática, el otro gran tema espinoso que había hecho fracasar el primer ensayo republicano de 1873 y había influido tan negativamente en la consolidación de la II República Española, era el hecho de las exigencias de las nacionalidades llamadas históricas para que se reconocieran sus derechos al autogobierno.

Desde los Decretos de Nueva Planta de Felipe V y el desarrollo del constitucionalismo del siglo XIX, que acabó en 1829 con los restos de foralidad de la antigua monarquía de corte federalista que habían instituido los Reyes Católicos y que durante varios siglos había sido el compromiso histórico que había hecho posible la existencia de España como nación, la amenaza del separatismo, más o menos disfrazado de reclamación de sus Fueros abolidos, había planeado sobre el país, a veces de forma peligrosa y violenta. Intentos de secesionismo los había habido desde el siglo XVII. Pero fue a finales del siglo XIX y principios del XX cuando el nacionalismo se organiza, llegando a formar sus propios partidos, que tienen como principal finalidad luchar por la autonomía de los diversos territorios y en algunos casos por su independencia.

Fue la Constitución de 1873 la primera que revisó el principio de nación única que había consagrado la Constitución de 1812 que las Cortes de Cádiz habían aprobado. En 1873 se abre paso el principio del cantonalismo. En realidad el fenómeno que se le fue de las manos a los bienintencionados gobernantes de aquella república, se acabó convirtiendo en uno de los detonantes para su fracaso. No fue posible organizar entonces un Estado federal o autonómico y la Constitución de 1876 que elaboran Cánovas del Castillo y los hombres de la Restauración vuelve al principio de Estado único. La cuestión catalana primero, y luego la cuestión vasca y la cuestión gallega, se convertirían con el tiempo en una espada de Damocles sobre el sistema parlamentario decididamente imperfecto de aquella Carta Magna, que había nacido obsoleta y sin afrontar algunas cuestiones que España tenía sin resolver secularmente y ésta, sin duda, era una de ellas. Y desde luego no la menos importante.

Hemos visto cómo durante el reinado de Alfonso XIII el tema de las nacionalidades se convirtió en uno de los problemas más graves y espinosos que ningún gobierno supo resolver. Aunque hubo políticos catalanes que se implicaron en el gobierno de la nación, como Cambó, la sensibilidad para renovar el pacto histórico de los distintos territorios no fue abordada con realismo en todos aquellos años. En los orígenes de la monarquía hispánica el compromiso histórico se hacía entre los reinos y la corona, que se comprometía a jurar los Fueros de los distintos reinos que configuraron el Estado de los Reyes Católicos y de la Casa de Austria. Y así se estuvo haciendo durante varias centurias. La ruptura de aquel compromiso por los primeros Borbones en aras de un Estado único, más eficaz y centralizado como imponía la moda y el desarrollo político de los tiempos, dejó sin resolver un viejo conflicto y fue origen de dolorosos agravios, por la forma traumática en que se realizó en algunos casos, concretamente en Cataluña.

La II República se enfrentó con el problema nacionalista y durante el tiempo que estuvo vigente la Constitución de 1931, se llegaron a aprobar los Estatutos de Autonomía de Cataluña —que restableció sus instituciones históricas como la Generalitat y el Parlament—, el País Vasco y Galicia. Y se hubiese aprobado el de

Andalucía —elaborado por el notario malagueño Blas Infante, primo segundo, por cierto, de mi abuelo Salvador Infante, y los creadores del andalucismo— de no haber sido derrocado el gobierno legítimo republicano por el golpe de Estado militar que provocó la guerra civil en 1936. Las tensiones que habían surgido debido al naciente Estado autonómico estuvieron en el sustrato del origen del levantamiento militar, ya que algunos vieron en él el principio de la desmembración de la patria, lo que dio origen al nacimiento de un nuevo y peligroso nacionalismo españolista que antes no había existido y que Franco supo explotar y desarrollar hábilmente durante los cuarenta años de dictadura y que en la transición la derecha más recalcitrante se apoderaría de él y de sus símbolos, sin que nadie hiciera nada para impedirlo.

En 1978 los «padres de la Constitución» idearon un Estado de las Autonomías que consagró la Constitución en el artículo 2 de su Preámbulo, donde se afirma:

«La Constitución se fundamenta en la indisoluble unidad de la Nación española, patria común e indivisible de todos los españoles, y reconoce y garantiza el derecho a la autonomía de las nacionalidades y regiones que la integran y la solidaridad entre todas ellas.»

Sólo había que desarrollar ese voluntarista enunciado. Cosa que se hizo con la concesión de los diversos estatutos a cada una de las diecisiete comunidades y regiones. Sólo que ya en ese artículo estaba el germen de la división. Las nacionalidades que habían llegado a tener su Estatuto en la República se consideraban históricas y así habían querido figurar en el texto constitucional. También pretendían que se utilizase el nombre de país o nación para referirse a sus territorios. Al final el consenso se hizo sobre el término nacionalidades, y la distinción entre éstas y las regiones, que se suponía que eran todas las demás. También se establecían dos fórmulas para conseguir el autogobierno, la vía más rápida y plena del artículo 151 y la más lenta y restringida del artículo 143 según se perteneciera a una u otra categoría, lo cual produjo tensiones y conflictos, como la reacción de Andalucía que al sentirse agraviada por ser relegada a conseguir su autonomía por el artículo 143 se levantó en rebeldía y organizó un referéndum que fue votado mayoritariamente por los andaluces para conseguir acceder a la autonomía en las mismas condiciones que las llamadas nacionalidades históricas.

Al final, como se ha resumido con acertada expresión, fue «café para todos». Y todas las regiones consiguieron sus estatutos en las mismas o parecidas condiciones. El diseño del Estado de las Autonomías acabó con la reproducción de diecisiete gobiernos, diecisiete parlamentos y así diecisiete veces hasta el infinito. La arbitraria distribución administrativa del territorio que se había realizado en el siglo XIX, acabó convirtiéndose en un mapa autonómico, que en algunos casos tiene poco fundamento, en otros ha sido mínimamente rectificado y concretamente en los casos de Madrid, de Ceuta y de Melilla ha sido una creación artificial para afrontar una situación que si no fuera por no ofender el delicadísimo sentimiento autonómico que ha surgido verdaderamente como un virus de extraordinaria actividad el ánimo de los españoles en estos tiempos, podríamos calificar de ridículo. Este «café para todos» no ha significado naturalmente la satisfacción de la mayoría, sino que ha sido fuente de nuevos sentimientos de desigualdad, de agravios comparativos y de discusiones bizantinas, la mayoría de las veces —como la muy reciente debida a unas declaraciones del presidente del Tribunal Constitucional, Jiménez de Parga— sobre quiénes tienen más derechos a considerarse comunidades históricas. Un auténtico desatino que vuelve a resucitar el viejo fantasma del separatismo y que pone de relieve la ausencia total del sentido de España en una buena parte de la nación, y las bases tan quebradizas sobre las que estuvo asentado el viejo compromiso histórico que dio origen al Estado español y el consenso logrado en la Constitución de 1978.

¿Solucionaría un Estado federal este viejo problema? Desde hace ya algunos años se viene hablando de la revisión de la Carta Magna, sobre todo en lo relativo a algunos temas que están provocando tensiones. En primer lugar, como es lógico, aparece el recurrente de los nacionalismos. Algunos proponen soluciones más o menos disfrazadas de federalismo, como el llamado federalismo asimétrico o el modelo de la vieja corona catalano-aragonesa que plantean los socialistas catalanes, olvidados del viejo y sabio precepto socialista del universalismo. Otros van a formas más audaces y atrevidas como el Estado asociado y similares dislates, hasta la total independencia de los territorios, con la natural disolución de España como nación. Es el caso del llamado Plan Ibarretxe que el lehendakari del País Vasco ha planteado en los últimos meses y que se ha convertido al final en un auténtico *casus belli* de incalculables consecuencias ante la actitud cerrada al diálogo del Gobierno central y la cerrazón del PNV. La incalificable existencia de la organización terrorista ETA, que ha sido durante los últimos treinta años la peor lacra del Estado español, agrava de una forma insospechada la llamada cuestión vasca.

La verdad es que el actual Estado autonómico, cuya culminación aún no ha terminado por las competencias que faltan por transferir a las diversas autonomías, esconde en realidad la única forma posible de federalismo consecuente con nuestra historia y como coronación de ella. Otro federalismo no sería lógico ya que en la teoría política ésta es una fórmula de los Estados libres que deciden agruparse y unificarse de manera voluntaria. Lo que no ha sido el caso de los territorios que forman el Estado español, sencillamente porque la historia ha sido la que ha sido. Y nada más. Lo que ocurre es que la mayoría de los que hoy exaltadamente hablan de este tema, mucho me temo que desconozcan esa historia en gran medida. O prefieran no conocerla para poder reinterpretarla a su antojo.

Esto es sucintamente lo que ha sucedido hasta la fecha con uno de los problemas que de forma más audaz y valiente abordó la Constitución de 1978. Pero en aquellos momentos ninguna de estas tensiones habían aflorado aún. Y todos se daban por satisfechos con lo conseguido. Lo que en 1975 parecía algo impensable había sucedido y se había realizado a la vista de todos. Porque todos habíamos tenido la oportunidad de verlo en la televisión, de seguir desde nuestras cómodas butacas un proceso tan insólito como nuevo, que había transformado la vida española en tres años más que en muchas décadas. Al promulgar la Carta Magna de 1978, el rey Juan Carlos dijo, entre otras cosas, en su discurso:

«Hoy, como Rey de España y símbolo de la unidad y permanencia del Estado, al sancionar la Constitución y mandar a todos que la cumplan, expreso ante el pueblo español, titular de la soberanía nacional, mi decidida voluntad de acatarla y servirla. Íntimamente identificados con el pueblo, siempre cerca de él, en contacto directo con sus preocupaciones y urgencias, podremos garantizar para el futuro el orden social justo al que todos aspiramos.

»Al reiterar a todos mi agradecimiento y mi satisfacción, quiero terminar expresando el orgullo que siento por estar al frente de los españoles en estos tiempos decisivos en que nuestras miradas deben dirigirse al porvenir con fe, con optimismo, con decisión y valentía, con la más ilusionada de las esperanzas. El día de mi proclamación tuve ocasión de decir que el «Rey es el primer español obligado a cumplir con su deber».

»Por eso repito ahora que todo mi tiempo y todas las acciones de mi voluntad estarán dirigidas a este honroso deber que es el servicio de mi Patria...»

Todos habíamos tenido oportunidad de ver los grandes gestos y los acontecimientos decisivos, pero también los pequeños detalles, los gestos mínimos, anecdóticos, que a veces son más importantes o más significativos que los grandes. Habíamos presenciado silencios denunciadores, indiferencias categóricas y aceptaciones de compromiso. Pero todo ello estaba encaminado al mismo objetivo. Finalmente democracia y monarquía caminaban juntas por primera vez en nuestro país. ¿Podía aquel proceso tener vuelta atrás? Muchos lo temíamos, algunos lo deseaban y unos pocos —muy pocos afortunadamente— trabajaban para ello y se proponían acabar con las libertades que los españoles habíamos estrenado.

La amenaza del golpismo

Empezaba un período más tranquilo en la vida española. O al menos eso debió creer una inmensa cantidad de españoles. En las trastiendas del poder sin embargo persistían temores, inquietudes, amenazas de los que no habían aceptado, o lo habían hecho de mala manera, todo aquel cambio impensable tres años antes. No solamente trabajaban en contra del asentamiento y de la estabilidad de la democracia ciertos poderes fácticos económicos y políticos, residuales del franquismo, sino también el Ejército, que veía con desconfianza y con horror cómo se iba desmontando la dictadura militar a la que ellos habían contribuido de manera tan eficaz. Los altos mandos, generales y jefes eran todavía algunos de los que habían participado en la guerra civil, y por tanto del bando de los vencedores, cuyo espíritu de revancha Franco había mantenido incólume durante todo su mandato. Y ahora veían regresar a los vencidos en olor de multitudes en muchas ocasiones, y continuamente oían hablar de reconciliación nacional. Las sucesivas amnistías y la vuelta de cientos de exiliados habían reverdecido en ellos los viejos rencores y las heridas habían vuelto a abrirse. El viejo y secular espíritu golpista del siglo XIX se despertó de nuevo, y fueron muchas las intentonas de golpes cuarteleros y de asonadas decimonónicas que se produjeron en aquellos años desde 1975 a 1981 por parte de diversos jefes y mandos militares, nuevamente en la creencia de que la patria estaba en peligro y ellos tenían la sagrada obligación de salvarla.

El mes de febrero de 1981 fue un mes negro para España y para la Monarquía. El 29 de enero, acosado por los traidores de su propio partido, por los militares y por infinidad de circunstancias —algunas de las cuales pertenecen todavía al secreto del sumario— Adolfo Suárez había presentado su dimisión al Rey y había hablado a los españoles por televisión con unas denunciadoras ojeras, que denotaban algo más que cansancio y agotamiento. A primeros de febrero se produjo el célebre incidente de Guernika. Cuando el Rey se dispone a hablar en aquel histórico y simbólico lugar, un grupo de separatistas vascos le interrumpe con gritos y con el canto del *Euzko gudariak*. La situación es muy tensa. Los separatistas son expulsados violentamente, el Rey sigue su discurso en el que incluye un párrafo contra «los que no respetan las reglas del juego y de la democracia...». A los pocos días, mientras los Reyes descansan en Baqueira Beret, muere inesperadamente en Madrid de un infarto de miocardio, mientras se recupera de una insignificante operación de cirugía plástica, la reina Federica de Grecia, madre de la reina Sofía y el día 23... Se cuenta que el pequeño príncipe Felipe con naturalidad infantil comentaría a su padre: «Jo, qué mes, papá».

La historia del golpe de Estado del 23 de febrero de 1981 también la vimos por televisión. Al menos el comienzo del desarrollo de los hechos. Aunque las imágenes se han repetido mil veces, nunca podremos olvidar el impacto que nos produjo ver cómo unos cuantos guardias civiles pistola en mano secuestraban a los representantes legítimamente elegidos por el pueblo. El teniente coronel Tejero subiendo a la tribuna de oradores desafiante, como un nuevo, obsoleto y ridículo general Pavía. Los disparos en el hemiciclo, el templo de la soberanía popular, mancillando la viva representación de toda una nación. Las amenazas al presidente del Congreso, al presidente del Gobierno, los empujones al general Gutiérrez Mellado, vilmente vapuleado por sus inferiores jerárquicos. Aquel «se sienten, coño» que era una humillación a todo el pueblo español.

Fue como una alucinación, un sueño, una pesadilla, que resultaba terriblemente cierta. Luego las largas horas de incertidumbre, de noticias confusas y de medias verdades, de rumores y de bulos, de tensa espera ante los aparatos de radio, el horror ante los carros de combate por las calles de Valencia... Hasta que de madrugada la aparición del rey Juan Carlos en los aparatos de televisión de toda España, vestido de capitán general, lanzaba un mensaje de tranquilidad. El Rey estaba con la Constitución. El Rey ordenaba a los militares que regresaran a sus cuarteles. El Rey defendía el Estado de derecho. Esta vez el Rey Borbón no apoyaba el golpe de Estado. Estaba con el pueblo, por el cambio y por un futuro en paz y en democracia.

«Al dirigirme a todos los españoles con brevedad y concisión en las circunstancias extraordinarias que en estos momentos estamos viviendo, pido a todos la mayor serenidad y confianza y les hago saber que he cursado a los Capitanes Generales de las regiones, zonas marítimas y regiones aéreas, la orden siguiente:

»Ante la situación creada por los sucesos desarrollados en el Palacio del Congreso y para evitar cualquier posible confusión, confirmo que he ordenado a las autoridades civiles y a la Junta de

Jefes de Estado Mayor que tomen todas las medidas necesarias para mantener el orden constitucional dentro de la legalidad vigente.

»Cualquier medida de carácter militar que en su caso hubiera de tomarse deberá contar con la aprobación de la Junta de Estado Mayor.

»La Corona, símbolo de la permanencia y unidad de la Patria, no puede tolerar en forma alguna acciones o actitudes de personas que pretendan interrumpir por la fuerza, el proceso democrático que la Constitución votada por el pueblo español determinó en su día a través de referéndum.»

Por encima de cualquier otra interpretación que se le quiera —y se ha querido— dar al golpe de Estado del 23 de febrero de 1981; por encima de las intoxicaciones de la extrema derecha tratando de implicar al Rey en aquella intentona; por encima de que la complicada realidad de aquellos momentos —crisis económica, crisis en el partido en el Gobierno, atentados terroristas casi a diario, secuestros, tensiones sociales—, exigía para algunos un enérgico cambio de rumbo; por encima de si hubo varios golpes solapados; por encima de las muchas incógnitas, de los muchos secretos y silencios, de las versiones interesadas de unos y de otros, de la estrategia de los que aquel día vieron definitivamente fracasados sus deseos de que la transición se hundiera; por encima de cualquier otro elemento que desconozcamos en esta generación, para los españoles, lo verdaderamente importante fue aquella imagen del Rey en la madrugada, y sus palabras indiscutibles y claras de apoyo a la Constitución y a la legalidad establecida.

Todo lo demás pertenece al reino de la ficción. En política y en la historia sólo importan los hechos. Y el hecho fue el que todos vimos por televisión, una dramática madrugada de febrero, hace ya mucho tiempo. Un Rey Borbón se ganó la corona como no lo había hecho ninguno de sus antepasados. Si eso estaba o no en el guión de la nueva Monarquía no lo sabremos probablemente nunca. Y tampoco debe importarnos demasiado. Lo auténticamente importante fue la firmeza del Rey contra los golpistas y su categórico apoyo a la Constitución, para lo que contó —aparte de con el total apoyo y la colaboración de la reina Sofía— con la trascendental ayuda, consejo y colaboración de alguien que tuvo una importancia primordial en aquellas horas, el general Sabino Fernández Campos, secretario y luego jefe de la Casa del Rey. Esta vez los Borbones habían tenido a su lado a hombres leales que les ayudaron a salvar la corona de uno de los peligros más terribles y arriesgados que se les había puesto en el camino en sus tres siglos en el trono.

JUAN III, UN ESLABÓN IMPRESCINDIBLE

UNA FIGURA CONTROVERTIDA

No podemos continuar este relato, sin volver un poco la vista atrás. Más para detenernos en un personaje, que en un acontecimiento determinado. Hasta la muerte del conde de Barcelona en abril de 1993, la historia casi increíble y milagrosa de la transición española de la dictadura a la democracia se contaba de una manera. Desde entonces muchos lo hacen de otra. La revalorización de su figura y los numerosos estudios y biografías que se han publicado sobre él han hecho que hoy, en el año 2003, haya que replantearse muchas cosas, y sobre todo, una pieza clave, para que todos los elementos de ese proceso insólito y admirable encajaran, ha sido totalmente desvelada. Sin don Juan de Borbón y Battenberg, sin su labor de años, sin la dignidad con la que mantuvo sus derechos históricos y los principios e ideales para que la Monarquía de sus mayores fuera restaurada, y sobre todo sin su inmensa generosidad y su enorme sacrificio personal, nada hubiera sido como ha sido. O al menos no hubiera sido tal como sucedió. En definitiva y aunque es inútil hacer cábalas sobre lo que no ocurrió, es probable que sin la participación de don Juan de Borbón, la historia de España de los últimos veinticinco años habría sido sin duda de otra manera.

Desde poco antes de su muerte, pero sobre todo a partir de ella, la figura del conde de Barcelona, de ser un absoluto desconocido para los españoles, ha pasado a ser objeto de innumerables libros. De ser una especie de ente abstracto, ha pasado a convertirse en la figura central de muchos sucesos políticos trascendentales para nuestra historia reciente, del simple padre del Rey ha pasado a ser su inspirador político. Se le ha llamado «rey de los rojos», «Juan sin tierra», y se ha creado en torno a su figura una insólita controversia. Los hay que lo vilipendian y critican sus actos y su lucha contra Franco de cuarenta años, en la que sólo ven indecisiones, bruscos cambios, incoherencias ideológicas, entreguismo, colaboración ambiciosa... Y los hay que, en cambio, ven en él el eslabón imprescindible para entender el rocambolesco proceso por el que ha sido posible la vuelta de la Monarquía a España, tras la más larga interrupción que ha vivido en su historia. Los hay que ven su ideales, defendidos en cuarenta años de exilio y oposición al régimen franquista, formando hoy parte de los principios inspiradores de la Monarquía parlamentaria que ha hecho posible su hijo Juan Carlos I, y los hay que sólo ven en él al aspirante ambicioso de poder que finalmente vio frustradas todas sus ambiciones por la traición de su propio hijo.

Desde Ricardo de la Cierva, Carlos Rojas o Rafael Borrás que le ven como un pelele en manos de los políticos monárquicos que formaron su Consejo Privado durante largos años, hasta los que le consideran como un príncipe capaz de defender con argumentos convincentes una teoría política de la monarquía en el siglo XX. Tal vez su figura, tan controvertida en cualquier caso, está demasiado próxima para que pueda ser juzgada sin apasionamiento, objetivamente y con rigor. El relato casi novelesco que Luis María Anson, reputado monárquico y secretario de su Consejo durante años, ha escrito en la celebrada y exitosa obra *Don Juan*, intenta reivindicar la figura del conde de Barcelona como el hombre que sacrificó su vida entera en favor de los derechos históricos de su dinastía, y que tuvo la inteligencia de confiar en la estrategia de uno de sus hombres, Pedro Sainz Rodríguez, para lograr que la institución por la que tan generosamente se sacrificaba volviera al trono de España. Anson muestra a Pedro Sainz Rodríguez como un nuevo Cánovas del Castillo, conspirando y elaborando un complicado plan para restaurar la monarquía en España a partir de 1942. Sin duda, a veces resulta convincente por la propia solvencia de quien lo cuenta, otras parece estar construyendo una teoría de buenas intenciones más que una compleja realidad, cuyos resortes se le escapaban tanto a Sainz Rodríguez como a todo aquel que no estuviera en la perversa mente del dictador, que tenía sus planes y los llevó a cabo con la frialdad y decisión de que la supo dar muestras suficientes en casi cuarenta años de absoluto poder personal.

Sin duda Anson —que tiene la mejor información y de primera mano, ya que fue un testigo excepcional— exagera al hablar de la clarividencia de Pedro Sainz Rodríguez elaborando un plan a largo plazo para que Franco cayera fatalmente en la trampa que él le tendía desde lejos con sus intrigas decimonónicas. De haber sido todo esto cierto, lo habría contado el propio Sainz Rodríguez, hombre muy dispuesto por otra parte a todo tipo de expansiones literarias. Él mismo escribió un libro lleno de importante documentación y de indudable trascendencia para explicar la postura y el papel jugado por don Juan de Borbón en la larga marcha hacia el regreso de la Monarquía borbónica al trono de España. *Un reinado en la sombra* es lo suficientemente explícita como para que su autor se dejara un as tan importante en la manga, sin desvelarlo para la posteridad. No cabe duda que Sainz Rodríguez fue uno de los hombres más inteligentes que tuvo en su entorno el conde de Barcelona y uno de los que más influencia ejerció sobre él, pero también con sus propias limitaciones, y no sólo ideológicas. Mal hablado hasta la chabacanería, mujeriego hasta el mal gusto, al Pedro Sainz Rodríguez que retrata Anson en su libro es difícil imaginarlo arrobado ante la literatura mística y espiritual española de la que tanto sabía y de la que escribió y antologó varios volúmenes.

No fue el nuevo Cánovas del Castillo desde luego, ni el Maquiavelo que diseñara una tan sagaz estrategia política como asegura Anson, quien por otra parte, al describir el entorno de consejeros y políticos del círculo íntimo del conde de Barcelona nos hace pensar en las duras palabras que la propia reina doña Sofía, tan cauta y prudente para todo, les dedica en el libro que sobre ella escribió en 1996 la periodista Pilar Urbano. En las conversaciones en las que está inspirado el libro *La reina*, doña Sofía sólo tiene palabras duras, lo que es sintomático, para algunos políticos griegos y para los hombres que rodeaban a don Juan en su círculo de Estoril, que no dudaron en llamarla a ella misma hereje por haberse criado en la religión ortodoxa. Por algo será. A pesar de la ficción literaria, asistir a varias de las secuencias que Luis María Anson describe magistralmente en su libro sobre don Juan, produce a veces rubor y desde luego estupefacción. Y sobre todo hace pensar, que al igual que su padre Alfonso XIII, don Juan tampoco tuvo a su lado a los hombres y colaboradores que hubiese necesitado para llevar a buen puerto la restauración de la institución de cuyos derechos era depositario.

Unos y otros intentan diseñar la figura de don Juan de Borbón en beneficio de sus teorías. El resultado es que el conde de Barcelona sigue siendo un personaje en los márgenes de la historia, en el claroscuro de sus límites, que está por descubrir. De lo que no cabe la menor duda, por más que unos y otros intenten interesadamente explicar sus decisiones y su trayectoria de una manera u otra, es que su vida tiene un calado dramático muy fuerte, casi de tragedia shakespeariana. Su vida es una larga lista de renuncias en las que sólo había una meta, la de ser fiel depositario de sus derechos históricos, preservarlos y transmitirlos a su sucesor. A esa razón entregó toda su existencia, sus esfuerzos y sus propias ambiciones.

Cuando se le reprocha, por ejemplo, que su vida fue una lucha por el poder en contra de Franco, se está ignorando que ésa era justamente la sagrada obligación de la que él se sentía responsable. Cuando se le censura que para ello utilizó varias estrategias, a veces contradictorias, se olvida que el fin de conseguir la restauración de su dinastía era el único que él tenía en su horizonte. Cuando se le critica que durante la guerra y en los primeros años de asumir la responsabilidad de la dinastía en el exilio, estuvo cerca de planteamientos políticos de la derecha más ultramontana de Acción Española, se olvida que desde 1942, y eso está ampliamente documentado en sus escritos y manifiestos políticos, don Juan de Borbón se sitúa ya indiscutiblemente contra la dictadura, defendiendo la reconciliación nacional y la devolución al pueblo español de su soberanía, por mucho que en algunos momentos, como puede leerse en su correspondencia, intentara dorarle la píldora al general Franco. Se olvida también que en realidad la esencia de la monarquía democrática, como sobradamente ha demostrado luego su hijo el rey Juan Carlos y como él mismo no se cansó de repetir en cuantas entrevistas concedió ya como rey padre, es el estar por encima de los partidos y de las diversas ideologías políticas.

De lo que nadie puede dudar a estas alturas es de la inmensa generosidad de don Juan de Borbón y de la intensidad dramática de su existencia, hijo y padre de rey, pero nunca rey de hecho él mismo. Una figura puente que tuvo todos los inconvenientes y ninguna de las ventajas y privilegios a los que podía haber tenido derecho por su condición de heredero único de la legitimidad monárquica de la que su padre en ningún momento abdicó, hasta hacerlo en él mismo en 1941. Sólo en su vejez don Juan de Borbón tuvo la satisfacción de verse respetado y admirado por una buena cantidad de españoles que veían en él, al menos, el eslabón que había hecho posible la continuidad de la dinastía sin los pleitos y divisiones familiares que, en otros tiempos y en su propia generación, habían supuesto innumerables problemas para el país.

Un rey sin trono

Cuando el 20 de noviembre de 1975 el dictador Francisco Franco Bahamonde muere en una habitación del Hospital de La Paz, rodeado de cables y sofisticados aparatos que le han mantenido artificialmente con vida varias semanas, los españoles sienten incertidumbre, miedo y una terrible inquietud por el futuro incierto que se les presenta. El sucesor, un príncipe de la Casa de Borbón, expulsada de España en 1931, es casi un desconocido. Y lo que se conoce de él tampoco produce demasiada confianza. El pueblo español, la inmensa mayoría silenciosa y resignada, sabe del príncipe de España que aparece frecuentemente al lado del anciano general en actos oficiales, que a veces le acompaña su mujer, una princesa extranjera, a cuyo hermano, el rey Constantino de Grecia, le han echado de su país por permitir un golpe de Estado militar. A veces aparecen con sus hijos, tres niños rubios y guapos que estudian en un colegio privado y elitista. Se cuentan chistes sobre el Borbón, que muchos creen tonto, o poco menos. Y casi todos están convencidos de que educado como ha sido en gran parte por el general Franco, va a ser una simple marioneta en manos de los auténticos herederos del régimen: el Movimiento Nacional, la Falange, el Opus Dei y una clase política surgida a los pechos de la dictadura, los militares y los poderes fácticos que secularmente han tenido al país acogotado bajo un poder difuso, pero poderoso y extendido como un enorme pulpo de innumerables brazos.

Si el sucesor de Franco es casi un desconocido, su padre lo es absolutamente. Sólo una escasa minoría monárquica, casi un grupo testimonial y clandestino, conoce que es el hijo y heredero de Alfonso XIII, el rey que había sido expulsado en abril de 1931, que vive en Portugal y que alguna vez han visto su foto, por lo general en un barco o en alguna fiesta, como los millonarios desocupados y ociosos. La férrea censura de prensa del aparato franquista no ha permitido otra cosa. Unos pocos saben también que no se llevaba bien con Franco, que incluso el último año le ha prohibido atracar con su yate en las costas españolas. Pero muy pocos saben el origen de ese desencuentro y la auténtica personalidad del que durante más de treinta años ha sido el depositario de los derechos históricos de la Monarquía hispánica heredados de su padre. Las noticias sobre la institución monárquica han sido erradicadas de la España franquista, en la que durante cuarenta años sólo se ha hablado de la Monarquía y de sus reyes para denigrarlos, para calumniarlos y para ponerlos como ejemplo de todos los vicios y corrupciones, muy en especial a los representantes de la Casa de Borbón. Pero como el dictador tiene sueños imperiales sí le ha gustado siempre hablar de los Reyes Católicos, de Carlos V, el emperador, y de Felipe II, el Prudente, los hacedores del gran imperio español y de sus siglos de gloria. Y sobre todo de cómo fueron los abanderados de la religión católica en el mundo, que les había valido el ser reconocidos como Su Muy Católica Majestad el Rey de España.

Cuando Franco muere, a pesar de que España es desde 1947 oficialmente un reino, pocos españoles saben verdaderamente lo que es la monarquía. Hay generaciones enteras que apenas conocen, salvo lo que han podido leer en los manipulados manuales de historia que el franquismo ha impuesto, la institución que durante un montón de siglos ha gobernado en España. Respecto a este tema hay una anécdota que ilustra con claridad sobre la actitud del general Franco respecto a la monarquía. El dictador siempre sostuvo que en España no había más que media docena de monárquicos. Cuentan que un día le dijo a don José María Pemán, que era el presidente del Consejo Privado del conde de Barcelona, al que me referiré más adelante: «Desengáñese don José María, la juventud no es monárquica». A lo que el escritor y académico respondió: «Desde luego, mi general, tampoco es budista, ni kantiana, ni apache. El milagro sería que fuera una cosa que ni conoce, ni ha visto nunca». Aquel desconocimiento se extendía como es lógico a la existencia de una familia real que vivía en el exilio desde 1931 y cuyo jefe era desde la muerte de Alfonso XIII, don Juan de Borbón, conde de Barcelona.

A los dos días de la muerte de Franco, don Juan Carlos es proclamado Rey. Se produce en aquel momento una insólita situación dinástica. De las muchas peripecias que la Casa de Borbón ha tenido a lo largo de su estancia en el trono de España, ésta es una de las ocasiones en que se ha vivido una situación más irregular. Una situación singular y anómala, pero que no llegó a materializarse en una ruptura ni división dinástica, como muchos esperaban, algunos deseaban y la lógica histórica habría podido desencadenar. Juan Carlos era proclamado Rey en Madrid, mientras su padre, el legítimo depositario de los derechos históricos, a los que no había renunciado, se encontraba en París. Se producía un salto generacional en la sucesión, que en las monarquías suelen ser inicio de problemas y rupturas. Pero en 1975 esta ruptura entre padre e hijo no se produjo. Don Juan emitió un comunicado a través de su Secretaría, en el que entre otras cosas y con una calculada ambigüedad decía:

«El Conde de Barcelona mantiene su bien conocida y permanente postura política, como hijo y heredero de Alfonso XIII y depositario de un tesoro secular cuyos deberes considera irrenunciables... El jefe de la Casa Real española considera que la Monarquía, para ser útil a España, debe ser un Poder arbitral independiente que facilite la superación de la Guerra Civil, el establecimiento de una profunda justicia social que elimine la corrupción, la consolidación de una verdadera democracia pluralista, nuestra plena integración en la Comunidad Europea, y el pacífico acceso del pueblo español a la soberanía nacional para que tengan auténtica representatividad las instituciones políticas hasta hoy emanadas de la voluntad del General Franco. Objetivos todos ellos que deben ser primordiales para su hijo y heredero don Juan Carlos... Su Alteza Real el Conde de Barcelona, que ha decidido guardar silencio en espera de que sea oportuna una declaración más extensa, continúa, como siempre, a la disposición y al servicio de los pueblos que gloriosamente forjaron la nación española, y proclama una vez más, el derecho de todos los españoles a acceder a la soberanía nacional. París, 21 de noviembre de 1975».

El documento es de una importancia política e histórica extraordinaria. Aunque fue redactado después, se le puso fecha del 21, un día antes de la proclamación del rey Juan Carlos en Madrid, para evitar problemas y suspicacias. Don Juan había recibido un amenazante mensaje, en París, del que fue portador el general Díez Alegría, en el que se le pedía, casi se le ordenaba, que no hiciera declaración alguna. Detrás estaban los generales más intransigentes, que representaban a la milicia que nunca hubiera estado dispuesta a aceptar la restauración en la persona del hijo de Alfonso XIII, al que consideraban poco menos que un traidor y un enemigo de la patria.

En el documento, que hábilmente evita referirse a don Juan Carlos como Rey, pero tampoco contiene el menor elemento de censura hacia el hijo, que saltando por la línea dinástica, acaba de aceptar ser Rey de España por encima de los derechos de su padre. Al leerlo hoy día es como si leyéramos el programa político, que aunque en aquellos momentos Juan Carlos I no había podido exponer en toda su extensión, iba a desarrollar en los años siguientes. Una demostración palmaria de que la Monarquía que finalmente acabaría por asentarse en el trono de España con un rey Borbón a la vuelta del tercer exilio de la dinastía, era, en líneas generales, la que desde hacía varias décadas había diseñado el conde de Barcelona. Al menos en sus exigencias democráticas y de representatividad popular, en su carácter arbitral, social y unificador y como símbolo de los diversos pueblos y territorios. La explicación y las razones por las que aquella situación se producía en noviembre de 1975, con un rey en el trono elegido como sucesor de un régimen personal y el rey de derecho histórico en el exilio, vamos a desarrollarla a continuación. Otros aspectos del carácter innovador que ha tenido la Monarquía juancarlista y en los que más adelante nos detendremos, tal vez no los hubiese podido introducir el conde de Barcelona de haber sido él el llamado a la restauración de la monarquía, por su excesiva vinculación natural al pasado y por su pertenencia a una generación anterior.

EL TERCER EXILIO DE LOS BORBONES

A MANERA DE *flash-back:* UNA FAMILIA DISPERSA

Habíamos dejado la crónica histórica de la dinastía con la llegada de Alfonso XIII al hotel Meurice de París, el día 15 de abril de 1931, siendo recibido por una multitud enfervorecida, no sólo de españoles sino también de franceses, que recordaban con afecto y agradecimiento su labor humanitaria durante la primera gran guerra europea. Allí, al día siguiente, se le acabaría reuniendo el resto de la familia real, Victoria Eugenia, sus hijos Alfonso, príncipe de Asturias, los infantes Jaime y Gonzalo y las infantas Beatriz y Cristina, con un reducido séquito de familiares y fieles. A los pocos días sería la anciana y gravemente enferma infanta Isabel, la hermana mayor de Alfonso XII, la que llegaba a París. A pesar de que el gobierno provisional republicano la había autorizado a que se quedara en Madrid, debido a su estado de salud, garantizándole su seguridad en el palacete de la calle Quintana donde vivía, ella se había negado a permanecer en la España republicana que había echado a su idolatrado rey y sobrino. La infanta moriría a los pocos días de llegar a París en el asilo de damas nobles de la capital francesa donde se había instalado y en donde ya vivía su hermana pequeña la infanta Eulalia.

El último en llegar a París fue el infante don Juan, después de un complicado viaje desde la escuela de guardiamarinas de San Fernando donde estudiaba, y en donde le había sorprendido la proclamación de la II República y la salida al exilio de su familia. Informado de la situación, el infante, siguiendo las órdenes de su padre el rey de reunirse con la familia en la capital francesa, pidió a sus superiores que le facilitasen una corbeta para llegar a Gibraltar, a lo que le respondieron que no se podía poner al servicio de un guardiamarina lo que pedía. A lo que según cuentan, con todo el orgullo de su rango, don Juan contestó: «No se lo pido como guardiamarina, se lo ordeno como infante de España». Una vez en Gibraltar y ya vestido con ropas civiles adquiridas en la colonia británica, en la que el gobernador inglés le había dado el tratamiento de príncipe, don Juan embarcó en un crucero que le llevó a Roma y de allí viajaría hasta la capital de Francia. Cuando llegó a París el infante don Juan ya no estaba allí el rey Alfonso. Había ido hasta Londres para entrevistarse con su primo el rey Jorge V y solicitarle que admitiera al infante en la academia militar naval de Dartmouth para que pudiera continuar su carrera como marino. Al hotel Claridge de Londres, donde se había instalado el rey, lo llamó en seguida Alfonso XIII, que le acompañó personalmente hasta la Academia naval, donde después de unas duras pruebas para evaluar sus conocimientos, fue admitido y en donde permanecería hasta completar su formación.

Cuando Alfonso XIII regresa a París y tal como se han ido desarrollando los acontecimientos en España, donde ya el gobierno de la República ha comenzado a funcionar —él siempre esperó que rápidamente se hubiera producido un movimiento monárquico que pidiera su inmediata vuelta a España y nunca se recuperó de haber perdido definitivamente el favor de su pueblo—, comprende que la familia real tiene que enfrentarse a un largo exilio. La primera medida —una vez examinados los recursos económicos de que disponen—, es trasladarse a un hotel más modesto, a las afueras de París, ya que tampoco es políticamente correcto exponer al gobierno francés a aquella situación, dada la extraordinaria simpatía que la presencia del rey de España y su familia despierta entre los parisinos. Se elige Fontainebleau, una pequeña y tranquila localidad cercana a París. Allí, en un pabellón del hotel Savoy se instala toda la familia, excepto el príncipe Alfonso, que debido a su delicado estado de salud —en plena crisis de su hemofilia— había sido ingresado en un sanatorio suizo, cercano a Lausana. También el infante Gonzalo se traslada a Lovaina para cursar estudios de ingeniería en su prestigiosa Universidad Católica.

Pero pronto habría de producirse la diáspora familiar. Fue en aquellos días cuando se materializó la ruptura de la real pareja. Al no tener que guardar más tiempo las apariencias y como Alfonso continuaba su vida galante, como ya hemos contado en el anterior capítulo, la reina decidió abandonarlo, después de una dramática y violenta escena, en la que el rey con toda desfachatez le reprochó su fuerte amistad con los duques de Lécera. Victoria Eugenia se marchó a Londres, tratando de rehacer su vida en su país natal, donde algún tiempo después llegaría a comprarse una casa cercana a Bayswater Road, en el 34 de Porchester Terrace. El rey acabaría instalándose en Roma, donde vivió primero en una villa a las afueras de la ciudad que compró al célebre tenor Titto Ruffo, y que tuvo que vender por los cuantiosos gastos que producía. Pero la mayor parte del tiempo lo pasó en el Gran Hotel, donde además había instalado una pequeña oficina con su secretaria.

Sin embargo en los primeros años del exilio Alfonso XIII, un hombre todavía joven y que había sido siempre muy activo, ansioso por su forzada situación de paro profesional (nunca había sido otra cosa que rey, desde que nació), fue acometido por un inusitado afán viajero. De incógnito, bajo el título de duque de Toledo, no sólo se desplaza continuamente a Londres, a París y a Suiza, sino que emprende largos viajes por todo el mundo, hace safaris, participa en cacerías, llega hasta Egipto, la India, a Ceilán, donde se encuentra con su hijo don Juan, que está en aquellos momentos embarcado en el *Enterprise* haciendo las prácticas como alférez de navío de la Armada Británica.

Un destino trágico

En 1933 se producen varios trascendentales sucesos para la familia, ya dispersa por diversos lugares de Europa. El príncipe de Asturias, que ha conocido en el sanatorio donde estaba ingresado, a una bella joven cubana, Edelmira Sampedro-Ocejo y Robato —ingresada por una enfermedad pulmonar—, pone en conocimiento de su padre sus deseos de casarse con ella. Naturalmente Alfonso se opone. Para el rey aquella decisión del príncipe de Asturias debió ser como una deserción. A pesar de la triste realidad de que la enfermedad que padecía le imposibilitaba para ser su sucesor, Alfonso XIII siempre se había negado a aceptarla y sobre todo a tomar una decisión e incapacitar a su hijo. También debía haberlo hecho con el hijo segundo, el infante Jaime, que desde los cuatro años debido a una mastoiditis es sordomudo y por tanto incapaz igualmente para las responsabilidades de reinar. Hay historiadores que opinan que si el tema sucesorio hubiera estado resuelto en 1931, con un heredero sano y claramente definido, el rey no hubiera tirado la toalla y abandonado el trono, o tal vez habría propuesto su abdicación y la solución sucesoria en este heredero. Pero no había sido así. Y ahora, en 1933, se presentaba la ocasión. El príncipe de Asturias era el que renunciaba a sus derechos para contraer un matrimonio inadecuado, según las leyes de la dinastía. El texto de la renuncia de don Alfonso decía:

«Señor: Vuestra Majestad conoce que mi elección de esposa se ha fijado en persona dotada de todas las cualidades para hacerme dichoso, pero no perteneciente a aquella condición que las antiguas leyes españolas y las conveniencias de la causa monárquica, que tanto importan para el bien de España, requerirían en quien estaría llamada a compartir la sucesión al trono, si se restableciese por la voluntad nacional.

»Decidido a seguir los impulsos de mi corazón, más fuertes incluso que el deseo que siempre he tenido de conformarme con el parecer de Vuestra Majestad, considero mi deber renunciar previamente a los derechos de sucesión a la Corona que, eventualmente, por la Constitución de 1876, o por cualquier otro título, nos pudieran asistir a mí y a los descendientes que Dios me otorgara.

»Al poner esta renuncia, formal y explícita, en las augustas manos de Vuestra Majestad, y, por ellas, en las del país, le reitero los sentimientos de fidelidad y de amor con que soy, Señor, su respetuoso hijo, Alfonso de Borbón.»

Esto ocurría el 11 de junio de 1933. A los pocos días, el 21 de junio, Alfonso de Borbón y Battenberg, ya sólo como conde de Covadonga, título que había utilizado para viajar de incógnito, y que sería el que utilizaría en adelante tras su renuncia a los derechos dinásticos, contrae matrimonio en una pequeña iglesia de Ouchy, cercana a Lausana, con la hermosa cubana, hija de una rica familia de azucareros venida a menos, en presencia de su madre la reina y sus hermanas las infantas. El rey, que además cree que su heredero se equivoca y sólo está siendo víctima de una pasión pasajera, él que de esas pasiones sabe mucho, no asiste a la boda. El mismo día recibe en Fontainebleau otra carta de su segundo hijo, el infante Jaime, con la renuncia de éste a sus derechos sucesorios, ya que la de su hermano mayor lo coloca a él en el primer puesto.

«Señor: La determinación de mi hermano primogénito de renunciar, por sí y por sus descendientes, a sus derechos a la sucesión en la Corona, me han llevado a medir por mi parte las obligaciones que, al recaer de manera inmediata en mí el llamamiento que las leyes antiguas y la Constitución de 1876 contenían a favor de aquél, me estarían trazadas por el amor al pueblo español y por el interés de que a éste, tan necesitado del establecimiento de la Monarquía para su paz y prosperidad, le alcance con las mayores seguridades de sucesión idónea.

»Inspirado en esos sentimientos de que Vuestra Majestad nos ha dado tan altos ejemplos, he decidido, con toda madurez y deliberación, hacer también, como hago por el presente documento, formal y explícita renuncia, por mí y por los descendientes que pudiera llegar a tener, a cuantos derechos me asistieran a la sucesión al trono de nuestra patria.

»Al poner en las augustas manos de Vuestra Majestad esta renuncia, le renuevo, Señor, la expresión del respeto con que soy su amante hijo, Jaime de Borbón.»

Despejada así, por la fuerza de los acontecimientos la sucesión de Alfonso XIII a la hipotética corona de España, el rey envía un telegrama a su tercer hijo varón, el infante don Juan, que se encuentra embarcado en el *Enterprise*, en el que le anuncia: «Por renuncia de tus hermanos mayores, quedas tú como mi heredero. Cuento contigo para que cumplas con tu deber». Don Juan, que desde niño había oído a su alrededor los rumores de que él podía llegar a convertirse en el heredero de su padre, aunque un día Bama —que era como llamaban a su abuela la reina María Cristina, le había reprendido por hacer caso a esos comentarios— se quedó fulminado por la noticia. Aquello acababa con su vida de marino. Tardó hasta una semana en contestar a su padre, aceptando, como era su deber, la responsabilidad que caía sobre él. Fue la primera gran renuncia de don Juan, un hombre al que el destino habría de poner en el camino otras renuncias igualmente dramáticas. Al poco tiempo don Juan abandonaría la marina de su graciosa majestad, ya que de seguir en ella debía nacionalizarse como británico. Regresó a Europa y se dedicó a prepararse urgentemente para asumir sus obligaciones de heredero de Alfonso XIII.

La vida de la familia real se vio convulsionada en aquellos años por la primera de una larga lista de tragedias familiares: la muerte del pequeño de los hijos, el infante Gonzalo, que en el verano de 1934 había regresado de vacaciones de la Universidad Católica de Lovaina hasta con catorce sobresalientes en su curso de ingeniería. No se había conocido nada semejante en la Casa de Borbón española en sus tres siglos de historia. Sus hermanos en broma le llamaban «el lumbreras». Reunidos todos, excepto la reina y los condes de Covadonga, en torno al rey en la localidad austriaca de Grazt, en la Carintia, al lado del lago Pörtschach, el 12 de agosto, al regreso de un paseo en coche que conduce su hermana Beatriz, ésta tiene que hacer una maniobra brusca para evitar el atropello de alguien que se cruza imprudentemente en la carretera y se estrellan contra un muro. El accidente no tiene importancia, sólo un golpe para el muchacho. Pero horas más tarde, Gonzalo de Borbón y Battenberg se desangra interiormente sin remedio. Tenía apenas veinte años. Avisada la reina, sólo tiene tiempo de llegar para asistir al entierro del más joven e inteligente de sus hijos, al que se le dan, en su entierro, por cortesía de las autoridades republicanas austriacas, honores de archiduque de Austria.

En 1935 ocurren muchos otros acontecimientos en la familia real. En marzo se casa don Jaime, que ha tomado desde su renuncia el título de duque de Segovia, con la aristócrata ítalo-francesa, Enmanuela Dampierre, hija del duque de San Lorenzo, de la nobleza vaticana, y de Victoria Rúspoli, miembro también de una distinguida familia de la nobleza romana. Como pertenece a la aristocracia vaticana Alejandro Torlonia, príncipe de Civitella-Celsi, que al principio de aquel mismo año había contraído matrimonio con la hija mayor de Alfonso XIII, la infanta Beatriz. A ninguno de estos dos matrimonios, que habían sido morganáticos y por tanto la infanta también ha tenido que firmar una renuncia a sus derechos a la corona de España, y que ambos se han celebrado en Roma, asiste la reina Victoria Eugenia, alejada más que nunca de su marido y de la familia real y todavía conmocionada por la muerte de su hijo Gonzalo. Tampoco asistiría en octubre de aquel mismo año, sin que nunca se haya explicado suficientemente el motivo, al de su hijo don Juan, que era el heredero de la dinastía y por tanto su matrimonio tenía una enorme trascendencia, como así lo demostró la cantidad enorme de españoles que sí se desplazaron hasta la capital italiana para asistir al enlace.

Como el príncipe de Asturias tenía edad para casarse se había empezado a buscar una novia adecuada. El ejemplo de sus hermanos anima a que esto se haga rápidamente. Se piensa en una princesa de la Casa de Saboya, la princesa María, hija pequeña de los reyes de Italia, pero no fructifica. Ella se casaría después con otro Borbón, Luis de Parma. En aquellos momentos se celebra la boda de su hermana Beatriz con Alejandro Torlonia. Los reyes de Italia, Víctor Manuel y Elena, ofrecen en Villa Saboya un baile de gala a los novios. Asiste una prima que no ha visto don Juan desde hace años y con la que muy pronto se establece una relación más que amistosa. Don Alfonso encantado cree que no hay que seguir buscando, aquella jovencita, que tiene acento sevillano pues se ha criado a orillas del Guadalquivir y que tiene mucho temperamento es la mejor candidata.

Se trata de la princesa doña María de las Mercedes de Borbón Dos Sicilias y Orleans, hija del viudo de la infanta Mercedes, la hermana mayor de Alfonso XIII, Carlos de Borbón Dos Sicilias, conde de Caserta e infante de España, que tras la muerte de su primera esposa, contrajo matrimonio con una princesa de Francia,

Luisa de Orleans. De ella le han nacido varios hijos, entre ellos esta princesa María de las Mercedes, que lleva este nombre como un sucesivo homenaje que ha existido entre la familia a aquella malograda y romántica reina. En realidad siempre sería llamada doña María, pues aquel mismo año, el 12 de octubre, en la basílica de Nuestra Señora de los Ángeles de Roma se celebra su matrimonio con el heredero de Alfonso XIII, que en la infancia de ésta llamaba a su sobrina «doña María la brava» debido a la fortaleza de su carácter, lo que también era una garantía para los años de incertidumbre que esperaban a la pareja.

Los nuevos príncipes de Asturias, después de un larguísimo viaje de luna de miel, una vuelta al mundo que duraría seis meses, se instalaron primero en Cannes, donde nacería la primogénita, la infanta Pilar, y luego en Roma, para estar más cerca del rey, que ya está muy delicado de salud. Allí nacieron el resto de sus hijos, don Juan Carlos, en 1938, doña Margarita, que nace ciega en 1939, y don Alfonso, en 1941. El matrimonio siempre fue una pareja bien avenida, que supo llevar con suma dignidad los innumerables reveses de todo tipo, tragedias familiares, estrecheces, problemas políticos y dinásticos que la vida les tenía destinados. Con los años tendrían algunos desencuentros e incluso llegó a hablarse de separación, debido a un apasionado romance de don Juan con una dama de la alta sociedad griega, como ha contado con discreción Víctor Salmador gran amigo del conde de Barcelona, pero finalmente se impuso el sentido del deber y el matrimonio superó el bache, fortalecido por un estricto sentido del deber que ambos compartían y con una comprensiva amistad que les unió a pesar de todo hasta el final. No pasó igual con el matrimonio de sus hermanos mayores.

El conde de Covadonga, don Alfonso, se vio arrastrado a una vida alocada y muy por encima de sus posibilidades por su esposa cubana, acostumbrada al lujo y a las fiestas. Instalados primero en París, el antiguo príncipe de Asturias, como una operación comercial y publicitaria revocó su renuncia a los derechos sucesorios, para luego volver sobre ella. En 1936 se trasladaron a los Estados Unidos para finalmente acabar en La Habana, donde aquel mismo año el príncipe tuvo una gravísima recaída en su enfermedad, y donde en mayo de 1937 tramitaron su divorcio civil. A los dos meses Alfonso de Borbón contrajo nuevo matrimonio, sólo civilmente, ya que el primero religioso no estaba anulado, con la modelo de alta costura también cubana, Martha Rocafort (un clarísimo antecedente de Eva Sannum). Tan sólo siete meses estuvo unida la pareja, que en febrero de 1938 se divorciaba ante los mismos tribunales de La Habana.

El conde de Covadonga cruzó el Caribe, se trasladó a Miami y allí viviría unos cuantos meses más, entregado a una vida desenfrenada, perjudicial para su salud y envuelto en el mundo de la noche y de los cabarets. Tras un nuevo y lamentable montaje publicitario reclamando otra vez los derechos a los que había renunciado por dos veces, Alfonso, viajando una noche con la cigarrera de una sala de fiestas de Miami, Milfred Gaydon, tuvo un grave accidente a consecuencia del cual moriría. Era el mes de septiembre de 1938. La reina Victoria cruzó el Atlántico en pos del lecho de muerte de su querido hijo primogénito. Pero llegó tarde. Ya estaba enterrado en el Gracelan Memorial Park, en un nicho en cuya lápida podía leerse: His Royal Highness Prince Alfonso de Borbón y Battenberg. May. 10 1907-Sep. 6 1938. Desde allí sería repatriado en 1985 para ser enterrado en El Escorial. En el aeropuerto le despedía una anciana Edelmira Sampedro-Ocejo, a la que la familia real había permitido seguir utilizando el título de condesa de Covadonga todos esos años que sobrevivió a su marido, ya que su matrimonio nunca se anuló.

Tampoco el matrimonio del segundo de los hijos de Alfonso XIII correría mejor suerte. Nacieron dos hijos varones en Roma, Alfonso, luego duque de Cádiz, y Gonzalo a los que su abuelo el rey no dio tratamiento de altezas reales, pero sí permitió que utilizaran el apellido Borbón, contraviniendo las normas de la Pragmática de Carlos III. Les mandaría inscribir en el Gotha como Borbón-Segovia y con el tratamiento de excelentísimos señores, al que tenían derecho como hijos de un infante de España. La madre Enmanuela Dampierre les abandonó muy pronto para casarse con un banquero milanés, llamado Tonino Stozzi. Jaime se casó a su vez civilmente en 1949 con la cantante alemana Carlota Tiedeman, divorciada y con una hija llamada Helga, que alguna vez ha tenido la humorada de hacerse llamar Helga de Borbón. Jaime, que vivió sucesivamente en París y Suiza, era un hombre de carácter débil y manipulable. Se dejó convencer por algún aventurero y dio una sonora campanada al intentar también revocar su renuncia. Luego, seducido por las ganancias de aquellos efectos publicitarios, se autoproclamó jefe de la Casa de Borbón, reclamó sus derechos a la corona de Francia, y como tal dio títulos y condecoraciones. A sus hijos los hizo duque de Anjou y de Borbón a Alfonso, y a Gonzalo duque de Aquitania. Más tarde sus propios hijos le pondrían un pleito por incapacidad mental y por derrochar sus recursos económicos.

Algunos legitimistas franceses de ultraderecha, que discuten todavía los derechos de la Casa de Orleans al trono francés, convirtieron a Jaime y luego a sus descendientes en la cabeza de sus reivindicaciones. Tras la muerte de su madre la reina Victoria, Jaime malvendió algunas joyas que heredó de ella y asistió, sin el menor rubor a la boda de su hijo Alfonso con la nieta mayor del dictador Francisco Franco, en el palacio de El Pardo, en 1972. Incluso se dice que ofreció al Caudillo el Collar del Toisón de Oro, del que el Gran Maestre de la rama española, y por tanto el único que podía otorgar semejante condecoración, era su hermano don Juan, como jefe de la Casa Real. En la primavera de 1975 murió Jaime, en circunstancias poco claras, pues aunque se certificó una hemorragia cerebral, parece que ingresó en el hospital suizo, donde murió, con una fuerte contusión en la cabeza causada por un golpe que le habría propinado —según algunos— su esposa Carlota, en una acalorada discusión, ambos con una monumental borrachera.

La menor de las hijas de Alfonso XIII, la infanta Cristina, viva imagen de su madre, contraería matrimonio en 1940 con el industrial turinés creador del martini, ennoblecido para la ocasión por el rey Víctor Manuel III de Italia con el título de conde Marone-Cinzano. Enrico Marone era viudo y tenía dos hijos, luego la infanta Cristina le daría cuatro chicas, todas ellas con descendencia y algunas instaladas después en España, donde murió repentinamente la infanta Cristina en la Navidad de 1996, tras algunos años viuda. Su hermana mayor la infanta Beatriz, también daría varios hijos a su marido el príncipe Torlonia, de los que ha tenido varios nietos, alguno de ellos de sobra conocido en nuestro país en el mundo de la prensa del corazón: el singular personaje llamado Alejandro Lecquio. Esta infanta, que tuvo la desgracia de ver arder, ya anciana, todos sus recuerdos en el fuego que destruyó parte del palacio Torlonia en la romana calle Bocca di Leone, cercana a la Plaza de España, ha sido la última de los hijos de Alfonso XIII y Victoria Eugenia en morir. El 22 de noviembre de 2002 y ya nonagenaria fallecía en Roma, donde fue enterrada en el panteón de su familia política. Al igual que lo fue su hermana Cristina en el panteón de los Marone en la ciudad de Turín.

Sin embargo, cuando en 1985 se trajeron los restos de la reina Victoria Eugenia a Madrid, para ser depositados en el Panteón Real de El Escorial, se repatriaron también los restos de sus hijos Alfonso, que viajaron desde Miami y los de Gonzalo y Jaime, que llegaron como los de la reina desde Suiza. Igualmente en aquellas fechas, aunque con gran discreción se trajeron desde París los restos de la infanta Isabel, la Chata, que reposaban allí desde 1931. El último infante muerto fuera de España traído a El Escorial fue el hijo pequeño de los condes de Barcelona, el infante Alfonso, desde el cementerio portugués de Cascais donde reposaba desde su trágica muerte en 1956. Esto sucedía a finales de 1992. Fue el último acontecimiento familiar al que asistió don Juan de Borbón ya muy enfermo. Y era el último acto de una serie de tragedias que no habían hecho sino acosar a la familia real desde su salida de España. La dramática muerte de Alfonso en 1956 sólo fue uno de ellos. En su vejez la reina Victoria Eugenia de Battenberg había elaborado la teoría de que alguna maldición había caído sobre ella y su descendencia por haber abjurado de su religión y haberse convertido al catolicismo al casarse con el rey Alfonso XIII.

Muerte en Roma

Por lo pronto hemos dejado a Alfonso XIII instalado en el Gran Hotel de Roma, cuando empezaba la década de los años cuarenta. La reina, a la que el comienzo de la Segunda Guerra Mundial la ha conducido hasta Roma, pues los políticos ingleses le han aconsejado que se marche de Londres, ya que al no pertenecer técnicamente a la familia real británica no pueden responder de su seguridad, ha intentado una aproximación a su marido, pero la reconciliación no ha sido posible. A pesar de todo Victoria Eugenia presintiendo tal vez el final del rey, que está muy delicado de salud, se ha quedado en la Ciudad Eterna, en casa de su hija Beatriz. Cuando el estado del rey se agrave acabará instalándose en el Gran Hotel. También llegan a Roma los príncipes de Asturias, que primero viven en un apartamento del Palazzo Torlonia y más tarde en Viale Parioli, en un modesto piso de un barrio a las afueras de la ciudad.

Desde hacía años el rey se estaba planteando su renuncia y la abdicación en su hijo don Juan, que ya tiene además descendencia con lo que la sucesión está más que asegurada. No solamente la enfermedad le cerca, también la angina de pecho que le amenaza ha reducido drásticamente su actividad. Alfonso XIII ha acabado comprendiendo que Franco, que después de finalizada la guerra se ha instalado cómodamente en el poder, no tiene la menor intención de restaurar la monarquía, al menos no de forma inmediata y desde luego no en él. Con estos sentimientos y la amargura de ver a su familia dispersa y con pocas esperanzas de regresar a España, en enero de 1941 el rey se dispone a redactar su acta de renuncia. La firma en Roma el 15 de enero de 1941, y él mismo se la lee a su hijo y heredero.

> Españoles:
>
> El 14 de abril me dirigí al pueblo español, manifestando mi decisión de apartarme de España, suspendiendo deliberadamente el ejercicio del Poder, sin renunciar por ello a ninguno de los derechos sagrados de los que la Historia me había hecho guardián y depositario.
>
> Cumplí en aquella ocasión un deber de patriotismo y gracias a ello ninguno podrá hoy afirmar que se vertiera sangre española, para defender intereses de un régimen, o de una dinastía, sino que la magnífica epopeya de la liberación de España, el heroísmo de su Ejército, y de la juventud española,

viene marcado por el sello inconfundible del sacrificio por la Patria, que abre paso a la solidaridad de todos, para crear su unidad, su libertad y su grandeza.

Asegurada ya la victoria definitiva, sentí con ella el impulso de anticipar esta declaración; contuvo, sin embargo, mi ánimo, el deseo de madurarla hasta que hoy, robustecido de consejos leales e informes autorizados, me juzgo en la obligación de dirigirme de nuevo, y por última vez a los españoles.

Al reorganizarse políticamente el país es preciso que quede expedito y franco el camino, para que, en el momento que se juzgue oportuno, pueda reanudarse la tradición histórica, consustancialmente unida a la institución monárquica, que durante siglos ha asegurado la unidad y permanencia de España.

Durante mi reinado procuré servir el interés de mi Patria, y espero que la posteridad hará justicia a la rectitud de mi intención, y al logro de muchos de mis propósitos durante un período que cuenta entre los más prósperos de nuestra Historia. Pero aun, siendo así, sería desconocer la realidad no advertir que la opinión española, la de los que han sufrido y han luchado y han vencido, anhela la constitución de una España nueva en que se enlace fecundamente el espíritu de las épocas gloriosas del pasado, con el afán de dotar a nuestro pueblo de la capacidad necesaria, para realizar su misión trascendental en el futuro.

A esa exigencia fundamental de la opinión española debe responder la persona que encarne la institución monárquica, y que pueda ser llamada a asumir la suprema jerarquía del país.

Por una parte, ha de esforzarse en que desaparezcan los últimos vestigios de las luchas civiles, que dividieron a los españoles en el siglo XIX; por otra, ha de encarnar la esperanza de los que desean una España nueva, libre de los defectos y vicios del pasado, en la que un sentido eficaz y vivo del patriotismo vaya unido a una más adecuada organización de la sociedad y del estado, y a una más equitativa participación de todos en la prosperidad general.

No por mi voluntad, sino por la ley inexorable de las circunstancias históricas podrá tal vez mi persona ser un obstáculo, y sobre todo entre quienes convivieron conmigo y tomaron después, de buena fe seguramente, rumbos distintos. Ante algunos, podría aparecer como el retorno a una política que no supo o no pudo evitar nuestra tragedia, y las causas que la provocaron; para otros, podría ser motivo de remordimiento o embarazo. Deber mío es remover esos posibles obstáculos, sacrificando toda consideración personal, para servir la gran causa de España, por la que tan generosamente han ofrendado sangre millares de españoles.

De manera alguna pesa en mi ánimo la elección de la oportunidad o acierto de la mayor o menor resonancia de mis actuales manifestaciones; hubiera rehuido siempre alterar el espíritu público, o distraer su atención de otras miras, hacia mí, pues mi propósito y designio, consisten en causar un solo efecto: desaparecer en sazón y tiempo para bien de España.

Renuevo especial llamamiento al patriotismo de todos, sin distinción y en particular a los remisos al sacrificio por la unión, a los cuales va muy encarecido con mi ejemplo.

Con este espíritu y este propósito ofrezco a mi Patria la renuncia de mis derechos, para que por ley histórica de sucesión a la Corona, quede automáticamente designado, sin discusión posible en cuanto a la legitimidad, mi hijo el Príncipe Don Juan, que encarnará en su persona la institución monárquica, y que será el día de mañana, cuando España lo juzgue oportuno, el Rey de todos los españoles. Alfonso XIII, rey. Roma, 15 de enero de 1941.

La forma en que se hacía era, como vemos, un Mensaje a los españoles. Pero el texto es también una renuncia en toda regla. Y para que surtiera todos los efectos legales, se mandó copia al general Franco y otra se entregó en el registro de la embajada de España en Roma. Franco ni se dio por enterado. Don Juan, que pese a que se había hablado desde hacía años de la necesidad de la abdicación, siempre había sabido lo renuente que se había sentido el rey ante esta perspectiva, no lo esperaba. Pero al día siguiente, repuesto de la impresión, entregó a su padre un documento, en el que entre otras cosas afirmaba:

Señor:

Con el ánimo embargado por la emoción más profunda, me hago cargo de la notificación solemne en que Vuestra Majestad me comunica haber renunciado a la Corona de España.

Cuando la Historia enjuicie el reinado de Alfonso XIII no podrá por menos de reconocer, sin faltar a la justicia, la abnegación y el amor a la Patria que han inspirado todos los actos de Vuestra Majestad, aun aquellos más discutidos por la pasión política...

Ruego a Dios me conceda los dones de acierto, firmeza y perseverancia necesarios para cumplir los fines a que me destina, cuando sus designios me lleven a ceñir la Corona de nuestra Monarquía Tradicional, renovando el aliento cordial y generoso que la dio vida, y que sobre nuestra fe católica y sobre la conciencia de nuestra Unidad de destino, cimentó la Unidad política y la Grandeza de España.

Con este objetivo fundamental, cuando llegue la hora de cumplir con mi deber y mi deseo de servir a nuestra Patria, me esforzaré en asegurar su Unidad moral y su continuidad histórica; mitigaré con afecto y autoridad de padre, recientes dolores, y satisfaré, eficazmente, los anhelos de la gran masa de españoles que aspiran a una vida más justa y mejor.

Réstame, como hijo, pedir a Vuestra Majestad su bendición de padre, para que ella me ayude en todos los momentos a cumplir, en bien de España, los trascendentales deberes que la decisión de Vuestra Majestad me impone. Juan, Príncipe de Asturias.

Apenas transcurre un mes y medio entre la abdicación y la muerte de Alfonso XIII. En esas escasas semanas su salud se va agravando progresivamente. Su débil corazón apenas resiste, pese a los esfuerzos y cuidados de las dos religiosas que le atienden, de toda la familia que está continuamente pendiente de él y de la propia reina de Italia, Elena, que llama a diario interesándose por su salud y le lleva personalmente nutritivos caldos hechos por ella misma para animarle. El 28 de febrero muere al fin el rey de España en la habitación 32 del hotel donde ha vivido los últimos años de su vida. Es el único soberano de su dinastía que ha muerto en un hotel, pero no el único que lo ha hecho fuera de España. En París, en el palacio Castilla había muerto su abuela Isabel II en 1904. Y en Nápoles en 1819 lo había hecho Carlos IV; días antes había fallecido en Roma, en el Palazzo Barberini la reina María Luisa de Parma.

Sobre los últimos días de Alfonso XIII hay muchas versiones y algunas contradictorias. Las oficiales dicen que estuvo rodeado de toda su familia, incluida la reina Victoria Eugenia, a la que habría dicho a la hora de morir: «Ena, esto se acaba, estoy hecho polvo», lo que muchos niegan, ya que al parecer la reina no tenía acceso a la habitación en la que agonizaba su infiel esposo. Durante mucho tiempo los monárquicos españoles y el entorno más próximo a la familia real fueron muy celosos de la intimidad de la real pareja e intentaron seguir haciendo creer en la sintonía entre los reyes Alfonso y Victoria Eugenia, cuando se sabía con absoluta certeza el abismo que los separó ya en España y que se hizo un camino sin retorno en el destierro. Igual velo de discreción y de aparente normalidad se tuvo en torno a los condes de Barcelona incluso en los momentos más críticos de su relación, ya que al contrario que los reyes nunca llegaron a separarse y siempre mantuvieron una magnífica relación de amistad e intereses comunes. Sea como fuere, lo que parece probado es que antes de morir Alfonso XIII se dirigió a su hijo don Juan y le dijo: «Majestad, sobre todo, España». Y ya sin aliento se le oyó susurrar: «España..., Dios mío...». El manto de la Virgen del Pilar y otras reliquias habían llegado desde España días antes para acompañarlo en los últimos momentos.

El rey fue amortajado con el hábito blanco de las órdenes militares y cubierto con la bandera española. Inmediatamente toda la familia prestó acatamiento al nuevo rey, don Juan, empezando por la reina viuda. Victoria Eugenia hizo una profunda reverencia a su hijo y desde aquel día se convirtió en la reina madre. Y en la primera defensora de los derechos dinásticos y de la restauración de la monarquía en España. Su casa de Lausana, junto al lago Leman, sería durante años el lugar de reunión de todos sus familiares, y lugar de peregrinación también de muchos españoles monárquicos. Don Juan siempre consultaría con ella todas sus decisiones más importantes y se ha discutido mucho, como ya hemos contado, su intervención ante Franco, en su último encuentro sobre la elección del sucesor.

El entierro, con todos los honores debidos a un soberano reinante, estuvo presidido por el rey de Italia Víctor Manuel III y por el nuevo rey de derecho don Juan de Borbón, acompañado de su hermano Jaime y de sus cuñados. Se abrió una sepultura provisional en la iglesia española de Nuestra Señora de Montserrat, al lado de los enterramientos de dos papas españoles, Calixto III y Alejando VI. Allí permaneció hasta 1980 en que el Conde de Barcelona pudo al fin cumplir la promesa hecha a su padre en el lecho de muerte y repatriar sus restos mortales hasta España, para que recibieran sepultura en el Panteón Real de El Escorial, junto a sus antepasados. En su testamento, abierto poco después y que aunque estaba redactado antes de su abdicación reconocía ya a don Juan como su heredero e indiscutible jefe de la Casa Real de España, decía:

> Hago constar que tengo aprobada la renuncia que del derecho a sucederme en la Corona de España hizo mi hijo Don Jaime, por sí y sus descendientes, y que por virtud de tal renuncia, el heredero inmediato de aquella es mi otro hijo don Juan, que por eso ha asumido el título de Príncipe de Asturias. Por tanto encarezco a mis familiares, que reconozcan en Don Juan la autoridad que, mientras subsistió la Monarquía, pertenecía al Rey sobre sus parientes, conforme a las leyes nacionales, y a mi dicho hijo le exhorto, como consecuencia de esa autoridad, se considere, en el alcance de sus medios, investido del deber de ayudarlos...

De Lausana a Estoril, trabajando por la restauración

A finales de aquel mismo año 1941 la reina Victoria Eugenia fue acusada de espiar para su país por los fascistas italianos y tuvo que abandonar Roma para instalarse definitivamente en Suiza. Después de protestar enérgicamente ante el rey y las autoridades italianas por la acusación hecha a su madre, allí, a Lausana se trasladó también don Juan de Borbón y su familia ya que el desarrollo de la guerra no aconsejaba permanecer en Roma. Semanas antes, en la primera reunión de la Diputación de la Grandeza de España que había acudido a la capital italiana para rendir pleitesía y acatamiento como era tradicional al nuevo monarca, don Juan, para evitar ser llamado rey, decidió, y así lo dio a conocer a todos, utilizar el título soberano de conde de Barcelona. Sus partidarios siempre le tratarían a él y a su esposa de majestad, y a él le llamarían Juan III, el ordinal con el que hubiese reinado, si hubiese subido al trono. Pero el destino le tenía reservadas otras amargas renuncias.

La vida de Juan Carlos Teresa Silverio Alfonso de Borbón y Battenberg, tercer varón y quinto hijo del rey Alfonso XIII y de Victoria Eugenia de Battenberg, nacido el 20 de junio de 1913 en el palacio de La Granja de San Ildefonso, uno de los lugares preferidos por su madre, es en efecto la historia de una predestinación y de muchas renuncias. Cuando nace nadie podía imaginar que sería el príncipe llamado por el destino para continuar la línea dinástica de la familia real española. Las vicisitudes familiares que acabamos de contar le colocaron al frente de la Casa Real de España. Las circunstancias políticas que le tocó vivir le convirtieron en un eterno aspirante al trono de sus mayores. Y como también hemos contado le acabaron obligando a renunciar a sus derechos históricos y dinásticos en su propio hijo, al que el destino le había acabado enfrentando, al colocarlo en el trono que a él le correspondía.

Hay pocos retratos de pintor de don Juan de Borbón y Battenberg equiparables a los que a través de la historia han reflejado no sólo la apariencia sino el carácter, la personalidad y la fisonomía de los anteriores y sucesivos reyes de España. Sin embargo nos fijaremos en dos de los que existen, pertenecientes a dos épocas distintas de su vida. Uno es de Álvarez de Sotomayor, un pintor del primer tercio del siglo XX. En él aparece don Juan vestido de marino, con uniforme de gala, el Toisón de Oro sobre su pecho y apoyando la mano izquierda en la espada y la derecha en una mesa. Es la misma situación en la que eran retratados los antiguos soberanos, sólo que aquí no aparecen los símbolos de la realeza, ni la corona ni el cetro, ni el trono. El fondo es un lejano paisaje y una cortina roja. Sobre la mesa sólo unos pergaminos. Es el retrato de un rey sin trono. Un gesto de intensa preocupación nubla el semblante de don Juan de Borbón, que debía tener en aquellos momentos apenas treinta años. Rubio, con los ojos claros, que apenas se advierten, su fisonomía no refleja demasiados rasgos borbónicos, sólo tal vez el perfil y la nariz prominente. Ha heredado los rasgos de su madre inglesa, la serenidad de su mirada y la majestad que emana de todo su cuerpo.

El segundo es de Ricardo Macarrón. En él aparece el conde de Barcelona ya casi en los umbrales de la vejez. Sobre un traje oscuro de marino luce una banda con los colores nacionales, que sujeta a la cintura con un fajín morado. Está sentado y posa sus brazos sobre las piernas en un gesto de reposo. Las condecoraciones se han ido acumulando en su pecho. Pero el gesto del viejo rey sin trono demuestra cierta indiferencia. Sobre la corbata el distintivo del Toisón. Es el único símbolo de su realeza. Pero a pesar de todo su gesto es el de un soberano que ya ha empezado a ver con escepticismo las glorias de este mundo. Su semblante es de gran tranquilidad. Tal vez refleja su estado de ánimo, el de aquel que ha sabido cumplir con su deber en cada momento de su vida. Él no se cansaría de repetirlo en sus últimos años, ya residiendo de nuevo en Madrid. «Quiero que se me recuerde como alguien que amó apasionadamente a España... He sido hijo de rey y padre de rey y jamás rey, pero creo haber cumplido la importante misión que las circunstancias históricas me asignaron... Lo que yo creo es que los hombres somos instrumentos de la Historia... La virtualidad fundamental de la Monarquía no radica en quién es titular de la Corona, sino en saber representar su figura institucional... Mi hijo ha traído la Monarquía por la que yo luché... El Rey ha conectado con el pueblo de forma que a mí me hubiera estado vedada, o al menos, dificultada...». Todo eso parece decir don Juan desde ese retrato de Macarrón, en el que vemos a alguien que mira hacia el final de su vida con la satisfacción del deber cumplido, pero también con la tristeza de una íntima derrota.

Pero no había sido fácil cumplir con la pesada carga que cayó sobre sus hombros en el mes de febrero de 1941. Tenía entonces don Juan veintiocho años y nadie se había ocupado de prepararlo para ser rey. Aparte de los estudios de bachillerato realizados en el propio palacio, bajo la supervisión de su preceptor el conde de Grove, que lo había sido de sus hermanos y de su padre, revalidados ante un tribunal público en el Instituto San Isidro de Madrid y su carrera de marino, don Juan desconocía todo lo demás que debe conocer un rey de nuestro tiempo. Aunque no era hombre de grandes preocupaciones intelectuales, al convertirse en heredero se había matriculado en diferentes materias en la Universidad de Florencia. Allí hizo un curso acelerado de Historia, Sociología, Derecho y Ciencias Políticas. Allí también se empapó de arte en los numerosos museos de la capital de la Toscana e hizo algunas lecturas que creía imprescindibles. Pero la fuerza de los acontecimientos, la guerra de España, el nacimiento de sus hijos, la abdicación de su padre y su inmediata muerte, habían truncado aquella formación acelerada a la que don Juan se había entregado.

Una vez instalado en Suiza, en Les Rocailles una casa cercana a la «Vieille Fontaine» que sería desde entonces la residencia oficial de la reina madre, don Juan se fue rodeando de algunos hombres, intelectuales y políticos monárquicos que le ayudaron siempre en su formación. Eso le permitió desarrollar un pensamiento político que iría definiendo en sus numerosos documentos, declaraciones, manifiestos y escritos, todos ellos dirigidos al único fin que se había propuesto en su vida, lograr la restauración de la monarquía en España. Su largo enfrentamiento con Franco, al que ya hemos hecho referencia, queda reflejado en los Manifiestos, sobre todo en el de 1945, dado en Lausana y en el de Estoril de 1947. En ellos don Juan expresa cuáles son los principios de la monarquía por la que trabaja y que quiere ver restaurada en el trono de sus mayores. En 1945 escribe don Juan desde Lausana:

> Españoles:
>
> Conozco vuestra dolorosa desilusión y comparto vuestros temores. Acaso los sienta más en carne viva que vosotros, ya que, en el libre ambiente de esta atalaya centroeuropea, donde

la voluntad de Dios me ha situado, no pesan sobre mi espíritu ni vendas ni mordazas. A diario puedo escuchar y meditar lo que se dice sobre España...

Hoy, pasados seis años desde que finalizó la guerra civil, el régimen implantado por el general Franco, inspirado desde el principio en los sistemas totalitarios de las Potencias del Eje, tan contrario al carácter y a la tradición de nuestro pueblo, es fundamentalmente incompatible con las circunstancias que la guerra presente está creando en el mundo. La política exterior seguida por el régimen compromete también el porvenir de la Nación...

Sólo la Monarquía tradicional puede ser instrumento de paz y de concordia para reconciliar a los españoles; sólo ella puede obtener respeto en el exterior, mediante un efectivo estado de derecho, y realizar una armoniosa síntesis del orden y de la libertad en que se basa la concepción cristiana del estado. Millones de españoles de las más variadas ideologías, convencidos de esta verdad, ven en la Monarquía la única institución salvadora.

Desde que por renuncia y subsiguiente muerte del Rey Alfonso XIII en 1941 asumí los deberes y derechos a la Corona de España, mostré mi disconformidad con la política interior y exterior seguida por el general Franco. En cartas dirigidas a él y a mi representante hice constar mi insolidaridad con el régimen que representaba y por dos veces, en declaraciones a la prensa, manifesté cuán contraria era mi posición en muy fundamentales cuestiones.

Por estas razones, me resuelvo, para descargar mi conciencia del agobio cada día más apremiante de la responsabilidad que me incumbe, a levantar mi voz y requerir solemnemente del general Franco para que, reconociendo el fracaso de su concepción totalitaria del estado, abandone el Poder y dé libre paso a la restauración del régimen tradicional de España, único capaz de garantizar la Religión, el Orden y la Libertad.

Bajo la Monarquía-reconciliación, justiciera y tolerante caben cuantas reformas demande el interés de la Nación. Primordiales tareas serán: aprobación inmediata, por votación popular, de una Constitución política, reconociendo todos los derechos inherentes a la persona humana y garantía de las libertades políticas correspondientes; establecimiento de una Asamblea Legislativa elegida por la Nación; reconocimiento de la diversidad regional; amplia amnistía política; una más justa distribución de la riqueza y la supresión de injustos contrastes sociales contra los cuales no sólo claman los preceptos del cristianismo, sino que están en flagrante y peligrosísima contradicción con los signos políticos-económicos de nuestro tiempo.

No levanto bandera de rebeldía ni incito a nadie a la sedición, pero quiero recordar a quienes apoyan al actual régimen la inmensa responsabilidad en que incurren contribuyendo a prolongar una situación en trance de llevar al país a una irreparable catástrofe... Lausanne, 19 de marzo de 1945.

El Manifiesto de 1945 es sin duda el más duro contra Franco, ya que en aquellos momentos los aliados, con los que se sentía completamente identificado don Juan —circunstancia que también le enfrentaba a Franco, decidido partidario del eje Roma-Berlín— pretendían derrocar al dictador y necesitaban que la postura democrática del pretendiente al trono de España quedara claramente reflejada, sin fisuras. En este sentido ya en 1942 don Juan había hecho unas declaraciones en *Le journal de Genève* que fueron el principio de su distanciamiento del dictador. Cuando éste en 1947 hace aprobar por referéndum la Ley de Sucesión, don Juan, que ya vive en Estoril, publica su segundo Manifiesto. En aquellos momentos don Juan sabe que los aliados han vuelto sobre sus intenciones de derrocar al dictador de España, porque las circunstancias internacionales han variado y así favorece a sus intereses. Fue su primo lord Montbatten el que finalmente le convenció de las intenciones de las potencias occidentales de permitir la existencia del régimen franquista, cuando don Juan se negaba a reconocer lo que ya era una decisión, tomada por los líderes mundiales en la Conferencia de Yalta. Cuando don Juan publica el Manifiesto de Estoril es consciente de que sus pretensiones de ocupar el trono de España están cada día más lejanas.

Españoles:

El general Franco ha anunciado públicamente su propósito de presentar a las llamadas Cortes un proyecto de Ley de Sucesión a la Jefatura del Estado, por la cual España queda constituida en Reino, y se prevé un sistema por completo opuesto al de las leyes que históricamente han regulado la sucesión a la Corona.

En momentos tan críticos para la estabilidad política de la Patria, no puedo dejar de dirigirme a vosotros, como legítimo Representante que soy de vuestra Monarquía para fijar mi actitud ante tan grave intento.

Los principios que rigen la sucesión a la Corona, y que son uno de los elementos básicos de la legalidad en los que la Monarquía Tradicional se asienta, no pueden ser modificados sin la actuación conjunta del Rey y de la Nación legítimamente representada en Cortes. Lo que ahora se quiere hacer carece de ambos concursos esenciales, pues ni el titular de la Corona interviene, ni puede decirse que encarne la voluntad de la Nación el organismo que con el nombre de Cortes, no pasa de ser una mera creación gubernativa. La Ley de Sucesión que naciera en condiciones tales adolecería de un vicio substancial de nulidad.

Tanto o más grave es la cuestión de fondo que el citado proyecto plantea. Sin tener en cuenta la necesidad apremiante que España siente de contar con instituciones estables, sin querer advertir que lo que el país desea es salir cuanto antes de una interinidad cada día más peligrosa, sin comprender que la hostilidad de que la Patria se ve rodeada en el mundo nace en máxima parte de la presencia del general Franco en la Jefatura del Estado, lo que pretende es pura y simplemente convertir en vitalicia esa dictadura personal, convalidar unos títulos según parece hasta ahora precarios, y disfrazar con el manto glorioso de la Monarquía un régimen de puro arbitrio gubernativo, la necesidad del cual hace ya mucho tiempo que no existe.

Mañana la Historia, hoy los españoles, no me perdonarían si permaneciese silencioso ante el ataque que se pretende perpetrar contra la esencia misma de la Institución monárquica hereditaria, que es, en frase de nuestro Balmes, una de las conquistas más grandes y más felices de la ciencia política.

La Monarquía hereditaria es, por su propia naturaleza, un elemento básico de estabilidad, merced a la permanencia institucional que triunfa de la caducidad de las personas, y gracias a la fijeza y claridad de los principios sucesorios, que eliminan los motivos de discordia y hacen imposible el choque de los apetitos y de las banderías.

Todas estas supremas ventajas desaparecen en el proyecto sucesorio, que cambia la fijeza en imprecisión, que abre la puerta a todas las contiendas intestinas, y que prescinde de la continuidad hereditaria para volver, con lamentable espíritu de regresión, a una de esas imperfectas fórmulas de caudillaje electivo en que se debatieron trágicamente los pueblos en los albores de la vida política...

Frente a este intento, yo tengo el deber inexcusable de hacer una pública y solemne afirmación del supremo principio de legitimidad que encarno, de los imprescriptibles derechos de soberanía que la Providencia de Dios ha querido que vinieran a concluir en mi persona, y que no puedo en conciencia abandonar porque nacen de muchos siglos de Historia y están directamente ligados con el presente y el porvenir de nuestra España...

...Lo que no se me puede pedir es que dé mi asentimiento a actos que supongan el incumplimiento del sagrado deber de custodia de derechos que no son sólo de la Corona, sino que forman parte del acervo espiritual de la Patria.

Con fe ciega en los grandes destinos de nuestra España querida, sabéis que podéis contar siempre con vuestro Rey. Juan. Estoril, 7 de abril de 1947.

Aquel Manifiesto se completaría con unas duras declaraciones dictadas al escritor Rafael Martínez Nadal y publicadas en *The Observer* poco después, que tuvieron igualmente una enorme repercusión. Todos los escritos de don Juan eran hábilmente manipulados por los servicios propagandísticos del franquismo en la continua campaña de desprestigio y calumnias que desarrollaron durante años contra la monarquía y esencialmente contra don Juan de Borbón, al que siempre se relacionaba con la masonería, como se sabe una auténtica manía persecutoria y obsesiva de Francisco Franco.

A principios del año 1946, don Juan, de acuerdo con sus colaboradores y en contra de la voluntad del dictador que hizo todo lo posible para impedirlo, había decidido instalarse más cerca de España, por lo que se había elegido la vecina Portugal. Allí llegó la familia, excepto el príncipe Juan Carlos que estaba estudiando en Friburgo, en enero de 1946. Después de vivir en varias casas provisionales, se instalarían en un pequeño chalecito en la pequeña localidad de San Juan de Estoril, cercana a Lisboa. Aquella casa, a la que doña María puso el nombre de «Villa Giralda», sería durante cuarenta años el hogar de los condes de Barcelona y el lugar de referencia para los monárquicos españoles.

Una vez instalado en Portugal don Juan creó su Consejo Privado, una especie de Consejo de ilustres formado por políticos, profesores, catedráticos, aristócratas, periodistas, académicos, profesionales, que sería el apoyo formal de don Juan durante muchos años. Fue presidido por diversas personalidades. Su último presidente fue el escritor y académico don José María Pemán. También estaba el Secretariado Político, que era como un gobierno en la sombra y en el que siempre estuvo el que fue uno de los principales consejeros de don Juan, el ya mencionado Pedro Sainz Rodríguez, que había pertenecido a Acción Española, había sido ministro de Educación en el primer gobierno de Franco y luego, enfrentado al dictador, había huido de España, había intrigado contra él y lo seguiría haciendo durante muchos años como personaje influyente en el entorno del conde de Barcelona. En marzo de 1947 reunió don Juan por primera vez a su Consejo Privado, pero uno de sus miembros no pudo asistir. Se trataba del duque de Alba, al que Franco le negó el pasaporte para viajar a Lisboa, pronunciando entonces don Jacobo Fitz-James Stuart, XVII duque de Alba y de Berwick, veintiuna veces grande de España, su famosa frase ante los periodistas extranjeros que él había convocado en las ruinas del palacio de Liria, a cuya reconstrucción tras los bombardeos de la guerra estaba dedicado: «Es la primera vez en quinientos años que un duque de Alba no puede acudir a la llamada de su rey».

Antes, con la colaboración de Sainz Rodríguez y José María Gil Robles, en febrero de 1946, se habían redactado y dadas a la publicidad las llamadas «Bases de Estoril», una especie de Carta Magna de la monarquía que don Juan quería ver restaurada en el trono de España, que como todos los escritos y manifiestos del pretendiente eran silenciados por la censura franquista y no llegaron nunca a ser conocidos por el pueblo español, más que en los círculos afines. Periódicos confesionalmente monárquicos como *ABC* tuvieron en aquellos años muchos reveses con la censura del régimen franquista, cuando intentaban publicar cualquier noticia o documento relacionado con el conde de Barcelona. El periodista Luis María Anson, que pertenecía al Consejo Privado de don Juan y a su Secretariado Político, sería sancionado y apartado del periódico por la publicación años más tarde, en 1968, de su artículo «La monarquía de todos».

Los príncipes a España

Como no parecía que la situación evolucionara y pensando en el futuro, cuando se plantearon los estudios secundarios del príncipe de Asturias y de su hermano, el infante Alfonso, es cuando se produce el primer encuentro entre Franco y don Juan. Se realiza a bordo del yate que el dictador utilizaba en sus vacaciones, el famoso *Azor*. Es el 25 de agosto de 1948. Don Juan asiste con su hermano Jaime. El yate estaba fondeado en la bahía de San Sebastián. El encuentro fue la certificación del desencuentro irremediable que siempre existiría entre don Juan y Franco. El único acuerdo que se consigue es el de que los hijos varones del pretendiente vengan a estudiar a España. También lo harían años más tarde, los hijos del infante Jaime, Alfonso y Gonzalo de Borbón-Segovia.

El primero en venir es el príncipe de Asturias, don Juan Carlos, que a los pocos meses llegaría en el Lusitania Exprés un helador día de noviembre de 1948. Lo primero que hacen los que le reciben, es llevar a aquel muchacho más asustado que otra cosa al Cerro de los Ángeles, al monumento que su abuelo había consagrado al Corazón de Jesús y que en la guerra había sido fusilado simbólicamente. De allí a una finca cercana a Madrid, Las Jarillas, donde junto a un selecto grupo de chicos de su edad, se había constituido una escuela para que el príncipe no realizara sus estudios en solitario. Luego esta escuela se trasladaría al palacio de Miramar en San Sebastián. El segundo encuentro entre don Juan y Franco también tendría como motivo de conversación la educación del príncipe de Asturias. Fue el 28 de diciembre de 1954 en una finca extremeña, «Las Cabezas», propiedad del conde de San Pedro de Ruiseñada, don Juan Claudio Güel y Churruca. Allí se reunieron nuevamente don Juan y Franco para decidir sobre el futuro del príncipe. La decisión fue que antes de iniciar estudios universitarios don Juan Carlos debería pasar por las academias militares, cosa en la que ambos estuvieron de acuerdo.

Un hecho luctuoso ocurriría en aquella época en «Villa Giralda». Un suceso que fue un drama familiar de inmensas proporciones y que marcaría a todos sus protagonistas de por vida: la muerte en trágico accidente del más pequeño de los hijos de los condes de Barcelona, el infante Alfonso. Ocurre en la Semana Santa de 1956. Los hermanos Juanito y Alfonsito —como eran llamados familiarmente— han regresado a casa para pasar las vacaciones. Ambos estudian en España. Después de los oficios del Jueves Santo quieren jugar con un arma que el general Franco acaba de regalar a Juan Carlos. El conde de Barcelona ha ordenado que se guarde bajo llave para evitar cualquier peligro, pero ante la terca insistencia de los niños, la condesa de Barcelona les entrega el arma. En medio de los juegos, nadie ha advertido que hay una bala alojada en la recámara. Juan Carlos tiene el arma que accidentalmente se dispara y mata al pequeño Alfonso.

El Infante sería enterrado a los pocos días en el cementerio de Cascais en una impresionante ceremonia. El drama familiar es incalculable; todos dirán que Juan Carlos no será desde entonces el mismo. Tampoco sus padres. Don Juan, desesperado, huye al mar, donde suele encontrar serenidad y sosiego y hace largas travesías, en su yate *El Saltillo*, con el que llegaría a dar la vuelta al mundo. La Condesa de Barcelona víctima de fuertes depresiones tuvo que ser ingresada en una clínica de Suiza y sólo su fuerte carácter le haría superar difícilmente aquel desgarro. La mezquindad de Franco y sus secuaces llegaría a la indignidad de utilizar y manipular este drama familiar sembrando dudas absurdas para desprestigiar a los propios actores de aquella inmensa tragedia.

El último encuentro de Franco y el Conde de Barcelona tuvo el mismo escenario, en Las Cabezas el 28 de marzo de 1960. Don Juan y sus consejeros quieren que don Juan Carlos inicie sus estudios universitarios en la prestigiosa Universidad de Lovaina, Franco propone Salamanca. Al final se acuerda que sea la Universidad de Madrid. En la Complutense seguirá don Juan Carlos unos cursos especiales con materias de Derecho, Sociología, Historia, Humanidades y Ciencias Políticas. Don Juan y Franco se volverían a encontrar en 1963 en el bautizo de la primera hija de don Juan Carlos, la infanta Elena, al que asisten los condes de Barcelona. En febrero de 1968 se encontrarían de nuevo en el bautizo del heredero de don Juan Carlos, el infante don Felipe, que es apadrinado por don Juan y por la reina madre, Victoria Eugenia, que vuelve en aquellos momentos a España por primera y única vez desde su exilio.

Nunca más volverían a verse. En 1966 don Juan, en un discurso pronunciado con motivo de los actos conmemorativos del XXV aniversario de la muerte de su padre el rey Alfonso XIII, vuelve a instar al general a que abandone el poder, sin obtener respuesta alguna. Y así llega el verano de 1969. La reina madre ha muerto en abril y en su entierro pudo apreciarse la tensión existente entre don Juan y su hijo. Desde hace un año se rumorea con insistencia que Franco va a designar sucesor a don Juan Carlos. En su anual y veraniega visita a Estoril el príncipe niega a su padre que sepa nada al respecto. Y en realidad poco sabe, aunque algo parece que se mueve en el entorno del dictador para que se decida al fin a nombrarle sucesor. Algunos políticos del régimen afines a don Juan Carlos, el almirante Carrero, López Rodó, y algunos otros, están intrigando, pero el dictador es imprevisible. A los pocos días de volver de Estoril Franco llama a El Pardo a don Juan Carlos. Le ofrece la corona, sin tiempo para consultar. Don Juan Carlos acepta. Al volver a la Zarzuela llama a Estoril pero sólo habla, y en clave, con su madre. Envía una carta a su padre que le entrega personalmente el marqués de Mondéjar. Franco a su vez envía su propia carta al pretendiente, en la que con toda crueldad le clava el rejón de muerte, sin ninguna misericordia. El frío general ha consumado finalmente su venganza.

> Mi querido Infante
>
> En los momentos en que en cumplimiento del artículo VI de la Ley de Sucesión tomo la decisión de proponer a las Cortes mi sucesor en la Jefatura del Estado, a favor de vuestro hijo D. Juan Carlos, quiero comunicároslo y expresaros mis sentimientos por la desilusión que pueda causaros, y mi confianza de que sabréis aceptarlo, con la grandeza de ánimo heredada de vuestro augusto padre D. Alfonso XIII.
>
> Me imagino los sentimientos contradictorios que esta noticia va a despertar en vuestro ánimo; pero la grandeza de la Monarquía está precisamente en ser un camino de sacrificio de las personas reales a la Institución, por ello me permito preveniros contra el consejo de aquellos seguidores que ven defraudadas sus ambiciones políticas.
>
> Yo desearía comprendierais, no se trata de una restauración, sino de la instauración de la Monarquía como coronación del proceso político del Régimen, que exige la identificación más completa con el mismo, concretado en unas Leyes Fundamentales refrendadas por toda la nación.
>
> En este orden la presencia y preparación del Príncipe D. Juan Carlos durante 20 años y sus muchas virtudes le hacen apto para esta designación.
>
> Confío que esta decisión no alterará los lazos familiares de vuestro hogar ya que nuestras diferencias constituyen un imperativo de servicio a la Patria por encima de las personas.
>
> Le saludo con todo afecto y consideración. Francisco Franco.

¿Un pacto de familia?

¿Existió como se ha dicho y asegurado un pacto de familia entre don Juan y su hijo? La hipótesis de trabajo es perfecta. Don Juan Carlos acepta el nombramiento de sucesor a título de Rey de Franco, tras haber llegado a la conclusión de que es la única forma de que la institución monárquica regrese a España en su familia. Se convierte así, de alguna forma, en un rehén del régimen, mientras su padre, en una prudente lejanía, pero sin producirse una contraproducente ruptura dinástica, permanece en reserva vigilante y garante de la pureza democrática para una posible restauración en su persona si no progresa la opción de don Juan Carlos. Y además, a la vez que su hijo tiene la adhesión de las fuerzas políticas del interior, don Juan sirve de puente con las fuerzas políticas del exterior, la oposición reunida en torno a la Junta Democrática, con la que el conde de Barcelona entra en contacto a través de Antonio García Trevijano, un brillante notario madrileño. Todo es perfecto. ¿Pero cierto? Nunca lo sabremos. Pero a juzgar por los acontecimientos así fue como sucedió. ¿Consecuencia de un pacto o mero y milagroso azar de la historia? Cuando se habla del proceso de la transición se olvida con demasiada frecuencia ese último ingrediente del azar, que indudablemente también trabajó a favor, y que no debe ser descartado.

Aunque don Juan no llegó a asumir los presupuestos de la Junta Democrática, sí mantuvo relaciones fluidas con socialistas y comunistas. Con los socialistas desde hacía años se habían establecido algunos contactos, especialmente con uno de los sectores, partidarios de acercarse a la Corona, si ésta, una vez restaurada, prometía elecciones libres. Otros sectores del socialismo español, como los que lideraba Enrique Tierno Galván, habían sido frecuentes en Villa Giralda. En este sentido hay que recordar que en principio los socialistas ofrecían un pacto, si la Monarquía se comprometía a abrir el arco democrático hasta su propia opción, dejando fuera al Partido Comunista, lo que no hubiese tenido excesiva credibilidad. Luego, como ya contaremos, la postura de los socialistas cambiaría radicalmente.

Algunos historiadores y personas que pueden estar en el secreto de la verdad, aseguran que sí hubo un pacto de familia. El príncipe sucedía a Franco, realizaba todo el trabajo de desmontar la dictadura y luego recibía la legitimidad histórica de su padre, que se habría conservado a salvo, sin contaminar con el franquismo. Así fue. ¿Pero fue eso lo acordado? Algunos acontecimientos, algunas actitudes y muchos indicios hacen pensar que no fue exactamente así. ¿Pasaba la solución por el reinado efectivo —aunque simbólico y breve— del conde de Barcelona? Tampoco lo sabremos. Que el elegido iba a ser el hijo debió ir asimilándolo don Juan con el paso de los años y el desarrollo de los acontecimientos. La práctica ruptura de comunicaciones entre don Juan y Franco en los años sesenta mientras su hijo continuaba su formación en España, debieron hacérselo confirmar. Las propias opiniones de su hijo, en las entrevistas y conversaciones que tenían durante sus estancias en Estoril estuvieron en ese camino, tratar de hacer comprender al conde de Barcelona que nunca restauraría Franco la Monarquía en su persona. Tal vez la ceguera de don Juan de Borbón estuvo en no querer dar toda su vida de servicio por perdida. En que tal vez vivía en una realidad que no era la auténtica, en la que ayudaban a mantenerlo los hombres de su entorno, que como él no conocían a fondo la realidad española, o bien porque estaban también en el exilio o bien porque se negaban a reconocerla los que sí residían en España. Una realidad que, sin embargo, sí conocía perfectamente don Juan Carlos.

A pesar de que don Juan debió pensar en que lo que finalmente sucedió iba a suceder desde que en 1948 decide enviar a su hijo y heredero a estudiar a España, nunca debió acabar de aceptarlo y significaría un duro golpe para él encontrarse con aquella realidad, no sólo el 21 de julio de 1969, sino más aún el 20 de noviembre de 1975. Los acontecimientos que están en contra de la existencia del supuesto pacto de familia son muchos. Primero el duro comunicado que el 19 de julio de 1969, una vez conocida la decisión de Franco de nombrar sucesor a su hijo, emite el conde de Barcelona. Pero es también cierto que en aquel mismo instante disuelve su Consejo Privado y su Secretariado Político, pues no quiere ser un obstáculo para su hijo ni para la corona.

Está suficientemente probado que don Juan en aquellos momentos se sintió traicionado por su hijo, él mismo declararía mucho después que le pidió que le devolviera la placa de príncipe de Asturias («Venga la placa, esto no es lo nuestro»), que se transmite familiarmente de padres a hijos en la dinastía, cosa que no era muy conocida. Después hay un largo período de tensas relaciones entre padre e hijo, reconocido por declaraciones de ambos y por numerosas personas de sus respectivos entornos. Nunca, eso sí, hubo ruptura y en este punto muchos han querido ver la mano de la condesa de Barcelona, doña María, que sirvió de puente entre padre e hijo para suavizar tensiones y dulcificar situaciones. Hay quienes aseguran —y dicen tener constancia— de un mensaje personal enviado por don Juan a su hijo el día de su proclamación asegurándole que desde aquel día tenía su promesa de la renuncia y por tanto podía contar con la legitimidad dinástica.

Todavía en julio de 1975 don Juan daría una dura andanada al dictador con un comunicado recordándole que es un usurpador y que sus compañeros de armas no le eligieron como dictador sino para que condujera la guerra. Franco había contestado prohibiéndole pisar suelo español, incluido puertos y aeropuertos. En esta situación se produce la muerte del anciano general. La Secretaría de don Juan emite un último comunicado, del que ya hemos hablado. Ni una sola palabra contra su hijo. Pero sigue recordando que él mantiene su postura y las exigencias democráticas que la restauración de la Monarquía debe tener para que signifique de verdad la devolución al pueblo español de su soberanía y sus libertades. Según declaró años después el propio don Juan, ya a finales de 1976 viendo que su hijo iba poniendo en práctica las medidas para desmontar la dictadura y dejar paso a la democracia, él estuvo dispuesto a abdicar y así normalizar la anómala situación dinástica.

Pero para ello todavía tendría que apurar un último cáliz de amargura e incomprensión. Los hombres que ayudaban al rey Juan Carlos en la transformación del sistema, Torcuato Fernández-Miranda y Adolfo Suárez, eran hombres formados en el franquismo. Desconocían lo que significaba la esencia de la Monarquía, ni lógicamente les interesaba lo más mínimo. Ellos, aunque estaban convencidos de que el único camino político de la Monarquía instaurada en 1975 era el de la democratización, creían que la legitimidad jurídica que tenía era suficiente. Pero ¿qué valor podía tener una Monarquía de nuevo cuño, instaurada a finales del siglo XX? Aquella Monarquía necesitaba la legitimidad dinástica, que era también la legitimidad histórica, para poder convertirse en depositaria y símbolo de la tradición. Eso a ellos les importaba poco. Cuando en 1976 don Juan comenzó a hablar de su abdicación, pensaron que el trámite podía hacerse a través de una carta. Sin ningún respeto por la historia ni por los años de lucha de don Juan quisieron quitarle a aquel gesto, que ellos (especialmente Torcuato Fernández-Miranda) creían inútil e innecesario, toda solemnidad y trascendencia. Propusieron enviar a Estoril al Notario Mayor del Reino y ministro de Justicia para que tomara nota de la decisión de don Juan. Éste se opuso terminantemente a que se hiciera de semejante forma.

Entretanto, en enero de 1977 el Rey publica un Real Decreto por el que se reconoce al infante don Felipe como Príncipe de Asturias. Un gesto que significa una nueva humillación para don Juan, ya que aún no se ha hecho la transmisión de los derechos dinásticos y el título del heredero no podía concederse sin esta formalidad, ya que hasta ese momento la Monarquía de Juan Carlos I es una monarquía sin ninguna raíz histórica. Y por tanto sin derecho a conceder ese título tradicional concerniente al sucesor de la monarquía histórica. Parece que ante la inseguridad que en aquellos momentos se vivía, don Juan Carlos optó por esta solución para no permitir que la sucesión quedara al albur de los acontecimientos. Este hecho también es una prueba en contra de la tesis del pacto de familia, ya que de haber existido, seguro que se hubiera ahorrado esta nueva afrenta innecesaria al conde de Barcelona. A finales de aquel mismo año 1977, y tras la renuncia del conde de Barcelona, don Felipe de Borbón y Grecia sería ratificado como Príncipe de Asturias en la propia cueva de Covadonga, ante la patrona del Principado, rompiendo así la antigua costumbre de la Monarquía tradicional e instaurando un nuevo uso dinástico. Al no estar aprobada aún la Constitución el acto fue duramente criticado por las fuerzas políticas. Cuando cumplió 18 años el príncipe Felipe hizo su juramento como heredero —único requisito que exige la nueva Carta Magna al sucesor— ante las Cortes en sesión extraordinaria a la que asistiría su abuelo.

Pero volvamos a 1977. Se urdió un plan, verdaderamente simbólico y un tanto teatral. Don Juan abdicaría en Cartagena (lugar por el que había salido su padre en 1931) bajo la toldilla del barco que traería los restos del rey Alfonso XIII para depositarlos en El Escorial. Areilza apoyaba aquella ceremonia, que el gobierno y el entorno de Zarzuela se negaron siquiera a considerar. Luego el círculo de don Juan ofreció la alternativa de un solemne acto en el Palacio de Oriente («ahí es donde se hacen esas cosas», diría el conde de Barcelona verdaderamente ofendido por la incomprensión y la ceguera histórica de los políticos de su hijo). Finalmente se acordó que sería en el salón de honor del palacio de la Zarzuela y al acto asistiría solamente la familia real y el Notario Mayor del Reino, que en aquellos momentos como ministro de Justicia, era Landelino Lavilla, aparte de un reducido grupo de personas. Algún que otro estrecho colaborador de don Juan, los jefes de las Casas del Rey y de don Juan, el marqués de Mondéjar y el duque de Alburquerque, la más fiel dama de doña María, Amalia López-Dóriga, viuda de Ibarra, y los directores de las agencias de noticias, amén de un buen número de fotógrafos y cámaras de televisión, aunque el acto no se daría en directo, sino sólo un breve resumen en los informativos del día. Casi moribundo asistió también el último presidente del Consejo Privado del Conde de Barcelona, don José María Pemán. Así fue. Demostrando que la grandeza la ponen los protagonistas y no el escenario, el 14 de mayo de 1977 don Juan de Borbón culminaba su vida de renuncias con la que más le costaba, por la que había sacrificado toda su vida, la transmisión de sus derechos dinásticos a su hijo don Juan Carlos.

> Mi padre, Su Majestad el Rey Alfonso XIII, el 14 de abril de 1931, en su mensaje de despedida al pueblo español, suspendió deliberadamente el ejercicio del poder, manifestando de forma terminante que deseaba apartarse de cuanto fuese lanzar un com-

patriota contra otro en fratricida guerra, pero sin renunciar a ninguno de sus derechos, que no consideraba suyos, sino, como dijo, «un depósito acumulado por la Historia, de cuya custodia ha de pedirme rigurosa cuenta». Esta actitud de mi padre, que revela un amor acendrado a España, que todos le han reconocido, ha sido una constante de mi vida, pues desde joven me consagré a su servicio. Por circunstancias especiales de todos conocidas recayó sobre mí este depósito sagrado y el Rey Alfonso XIII, el 15 de enero de 1941, en su manifiesto de abdicación, decía: «Ofrezco a mi Patria la renuncia de mis derechos para que por ley histórica de sucesión a la Corona quede automáticamente designado, sin discusión posible en cuanto a la legitimidad, mi hijo el Príncipe Don Juan, que encarna en su persona la institución monárquica y que será el día de mañana, cuando España lo juzgue oportuno, el Rey de todos los españoles».

En su testamento recomendó a su familia que me reconociesen como Jefe de la Familia Real, como siempre le había correspondido al Rey en la Monarquía española. Cuando llegó la hora de su muerte, con plena conciencia de sus actos, invocando el santo nombre de Dios, pidiendo perdón y perdonando a todos, me dio, estando de rodillas, junto a su lecho, el último mandato: «Majestad: sobre todo, España».

El 28 de febrero de 1941 yo tenía veintisiete años. No se habían cumplido todavía dos desde la terminación de nuestra guerra civil y el mundo se sumergía en la mayor conflagración que ha conocido la Historia. Allí, en Roma, asumí el legado histórico de la Monarquía española, que recibía de mi padre. El amor inmenso a España, que caracterizaba fundamentalmente al Rey Alfonso XIII, me lo inculcó desde niño, y creo no sólo haberlo conservado, sino quizá aumentado en tantos años de esperanza ilusionada. El espíritu de servicio a nuestro pueblo, la custodia de los derechos de la dinastía, el amor a nuestra bandera, la unidad de la Patria, admitiendo su enriquecimiento con las peculiaridades regionales, han sido constantes que, grabadas en mi alma, me han acompañado siempre.

El respeto a la voluntad popular, la defensa de los derechos personales, la custodia de la tradición, el deseo del mayor bienestar posible promoviendo los avances sociales justos, han sido y serán preocupación constante de nuestra familia, que nunca regateó esfuerzo y admitió todos los sacrificios, por duros que fuesen, si se trataba de servir a España... En suma, el Rey tiene que serlo para todos los españoles. Fiel a estos principios, durante 36 años he venido sosteniendo invariablemente que la institución monárquica ha de adecuarse a las realidades sociales que los tiempos demandan; que el Rey tenía que ejercer un poder arbitral por encima de los partidos políticos y clases sociales sin distinciones; que la Monarquía tenía que ser un Estado de Derecho, en el que gobernantes y gobernados han de estar sometidos a las leyes dictadas por los organismos legislativos constituidos por una auténtica representación del pueblo español, había que respetar el ejercicio y la práctica de las otras religiones dentro de un régimen de libertad de cultos, como estableció el Concilio Vaticano II; y, finalmente, que España, por su historia y por su presente, tiene derecho a participar destacadamente en el concierto de las naciones del mundo civilizado. No siempre este mi pensamiento político llegó exactamente a conocimiento de los españoles a pesar de haber estado en todo momento presidido por el mejor deseo de servir a España. También sobre mi persona y sobre la Monarquía se vertieron toda clase de juicios adversos, pero hoy veo con satisfacción que el tiempo los está rectificando.

Por todo ello, instaurada y consolidada la Monarquía en la persona de mi hijo y heredero Don Juan Carlos, que en las primeras singladuras de su reinado ha encontrado la aquiescencia popular claramente manifestada y que en el orden internacional abre nuevos caminos para la Patria, creo llegado el momento de entregarle el legado histórico que heredé y, en consecuencia, ofrezco a mi Patria la renuncia de los derechos históricos de la Monarquía española, sus títulos, privilegios y la jefatura de la familia y Casa Real de España, que recibí de mi padre, el Rey Alfonso XIII, deseando conservar para mí, y usar como hasta ahora, el título de Conde de Barcelona.

En virtud de esta mi renuncia, sucede en la plenitud de los derechos dinásticos como Rey de España a mi padre el Rey Alfonso XIII, mi hijo y heredero el Rey Don Juan Carlos I.

Majestad, por España, todo por España, ¡viva España, viva el Rey!

La intensa emoción con la que había leído don Juan el texto de su renuncia quedó rubricada con el sonoro taconazo con el que se cuadró ante su hijo, haciendo una profunda inclinación de cabeza. Ante un silencio quebradizo, don Juan Carlos contestaba a su padre, para al finalizar fundirse en un abrazo con él.

Señor:

El mandato de Su Majestad el Rey Alfonso XIII, «sobre todo, España», creo que ha sido cumplido.

El pueblo español, con su fina sensibilidad, ha percibido claramente los grandes sacrificios que hemos tenido que afrontar.

Comprendo que fue dura la separación de un hijo, para que se educase en su Patria, entre españoles, y se formase debidamente para servirla cuando fuese necesario. Considero que he asimilado por completo la lección que encierra esta decisión. La educación que he recibido y de la que me siento satisfechísimo me ha formado en el cumplimiento del deber, en el servicio al pueblo español, en la entrega absoluta a ese gran ideal que es nuestra Patria, con su espléndido pasado, su presente apasionante y su futuro lleno de esperanzas.

Hoy, al ofrecer a España la renuncia a los derechos históricos que recibisteis del Rey Alfonso XIII, realizáis un gran acto de servicio. Como hijo me emociona profundamente. Al aceptarla, agradezco vuestra abnegación y desinterés y siento la íntima satisfacción de pertenecer a nuestra dinastía. Y es mi deseo que sigáis usando, como habéis hecho durante tantos años, el título de Conde de Barcelona.

Acabáis de pronunciar importantes palabras. Las recibo. Las oigo y las medito.

Quiero cumplir como Rey los compromisos de este momento histórico. Quiero escuchar y comprender lo que sea mejor para España. Respetaré la voluntad popular, defendiendo los valores tradicionales y pensando sobre todo que la libertad, la justicia y el orden deben inspirar mi reinado. De esta forma la Monarquía será elemento decisivo para la estabilidad necesaria de la nación.

En estos momentos de indudable trascendencia para España y para nuestra familia y al recibir de tus manos el legado histórico que me entregas, quiero rendirte el emocionado tributo de mi cariño filial, unido al respeto profundo que siempre te he profesado, al comprender desde niño que sobre todo y por encima de todo tú no has tenido nunca ningún otro ideal que la entrega absoluta al servicio del pueblo español.

Aquel día don Juan III se convertía en el sexto monarca de su dinastía que abdicaba sus derechos al trono en su hijo. Cada uno de los anteriores lo había hecho en unas circunstancias distintas, ninguna tan dramática y tan irregular como la suya. En la mayoría de los casos había sido para propiciar la continuidad de la dinastía. En su caso también. Aquella renuncia, de la que entonces los políticos no quisieron o no supieron ver su importancia, serviría al año siguiente para que cuando se elaboraba el texto constitucional pudiera aportarse a la Corona la legitimidad de los siglos y de la historia, de la que hasta ese momento había carecido.

La Constitución española de 1978 dice en su artículo primero: «La forma política del Estado español es la Monarquía parlamentaria». En su Artículo 57 afirma: «La Corona de España es hereditaria en los sucesores de S. M. Don Juan Carlos I de Borbón, legítimo heredero de la dinastía histórica. La sucesión en el trono seguirá el orden regular de primogenitura y representación, siendo preferida siempre la línea anterior a las posteriores; en la misma línea, el grado más próximo al más remoto; en el mismo grado, el varón a la mujer, y en el mismo sexo, la persona de más edad a la de menos.

En el título II, dedicado a la corona, el artículo 56 dice: «1.— El rey es el Jefe del Estado, símbolo de su unidad y permanencia, arbitra y modera el funcionamiento regular de las instituciones, asume la más alta representación del Estado español en las relaciones internacionales, especialmente con las naciones de su comunidad histórica, y ejerce las funciones que le atribuyen expresamente la Constitución y las leyes.

2.— Su título es el de Rey de España y podrá utilizar los demás que corresponden a la corona...

Se refiere a los llamados Títulos históricos de la Corona española, que simbolizan el compromiso histórico que dio lugar a la Monarquía hispánica. Desde los Reyes Católicos y el emperador Carlos I, los reyes han utilizado el llamado «título pequeño» Rey de España (en otros tiempos Rey de España y de las Indias) y el conocido como «título grande», que abarca los siguientes títulos históricos: Rey Católico de España, Rey de Castilla, de Aragón, de León, de Navarra, de Asturias, de Granada, de las Dos Sicilias, de Jerusalén, de Toledo, de Valencia, de Cerdeña, de Galicia, de Mallorca, de Menorca, de Sevilla, de Córdoba, de Murcia, de Jaén, de los Algarves, de Algeciras, de Gibraltar, de Canarias, de las Indias Occidentales y de la Tierra Firme y la Mar Océana, archiduque de Austria, duque de Borgoña, de Bravante y de Milán, conde de Barcelona, conde de Habsburgo, de Flandes y del Tirol, Señor de Vizcaya, de Álava y de Molina, marqués de Oristán y de Gocianos, duque de Atenas y de Neopatria, Gran Maestre de la Orden de Santiago, de Alcántara, de Calatrava y de Montesa, Jefe Soberano Supremo de la Insigne y Real Orden del Toisón de Oro, de la Real y Distinguida Orden de Carlos III, de la Real y Militar Orden de San Fernando y de San Hermenegildo, de la Real y Americana Orden de Isabel la Católica, Canónigo Honorario y Hereditario de las catedrales de León, Barcelona y San Juan de Letrán, etcétera.

Pero no sería hasta el 19 de enero de 1980 cuando, como embajador extraordinario de su hijo, don Juan regresa a España al frente de una triste, pero reparadora comitiva, la que conduce los restos mortales de su padre el rey Alfonso XIII desde Roma al Panteón de El Escorial, cuando el conde de Barcelona considera completamente cumplido su deber con España y con la dinastía. Lo había prometido a su padre y allí estaba, solicitando a su hijo Juan Carlos I, Rey de España, la venia para entregar los restos de su padre a la comunidad de agustinos para que lo custodiaran en el sepulcro de sus mayores. Aquel día don Juan está muy enfermo, tiene fiebre y el cáncer está ya enroscado en su garganta, aun así cumple hasta el final con su deber y sólo después pone rumbo al Hospital Americano de Nueva York para ser operado. «Señor, deber cumplido».

El Escorial al fin

Hasta 1982 don Juan de Borbón no regresó definitivamente a España. Se instaló en un pequeño chalet en la urbanización de Puerta de Hierro, y en 1985 en otro más grande al que doña María llamó igualmente que a su casa de Estoril «Villa Giralda». En él instalaría el matrimonio sus recuerdos de años, sus cuadros, sus viejos muebles, las fotografías de sus hijos, los cuadros de Laszlo de doña Victoria y de Alfonso XIII... Ése sería su último hogar. Desde él el rey padre, como pasó a ser llamado espontáneamente por algunos medios de comunicación, contempló la absoluta transformación de la vida española, los acontecimientos políticos, no siempre buenos, ni siempre positivos para la corona, las primeras críticas a la Monarquía y la continua amenaza del terrorismo. Allí viviría las bodas de oro con doña María, para las que el Rey su hijo le ofreció una gran fiesta en el palacio de El Pardo. Y en su Villa Giralda madrileña recibiría el asalto final de la muerte, que ya le había dado varios avisos contundentes.

Creyendo que su insólita situación dinástica iba a impedirle ser enterrado en el Panteón Real del monasterio de San Lorenzo de El Escorial, donde están casi todos sus antepasados que han reinado en España, don Juan de Borbón empezó a considerar dónde ser enterrado cuando llegara la hora de su muerte, que preveía cercana. En algunos momentos bajos, cuando todavía veía con dolor cómo su aportación al regreso de la dinastía y a favor de la instauración de la democracia en España le era cicateramente regateada, llegó a barajar la posibilidad de que sus restos fueran incinerados y esparcidos sobre su querido mar Mediterráneo, precisamente sobre Cartagena, que fue por donde había salido su padre Alfonso XIII. Nunca había sucedido nada semejante con un miembro de la familia real y menos aún con un rey. Como tampoco quería reposar en el Panteón de Infantes, ya que consideraba que debido a su trayectoria y las extraordinarias circunstancias que habían rodeado su vida tampoco era el lugar adecuado, don Juan, aconsejado por algunos de sus fieles, miró hacia el monasterio de Poblet, sepulcro de los antiguos monarcas de la corona catalano-aragonesa. Allí están enterrados los condes de Barcelona, y ya que ese había sido el título soberano con el que había atravesado la historia de España, pensó que era el lugar apropiado.

Se dirigió al abad e incluso compró dos enterramientos dentro de la iglesia del monasterio para él y para su esposa, doña María. Pasados unos años, a principios de 1990 el Rey su hijo, enterado de las intenciones de su padre y teniendo él otros planes, le llamó, y tras una larga conversación en privado sobre el tema, don Juan debió conocer en aquellos momentos cuáles eran las verdaderas intenciones de su hijo cuando llegara ese momento y no volvió a referirse a Poblet. Aunque nada trascendió a la opinión pública.

En 1978 había sido operado por primera vez de pólipos en la garganta. Pero el mal no fue atajado del todo. En 1980 fue nuevamente intervenido en los Estados Unidos y en 1988 le fue extirpada la laringe para frenar al cáncer que cada día se enroscaba más en su garganta. Mientras tanto su figura y su personalidad iban siendo conocidas por la opinión pública española. Don Juan concedió algunas entrevistas con motivo de algunas otras importantes efemérides, en las que no se cansaba de repetir lo orgulloso que estaba de que su hijo hubiera hecho posible la Monarquía por la que él había luchado toda su vida. Sin más puesto en el protocolo que el de padre del Rey, ni más presencia en la vida pública que la que le daba su enorme autoridad moral, don Juan fue recibiendo numerosos homenajes y condecoraciones. Lo que más ilusión le hizo: ser nombrado almirante honorario de la Armada. Así veía recompensada su frustrada vocación marinera. También el ser nombrado hijo predilecto de Segovia, donde había nacido, adoptivo de

Toledo, de Madrid... La Medalla de Oro de Barcelona. Y ya a las puertas de la muerte la Medalla de Oro de Navarra. Ingresado en la Clínica Universitaria de Pamplona, aquel día don Juan pudo salir y rodeado de toda su familia, pero definitivamente mudo, dio las gracias con la voz prestada de su nieto don Felipe:

> Querida María: Tenemos tú y yo la satisfacción de poder decir hoy que nuestras esperanzas y deseos no estaban desencaminados y que hemos administrado prudentemente el legado de la legitimidad histórica que es, en definitiva, patrimonio de España y de los españoles... Así, cuando España lo ha necesitado, lo ha podido encontrar y hemos tenido la dicha, como súbditos, y la alegría como padres, de ver encarnada en nuestro hijo, para bien de España, la Institución a la que hemos dedicado nuestras vidas. Por eso podemos decir con orgullo. Señor, deber cumplido.

Era el 18 de enero de 1993. Fue su última aparición pública. El día 1 de abril de aquel mismo año moría don Juan de Borbón y Battenberg, dos meses antes de cumplir ochenta años y después de una larguísima agonía en la que nadie le oyó proferir la menor queja, a pesar del enorme sufrimiento que tenía. Educado para aguantar el dolor físico, él que tantos agravios morales había recibido en su vida, se fue de este mundo sin una protesta. Durante las largas semanas que duró su agonía no solamente estuvo acompañado continuamente de su familia, sino que un movimiento espontáneo de solidaridad se fue creando entre la opinión pública, que cuando conoció su muerte se transformó en una oleada de respeto y de duelo, que le acompañó en su largo y último viaje, primero a Madrid, a la capilla del Palacio Real donde estuvieron expuestos sus restos mortales para permitir que recibiera el homenaje de miles y miles de personas.

Y luego hasta el monasterio de El Escorial, en un entierro de auténtico rey, en el que las cámaras de televisión nos enseñaron obscenas el intenso dolor convertido en incontenible llanto de los Reyes de España. Aquellas lágrimas de don Juan Carlos y doña Sofía, de las que tanto se ha hablado, eran todo un símbolo de la inmensa tragedia que había unido a los tres personajes, un rey de derecho que nunca lo fue, un rey y su leal compañera que se habían visto obligados a pasar por encima de él para conseguir, contradictoriamente, lo que él había defendido durante cuarenta años. Un drama histórico de enormes proporciones se deslizaba entre aquel caudal de lágrimas que ponían fin a una dolorosa página de la dinastía.

La decisión del rey Juan Carlos, apoyada y avalada por el gobierno socialista de Felipe González, de hacer unos funerales de Estado en honor de su padre y enterrarle en el Panteón Real de El Escorial, era la necesaria reparación, que se le había negado en vida, y el reconocimiento de haber sido, aunque en el exilio, rey de derecho durante casi cuarenta años. El abogado y reconocido monárquico juanista, recientemente fallecido, Jaime Millares —que siempre había defendido que el reinado de Juan Carlos I empezaba el 14 de mayo de 1977— escribiría entonces que aquel gesto era la última clave que faltaba a la Monarquía juancarlista para quedar completamente legitimada e incardinada en la historia de su propia dinastía.

UNA MONARQUÍA NUEVA

¿INSTAURACIÓN, RESTAURACIÓN? REINSTAURACIÓN

Franco quiso instaurar una nueva monarquía. Él la llamaba del 18 de julio. Pero en su interior debía de saber que era ridículo instaurar una nueva monarquía a finales del siglo XX, cuando ya apenas quedaban monarquías en Europa y cuando la institución monárquica parecía una forma de gobierno obsoleta, superada por los tiempos y la dinámica de la historia. Por eso la hizo hereditaria en alguien que representaba la monarquía histórica, la dinastía reinante hasta el 14 de abril de 1931. Los políticos franquistas, incluso los que defendieron la democratización y la apertura de las instituciones, creían en esa nueva monarquía, o al menos estaban dispuestos a respetarla, porque la veían como la única salida a un dificilísimo cambio histórico. En algunos momentos hasta se pudo pensar que el propio don Juan Carlos creía en ella. Una monarquía de nuevo cuño, que no tenía ningún asidero sólido. Por eso rehusaban el término restauración. La restauración significaba la vuelta de la antigua monarquía. Como había sucedido con Alfonso XII. Como había significado el regreso de Fernando VII. El rechazo era total y lógico en quienes habían sido educados en el desconocimiento de la institución monárquica y en el odio y el resentimiento a su legítimo representante, el conde de Barcelona, al que muchos franquistas consideraban un traidor a la patria. Al menos don Juan Carlos, creían ellos, había sido educado en el nuevo régimen y modelado por Franco para sucederle. No sabían o parecían ignorar que su padre le había inculcado los principios de la dinastía a la que pertenecía y de la que era heredero y los ideales del modelo de monarquía democrática que él defendía para los españoles.

En cambio, los antiguos monárquicos primero y luego la mayoría de las personas cultas y sensatas vieron la necesidad de que aquella monarquía, que no tenía dónde sujetarse, necesitaba de la legitimidad dinástica. Y empezó a hablarse de la restauración. Pero ¿podía hablarse realmente de restauración en aquella situación? ¿Qué monarquía podía ser restaurada sobre otra y en la persona que era el descendiente de quien poseía la legitimidad dinástica? Todo demasiado complicado y rocambolesco. Verdaderamente, aunque don Juan transmitiera sus derechos a su hijo el Rey, podría así dotar a la institución monárquica de la legitimidad histórica, pero no podía hablarse en puridad de restauración ya que había habido un salto en la línea dinástica y por tanto se había conculcado uno de los principios básicos de la monarquía hereditaria. Por eso era necesaria la abdicación de don Juan, que por corrección política sólo se presentó como una renuncia. Aparte el rechazo que la palabra restauración tenía entre los interesados monárquicos de nuevo cuño, que nunca llegarían a entenderse con los monárquicos juanistas, había que buscar otro término que respondiera con más certeza a la realidad de los hechos que estaban sucediendo.

La palabra la encontró al parecer el propio rey don Juan Carlos. Reinstauración. Reinstauración era una acertada combinación donde podían confluir los intereses de todos y todas las legitimidades. Por un lado la legitimidad de las leyes y por otro la legitimidad dinástica, una vez superada la situación irregular en que ésta se mantuvo desde la proclamación de don Juan Carlos el 22 de noviembre de 1975 hasta el 14 de mayo de 1977, fecha en la que se materializó la renuncia de don Juan. El término reinstauración ha hecho fortuna y hoy es comúnmente utilizado por la mayoría de los historiadores para referirse a la Monarquía de don Juan Carlos I. Porque en realidad tampoco el nuevo Rey de España ha restaurado la monarquía heredada de sus antepasados sino que ha dotado a la institución, que es desde luego la monarquía tradicional que tiene más de diez siglos de historia, de unas características absolutamente nuevas, modernas y renovadoras.

Se diría que don Juan Carlos, en estrecha colaboración, en este caso con la reina doña Sofía y de un reducido grupo de colaboradores, elegidos más por su eficacia que por su proximidad a la Corona, ha querido transformar profundamente la institución heredada de sus antepasados para ponerla en el año 2000 y en el siglo XXI, que ya ha llegado. Su educación —exilio, ausencia de corte a su alrededor, la intensa soledad en la que se educó lejos de su familia, estrecheces económicas, aislamiento en el entorno franquista durante muchos años, a veces ninguneado de forma humillante— y la manera singular verdaderamente por la que ha llegado al trono de sus mayores debieron influir de forma decisiva en su concepción de cómo debía ser la nueva monarquía que se instauraba en España a finales del siglo XX. Naturalmente debieron también de pesar en él el conocimiento de los errores cometidos por sus antepasados, en especial su abuelo el rey Alfonso XIII, muchos de los cuales, ostensiblemente Juan Carlos I ha puesto un especial empeño en reparar, como son el borbonear lo menos posible (se le da este nombre a la auténtica manía de los reyes de esta dinastía de entrometerse en política más de lo debido) y la relación de la Corona con la intelectualidad y el mundo de la cultura, que su abuelo despreciaba.

En este aspecto doña Sofía tenía todas las características para convertirse en una eficacísima colaboradora, ya que por su nacimiento y por su vida y formación podía participar de las mismas ideas y los proyectos de cambio y renovación que se han introducido en la institución desde que ambos son sus titulares. Nacida en una monarquía nueva, como la griega, de apenas un siglo, con ausencia total de corte y de entorno palaciego, en un país en el que no existía la nobleza, con una amarga experiencia de exilio en el continente africano, en el que vivió también con estrecheces económicas, una vida a veces menos que burguesa, habiendo sufrido a su vuelta a la patria las secuelas de una guerra civil, educada luego de forma espartana en un severísimo internado alemán, con amplias inquietudes culturales, Sofía de Grecia era la persona idónea para colaborar con el Rey en transformar la Monarquía española en una institución moderna, con un decidido afán de servicio y con una profesionalidad hasta entonces desconocida.

Una buena pareja

Cuando se habla de las relaciones de los Reyes de España, don Juan Carlos y doña Sofía, unos evocan como un cuento de hadas la historia de su noviazgo y de su boda en Atenas en 1962 y otros recuerdan sólo las supuestas divergencias y hasta desencuentros de la real pareja que desde hace años han trascendido discretamente a la opinión pública. Irse a los extremos casi nunca responde a la realidad. En este caso tampoco. Al igual que la de sus padres, la boda de Juan Carlos de Borbón parece haber sido una feliz coincidencia de las razones del corazón con las de la conveniencia dinástica. Nadie puede poner en duda a estas alturas que la pareja formada por una princesa de sangre real, primogénita de uno de los escasos reyes reinantes en los años sesenta, con el hijo y sucesor del pretendiente a la corona de España, era celebrada y convenida por las dos familias, pero tampoco creo que en aquella combinación faltara el amor. Don Juan Carlos sabía que tenía que buscar esposa entre las princesas europeas y eligió a la que más le gustaba y de la que se enamoró. Doña Sofía tuvo el mismo proceso. Evidentemente don Juan Carlos, mirando exclusivamente a los intereses de su dinastía, podía haberse fijado en alguna otra princesa que no presentara el grave problema que representaba doña Sofía, que era de otra religión. Lo que hoy puede resultar ridículo y hasta increíble, entonces era un inconveniente grave, de difícil y complicada solución, como pudo comprobarse en el largo y tormentoso proceso que los novios y sus familias tuvieron que vivir hasta verlo solucionado y que incluso estuvo a punto de hacer naufragar la boda.

Juan Carlos Alfonso Víctor María de Borbón y Borbón Dos Sicilias era en 1961, que es cuando se formaliza la relación con la princesa Sofía de Grecia, un príncipe sin fortuna y de futuro incierto, que había finalizado su formación en España, pero no sabía muy bien para qué. La dictadura de Franco parecía eternizarse y además estaba su padre, que era el legítimo depositario de los derechos al hipotético trono español. Tenía veintitrés años, había nacido en Roma, era conocido en familia como Juanito, que era como le había llamado su abuelo al tenerlo en sus brazos recién nacido, había vivido su infancia en Lausana, donde su abuela Victoria Eugenia le había forzado a pronunciar correctamente las erres, pues creía que un futuro rey de España no podía tener ese acento extranjero, y había comenzado a estudiar en un internado en Friburgo. Luego había seguido a sus padres a Estoril y con diez años lo habían instalado en España para hacer el bachillerato. Entre Madrid, San Sebastián, Estoril y las academias militares había transcurrido su primera juventud. Había tenido, como es lógico y natural, algún que otro romance. Se le había relacionado con la guapísima princesa María Gabriela de Saboya, hija del ex rey de Italia Humberto II y de María José de Bélgica, que también vivían su exilio en Estoril. Pero aquel noviazgo que estuvo a punto de oficializarse en la celebración de las bodas de plata de los condes de Barcelona, en 1960, no llegó a buen puerto. Luego se ha dicho que a Franco la bella María Gabriela le parecía una princesa con ideas demasiado modernas. También se ha sabido después de algún que otro idilio juvenil de don Juan Carlos, como el que muchos años después publicó a los cuatro vientos una aristócrata italiana, la condesa Olghina di Robilant, que llegó a vender las antiguas cartas de amor de su enamorado.

Cuando el entonces Príncipe de Asturias se fija en la princesa Sofía de Grecia en la boda de los Kent, en Londres, su corazón está libre y en situación de destino. Sofía Margarita Victoria Federica Schleswig-Holstein-Sonderburg-Glücksburg y Hannover —que son sus auténticos apellidos dinásticos, a pesar de que la familia real griega había decidido, reinando uno de sus primeros monarcas, abandonar sus apellidos daneses para tomar como nombre de la dinastía el propio del país, Grecia— tenía su misma edad, sólo se llevan unos meses, ambos nacieron en 1938, don Juan Carlos en enero, y doña Sofía en noviembre. La infancia de la primogénita del entonces príncipe heredero de Grecia Pablo y de Federica de Hannover y Prusia había sido también muy complicada. Con apenas unos años había tenido que seguir a sus padres al exilio, primero a Egipto y luego hasta Sudáfrica, en cuya capital, Ciudad del Cabo había nacido su hermana pequeña la princesa Irene. Antes había nacido su hermano Constantino (Tino en familia), al que ella adora y que luego sería rey de Grecia y en 1967 tendría que marchar al exilio por haber apoyado un régimen militar impuesto por los coroneles sublevados.

De vuelta la monarquía a su país, y proclamado rey su padre en 1947, Sofía de Grecia fue llevada a Alemania para estudiar en un estricto internado mixto dirigido por su tío Jorge de Hannover en Salem. Luego había hecho puericultura, ya de regreso a su país, en la escuela de Mitera y junto a su hermana Irene —ambas con muchas aficiones culturales— había escrito unos libros sobre excavaciones arqueológicas y cerámica antigua. Cuando se promete con Juan Carlos de Borbón, a la princesa Sofía se la había relacionado sentimentalmente con el príncipe heredero de Noruega, Harald, aunque todo parece que hubiera sido una maniobra de su madre, la reina Federica, que era muy casamentera, para situar a su querida hija en el camino de un trono. La verdad es que aquella idea no prosperó y al poco tiempo el príncipe noruego anunció su matrimonio con una burguesita de Oslo, hija de los ricos propietarios de unos grandes almacenes, la actual reina Sonia.

Juan Carlos de Borbón y Sofía de Grecia en realidad se habían conocido en el famoso crucero *Agamenón,* en 1954. Tienen ambos dieciséis años y en aquella ocasión parece que ninguno reparó en el otro. Se habían vuelto a encontrar en otras ocasiones con motivo de acontecimientos de la realeza europea, y en Roma y en Nápoles habían coincidido en los Juegos Olímpicos de 1960, en los que participaban con el equipo de su país el príncipe Constantino y la propia Sofía en el equipo de vela. La amistad que unió a los condes de Barcelona con los reyes de Grecia volvió a reunir a la pareja en otros momentos, incluso compartieron vacaciones en Corfú, pero no es hasta la boda de los Kent cuando tienen ocasión de conocerse a fondo y deciden prometerse. Luego la Reina ha contado que no hubo una declaración en toda regla. El Príncipe llegó al hotel, en Lausana, donde estaban hospedados los reyes de Grecia con sus hijos, le pidió la mano a un recién levantado de la siesta rey Pablo y, arrojándole a ella una cajita con el anillo de compromiso, le dijo: «Cógelo, esto es para ti». Muy poco romántico. Era el mes de septiembre del año 1961 y al día siguiente se anunció el compromiso matrimonial en la residencia de la reina madre de España, doña Victoria Eugenia. En los jardines de Vieille Fontaine posan las dos familias con la anciana soberana, cuyo afán casamentero también ha estado al parecer en la trastienda del noviazgo y que desde el primer momento había sido partidaria de la joven princesa griega y había confiado a sus íntimos que doña Sofía iba a ser una gran reina. Muchos años más tarde, en una de sus últimas entrevistas, don Juan de Borbón confesó que doña Sofía había sido la más leal y eficaz colaboradora de don Juan Carlos en todo momento.

Pero aquellos meses previos al enlace las cosas se complicaron más de lo que pudieron imaginar. No sólo fue el tema de la dote de la princesa, que fue objeto de duros debates en el Parlamento griego, sino el espinoso tema de la diferencia de religión, que al final sólo la buena voluntad de las autoridades eclesiásticas católicas, con el papa Juan XXIII a la cabeza, hizo que se solucionara. Las discusiones entre Roma-Estoril-Atenas-Lausana, con una más que áspera conversación entre las reinas Victoria Eugenia y Federica, duraron muchas semanas, hasta que finalmente el 14 de mayo de 1962 Atenas se convirtió en la capital de la realeza europea para asistir a la boda entre el príncipe español y la princesa griega. Franco, al que don Juan había dado los hechos consumados y al que había mantenido bastante al margen de toda la negociación, sólo había puesto como condición la conversión de doña Sofía al catolicismo, ya que por todo lo demás la encontraba la persona adecuada.

La verdadera historia de aquella boda ateniense los españoles no hemos llegado a conocerla hasta muchos años después. La prensa española, adecuadamente instruida por la censura franquista, informó poco y mal. Por ejemplo, se obvió casi totalmente la presencia de los condes de Barcelona, y sobre todo el tratamiento de rey que le había ofrecido su consuegro Pablo I de Grecia. La boda fue pretexto para que miles y miles de monárquicos españoles acudieran a Atenas para manifestar su adhesión a la dinastía y a su heredero. Víctor Salmador, con la ayuda financiera del millonario armador griego Aristóteles Onassis, editó durante todos aquellos días un periódico en español, *El Diario Español de Atenas*, lo que produjo no pocas tensiones. El general Franco, protocolariamente invitado, declinó su poco deseada asistencia y nombró su representante extraordinario al almirante Abárzuza, que llegó en el crucero *Canarias*, con el objeto de rendir honores militares al Príncipe español.

La que sí asistió, y de forma espectacular, fue la realeza europea. Hasta ciento cincuenta príncipes y princesas se concentraron en la capital ateniense. Desde la coronación de la reina de Inglaterra, Isabel II, no se había conocido una concentración de testas coronadas y de altezas reales como la que se reunió en Atenas con motivo de la boda de Juan Carlos y Sofía. Todas las casas reales reinantes en aquel momento estuvieron representadas al más alto nivel. Y al frente de la exiliada Casa Real de España, la reina madre y los condes de Barcelona recibieron el homenaje de todos los españoles asistentes, lo que no dejó de ser motivo de tensiones con la representación oficial del gobierno de Franco. Con todo, las fiestas y recepciones del mes de mayo de 1962 en Atenas fueron de una gran brillantez, y reyes y reinas, príncipes y princesas europeos parecían vivir el fastuoso epílogo a toda una época y a una concepción de la monarquía, que a partir de entonces difícilmente volvería a ser igual.

Hasta tres veces tuvieron que decirse el «sí» los príncipes Juan Carlos y Sofía. Primero en la ceremonia religiosa católica, celebrada en la catedral de San Dionisio Areopagita, la segunda, la civil, en el Palacio Real de Atenas y la tercera, la más espectacular, bajo el rito ortodoxo, en la catedral metropolitana de la Anunciación de Santa María. La luna de miel, que se prolongaría durante cuatro meses, comenzó a bordo del yate *Eros*, del armador griego Niarchos, que lo había puesto a disposición de los novios, y que en primer lugar les condujo a una paradisíaca isla del Egeo también propiedad del armador. Tras unos días allí el yate *Eros* pondría rumbo a la isla de Corfú, cuya residencia de verano de los reyes griegos *Mon repos* sería la segunda etapa. Antes, a bordo del propio yate, el arzobispo católico de Atenas, monseñor Printensi, llegado especialmente para la ocasión, recibió en el seno de la Iglesia católica a la princesa doña Sofía, que sólo tuvo que firmar un acta de obediencia a Roma y asistir a una sencilla ceremonia, ya que la Iglesia católica reconoce los sacramentos de la ortodoxa griega, lo que le evitó un nuevo bautismo y la humillante ceremonia de conversión a la que hacía sesenta años había sido sometida la reina Victoria Eugenia en San Sebastián.

Roma para visitar al Papa y Madrid para saludar a Franco fueron las siguientes etapas del viaje de novios, que luego se prolongaría por numerosos países en una vuelta al mundo semejante a la que habían realizado los condes de Barcelona en 1935. Lo que en principio se pensó como un viaje realmente de placer y turismo, luego se fue transformando en un periplo con un indudable contenido político, que sirvió a la pareja para conocer a algunos jefes de Estado de los países visitados. En los Estados Unidos se reunieron con el presidente John Kennedy y su esposa Jackie y no faltó la visita a los estudios de cine de Hollywood. De regreso del viaje se instalaron provisionalmente en Lisboa, pues don Juan se oponía a que vivieran en Madrid. Durante meses la situación fue imprecisa y tirante, ya que doña Sofía no quería quedarse en Lisboa, donde vivían de prestado en un apartamento del secretario del conde de Barcelona. Por su parte don Juan Carlos pensaba que era más útil volver a Madrid, suponiendo con buen juicio que era allí donde debía estar para defender los derechos de la dinastía.

El rey Pablo, que luego llegaría a intervenir ante don Juan para que autorizara finalmente la instalación en Madrid del nuevo matrimonio, le regaló a su hija la casa próxima a Atenas en la que había nacido. Y entre Atenas y Lisboa vivieron sus primeros meses de casados los Príncipes de Asturias. Hasta que ante una sugerencia del general Franco para que volviera a vivir en el palacio de la Zarzuela, que ya había ocupado el príncipe don Juan Carlos en sus últimos meses de solter), éste acepta y don Juan se convence a regañadientes de que es la mejor solución. En 1963 los Príncipes se instalan en la Zarzuela, un pequeño palacio mandado construir por Felipe IV en el siglo XVII y que se había utilizado como pabellón de caza desde entonces. La guerra lo dejó medio destruido y en los años sesenta se había acometido su rehabilitación, siendo decorado por la propia esposa del general, doña Carmen Polo, con mobiliario y objetos procedentes del Patrimonio Nacional.

Desde 1963 la Zarzuela ha sido el hogar de Juan Carlos y Sofía. Allí mandó traer doña Sofía muebles, objetos, recuerdos familiares, los regalos de boda, que ellos mismos tuvieron que ir colocando en las diversas estancias del palacete. Conforme las necesidades lo han requerido se ha ido agrandando. La primera ampliación fue en 1975 cuando subieron al trono, la última es de los años noventa. Cuando fueron proclamados Reyes de España, alguna gente les planteó que se instalaran en el Palacio de Oriente, cosa que rechazaron de plano. Aparte la incomodidad de vivir en un edificio histórico, situado en pleno centro de la capital, estaba el deseo que ambos siempre habían manifestado de tener una casa de las dimensiones exactas para ser considerada un auténtico hogar y poder llevar una vida de familia. En el recuerdo de todos estaban las frecuentes quejas de Alfonso XIII y sobre todo de Victoria Eugenia, que pasaba mucho frío en el palacio, al extremo de que se le cubrían las manos de sabañones. Las enormes distancias era otro de los inconvenientes que recordaron siempre sus antiguos inquilinos. En la Zarzuela ha sido posible mantener en una estricta intimidad gran parte de la vida de los Reyes y su familia, que en otras épocas era imposible conseguir, ya que comidas y cenas se hacían en presencia de numerosas personas y servidores de palacio.

Hoy el Palacio Real sólo se utiliza para recepciones de Estado y para grandes ceremonias, como la Pascua militar, la recepción al cuerpo diplomático y la presentación de cartas credenciales de los embajadores de otros países. La única celebración familiar que los Reyes ofrecen en palacio es la comida de Navidad, a la que don Juan Carlos tiene por costumbre invitar a todos los miembros de la familia Borbón, que son muchos más de los que se cree, ya que existen numerosos descendientes de algunos infantes de España del pasado siglo, así como los hijos y nietos de sus tíos y de sus tíos abuelos. Son la familia del Rey, que Juan Carlos ha querido dejar muy claro que no forman parte de la familia real.

Un matrimonio consolidado

Después de más de cuarenta años de matrimonio nadie puede poner en duda que la pareja formada por doña Sofía y don Juan Carlos no sea un matrimonio consolidado y fuertemente unido en lo esencial. A pesar de las muchas dificultades que han tenido que afrontar, de los muchos sinsabores que han vivido juntos, de las supuestas infidelidades del Rey —que como muchos de sus antecesores tiene fama de una afición irreprimible a las aventuras galantes—, el matrimonio formado por los Reyes de España ha cimentado su unión en la comprensión y si ha faltado o se ha esfumado la pasión amorosa, han quedado una infinidad de intereses y de preocupaciones comunes, que les ha convertido en una de las parejas más consolidadas de la realeza actual. Cuando hace unos años, durante un viaje de Estado a Chile, trascendió a la prensa —divulgada la anécdota por uno de los cotillas reales más reputados— que los Reyes dormían no sólo en camas separadas sino en habitaciones y pisos distintos y este hecho se tomó como una determinada situación matrimonial y, más aún, cuando años más tarde llegó a publicarse el nombre de cierta dama de la sociedad mallorquina que al parecer mantenía una relación sentimental con el Rey, todos alabaron la exquisita discreción y dignidad de la Reina. Pero lo que nadie supo explicar a la opinión pública fue que a veces —y éste cabe deducirse que es el caso de don Juan Carlos y doña Sofía—, pasados unos años, hay razones mucho más poderosas —que no necesariamente tienen que ser sólo las razones de Estado— que las puramente amorosas y emocionales, que hacen que los matrimonios se consoliden en otros fundamentos más profundos y duraderos. Si esto ha sido así y se ha convertido o no en un éxito personal de la pareja real española, sólo ellos lo saben. Pero es evidente que ha tenido un excelente resultado para la institución. Siempre al lado del Rey, la reina doña Sofía ha tenido un evidente protagonismo en todo el proceso del cambio político y desde luego ha sido una de las artífices de los cambios en la concepción de la nueva Monarquía juancarlista.

Entre Zarzuela y Estoril, donde pasaban las vacaciones, transcurrieron los primeros años del matrimonio, hasta que a principios de los años setenta, cuando los entonces Príncipes de España ya habían empezado a pasar breves estancias en Mallorca, les fue ofrecido el palacio de Marivent, para que se convirtiera en su residencia de verano. Cosa que sucedió en seguida. Desde entonces los veraneos reales se han centralizado en Palma de Mallorca, aunque a principios de los noventa —cuando surgieron los problemas a los que ahora me referiré— se barajó la posibilidad de trasladar parte de las vacaciones a Santander, como ya había hecho la familia real en tiempos de Alfonso XIII. Una indiscreción y la presión de las autoridades de Mallorca, dado el impulso turístico que la estancia veraniega de los Reyes y su familia ha dado a la isla, frustró aquel proyecto de cambio y Mallorca ha seguido siendo la residencia de verano de la familia real.

Marivent también ha sufrido algunas reformas con motivo de la ampliación de la familia, los matrimonios de las infantas y el nacimiento de los nietos, y por la asidua asistencia de invitados familiares y reales que durante todos estos años han ido acudiendo a Mallorca, respondiendo a la invitación de los Reyes. Es frecuente la presencia de la familia real griega en el exilio, pero también han venido no sólo los príncipes de Gales en su momento, sino incluso los reyes de Noruega, los de Bélgica y el presidente Clinton con su esposa Hillary. Y es frecuente la presencia de los reyes Margarita y Simeón de Bulgaria y de algunas amigas íntimas de la Reina como la princesa Radziwill (que es además su prima) y su familia.

Si tuviéramos un álbum en el que figuraran las sucesivas fotos que se han ido haciendo de la familia real española en las acostumbradas sesiones ante la prensa que suelen hacer al final de cada estancia veraniega, ya en el propio palacio de Marivent, ya en el palacio de la Almudaima, residencia oficial del Rey en la isla y donde suele hacer las recepciones a las autoridades palmesanas, podría seguirse la evolución de la familia de una manera absolutamente fiel. Desde aquellos primeros posados cuando el Príncipe y las infantas eran unos niños, hasta las últimas en las que la atención de fotógrafos y periodistas se ha centrado en las travesuras de los nietos de los Reyes, sobre todo del pequeño Felipe Juan Froilán, primogénito de los duques de Lugo, pasando por los años de la adolescencia, de los rumores sobre los noviazgos de unas y de otro. Sería una interesante crónica humana fotográfica de la familia.

La educación de los hijos ocupó un espacio fundamental en la vida de los Reyes, especialmente de la reina Sofía, que los cuidó personalmente cuando bebés y que ha supervisado como una madre atenta y severísima todos los cambios y transformaciones de sus hijos. Decididos a que éstos tuvieran una educación como unos ciudadanos normales, se les llevó a colegios si no públicos, sí a los que podía tener acceso cualquier español. Eso sí, cualquier español de un determinado nivel social, ya que fueron siempre colegios elitistas, donde se han codeado con los hijos de la oligarquía financiera, de la nobleza y de la alta burguesía. El Virgen del Camino y Los Rosales fueron los elegidos. Sólo a la hora de los estudios superiores han asistido a la universidad pública. Los tres pasaron algún período de su educación en el extranjero, la infanta Elena en Francia e Inglaterra, la infanta Cristina en Francia y los Estados Unidos y el Príncipe heredero en Canadá y también en los Estados Unidos.

La infanta Elena hizo primero magisterio, para luego acudir a la universidad a sacar su licenciatura en Ciencias de la Educación, por lo que la primera realmente en obtener un título universitario en la familia fue la infanta Cristina, que estudió Ciencias Políticas. De la educación del Príncipe de Asturias nos ocuparemos en la última parte de este libro, dedicada a él por entero. Aunque la infanta Elena trabajó una temporada en la enseñanza y se especializó en la de niños con problemas, desde que se casó se ha dedicado exclusivamente a la educación de sus hijos y a sus labores de representación, aunque a su regreso de una larga estancia en Nueva York, donde ha seguido tratamiento y rehabilitación su marido Jaime de Marichalar, tras la isquemia que sufrió en la Navidad de 2001, doña Elena parece que se inclina de nuevo por su faceta de profesora dedicada a los niños. La infanta Cristina, que se trasladó a vivir a Barcelona en 1992, después de una etapa colaborando con las oficinas de la Unesco, trabaja desde entonces en el Departamento de Proyectos Culturales de la Caixa de Catalunya, donde ha continuado prestando sus servicios a pesar de la llegada de sus tres hijos. También cumple con sus compromisos representativos con bastante frecuencia.

LA LEGITIMACIÓN POPULAR

Hecha esta larga digresión sobre la familia de la nueva generación de Borbones españoles, volvamos a tomar el hilo de nuestra narración sobre la crónica del reinado de Juan Carlos I en el trono, tras el complicado proceso de la transición política de la dictadura de Franco a la democracia parlamentaria, que quedó plenamente establecida, y con ella la institución monárquica, con la promulgación de la Constitución de 1978. O al menos eso parecía en aquellos momentos. Sin embargo, para la mayoría de los españoles, fue la noche del 23 de febrero de 1981 cuando el rey Juan Carlos de Borbón y Borbón se ganó legítimamente la corona. A pesar de que había sido el piloto del cambio y el motor siempre encendido de la transición, para muchos Juan Carlos I seguía siendo el sucesor de Franco, el rey elegido por el dictador. Desde aquella madrugada lo vieron de otra manera. Fue una legitimación popular, a la que siguió como una manera de plebiscito la gran manifestación —la mayor desde el inicio de la transición— que días después recorrió las calles de Madrid en apoyo de la Constitución y de la democracia y en la que hasta los más remisos republicanos gritaron sin pudor vivas al Rey. Hay una leyenda —desconozco su veracidad— que dice que Juan Carlos de Borbón se sumó a la manifestación desde una avioneta blanca que la sobrevoló. Verdad o mito, aquel día se hicieron en España miles y miles de juancarlistas. De alguna manera el mal llamado Juan Carlos *el Breve*, en el único acto anticonstitucional que se le conoce hasta la fecha, había salvado a la democracia. Y eso legitimaba a la institución que representa y que sin ningún entusiasmo —todo hay que decirlo— muchos españoles aprenderían desde entonces a respetar.

Aunque como ya he dicho no es éste el lugar de hacer un pormenorizado recorrido por la historia de la transición y de los veintiocho años de reinado que se cumplirán este año, sí hay que añadir algunos datos más antes de referirnos a las características de la Monarquía juancarlista que ha ido perfilando el Monarca. Como fue el hito que supuso el primer viaje de los Reyes a la América española, cuando aquel gobernante del primer país que visitaban les dijo, al comenzar su discurso de bienvenida: «Señor, hace cuatrocientos años que estábamos esperándoles...». Se refería al distanciamiento que la metrópoli y por tanto la Corona había mantenido siempre con aquel continente, que había sido parte de su reino. Como lo fue la restauración de la Generalitat y el regreso del Honorable Josep Tarradellas en octubre de 1976, cuando aún no se hablaba del Estado de las Autonomía y que fue, sin duda, un intento de entroncar con la legalidad republicana, rota en 1936. Como lo fue el ingreso en la Comunidad Europea en 1985, cuya firma del Acta de adhesión bajo la impresionante escultura de Carlos V victorioso, de Pompeyo Leoni, tenía un enorme carácter simbólico ya que no en vano el emperador había sido uno de los primeros que había soñado con la unidad de Europa.

El triunfo del Partido Socialista Obrero Español en las elecciones de octubre de 1982, con diez millones de votos, supuso otro de los hitos del reinado de Juan Carlos I. Por primera vez un rey de España gobernaba con un gobierno socialista, el partido que se había enfrentado reiteradamente al reinado de su abuelo Alfonso XIII y que incluso en el debate constituyente había mantenido sus planteamientos republicanos. Aquel suceso se convirtió en otra manera de revalidación democrática de la Monarquía y en la culminación del proceso de la transición. Aunque luego muchos hayan querido reabrir el proceso al no darlo por concluido e incluso se ha llegado a hablar de una segunda transición. Pero eso ya pertenece a la segunda etapa —bastante más compleja— de la Monarquía juancarlista.

De momento la cohabitación de la Monarquía con el Partido Socialista fue uno de los hechos más trascendentes de la transición, ya que suponía una asignatura pendiente de la Monarquía española. Como ya hemos dicho, desde los comienzos de la transición habían existido contactos entre ambas instituciones, primero con don Juan, que intentó siempre atraerse a los socialistas, garantizándoles la democracia, y luego con el propio Juan Carlos. Según he podido contrastar con un ex distinguido miembro de la ejecutiva del Partido Socialista de entonces, en un momento de la transición, existió un pacto entre la Monarquía y el Partido Socialista Obrero Español para no agredirse mutuamente. La Monarquía se comprometía a traer una democracia plena y a no boicotear la posible llegada al poder de los socialistas y el PSOE se comprometía por su parte a no poner impedimentos al reconocimiento de la Monarquía en la Constitución, sin exigir previamente un referéndum para someterla a la aprobación popular. Ambos sabían, la Corona y el PSOE, que solamente cuando gobernasen los socialistas bajo una monarquía parlamentaria, el proceso de la transición estaría terminado. Hubo incluso una reunión en Zarzuela, que se mantuvo en secreto, entre el rey Juan Carlos y la Ejecutiva Federal de los socialistas, todavía con sus chaquetas de pana y sus pobladas barbas de los tiempos heroicos, al frente de la cual estaba Felipe González. Allí en un pacto de caballeros se llegó al acuerdo de mutuo respeto.

Así, a pesar de que más bien de forma testimonial los socialistas mantuvieron sus principios republicanos en el voto al artículo sobre la forma de gobierno en el texto constitucional, una vez aprobada la Carta Magna no han vuelto a plantear ningún problema de legitimación a la Monarquía, a pesar de que sigan confesándose republicanos. Como tuvimos ocasión de comprobar, ambas instituciones cumplieron el pacto con creces, no sólo en la oposición sino que durante más de trece años cohabitaron respetuosamente.

La hora de España

Y luego un largo proceso de estabilidad, de progreso, de profundos cambios, de desarrollo económico, de transformación. Hasta cumplirse aquella chulesca y disparatada frase de Alfonso Guerra, que a España después del gobierno socialista no la iba a reconocer «ni la madre que la parió». En efecto así fue, la transformación de España llevada a cabo por el socialismo en sus trece años de gobierno fue total y absoluta. Es verdad que hubo sombras, corrupción, abusos, innumerables decisiones discutibles, el cáncer del terrorismo horadando continuamente la estabilidad del sistema, la terrible lacra de los GAL, el problema autonómico como un continuo chantaje dificultando el fortalecimiento del Estado y la solidaridad de los diferentes territorios y regiones... Pero lo que sería injusto es no reconocer que ha sido uno de los períodos más brillantes de la historia contemporánea de nuestro país —aunque su final fuera emborronado por escándalos y corrupciones, por juicios y procesos de descalificación— y en el que a España le fue permitido recuperar definitivamente su papel en el plano internacional. Y ese enorme prestigio de España lo simbolizaba de manera importante la Corona y las personas que la representaban. El prestigioso Premio Carlomagno —y la larga lista de premios y distinciones que siguieron a éste— otorgado al rey Juan Carlos I demostraban esto que digo.

Por eso 1992 fue en todo el mundo el año de España. Dicen que durante los años previos a aquella fecha, el Rey estaba enormemente preocupado por que España no fuera capaz de salir con brillantez de los retos que se había marcado para aquella fecha simbólica, la Exposición Universal de Sevilla, la capitalidad cultural europea para Madrid y los Juegos Olímpicos de Barcelona. Era demasiado para un país que hacía tan sólo quince años que salía de un largo túnel de oscuridad, de atraso y de falta de libertad. Pero a pesar de todo e incluso por eso, el año 1992, con sus fastos y sus celebraciones, creo que fue el mejor exponente de la nueva España, con sus luces pero también con sus sombras. Lo mejor y lo peor de lo conseguido en una década en que por primera vez en nuestra historia había existido un gobierno socialista emergió a la vista de todos. El cambio espectacular y su reverso, un amplio coste de corrupción, que se destapaba justo en los momentos en que el país superaba con creces aquella dura prueba de presentar ante el mundo todo lo conseguido en un tiempo récord y la fisonomía de un país renovado, moderno y desarrollado.

Aquel año fue de alguna manera el final de una etapa. De una etapa para el socialismo, que tal vez debió dar por finalizada su estancia en el gobierno y dedicarse a hacer la profunda renovación interna que necesitaba, debido al desgaste que le había producido, planteándose los retos que se planteó en una sola década. Y el fin de una etapa también para la Monarquía, que con su cohabitación con el gobierno del PSOE había superado una prueba difícil con indudable brillantez, pero también con cierto desgaste. Algunos habían pronosticado que para que se comprobara perfectamente el normal funcionamiento de las instituciones democráticas, había que esperar a la alternancia. Que volviera a gobernar la derecha para dar por superados los miedos e incertidumbres a los cambios que secularmente han atormentado a nuestro país. Pero lo que debió ser una transición normal, se convirtió en un encarnizado ajuste de cuentas, en un proceso de desmoralización de la vida pública, en una conjura que, con el pretexto de hacer descabalgar a los socialistas del poder, acabaría abriendo la primera seria crisis del nuevo régimen, después del intento de golpe militar de 1981, e incluso poniendo en peligro la estabilidad de la Monarquía y la seguridad del Estado.

El final del cuento

Hacia finales de los años ochenta el proceso de la transición española podía darse por terminado y todo parecía ser un cuento de hadas. El Partido Socialista Obrero Español en el poder había establecido, a pesar de mantener sus principios republicanos, una exquisita relación con la Monarquía. Entre el presidente del Ejecutivo Felipe González y el jefe del Estado Juan Carlos I había una sintonía perfecta, nacida sin duda de una empatía personal y de pertenecer ambos a una misma generación (como había sucedido con Adolfo Suárez), lo que les hacía tener actitudes parecidas ante los cambios sociales y ante los retos del cambiante mundo de finales de un siglo especialmente convulso como había sido el siglo XX. España cambiaba rápidamente y se alcanzaban cotas de bienestar nunca vistas. A pesar de las tensiones sociales que los profundos cambios que estaba realizando el ejecutivo socialista habían producido, el país caminaba relativamente bien, creciendo en prosperidad, en riqueza y en libertades. Las sombras del golpismo habían sido despejadas y sólo ETA, el problema terrorista vasco, amenazaba sobre el horizonte en paz de una nación que crecía y recobraba su papel preponderante en el ámbito internacional

El prestigio de España en el mundo había alcanzado como acabamos de relatar cotas imprevisibles tan sólo unos años antes y el prestigio personal del rey Juan Carlos —aclamado en los foros internacionales, investido doctor *honoris causa* en las más importantes universidades del mundo, galardonado con los premios Carlomagno y Simón Bolívar— acrecentaba a su vez el de la Monarquía española, que pasaba a ser una institución de referencia no sólo para los países iberoamericanos, que veían en su protagonismo en la transición democrática un ejemplo a seguir, sino en la propia Europa, en la que el punto de referencia monárquico había sido hasta entonces la monarquía británica, y al ser ésta pasto de las llamas de pavorosos escándalos de algunos de sus miembros, la Monarquía española representada por don Juan Carlos de Borbón y por doña Sofía aparecía como el nuevo modelo de monarquía moderna, que había sabido con dignidad y rigor, pero con audacia y afán de renovación, adaptarse a los nuevos tiempos. En un momento, además, en que el papel de las viejas monarquías europeas que habían hecho posible su historia aparecía como algo del pasado, completamente obsoleto y superado. Reliquias que la progresiva unificación política de Europa amenazaba con hacer desaparecer.

Y en esto estalló el escándalo. Los primeros indicios de que el cuento de hadas se había terminado aparecieron en 1988 y en 1989. Fueron unos reportajes aparecidos en dos medios de comunicación nuevos, la revista *Tribuna*, dirigida por el periodista Julián Lago, y el diario de alcance nacional *El Mundo*, dirigido por el periodista Pedro José Ramírez, que había sido despedido de *Diario16* al parecer por su actitud crítica con el ejecutivo de Felipe González. Por primera vez se censuraba duramente no sólo al presidente del Gobierno y a su entorno más íntimo, hablando del enriquecimiento de algunos de sus amigos, sino a la Corona y al entorno personal y privado del rey Juan Carlos en parecidos términos. En el verano de 1990 aquellas críticas alcanzaron cotas insospechadas, coincidiendo además con la primera crisis internacional en el golfo Pérsico. La supuesta corte de Mallorca, en la que al parecer la familia real llevaba una vida escandalosa, rodeada de una corte de truhanes, advenedizos, aprovechados y corruptos —llamados «Casa Bis»— saltó a la opinión pública, obligando a los Reyes a no asistir a la posterior fiesta de la boda de su sobrina Simoneta Gómez-Acebo y Borbón con José Miguel Fernández Sastrón, que se celebró en la catedral de Palma de Mallorca el 14 de septiembre de 1990. Era la primera nieta del conde de Barcelona y por tanto también la primera sobrina del Rey que contraía matrimonio, y a la natural alegría familiar, enturbiada por la grave enfermedad que padecía el padre de la novia, don Luis Gómez-Acebo, vizconde de la Torre y duque de Badajoz por su matrimonio con la infanta Pilar, hermana mayor de don Juan Carlos, se unió la obligada ausencia de éste y la Reina debido a la lluvia de críticas que habían precedido al enlace, que amenazaba con convertirse en un espectáculo de la *jet set* que acostumbra a veranear en la isla.

Pero lo peor estaba por llegar. Durante toda la transición tanto la institución monárquica como la familia real habían sido respetadas escrupulosamente por todos los medios de comunicación, incluso por la prensa rosa y la más escandalosa. Un pacto tácito, una norma no escrita les dejaba fuera de todo comentario negativo y se evitaba casi completamente referirse a la familia real y a la Monarquía para ponerlas en evidencia. En ese exquisito tratamiento de los medios de comunicación respecto al rey Juan Carlos y su familia había tenido una decisiva influencia el trabajo del secretario general, y más tarde jefe de la Casa de su Majestad el Rey, el general Sabino Fernández Campos, el hombre que había colaborado de forma capital para evitar el golpe de Estado del 23 de febrero de 1981 al lado del rey Juan Carlos. Pero entre 1988 y 1992 esas normas no escritas se rompieron, se evaporaron en el aire, las buenas relaciones de los medios con la familia real terminaron hechas añicos. Y la familia real en pleno quedó expuesta, ya sin remedio ni vuelta atrás, al obsceno foco en que se han convertido los medios de comunicación.

¿Por qué? Se inició entonces un largo y todavía no resuelto debate sobre los límites de la libertad de expresión, el derecho de los medios a entrar en la intimidad de los miembros de la familia real y la supuesta ejemplaridad que se les debe exigir a éstos como la primera familia del país y el símbolo de su historia y de su tradición. Muchos opinaron que mientras la familia real no exhiba esa intimidad, ésta debe ser escrupulosamente respetada. Otros creyeron, y siguen creyendo, que la libertad de expresión no tiene límites y se sintieron autorizados a seguir metiendo sus narices en la vida privada de los miembros de la real familia, lo mismo que hacen con la de todos los famosos y famosillos que se ponen a tiro de sus indiscretos objetivos y comentarios.

Los ataques a la intimidad de la familia real y las críticas a algunas de sus actividades —aunque hay todavía quienes sostienen, frente a la evidencia de artículos, portadas, tertulias y reportajes que se pueden encontrar en hemerotecas y videotecas, que sigue siendo un tabú— tuvieron dos etapas. La primera, que va desde 1988 a 1992, se centró principalmente en la vida que la familia desarrollaba en Mallorca durante sus veraneos, en su círculo de amistades y en la vida conyugal del rey don Juan Carlos, y acabó con la publicación de unas fotos del rey tomando el sol desnudo en el yate *Fortuna*. Esta última incursión en la intimidad real enlazaría con una segunda etapa que va desde 1993 a 1995 y que se complicó mucho más por la aparición de una supuesta conjura para derrocar a la Monarquía y proclamar la Tercera República española, con lo cual el tema se politizó de manera desafortunada y peligrosa. En la primera hubo también algunas complicaciones políticas al tenerse noticia de una escapada del rey a Suiza, no suficientemente explicada, descubierta por una indiscreción del gobierno de Felipe González, y su ausencia en algunos actos a los que debía haber asistido, sin que tampoco se justificara ésta de una manera clara, con lo cual se sacaron conclusiones sobre el papel del soberano, sus relaciones con el gobierno y una cierta dejación de sus funciones representativas.

Vayamos por partes. Las primeras críticas las hicieron unos medios nuevos en el panorama periodístico, lo que hizo sospechar a muchos que simplemente se trataba de una desafortunada manera de captar lectores. Cabe imaginar que no eran ésos los únicos exclusivos y miserables motivos que llevaron a los responsables de esos medios a entrar en un terreno al que sabían positivamente que era muy difícil ponerle límites. Es cierto que una sana crítica y un riguroso seguimiento del correcto funcionamiento de las instituciones —incluso de la más alta— no debe tener el menor obstáculo ni la más mínima cortapisa en un Estado de derecho y en un sistema donde funcionen perfectamente todas las libertades, incluida naturalmente la de expresión. Pero cuando se trata de la vida privada de personas que no la exponen a la curiosidad pública —como ha sido casi siempre el caso de la familia real española— también es lícito suponer que si se hace deben existir unos intereses, no demasiado confesables, para no saber distinguir entre las personas que tienen y las que no tienen derecho a preservar su intimidad. ¿No se ha tratado, en lo referente a la familia real, de una manera de atacar a la Monarquía de una forma indirecta, ya que no se podían o no se querían utilizar argumentos verdaderamente de solvencia política? ¿O sólo hubo motivaciones de carácter mercantilista porque ese tipo de información tan sensible siempre es buscada con infinita curiosidad por los lectores, con lo que esto supone de venta de miles y miles de ejemplares?

A este respecto, en medio del encendido debate que hubo en los medios de comunicación en 1992, la periodista Pilar Cernuda, especializada en información sobre la Casa Real, escribía: «Hay críticas que se hacen de buena fe y otras cuyo único fin es el de vender ejemplares. Todos sabemos quién hace una y quién la otra y, en este sentido, sólo puedo decir que estoy de acuerdo con la primera y en absoluto desacuerdo con la segunda». En la crítica a la Corona en seguida se hicieron abanderados algunos medios: en especial los diarios *El Mundo* y el ya desaparecido *El Independiente*, las revistas *Tribuna* y *Época* y algunos medios extranjeros pertenecientes al grupo de empresas de comunicación del magnate italiano Giovanni Agnelli, fallecido hace poco y que siempre había manifestado admiración hacia el Rey de España y se había enorgullecido de una amistad personal con él. Algunos de los medios españoles utilizaban la coartada de que solamente reproducían las informaciones aparecidas precisamente en estos medios extranjeros, como fueron las de las supuestas relaciones amorosas del Rey, que se publicaron primero en la francesa *Point de Vue* y en la italiana *Oggi*.

En cuanto a los periodistas que se pusieron a la vanguardia de aquella nueva actitud crítica y fiscalizadora acerca de la familia real española, hay que mencionar en primer lugar a los directores de los medios mencionados, pero también a una serie de periodistas y columnista como Antonio Burgos, Jaime Peñafiel y Juan Balansó entre otros, curiosamente de profusa fidelidad a la Monarquía y más concretamente a las personas reales ahora tan duramente criticadas, lo que no deja de ser extraño y además se ha convertido con el tiempo en un fenómeno curioso que valdría la pena desentrañar. Tanto Juan Balansó —fallecido durante la redacción de este libro de una penosa enfermedad— como Jaime Peñafiel han escrito además varios libros que encierran una durísima crítica a la dinastía, que contrasta, sobre todo en lo referido a Juan Balansó, reputado especialista en la historia de las casas reales europeas, con otros libros escritos tan sólo unos años antes. A este respecto causa verdadera estupefacción comparar las páginas, por ejemplo, de *La Casa Real de España*, publicado en 1985 por Juan Balansó, con títulos posteriores del mismo señor Balansó, como *La Corona vacilante*, *Los Borbones incómodos* y *Por razón de Estado*. No parecen escritos por la misma persona. Lo que en el primero es todo justificación de lo injustificable, halago y botafumeiro, en los posteriores se convierte en crítica agria y reduccionismo ejemplarizador.

En cuanto al cambio de actitud de Jaime Peñafiel, del que hay que recordar sus inefables crónicas en la revista *¡Hola!*, él mismo lo ha intentado justificar en un libro de memorias de reciente aparición. En él menciona oscuros y poco razonables agravios de la Reina ante una dramática y tristísima situación personal del propio Peñafiel, como fue la muerte por sida, a causa de su adicción a las drogas, de su hija la también periodista Isabel Peñafiel. No hay nada que decir porque el corazón tiene razones que la razón no comprende. Tras su paso por *¡Hola!* y *La revista*, al asumir la dirección adjunta del diario *El Independiente*, y luego al desaparecer este diario, desde sus columnas y reportajes de *El Mundo*, la actitud de Jaime Peñafiel cambió radicalmente en lo referido a sus crónicas sobre la Casa Real, llegando a escribir en los años noventa tres libros, que el historiador Carlos Seco Serrano ha llamado la «trilogía republicana»: *¡Dios salve a la Reina!*, *¡Dios salve también al Rey!* y *¿Y quién salva al Príncipe?* La actitud crítica de Antonio Burgos y de otros tantos reputados monárquicos históricos cabría situarla en la incomprensión que los viejos monárquicos han sentido siempre ante la nueva Monarquía de Juan Carlos I y sus nuevos modos y formas.

Valga como conclusión de aquella primera oleada de críticas a la Casa Real la opinión autorizada del prestigioso periodista y brillante columnista Cándido, que escribía en la revista *Tiempo*, en 1993, en plena efervescencia informativa sobre los asuntos íntimos de la familia real: «... la irracional manera de libertad de expresión puede con todo. La última consecuencia de una libertad de expresión así entendida es el terror. Entonces se dice que la libertad de expresión es un servicio a la comunidad, de tal modo que las especulaciones sobre la vida privada del Monarca se justifican mediante la voluntad de todos. Desde Robespierre, la voluntad de todos ha causado en el mundo las peores desdichas y ha servido de argumento a las peores tiranías... Queda de todo esto un mal sabor. Históricamente es injusto; políticamente es perjudicial; socialmente es innecesario, y periodísticamente es una ingratitud».

La conspiración

La segunda etapa a la que hemos hecho mención antes en la campaña de ataques y críticas al rey don Juan Carlos y a la Casa Real sería mucho más áspera, peligrosa y tendría ingredientes de auténtica novela de intrigas. Banqueros con ambiciones políticas, periodistas sin escrúpulos, millonarios facinerosos, intrigantes de profesión, ex monárquicos defraudados y algún que otro personaje en los márgenes de la delincuencia estarían implicados en un disparatado proceso complicado de resumir y que no ha sido lo suficientemente aclarado por ninguno de sus actores y autores.

En 1995 la crítica al gobierno socialista había llegado a su punto más álgido, pero las continuas victorias electorales de este partido, pese a todo, habían encrespado los ánimos, no sólo del principal partido de la oposición, el Partido Popular, apoyado por Izquierda Unida, que en seguida desempolvó su viejo republicanismo, sino de una pequeña élite de influyentes periodistas. Unos y otros se sentían frustrados en sus deseos de descabalgar del gobierno al partido socialista. Por otra parte la puesta al descubierto de las fechorías financieras de Mario Conde, de Javier de la Rosa y de Manuel Prado y Colón de Carvajal —amigo personal del Rey de España, para el que había realizado en el pasado difíciles y secretas misiones diplomáticas—, y que habían llegado a los tribunales de justicia, en los que ya esperaba una abultada cantidad de casos relacionados con el poder, había creado un caldo de cultivo para hacer interconectar toda aquella basura con supuestos chantajes al Estado y hasta a la Corona.

Aunque el primero en hablar de conjura fue Felipe González, nadie le creyó y se le adjudicó una manía persecutoria debido, sin duda, a la campaña de acoso y derribo que existía contra el gobierno, con gravísimos problemas abiertos, los GAL y la guerra sucia contra el terrorismo de ETA, con Amedo y Domínguez jaleados por Garzón, la financiación ilegal de los partidos, con el tema de Filesa, los casos de corrupción en el *Boletín Oficial del Estado*, en la Cruz Roja, en la Guardia Civil, los papeles del CESID, los supuestos chantajes de Mario Conde... Fueron también los socialistas los que dijeron que aquella conjura incluía la Corona, que por otra parte había reaparecido en el panorama de actualidad con un polémico reportaje sobre el Rey de la periodista británica Selina Scott, para una importante cadena de aquel país, que en España produjo gran malestar, y el no menos polémico libro biográfico sobre el Rey de José luis de Vilallonga. Fue precisamente el periodista, escritor y aristócrata José Luis de Vilallonga, marqués de Castellvell, el que en un explosivo artículo publicado en *La Vanguardia* en agosto de 1994 dio carta de naturaleza a la conspiración que intentaba acabar con el gobierno socialista, llevándose por delante (y ahí estaba la auténtica bomba) al rey Juan Carlos I y proclamar la Tercera República española, a la que incluso le ponía presidente, el notario madrileño, antiguo colaborador como recordarán de don Juan de Borbón, Antonio García Trevijano.

En aquello, según Vilallonga, estaban aparte de García Trevijano, algunos compañeros suyos en la AEPI, una asociación de periodistas y escritores independientes que se había creado en Marbella, auspiciada por el periodista Pablo Sebastián y en la que estaban, entre otros, reputados monárquicos como Luis María Anson, Antonio Burgos y Camilo José Cela y que luego sería llamada el «Sindicato del Crimen». Esta asociación, en la que también figuraban Pedro J. Ramírez, Raúl del Pozo, Jiménez Losantos, José Luis Balbín, Julián Lago y Antonio Gala, entre otros, se había creado como una forma de autodefensa contra lo que entonces se vendía como la persecución del gobierno contra los periodistas independientes y que en realidad era una oscura lucha por el poder de poderosos medios de comunicación.

Si hubo o no conspiración es posible que se aclare algún día. Desde luego no en esta generación. La verdad es que en las postrimerías de 1994 nadie le hizo el menor caso a Vilallonga, al que se desacreditó desde todos los frentes. Luego ocurrió lo que era lógico que ocurriera. En las elecciones anticipadas de marzo de 1996 el partido socialista perdió al fin el poder, por tan sólo 300.000 votos. Una amarga victoria del Partido Popular lo llevó al poder. Los propósitos se habían cumplido. Al fin había sido descabalgado de la Moncloa Felipe González. Se iniciaba lo que muchos llamaron la segunda transición. En realidad lo único que había sucedido es que las instituciones democráticas, pese a todo, habían funcionado perfectamente, aun a costa de una durísima campaña de hostigamiento, de deterioro de la convivencia nacional, de una crispación que en algunos momentos había puesto realmente en peligro la estabilidad del Estado. Pero todas las instituciones, incluida naturalmente la Corona, dieron muestras de su estabilidad y habían resistido el embate de lo que algunos llamaron poco después golpismo de salón.

De demostrarlo se encargó algún tiempo después uno de los interesados: el periodista Luis María Anson, en una increíble entrevista publicada por la revista *Tiempo* en febrero de 1998. Nunca se han podido averiguar los verdaderos motivos por los que Anson hizo aquellas explosivas declaraciones, en las que reconocía explícitamente la existencia, si no de una conjura o de una conspiración en el sentido decimonónico del término, sí de un acuerdo entre fuerzas económicas, periodísticas y políticas (el Partido Popular habría estado en la trastienda de todo aquel asunto) para echar del poder a Felipe González. Decía textualmente el antiguo secretario del Consejo Privado del conde de Barcelona: «Había que terminar con Felipe González, ésa era la cuestión. Al subirse el listón de la crítica se llegó a tal extremo que en muchos momentos se rozó la estabilidad del propio Estado. Eso es verdad. Tenía razón González cuando denunció ese peligro... pero era la única forma de sacarlo de ahí... La cultura de la crispación existió porque no había manera de vencer a González con otras armas... González ganó tres elecciones por mayoría absoluta y volvió a ganar la cuarta cuando todo indicaba que iba a perder... González bloqueaba algo vital en una democracia: la alternancia. Si llega a ganar las elecciones del 96, con la bonanza económica no hubiera habido quien lo echase hasta el 2004. No salimos de cuarenta años de Franco para entrar en treinta años de González...».

Después de confesar la poco democrática forma de acabar con González que se había empleado, todo en aras contradictoriamente de la propia democracia, Luis María Anson, al que algunos de sus antiguos correligionarios llamaron anormal, enfermo mental y otras lindezas, para descalificar su confesión, seguía: «Al atizar el fuego (de las críticas) se favorecía la erosión de González... Así que se hizo. Fue una operación de acoso y derribo. Algunos lo hicimos desde el convencimiento honesto de que era un servicio al sistema democrático... Desde una labor crítica normal no se conseguía desalojar a González del poder...». La perplejidad que cundió en grandes sectores de la opinión pública se acrecentó por el hecho de que nadie pudo desmontar las palabras de Anson con argumentos convincentes. Pero como otras muchas cosas, por graves que hayan sido, la fortaleza del sistema democrático español ha sabido digerir aquella gravísima confesión que suponía reconocer que había habido una alianza contra el poder, que sin respetar la voluntad popular había logrado echar del gobierno a los socialistas y para ello se había tratado incluso de ir contra la Corona, forzar, por deterioro, la abdicación del Rey en el príncipe Felipe y tal vez llegar hasta la proclamación de la Tercera República, tan añorada por muchos de forma inconfesable.

Porque parecería normal la existencia leal de un partido republicano de carácter nacional —sólo existe el nacionalista Esquerra de Cataluña—, cosa que sería hasta lógica dentro de la normal lucha democrática por los ideales de cada uno, pero nadie ha sido capaz de facilitar su fundación y colaborar en ella. A falta de argumentos políticos se optó por la erosión hecha poco a poco a fuerza de descalificaciones personales, sobre la vida privada y sobre la intimidad. Lo que no quiere decir, naturalmente, que si se llegase a probar la existencia de la connivencia de la Corona con algún tipo de corrupción, ésta fuera sometida a las leyes como cualquier otra institución.

No obstante la Corona ha podido hasta ahora soportar las tormentas que cayeron y fuerte sobre sus estructuras aquellos años, y que luego se han vuelto a reproducir, en otro aspecto, cuando se ha abierto el debate sobre su propia existencia, como ya hemos visto, a propósito del inadecuado noviazgo del Príncipe de Asturias, don Felipe de Borbón y Grecia. Los que pensaron que la desaparición del tabú sobre la familia real en los medios de comunicación terminaría acabando con ella, por ahora, no han logrado sus objetivos. Pero lo que no tiene duda es que la fragilidad de su propia existencia hace que la Monarquía sea uno de los elementos más sensibles a todo tipo de críticas y comentarios.

Cambios en palacio

Seguramente sabedores de esto, la primera intención de los Reyes de España al subir al trono fue transformar y modernizar lo más posible la institución. Hay una anécdota que ilustra por sí sola el talante de don Juan Carlos y doña Sofía sobre el modelo de monarquía que querían instaurar en España, después de su proclamación como Reyes. Se cuenta, y la coincidencia de muchas fuentes hace pensar en su veracidad, que al poco de ser proclamados, una comisión de damas de la nobleza pidió ser recibida en audiencia por la Reina en el palacio de la Zarzuela. Las damas querían saber cuándo tenían pensado los Reyes comenzar a establecer todo el aparato cortesano que había en el Palacio Real antes de la salida de España de Alfonso XIII, no sólo el complicadísimo protocolo y el ceremonial heredado de la corte borgoñona que había traído a España Carlos V, por los que se habían regido tanto los Austrias como los Borbones y que había sido enriquecido por las costumbres importadas de la corte francesa por Felipe V. Querían saber también cuándo tenían pensado que comenzara el turno rotatorio de los nobles al servicio en palacio y los nombramientos para llenar los innumerables cargos que existían en la corte de los reyes de España desde tiempo inmemorial, mayordomos, gentileshombres, damas de honor, camareras de la reina, damas de servicio, etc., que habían desempeñado durante siglos los grandes y nobles españoles con sumo honor.

Escuchaba la Reina atentamente a las damas cuando, de forma informal y aparentemente casual, entró en el salón donde se celebraba la audiencia el rey don Juan Carlos, que con su natural jovialidad y campechanía saludó a las señoras y preguntó a su esposa de qué hablaban. La Reina le contó cuáles eran los motivos de la audiencia que le estaban exponiendo aquellas nobles damas de la aristocracia. El Rey, con la mayor normalidad y espontaneidad, ante la estupefacción de las señoras, dijo: «Ah, muy bien, me parece estupendo, pero lo que realmente necesitamos en este momento es un cocinero. ¿Conocerían ustedes a alguien?».

Así, de esa manera tan sencilla y tan borbónica por otro lado, quedó zanjada la primera inventiva de la nobleza para que se restaurara la antigua vida cortesana. Que tanto daño había hecho, por otra parte, a la familia real en muchos momentos, por la ocasión que había dado a la formación de capillitas, grupos y banderías partidarios de unos y de otros. El triste reinado de Isabel II fue un ejemplo, pero también lo fue en el mucho más cercano de Alfonso XIII.

Los intentos de grandes y aristócratas en aquellos primeros años de la Monarquía juancarlista para que se volviera a la situación anterior debieron de ser reiterados y continuos, hasta convencerse de que no tenían la menor posibilidad de éxito. Pues decidido era el propósito de los Reyes de que nada de aquello debía volver. No sólo se redujo el ceremonial y el protocolo a lo mínimo, sino que muchas antiguas tradiciones familiares fueron suprimidas o simplemente dejadas en desuso. Ni habría corte, ni gentileshombres de cámara para el Rey, ni damas de compañía para la Reina, ni camarera de semana, ni nada parecido. Cuando la Reina tenía que salir por alguna razón, se hacía acompañar por alguna amiga, cuyo círculo ha sido siempre muy reducido. Lo que sí se crearía sería un pequeño personal de dirección que auxiliara y ayudara a la Reina en su trabajo.

De una forma sencilla se organizó la Casa del Rey, que ya funcionaba como Casa del Príncipe, pero que fue ampliada y completada con los departamentos y funcionarios que una monarquía moderna necesita para desarrollar su tarea de representación. En todos estos años, nunca un título de nobleza, ni siquiera el ser monárquico ha sido un salvoconducto o un privilegio para formar parte de este reducido grupo de personas que han trabajado y trabajan en la Casa del Rey. Sólo la eficacia, la preparación y, eso sí, la lealtad. En este sentido hasta cuatro jefes de la Casa del Rey han existido hasta ahora. El primero Nicolás Cotoner, marqués de Mondéjar, que fue un segundo padre para el Rey y que se jubiló con ochenta y cinco años. La Casa del Rey se reorganizó en 1988 y posteriormente en 1996. El jefe de la Casa tiene desde entonces consideración de ministro y, el secretario general, de secretario de Estado. El jefe de la Casa se ocupa entre otras cosas de las relaciones de Zarzuela y el palacio de la Moncloa.

Al marqués de Mondéjar le sucedió el general Sabino Fernández Campos, que ya era desde hacía muchos años secretario general de la Casa. Sabino Fernández Campos fue sustituido, tras el deterioro de los primeros años noventa, por el vizconde del Castillo de Almansa, Fernando Almansa, que en diciembre de 2002 fue sustituido a su vez por Arturo Aza. Rafael Spottorno, que ha sido secretario general en los últimos diez años, ha sido sustituido en esta última remodelación por Fernando Díez-Hochleitner, ambos diplomáticos y con amplia experiencia en la Administración. Ellos han dirigido y dirigen un reducido número de personas que llevan los asuntos y las agendas de los miembros de la familia real y les ayudan en sus funciones, aparte de otros departamentos que se encargan de tareas administrativas, de protocolo, de intendencia, etcétera.

Hasta 1991, el 12 de junio, no recibieron los Reyes oficialmente a la nobleza española. El acto, que se había realizado a requerimientos de la Diputación de la Grandeza de España, que es el organismo en el que se hayan agrupados los grandes de España, el escalafón más alto de la aristocracia de la sangre, se celebró en el Palacio Real de Madrid. Y no se les dio trato diferente, fue una recepción más de las muchas que los Reyes ofrecen a diferentes colectivos y con ocasión de puntuales efemérides. Habían transcurrido dieciséis años desde la reinstauración de la Monarquía en España. Estaba muy claro que los titulares de la Corona no querían que sucediera, como había ocurrido desdichadamente en anteriores reinados, que la institución fuera relacionada y confundida con una determinada clase social privilegiada. En la nueva Monarquía de Juan Carlos I de Borbón los pertenecientes a la aristocracia y la nobleza titulada ni siquiera figuran de forma preferente en las recepciones del Palacio Real, si no tienen una relación de otro tipo con la Corona. Esas recepciones se han abierto a la clase política, a los grupos profesionales, a los intelectuales, deportistas y a todos los que forman una sociedad variada, abierta y multiforme.

Aunque el Rey sigue conservando la titularidad de las Reales Órdenes, no es frecuente que asista a los escasos actos que éstas organizan, en donde en la mayoría de las ocasiones se hace representar. En vida de don Juan, por el conde de Barcelona, y en la actualidad es frecuente que esta representación la ostente su primo el infante don Carlos de Borbón Dos Sicilias, duque de Calabria. Lo mismo ocurre con las Reales Maestranzas de Caballería de Sevilla, de Ronda, de Zaragoza... Es extraño que el Rey aparezca en los actos de estas corporaciones, que si bien siguen vivas y reconocidas legalmente, su presencia hoy día en la sociedad es meramente simbólica y un recuerdo de las viejas tradiciones de la antigua monarquía hispánica. Tampoco ha tomado posesión el rey Juan Carlos, como solía hacerse tradicionalmente, de títulos y cargos honoríficos, como el de canónigo de algunas catedrales. Lo mismo ha sucedido con el Príncipe de Asturias, que sólo ha sido proclamado como tal en Covadonga, y no, como se hacía antiguamente, en sus otros títulos como Príncipe de Gerona y de Viana, que le corresponden como heredero de la dinastía histórica.

Junto a esta nueva forma de concebir la monarquía, prescindiendo de todo lo que le ha parecido superfluo e innecesario, que forma parte de otra época y de otras circunstancias, los Reyes han querido también prescindir de otra serie de ceremonias y ritos, relacionados todos ellos con la religión católica, que formaban parte de manera importante de la vida de la monarquía anterior. Jefe de un Estado laico que se declara no confesional, la religión de los miembros de la Casa Real ha ido cada vez reduciéndose más al ámbito de la vida privada. Celebraciones como la llamada Capilla pública de Palacio, que el pueblo contemplaba con curiosidad desde los patios y pasillos del Palacio de Oriente, o la presentación de los nuevos infantes a la Virgen de Atocha, rito conservado en la monarquía desde los tiempos de Felipe II, que inauguró aquella costumbre al nacer sus hijas las infantas Isabel Clara Eugenia y Catalina Micaela, y que incluso llegó a conservar la reina Sofía, siendo Princesa de Asturias, han sido completamente suprimidos en la última generación, la de los nietos de los Reyes.

Desde el comienzo del reinado los actos religiosos a los que asiste la familia real de manera oficial son cada día menos, por perfecto respeto a los muchos ciudadanos españoles que no pertenecen a la religión de la mayoría, que es también la de la dinastía reinante. Sólo las bodas y funerales de la real familia, hasta ahora, han conservado la categoría de ceremonias de Estado, en un cada día más reducido protocolo. Incluso a los bautizos de los nuevos miembros de la familia, los cinco nietos hasta ahora, hijos de las infantas Elena y Cristina, se les ha querido dar un carácter manifiestamente privado, prescindiendo hasta de la pila bautismal de Santo Domingo de Guzmán, que era una antiquísima tradición de la monarquía española. Ha sido sustituida por una palangana de plata conservada en el palacio de la Zarzuela.

También en el uso y utilización de los palacios pertenecientes antiguamente a la Casa Real, que en 1931 pasaron a formar parte del Patrimonio Nacional, pero que siguen estando a su disposición, han variado sensiblemente las costumbres de la actual familia real española. El Palacio de Oriente sólo es utilizado para ceremonias y recepciones oficiales y tanto él como el de la Zarzuela o el palmesano palacio de Marivent, que son utilizados como residencias fijas pertenecen al Patrimonio. Tanto el Alcázar de Sevilla, la Almudaima de Mallorca o el palacete Albéniz en Barcelona, que tienen carácter de residencias oficiales de la familia real, son utilizados sólo en contadas ocasiones por don Juan Carlos y doña Sofía. Y casi exclusivamente para ceremonias de Estado o institucionales. Tanto el Alcázar de Sevilla como el palacete Albéniz de Barcelona sí fueron utilizados por la familia y algunos de sus invitados con motivo de las bodas de sus hijas, las infantas Elena y Cristina. Algunos regalos recibidos en este sentido, como la finca que el rey Husain de Jordania ofreció a los Reyes en la isla de Lanzarote, don Juan Carlos los ha revertido al Patrimonio Nacional. Sólo la casa de Baqueira-Beret, en la que la familia real suele pasar sus vacaciones navideñas, pertenece al patrimonio personal de don Juan Carlos.

Otra de las señas de identidad de la nueva Monarquía juancarlista ha sido los vínculos que la Corona se ha preocupado por establecer muy especialmente con el mundo de la cultura, que fue uno de los mayores errores cometidos en el reinado de Alfonso XIII, que vivió de espaldas a la intelectualidad española de la época. Don Juan Carlos, aun a sabiendas del republicanismo en el que profesan una inmensa mayoría de los intelectuales, escritores y artistas actuales, se ha esmerado desde su llegada al trono por demostrar una especial deferencia al mundo cultural. No sólo se ha preocupado de que la Corona ejerza el patronazgo de las grandes instituciones históricas de la cultura española, como las Academias, sino que ha demostrado siempre, junto a la Reina, su apoyo a los grandes eventos culturales y literarios del país y a centenarios de importantes escritores, las grandes exposiciones de los artistas españoles del pasado y de la actualidad. Ha sido continua su presencia en la ceremonia de entrega del Premio Cervantes de Literatura, frecuente en la de otros importantes galardones y continuo su apoyo a los premios Príncipe de Asturias. La presencia de escritores y artistas ha sido continua en todas las recepciones de la Corona, muy especialmente el día del Cervantes, al que nunca ha faltado la familia real, demostrando con ello un interés más allá de lo protocolario e institucional.

El estatuto de la familia real, la familia del rey

A pesar de que la Constitución de 1978 preveía que se desarrollara un estatuto que regulara todo lo concerniente a la Casa Real, hasta el mes de noviembre de 1987 no se publica el Real Decreto 1.368/1987 sobre régimen de títulos, tratamientos y honores de la familia real y de los regentes, a todas luces insuficiente, pues muchas situaciones e innumerables problemas quedaban sin resolver. Ya anteriormente, en 1976, se había restablecido el Registro Civil de la Familia Real, donde se inscriben todos los nacimientos, defunciones, matrimonios y en fin todos los actos jurídicos de los miembros de la familia real, que había sido suprimido en 1931. En aquellos momentos la situación más extraña e irregular era la de los padres del Rey, los condes de Barcelona, que desde la renuncia de don Juan no tenían un lugar en el protocolo del Estado. Durante años don Juan no asistía prácticamente a ningún acto ni ceremonia oficial porque no tenía lugar donde ponerse, ni se sabía qué honores había que presentarle. En alguna ocasión don Juan se quejó de esta situación que él encontraba vejatoria y humillante. Algunos monárquicos, viejos colaboradores de don Juan, llegaron a solicitar que se le diera a don Juan el título de rey padre, ya que había algún antecedente histórico, pero ningún gobierno se decidió por la solución, pues se creyó que se prestaba a confusiones peligrosas. Ése fue el criterio que se impuso en Zarzuela, en un anteproyecto que redactó Sabino Fernández Campos. Finalmente se optó por oficializar la excepcionalidad de que conservara de manera vitalicia el uso del título soberano de conde de Barcelona, extensivo a su esposa, y el lugar y tratamiento en el protocolo semejante al del Príncipe de Asturias. Decía aquel Real Decreto:

> De la Real Familia
>
> **Artículo 1.**
>
> 1. El titular de la Corona se denominará Rey o Reina de España y podrá utilizar los demás títulos que correspondan a la Corona, así como las otras dignidades nobiliarias que pertenezcan a la Casa Real. Recibirá el tratamiento de Majestad.

2. La Consorte del Rey de España, mientras lo sea o permanezca viuda, recibirá la denominación de Reina y el tratamiento de Majestad, así como los honores correspondientes a su Dignidad que se establezcan en el ordenamiento jurídico.

3. Al consorte de la Reina de España, mientras lo sea o permanezca viudo, corresponderá la Dignidad de Príncipe. Recibirá el tratamiento de Alteza Real y los honores correspondientes a su Dignidad que se establezcan en el ordenamiento jurídico.

Artículo 2.

1. El heredero de la Corona tendrá desde su nacimiento o desde que se produzca el hecho que origine el llamamiento la Dignidad de Príncipe o Princesa de Asturias, así como los demás títulos vinculados tradicionalmente al Sucesor de la Corona y los honores que como tal le correspondan. Recibirá el tratamiento de Alteza Real. De igual Dignidad y tratamiento participará su consorte, recibiendo los honores que se establezcan en el ordenamiento jurídico.

Artículo 3.

1. Los hijos del Rey que no tengan la condición de Príncipe o Princesa de Asturias y los hijos de este Príncipe o Princesa serán Infantes de España y recibirán el tratamiento de Alteza Real. Sus consortes, mientras lo sean o permanezcan viudos, tendrán el tratamiento y honores que el Rey, por vía de gracia, les conceda en uso de la facultad que le atribuye el apartado f) del artículo 62 de la Constitución.

2. Asimismo, el Rey podrá agraciar con la Dignidad de Infante y el tratamiento de Alteza a aquellas personas a las que juzgue dignas de esta merced por la concurrencia de circunstancias excepcionales.

3. Fuera de lo previsto en el presente artículo y en el anterior, y a excepción de lo previsto en el artículo 5 para los miembros de la Regencia, ninguna persona podrá:

1. Titularse Príncipe o Princesa de Asturias ni ostentar cualquier otro de los títulos tradicionalmente vinculados al Sucesor de la Corona de España.

2. Titularse Infante de España.

3. Recibir los tratamientos y honores que corresponden a las dignidades de las precedentes letras a) y b).

Artículo 4. Los hijos de los Infantes de España tendrán consideración de Grandes de España, sin que ello dé origen a un tratamiento distinto del de Excelencia.

Capítulo II

De la Regencia

Artículo 5. Quienes ejerzan la Regencia tendrán el tratamiento de Alteza e iguales honores que los establecidos para el Príncipe de Asturias, a no ser que les correspondan otros de mayor rango.

Capítulo III

De los títulos de la Casa Real

Artículo 6. El uso de títulos de nobleza, pertenecientes a la Casa Real, solamente podrá ser autorizado por el Titular de la Corona a los miembros de Su Familia. La atribución del uso de dichos títulos tendrá carácter graciable, personal y vitalicio.

DISPOSICIONES TRANSITORIAS

Primera.

1. Don Juan Carlos de Borbón y Battenberg, padre de Su Majestad, don Juan Carlos I de Borbón, continuará vitaliciamente en el uso del título de Conde de Barcelona, con tratamiento de Alteza Real y honores análogos a los que corresponden al Príncipe de Asturias.

2. Igual título y tratamiento recibirá la madre de Su Majestad el Rey, don Juan Carlos I de Borbón, Doña María de las Mercedes de Borbón y Orleans.

Segunda. Las hermanas de Su Majestad el Rey Don Juan Carlos I de Borbón serán Infantas de España y conservarán el derecho al uso del tratamiento de Alteza Real vitaliciamente, pero no sus consortes ni hijos.

Tercera. Los miembros de la familia del Rey Don Juan Carlos I de Borbón, que en la actualidad tuviesen reconocido el uso de un título de la Casa Real y el tratamiento de Alteza Real, podrán conservarlo con carácter vitalicio, pero no sus consortes ni descendientes.

Algunas de las disposiciones transitorias han perdido su validez, como son las referidas a los condes de Barcelona, tras el fallecimiento de ambos. Sólo así el título soberano de conde de Barcelona revertió a la Corona y ahora está en posesión de don Juan Carlos con el resto de los títulos históricos de soberanía. Para muchos, a pesar de que aclaraba bastantes situaciones, en este decreto quedó sin desarrollarse todo lo referido a la situación del heredero, cuyas funciones y cometidos mientras permanezca en situación de espera no se trataban, a pesar de que desde muchos foros se había solicitado que se hiciera. Años más tarde, cuando el Príncipe de Asturias ha comenzado a tener una gran actividad, unas veces en representación de su padre y otras en la de su propia situación como heredero de la Corona, han vuelto a oírse voces reclamando un estatuto que regule sus funciones. Se da el caso de que en cada ocasión que el Príncipe representa a su padre el Rey en el extranjero, el gobierno tiene que hacer un decreto, nombrándole «embajador extraordinario», ya que como heredero no tiene oficialmente ningún cometido reconocido y establecido por la Constitución.

De cualquier forma, la importancia de este decreto fue que estableció y fijó unas normas que a veces quedaban en la ambigüedad. En concreto lo que el Rey ha querido que quede muy claro, la distinción entre la familia real y el resto de sus familiares, que sólo son la familia del Rey. A la familia real pertenecen sólo los Reyes, sus padres, hermanos e hijos. El resto de sus familiares no. También quedaban claros a partir de este decreto la prohibición para el uso abusivo de los títulos de infante o infanta de España, y el tratamiento de alteza real. Y se corregía el uso extensivo que se había hecho del tratamiento en la concesión de algún título concedido durante la dictadura, en concreto a algún familiar del Rey. Según esta nueva norma ni el hijo del duque de Cádiz, Luis Alfonso de Borbón, ni sus consortes, ni sus posibles sucesores tienen derecho a ese tratamiento en cuanto a las leyes españolas. Otra cosa es el reconocimiento que los legitimistas franceses le otorgan como depositario de la primogenitura y por tanto de la jefatura de la Casa de Borbón.

Bodas y funerales

Si 1992 fue el año de España, que sin embargo estuvo pespunteado por ciertos problemas sobre la familia real en relación con los medios de comunicación, el año 1995 fue el año de la dinastía, a pesar de que todos esos problemas no habían cesado. Hubo solamente una tregua, ya que los medios sabían que acontecimientos como unas bodas reales les darían unas buenas dosis de ventas de ejemplares. Tenían pues sus ganancias aseguradas. Con la familia Windsor en plena descomposición y en una vorágine de escándalos que nadie sabía cómo iba a acabar, la boda de la infanta Elena de Borbón, la primogénita de los reyes don Juan Carlos y doña Sofía, sirvió de excusa para el relanzamiento de la imagen de la Corona de España como una institución que podía reemplazar a la británica como símbolo y punto de referencia de la vigencia de la monarquía en el siglo XX. Así lo probó la masiva asistencia de miembros de las casas reales de Europa, reinantes y exiliadas, e incluso algunos otros representantes de las monarquías de Oriente, como el sultán de Brunei, que puso la nota exótica no sólo por su asistencia, sino por el morbo añadido de ser uno de los hombres más ricos del mundo, con lo cual sus desplazamientos llevan consigo vergonzosas cantidades de mujeres, de criados y de derroches varios, todos ellos fielmente reflejados por la prensa en aquellos días de marzo de 1995, en que Sevilla se convirtió en el escenario de la primera boda real que se celebraba en España en muchísimos años.

La boda de Sevilla fue otra novedad que añadía a su lista la nueva Monarquía juancarlista. Aunque lo normal en otros tiempos era que las bodas reales se celebraran en distintos lugares, de hecho casi ningún rey de España se había casado en Madrid hasta el siglo XIX. Fue precisamente desde principios de este siglo cuando la capital se había convertido en el lugar donde se celebraban los enlaces regios. Tanto Isabel II como su hijo Alfonso XII y su nieto Alfonso XIII y las tías y las hermanas de éste habían contraído matrimonio en Madrid, ya en la basílica de Atocha, ya en el propio Palacio Real, y Alfonso XIII en los Jerónimos. Cuando se anunció el matrimonio de la infanta Elena con don Jaime de Marichalar y Sáenz de

Tejada, no sólo se inauguraban unas nuevas costumbres, sino que a todos sorprendió la elección del lugar en que se celebraría la boda, la catedral de Sevilla, la célebre Giralda.

Sorpresa que sólo lo era a medias. Para nadie era una novedad la estrecha vinculación de la Casa Real con Sevilla. Casi sevillana era la condesa de Barcelona, eso sin remontarse a los tiempos en que Isabel de Farnesio convirtió a Sevilla en la capital de la monarquía, buscando unos nuevos aires que curaran de su melancolía a su esposo el rey Felipe V. O a los tiempos más lejanos aún en que el césar Carlos eligió el Alcázar sevillano para celebrar su matrimonio con Isabel de Portugal. En el Alcázar de Sevilla había nacido la abuela de la condesa de Barcelona, Isabel de Orleans, hija de los duques de Montpensier, que tuvieron además su pequeña corte en el sevillano palacio de San Telmo. Fue la duquesa de Montpensier, que era además infanta de España, Luisa Fernanda de Borbón, la que donó a su muerte los espléndidos Jardines de María Luisa a la ciudad de Sevilla. La vinculación sevillana era pues muy clara. Además se trataba de la boda de la infanta más castiza y borbónica de la nueva generación. Elena María Isabel Dominica de Silos de Todos los Santos de Borbón y Grecia ha demostrado suficientemente mantener esa vena de casticismo que a través de su abuela paterna y su padre se conserva en la actual dinastía. De su abuela había heredado igualmente su afición a los caballos y a los toros. Experta amazona, ha competido profesionalmente en numerosos concursos y pruebas hípicos.

Aparte de utilizar esta evidente vinculación, se trataba de cambiar las formas, de descentralizar de alguna manera también la vida de la familia real, para que en cada autonomía, como se pudo comprobar en la boda de la infanta Cristina, pudieran sentirla como propia. Además Sevilla y el sentido innato del espectáculo que tiene la ciudad eran el mejor lugar que podía elegirse para la primera boda de la Monarquía reinstaurada en el trono. Sevilla, que con las celebraciones de la Exposición Universal de 1992 había tenido una espectacular puesta al día, ofrecía también el mejor escenario para mostrar al mundo una imagen de la nueva España. De cualquier forma, todo el antiguo ceremonial de las bodas reales se redujo al mínimo. También era una novedad, que los monárquicos tradicionalistas no dejaron de poner de manifiesto, y de criticarla por supuesto, que la infanta Elena, que en realidad contraía un matrimonio desigual o morganático, si nos atenemos a la Pragmática de Carlos III, no hacía renuncia alguna a sus derechos de sucesión a la Corona, en la que ocupa el segundo lugar. Esto dejaba muy claro —el que no lo haya comprendido así es porque no ha querido— que quedaba derogada la célebre y discutida Pragmática, obsoleta por otro lado tras la promulgación de la Constitución de 1978, en la que como veremos más extensamente en el capítulo de este libro dedicado al Príncipe de Asturias, quedaban regulados los matrimonios en la Casa Real de forma clarísima.

El novio, Jaime Rafael Ramón María de Marichalar, pertenecía a la pequeña aristocracia. Hijo del conde de Ripalda —título que se remonta al siglo XVII—, con orígenes castellanos y navarros, su abuelo había sido ministro de la Guerra de Alfonso XIII y alcalde de Madrid. Él tenía un máster en economía y trabajaba en un banco suizo en París de asesor de inversiones. Aunque a la Infanta se la había relacionado sentimentalmente con diversos personajes, príncipes y plebeyos, era finalmente Jaime de Marichalar el elegido para convertirse en su esposo. El Rey, como es costumbre en la Casa Real, concedió a su hija con motivo de su boda el título de duquesa de Lugo para que lo compartiera con su marido.

La boda de Sevilla fue sin duda uno de los momentos más brillantes de la historia de la Casa de Borbón en esta su nueva estancia en el trono. Sirvió además de espejo en el que quedaba reflejada no sólo la nueva institución sino también su nueva manera de relacionarse con la sociedad española. Aparte de las casas reales y de las autoridades del Estado, en la catedral sevillana estuvieron presentes muchos otros representantes de la sociedad civil, en una nueva demostración de la Corona de cumplir los deseos del Rey de serlo de todos los españoles. La boda de Barcelona de 1997 fue una prolongación de lo que ya se había puesto en práctica en Sevilla. No obstante tenía otras connotaciones que la hicieron distinta.

La infanta Cristina Federica Victoria Antonia de la Santísima Trinidad y de Todos los Santos de Borbón y Grecia siempre había demostrado ser la más independiente de la familia, la más sencilla y la menos castiza. No sólo había sido la primera en independizarse y abandonar el palacio de la Zarzuela, sino que también había sido la primera en trabajar para una empresa privada. Aunque por su primer trabajo en la Unesco sólo recibía, de manera simbólica, un dólar como sueldo, cuando pasó a trabajar a la Caixa, la Infanta tuvo un sueldo como todo el mundo, equiparable completamente con el de cualquier otra persona en una función similar a la que ella ha venido desempeñando en dicha entidad. Muy amiga de su prima la princesa Alexia de Grecia, con la que compartió un piso en Barcelona hasta el momento de su matrimonio, Cristina de Borbón se había distinguido por su dedicación al deporte de la vela.

Causó gran sorpresa la elección de su marido por la segunda hija de los Reyes de España. Aunque se la había relacionado sentimentalmente con algunos otros deportistas, Iñaki Urdangarin Liebaert reunía unas circunstancias que suponían un nuevo reto para la Casa de Borbón, el matrimonio de una Infanta de España con el hijo de un reconocido nacionalista vasco, miembro reputado del PNV. Educado en su tierra natal y estudiante desde muy joven en Barcelona, Iñaki Urdangarin era jugador de balonmano del Barça, equipo con el que había conseguido importantes premios. Su boda desigual con la infanta Cristina venía a confirmar la nueva política matrimonial de la Casa Real. La boda de Barcelona, celebrada el 4 de octubre de 1997, sí que pudo llamarse una boda autonómica. Se casaba Cristina de Borbón con el hijo de un nacionalista vasco, partido secularmente contrario a la Casa de Borbón, y en una ciudad como Barcelona, que mantuvo una numantina resistencia contra las tropas borbónicas en la guerra de Sucesión en el siglo XVIII. Toda una proeza para la Monarquía reinstaurada, que, cuando todos temían lo contrario, salió brillantemente de aquella apuesta, ya que el pueblo de Barcelona mostró tanto o más entusiasmo que el sevillano con su asistencia al regio enlace, celebrado en su catedral gótica, ante 1.200 invitados, entre los que se encontraban, como en Sevilla, aparte de las autoridades del Estado y una amplia representación de la sociedad española, muchos miembros de las dinastías reales europeas. La foto de familia con la que culminó aquel enlace, en los salones del viejo Alcázar, venía a demostrar de nuevo el prestigio de la Corona de España en el mundo y en concreto en el entorno monárquico europeo.

El funeral de Estado que se había celebrado antes de estas dos bodas, en honor de don Juan de Borbón, conde de Barcelona, y el que se celebraría en enero de 2000 por la madre del Rey, doña María de las Mercedes de Borbón, han sido otros dos testimonios de la nueva concepción ceremonial y protocolaria de la Monarquía juancarlista. Se ha abandonado la antigua tradición por la que los reyes de España no asistían a los entierros de sus familiares y, en ambos casos, tuvimos la ocasión de ver a toda la familia real seguir el sepelio de los condes de Barcelona. Todo el viejo ceremonial que organizaba las defunciones reales ha sido reducido al mínimo, conservándose casi exclusivamente los ritos de entrega del cadáver a la comunidad agustiniana que los custodia en el Panteón Real de El Escorial. También sirvieron estos funerales para poner una vez más de manifiesto el apoyo y la solidaridad de las diferentes casas reales, representadas todas en ellas en los dos casos al máximo nivel.

Juancarlismo y monarquía

El 22 de noviembre del año 2000 se celebraban los veinticinco años de la nueva Monarquía española. Los políticos no sentían ningún entusiasmo por la celebración, no sólo porque la vida política se había enturbiado sensiblemente en los últimos años y la presencia del Partido Popular en el gobierno había supuesto también un cierto segundo plano para la familia real, sino porque en realidad eran las bodas de plata de la Monarquía, pero no de la democracia. Para eso había que esperar al 2002, cuando se cumplieran los veinticinco años de las primeras elecciones democráticas y por tanto de las primeras Cortes representativas del nuevo régimen. O al año 2003, cuando en diciembre se celebren, al fin, las bodas de plata de la Constitución de 1978. No obstante se había preparado un solemne acto en las Cortes que ETA se encargó de frustrar, realizando aquel mismo día uno de sus acostumbrados atentados.

El nuevo atentado de ETA enturbió la celebración de los veinticinco años de reinado de Juan Carlos I de Borbón, se suspendieron las recepciones y se ponía de relieve una vez más lo que, tantos años después, continuaba siendo el más grave problema sin resolver que España tiene pendiente desde los inicios de la transición democrática de la dictadura del general Franco a la Monarquía parlamentaria, legitimada en las urnas por la Constitución de 1978. El atentado oscureció una celebración que llegaba en un momento en que la Corona se enfrentaba además a uno de los momentos más bajos de su popularidad, con motivo del desgaste de todos los años pasados, de las diversas oleadas de críticas sobre la institución y sobre las personas reales y también porque estaba a punto de abrirse entre la opinión pública el debate sobre la propia institución, que poco más tarde estallaría estruendosamente a causa del frustrado compromiso matrimonial del Príncipe heredero con la modelo noruega Eva Sannum.

De cualquier forma la Corona ha sido, a lo largo de estos casi veintiocho años de su permanencia en el trono, la institución más valorada en las encuestas y en los sondeos de opinión. En algunos momentos ha tenido un apoyo espectacular, pero también han existido momentos bajos, como en los finales de los ochenta y principios de los noventa, coincidiendo con las primeras críticas aparecidas en los medios de comunicación. Aun así la Corona siempre aparece valorada muy por encima de la mayoría de las instituciones políticas, de los partidos políticos y de sus líderes, lo que no deja de ser chocante y preocupante en un país que además no se reconocería nunca monárquico, en una de sus más profundas contradicciones. Pero de eso nos ocuparemos en la parte final de este libro. Esta alta valoración de la Corona, que sigue manteniéndose a pesar de todo en límites bastante altos, está cimentada en el aprecio que tiene la mayoría de los españoles a su irreprochable comportamiento a lo largo de todos estos años. Pero también en la imagen que los diversos miembros de la familia real han sabido proyectar en la opinión de los españoles. El anuncio reciente de la próxima boda del Príncipe de Asturias con una periodista y la oleada de popularidad mediática que ha producido, contra todo pronóstico, habrá disparado, sin duda, la aceptación y la valoración de la familia real entre los españoles, a juzgar por las encuestas que se hicieron nada más anunciarse el enlace en diversos medios periodísticos y entre los internautas.

Mientras que del rey Juan Carlos los españoles admiran, aparte de haber sido el motor del cambio, entre otras cosas, su carácter cercano y campechano, su abierta simpatía y la manera sencilla de conducirse, en la reina Sofía valoran su enorme profesionalidad, su dignidad y su enorme discreción. A punto de cumplir los sesenta años, ella quiso que se la conociera mejor, para lo que accedió a que la periodista Pilar Urbano hiciera un libro biográfico a partir de unas conversaciones. El retrato fue rico, complejo y ayudó a crear una imagen más real de la Reina. De cualquier forma la imagen que proyecta es algo distante, excesivamente rígida y se sigue desconociendo, en gran medida y en buena parte debido a su discreción, su gran trabajo a favor de causas sociales y caritativas al frente de la Fundación Reina Sofía, creada por ella y que desarrolla una gran actividad, sobre todo, en los países de Hispanoamérica. Hay cierto paralelismo en los sentimientos de los españoles hacia la reina Sofía con los que experimentaron hacia la reina Victoria Eugenia, que siempre estuvieron más cerca de la admiración que del afecto.

En este momento de su reinado, entre los problemas que preocupan al rey Juan Carlos, tal vez el más importante es el del definitivo enraizamiento de la Monarquía en los sentimientos de los españoles. Dicen los que íntimamente le conocen y le tratan y así ha sido recogido en los testimonios biográficos del rey Juan Carlos que, aunque le halaga personalmente la existencia de lo que se ha dado en llamar el juancarlismo, no le gusta nada su existencia, porque demuestra que no ha sabido enraizar la institución monárquica en el pueblo español, más allá de su persona. Ése es el único reto que realmente le queda por superar en el transcurso de su reinado que va camino de cumplir veintiocho años. Uno de los más largos de los reyes de su dinastía. De ahí la extraordinaria importancia que para el Rey tenía la elección de la futura esposa de su hijo y por tanto futura reina de España, ya que de su acierto o no dependerá en gran medida el futuro de la dinastía.

Hay innumerables retratos del rey Juan Carlos I. Algunos debido a importantes pintores actuales, que han hecho su personal interpretación de la personalidad del Rey y de la institución que representa. Los hay más realistas y los hay más simbólicos, los hay que se quedan en el detalle y le presentan a la antigua usanza de los reyes, con uniformes, condecoraciones y los símbolos de la realeza, y los hay que han hecho interpretaciones muy libres. Pero como una señal de los tiempos, también hay magníficos retratos fotográficos del rey Juan Carlos, en los que los artistas de la cámara han sabido captar con sus objetivos los rasgos de su carácter. Sin embargo, como decíamos al principio de este capítulo, esta historia ha ocurrido delante de nosotros mismos, hemos sido testigos de ella a través de nuestros aparatos de televisión. Y es a través de la televisión donde los españoles hemos ido conociendo al rey Juan Carlos. Le hemos visto a su llegada al trono, todavía un hombre joven, pero casi desconocido para todos. Y le hemos ido descubriendo en sus gestos, en sus intervenciones, en sus discursos y también, a veces, en sus silencios. Le hemos visto solemne en los actos trascendentes e históricos que ha tenido que protagonizar, pero también humano, llorando en el entierro de sus padres, en las bodas de sus hijas, como un abuelo feliz en el nacimiento de sus nietos. Y muchas veces como padre orgulloso en las puntales efemérides de la vida de su hijo y heredero. Le hemos visto envejecer sin perder la energía y un aire juvenil y deportivo del que no acaba de desprenderse, a pesar de haber cumplido ya sesenta y cinco años. Cada uno tendremos una imagen y un juicio acerca de su persona, de su talante y del papel histórico que ha tenido que vivir conduciendo la transición española. Pero lo que todos tendremos en común es la evidencia de su simpatía y del esfuerzo que ha hecho para conseguir aquello que se propuso y sobre lo que hace poco él mismo ha reflexionado: «Quise ser el Rey de todos los españoles y creo que lo he conseguido».

Hay una anécdota que ilustra finalmente el concepto de la institución monárquica que tiene el rey Juan Carlos I y que es el que ha querido que presida todas las actuaciones de la Corona. Sucedió en La Habana en 1999. Cuba era la asignatura pendiente de los Reyes en sus viajes a Hispanoamérica. Diversos problemas de tipo político habían ido retrasando el momento en que don Juan Carlos y doña Sofía pudieran llegar a La Habana. Fidel Castro les había invitado reiteradamente en sus encuentros en las Cumbres Iberoamericanas. El Rey quería que su visita a la antigua joya de la corona, la isla de Cuba, fuera especial a ese país. Pero no ha podido todavía ser así. Solamente en 1999 con ocasión de la IX Cumbre se presentó la oportunidad para hacer al menos una breve visita a La Habana. Fue una visita tensa, por el deseo de Castro de obsequiar a los Reyes con una visita muy especial, que continuamente era boicoteada por el entorno del presidente del gobierno español. De cualquier forma don Juan Carlos y doña Sofía pudieron visitar algunos de los lugares más emblemáticos de la hermosa capital caribeña. En el salón del trono del palacio de los Capitanes Generales habían preparado un trono para el rey de España, que al fin llegaba a la isla. Don Juan Carlos no se sentó. Leyó su discurso delante del trono y luego al ser preguntado por el hecho, comentó para justificar su actitud: «Tendría que haberme sentado con todos los españoles».

Más que una ocurrente y brillante frase, las palabras del Rey ocultan toda una concepción de la institución que representa que nada tiene que ver con la antigua monarquía. Es una concepción de servicio, de representación y de delegación de la soberanía popular por él simbolizada. Ése ha sido el esfuerzo continuo de todo su reinado, para que los muchos juancarlistas que él sabe que existen en España trasladen la adhesión y el reconocimiento a su persona, a la institución, que un día ya más cercano representará su hijo el príncipe Felipe y en su día el hijo de su hijo, en esa línea dinástica que es el principio básico que sostiene la monarquía.

III

¿UN HEREDERO PERFECTO?

Cómo se hace un rey para el tercer milenio

Considera con frecuencia la rapidez con la que seres y acontecimientos pasan y desaparecen. Como un río, la sustancia fluye eternamente, las fuerzas cambian perpetuamente, las causas se modifican de mil maneras. Casi nada es estable, y los abismos del pasado y del futuro en los que todo se desvanece están muy próximos.

MARCO AURELIO

Los príncipes sabios no sólo deben preocuparse de los escándalos presentes, sino de los futuros, y tratar de evitarlos por todos los medios; porque si se prevén con antelación se pueden remediar fácilmente, pero si se espera a tenerlos encima, la medicina no llega a tiempo, puesto que la enfermedad se ha vuelto incurable.

NICOLÁS MAQUIAVELO

Oficio es el de rey; y en siendo oficio no dependen sus acciones de su voluntad personal, sino de las reglas que le dieron y aceptó.

FRANCISCO DE QUEVEDO

RETRATO DE PRÍNCIPE EN PELIGRO

Una gran parte de los españoles actuales hemos visto crecer a este chico alto, guapo, serio, tímido y a primera vista introvertido y distante. Un día nos fijamos en él, cuando apenas era un niño rubio con enormes ojos claros, que intentaba estar serio y modosito en pesados e interminables actos oficiales. A veces no lo conseguía y le veíamos hacer travesuras o gestos de fastidio en los aledaños del trono, mientras sus padres, en aras de sus altas responsabilidades, pilotaban el cambio más espectacular que ha tenido España en toda su historia. Sabíamos que aquel niño, siempre vestido perfectamente y con cara de asombro la mayoría de las veces, era llamado a ser el heredero de una dinastía que su padre, el rey Juan Carlos I de Borbón, estaba intentando asegurar en el trono de España, después de una larga interrupción y sin apenas partidarios.

Hemos sido testigos de su evolución, de su crecimiento, de su formación. De cómo cambiaba su carácter. Le vimos vestido de soldadito con apenas diez años. En Covadonga, al recibir el Principado de Asturias, abrumado por el peso de la historia que en aquellos momentos caía sobre él. Acudir al colegio conducido por su madre. Jugar con sus compañeros, hacer deporte. Le vimos un día alejarse de España para curtirse entre los fríos de un país lejano. Hacerse un hombre, según dicen algunos, en los tres ejércitos, de tierra, por mar y en el aire, que es donde más le gustaba quedarse. Aunque dicen que será el último rey soldado, ha tenido que pagar ese tributo antiguo a la milicia y ha sabido lucir los diferentes uniformes, que alguien dijo que necesitaban las monarquías, pero que no deberían necesitar en el futuro. Pudimos asistir, cuando cumplía dieciocho años, vestido de civil, al momento solemne en que pronunció su juramento de fidelidad a la Constitución y a su padre el Rey en el Congreso de los Diputados. Le hemos visto ir a la universidad y mezclarse con la gente de su generación, que en su mayoría no es monárquica y pasa del tema institucional. Hemos sabido que iba de copas con sus amigos y amigas, que le gusta divertirse, hacer más deporte. Le hemos visto enamorarse por primera vez de una linda muchacha rubia. Sufrir los primeros desencantos. En la mayoría de las veces todos esos sentimientos los hemos tenido que intuir en sus gestos o en su forma de mirar, pues el Príncipe siempre ha estado protegido por un muro infranqueable, que no ha permitido que le conozcamos de verdad.

Hay sobre todo una imagen muy poderosa de Felipe de Borbón. Fue el día 25 de julio de 1992. Su entrada en el estadio de Montjuïc al frente del equipo olímpico español que participaba en los Juegos Olímpicos de Barcelona. En el cenit de su apostura juvenil, llevando la bandera, y con una abierta sonrisa que no es frecuente verle, se convirtió en la mejor imagen de la nueva España. Aquel día el Príncipe heredero —que hizo llorar a su hermana Elena y a mucha otra gente y perder los papeles a su madre, que saltó y gritó sin cortarse un pelo— sí fue el espejo de una nación que había cambiado y se encaminaba, como él, pletórico, en busca de la ansiada victoria, que luego no pudo rematarse. Le vimos otra vez marcharse de España, camino de una de las capitales del imperio, a terminar su formación académica, en un lugar sólo para los elegidos, que serán los que gobiernen el mundo en el futuro. Además de estudiar con ahínco, allí tuvo aventuras, paseó nuevos amores por playas y paraísos exóticos y se graduó con un brillante *cum laude*. Luego le vimos volver y enfrentarse a su cometido, que muchos dicen que no saben cuál es, sino el de esperar a que llegue su hora, pero que él ha sabido ir definiendo con seriedad, con trabajo, con paciencia y con profesionalidad.

En su imagen ya no queda casi nada de aquel niño rubio, curioso e impaciente. Como ha sido un Príncipe que todo lo ha aprendido en la vida —también en los libros y en los cuarteles—, Felipe de Borbón es hoy un hombre que está camino de su madurez. Y se le nota. Se le nota de forma expresiva en su propio rostro, en el que hay más arrugas de las naturales para su edad y una severidad que a veces le separa y le distancia de sus semejantes y le hace parecer soberbio y altivo. Cuando se ríe —abierta y francamente, como su padre y como su abuelo— su expresión cambia y aparece otra vez el niño aquel que se sentaba en los aledaños del trono hace más de treinta años. Algo ha cambiado, sin embargo, su pelo rubio se ha oscurecido, sus ojos ya no son ni tan grandes ni tan claros y ha aprendido a estar en su papel perfectamente, sin que notemos que se aburre, que está cansado o que preferiría tal vez estar en otro sitio.

El día 30 de enero de 2003 cumplió 35 años. ¿Quién lo podía imaginar? Dicen los que le conocen de cerca que detrás de su seriedad hay un hombre prudente, responsable, inteligente, curioso, agradable y hasta cariñoso, cercano, bromista, que valora la amistad, la intimidad, la lealtad y sobre todo que ha sabido adaptarse, como si de una segunda piel se tratara, a su papel de heredero de una de las pocas monarquías que quedan en el mundo. Dicen también que es tozudo, como su madre, pero como ella también sereno y equilibrado. De aquel adolescente que se dormía frecuentemente y llegaba tarde a clases, al que todo su entorno había malcriado, consentido y protegido en exceso, ya no queda absolutamente nada. En la lejanía, en la soledad y en el trabajo ha ido cincelando una disciplina férrea, una responsabilidad a prueba de jornadas interminables y una voluntad decidida de cumplir lo mejor que sepa con su deber. Ha crecido en la democracia y en la libertad, pero por ser quien es sabe, mejor que los otros jóvenes de su generación, que tanto la una como la otra son frágiles y pueden romperse. Por eso hay que trabajar por ellas cada día. También ha aprendido, de su padre y por la posición que tiene, que los príncipes actuales no se ganan la legitimidad sólo por la sangre y el lugar que ocupan en la línea sucesoria, sino por el ejercicio diario y por el servicio que presten en cada momento a la comunidad. El rey Juan Carlos —que tiene suficiente experiencia y que lo ha vivido en sus carnes— se lo ha repetido muchas veces: «La corona hay que ganársela cada día».

Por eso le vemos con mucha frecuencia ir de acá para allá, representando a su padre y a España, por las diversas autonomías y en muchos países extranjeros, especialmente en América Latina. Siempre escucha con atención lo que le dicen. Y le dicen muchas cosas, unas buenas y otras no tanto. Se está ganando su sueldo y su lugar con auténtica dedicación. Es más natural y cercano —como su padre— cuando se comporta con espontaneidad y cuando le dejan expresarse sin los corsés del protocolo y los discursos y las declaraciones aprendidos. En sus intervenciones públicas utiliza mucho la palabra solidaridad. Y no es en vano. Como a muchos chicos y chicas de su generación ésta es una de sus primeras preocupaciones, también le preocupa el medio ambiente y se ha convertido en un príncipe ecologista que también comprende, anima y alienta el voluntariado, la nueva religión de mucha gente generosa. Aunque su entorno de Zarzuela, de tanto hablar de sus estudios, de sus viajes, de sus másters y de sus obligaciones representativas, le ha convertido en un ser casi inhumano, el Príncipe no lo es. Es también un joven que sabe disfrutar de la vida, enamorarse, amar y sufrir, como cualquier persona. Equivocarse y corregir sus equivocaciones. Lo demostró rotundamente defendiendo hasta más allá de lo posible una relación amorosa, tal vez equivocada, contra viento y marea. Eso lo humanizó ante los ojos de sus conciudadanos, pero también le ha hecho más frágil en su función de heredero de la Monarquía y en la manera en la que tendrá que afrontar sus obligaciones, por muy duras que éstas sean.

Esa fragilidad de la institución que representa es el gran peligro que acecha a Felipe de Borbón en el futuro. Porque este Príncipe, joven, responsable, atractivo y observador, está en peligro. Su padre tuvo que afrontar unos peligros difíciles de superar y los superó con éxito notable. ¿Podrá él hacer lo mismo? Si su padre tuvo que trabajar por su futuro y construir un presente no sólo para él y para su dinastía, sino para el país del que tuvo que ser el impulsor de un cambio sin precedentes, al futuro Felipe VI sólo debería corresponderle gestionar, administrar y arbitrar la normalidad, sin protagonizar momentos históricos, ni pilotar transiciones espectaculares. Su reinado debería ser el de la continuidad, el de la gestión escrupulosa de una herencia y cuidar que ésta no se pierda como otras veces ha sucedido, el de la prudencia y la moderación. Pero no va a ser así. La monarquía, que es en su propio origen una institución anacrónica, ademocrática y obsoleta, para subsistir en los tiempos futuros que a Felipe de Borbón le ha tocado representar, tendrá que reinventarse cada día su papel, su función, y su comportamiento, adaptándose continuamente a lo que los tiempos y los nuevos retos demanden. Éstos y otros son los peligros que Felipe de Borbón y Grecia tendrá que sortear en el futuro que ya ha llamado a su puerta.

Las últimas imágenes que tenemos de este retrato incompleto del Príncipe de Asturias nos hablan de un joven enamorado, que parece haber encontrado al fin la persona que puede acompañarlo en su difícil misión y en su largo y fatigoso trabajo presente y futuro, rodeado de peligros insospechados. Le hemos visto ilusionado, como un primerizo, presentar a su novia a los medios de comunicación en la noche oscura del jardín de su nueva casa en el monte de El Pardo, un lunes de noviembre, cuando toda España no había acabado todavía de superar la conmoción que había supuesto la noticia de su compromiso matrimonial, tan largamente esperado. Le hemos visto después en el palacio de sus antepasados, dando la mano a su chica, como cualquier otro joven que enseña orgulloso a su prometida. Sonreír cuando ésta —profesional y segura Letizia de las ondas catódicas— le mandaba callar porque ella no había terminado de dar el mensaje que deseaba enviar. Le hemos visto, al fin, humano, espontáneo, más natural que nunca, hablando de su amor, de las virtudes de su novia, de los posibles hijos que vendrán y del futuro en común. Ha sido su último, por ahora, servicio a la Corona. Lanzarse al vacío para modernizar hasta más allá de lo esperado, y puede que de lo razonable, una institución que tiene en él puestas todas sus esperanzas.

Cuentan los que lo saben que, como a su lejano antepasado Alfonso X el Sabio, a Felipe de Borbón lo que más le gustaba de niño era la astronomía. Se pasaba las noches mirando a las estrellas a través de un potente telescopio. Ignoro si conserva esa afición y es normal que ocupe ahora sus noches en otros menesteres. Pero sería bueno que así fuera y conservara esa costumbre para que, como su antecesor el rey sabio y poeta, pueda encontrar en las estrellas la sabiduría que va a necesitar para interpretar y desentrañar el mañana. Y sobre todo para sortear todos los peligros que él debe saber que le acechan.

El heredero del heredero

En numerosas ocasiones tanto el rey Juan Carlos I como la reina doña Sofía se han enorgullecido en público y con entusiasmo de la educación que han dado al Príncipe de Asturias, don Felipe de Borbón y Grecia. «El Príncipe heredero mejor formado de Europa», ha afirmado con legítimo orgullo de padre don Juan Carlos cada vez que ha podido. Sólo una objeción, lástima que no hayan hecho lo mismo con las Infantas, ya que siendo tan pocos los herederos se debería haber tenido más previsión sucesoria y estar preparados para cualquier eventualidad. No es que se haya descuidado la educación y formación de doña Elena y doña Cristina, pero no ha sido ni tan completa ni tan estricta ni dirigida, en forma alguna, a una futura reina del siglo XXI. Que todo puede ocurrir. Don Juan era el tercer varón y el quinto hijo de Alfonso XIII y Victoria Eugenia y fue finalmente el encargado de dar continuidad a la dinastía. Si la monarquía se fundamenta en gran medida en su línea sucesoria, hay que estar preparados para todo lo que pueda ocurrir. De cualquier forma hay que reconocer que la educación del príncipe Felipe ha sido la mejor posible. Si se hubiera querido hacer el diseño del heredero ideal, no se hubiera hecho de otra manera.

Cuando nació Felipe Juan Pablo Alfonso de Todos los Santos de Borbón y Grecia en la clínica Nuestra Señora de Loreto de Madrid, el 30 de enero de 1968, sus padres han tenido ya dos niñas, la infanta Elena (nacida en 1963) y la infanta Cristina (nacida en 1965). Ha contado una testigo que cuando aquel día se supo que era niño, el joven príncipe don Juan Carlos sufrió un ligero desmayo. Pero en seguida se repuso y brindó con champán con todo el mundo, rebosante de alegría y satisfacción. No era para menos. Al fin había llegado el esperado heredero de una Corona que todavía estaba en el alero y sobre la que las previsiones eran más bien pesimitas y oscuras. No obstante para la familia era decisivo tener un heredero varón que reforzara su posición. Por eso la primera llamada para comunicar la noticia fue para la anciana reina Victoria Eugenia, que había consagrado sus años de viudedad a trabajar incansablemente por la dinastía. La viuda de Alfonso XIII, desde su exilio suizo, dijo emocionada: «Ya puedo morir en paz». La segunda llamada es para su padre, don Juan de Borbón (al que no encuentra porque está de viaje, luego hablaría con él por la noche), la tercera para el general Franco, que se pone muy contento, pero que ni siquiera pregunta por el estado de la madre. La llegada de un varón era aún vivida como la auténtica continuidad de la estirpe. Estamos en los años sesenta y la plena igualdad de la mujer está muy lejana, sobre todo en España, en donde todavía las mujeres no tienen plena capacidad jurídica y aunque no existe ninguna norma dinástica que impida reinar a las mujeres, la preferencia del varón sigue siendo una actitud normal, que incluso años más tarde tendría su reflejo en la Constitución de 1978.

Doña Sofía ha contado que se eligió el nombre de Felipe en honor al fundador de la dinastía, tal vez porque no se había utilizado desde el siglo XVIII y además ese nombre impedía comparaciones odiosas. Se desecharon algunos otros, como Alfonso, Juan y Fernando. Tal vez la proximidad del centenario de la dinastía también influyera en esta decisión. Lo que quedó pronto muy claro era que el nacimiento de don Felipe era un acontecimiento trascendental para la familia real. Esto es lo que decide finalmente a la anciana reina madre, Victoria Eugenia de Battenberg, viuda de Alfonso XIII, a abandonar su retiro suizo en Vieille Fontaine, y acudir a Madrid para amadrinar a su bisnieto recién nacido, junto a su hijo el conde de Barcelona. Parece que había sido en el mes de octubre anterior cuando, reunida la familia en la residencia de la reina madre con motivo de su ochenta cumpleaños y al estar embarazada doña Sofía, Victoria Eugenia promete a sus nietos que si es un varón ella será la madrina. Es la primera vez que la reina vuelve a España desde el 15 de abril de 1931. Aunque Franco intenta minimizar el hecho, cientos de monárquicos acuden a Barajas a recibir a la vieja reina, que, para dejar las cosas muy claras, hace una profunda reverencia ante su hijo, el jefe de la Casa Real, que la recibe al pie de la escalerilla del avión.

La ceremonia del bautizo se celebra en el palacio de la Zarzuela y allí se produce el encuentro entre la viuda del último rey de España y el dictador, al que ella llamaba despectivamente «Franquito». Mucho se ha escrito y especulado sobre las palabras cruzadas entre ambos personajes y de las que nadie fue testigo. Hay quienes aseguran (el historiador Seco Serrano, entre otros) que la reina le dijo a Franco: «General: ésta es la última vez que nos vemos. Quiero pedirle una cosa. Designe rey de España. Ya tiene a tres Borbones donde elegir: el padre, el hijo y el nieto. Hágalo en vida; si no, no habrá rey. Que no quede para cuando estemos muertos. Ésta es la única y última petición que le hace su reina». Victoria Eugenia, que luego confesaría en una de sus últimas entrevistas, poco antes de morir, a Jaime Peñafiel, que se arrepintió de ese postrer regreso a España, siempre negó sus palabras, que muchos han interpretado como darle carta blanca al viejo dictador para que eligiera a alguien distinto del legítimo sucesor de Alfonso XIII, el conde de Barcelona, cosa bastante extraña porque en el mismo aeropuerto, al inclinarse ante su hijo, la reina había dejado bien claro a quién correspondían los derechos sucesorios. Es más, la propia Victoria Eugenia en esa entrevista confiesa que no fue un acto espontáneo, sino que había sido premeditado y había pedido a su hijo incluso que no fuera a recogerla a Niza, para acompañarla en su viaje, sino que la esperase en Madrid, para públicamente mostrar quién era el legítimo titular de la Corona y jefe de la Casa Real. Por otra parte resulta extraño que una mujer del orgullo y el sentido de la realeza que tenía la reina Victoria Eugenia se dirigiera al dictador en aquellos términos. La reina Sofía también lo ha negado en sus entrevistas con Pilar Urbano.

De cualquier forma lo que sí es evidente es que, en vida de la reina, Franco no se hubiera atrevido nunca a dar el salto dinástico, eligiendo al hijo, el príncipe Juan Carlos en vez de al conde de Barcelona. Por eso, cuando ese mismo año 1968 hay insistentes rumores sobre la inminencia de la elección del sucesor por parte del general, ésta no llega a producirse. Todo parece indicar que Franco temía una reacción en contra de su decisión de la reina madre, que era la única persona de la familia real por la que él sentía algún respeto. La propia reina se lo reconoció a Peñafiel: «Mientras yo viva no se atreverá a alterar el orden sucesorio». Los historiadores se han dividido sobre este tema hasta extremos de sostener encendidas y descalificadoras polémicas, como la sostenida por el citado Seco Serrano con el periodista Jaime Peñafiel, y mientras Pilar Urbano se atiene a la versión de Peñafiel, Ricardo de la Cierva recoge y defiende como auténtica la versión de Carlos Seco, que a su vez tenía su origen en una transcripción de unos papeles de notas inéditos de Jesús Pabón, al que al parecer se lo había contado el duque de Alba, Luis Martínez de Irujo, al que se la habría confiado la propia reina, al volver de la ceremonia del bautizo de su bisnieto.

Sea como fuere, doña Victoria Eugenia, que se hospedó en el palacio de Liria, de la duquesa de Alba, cuyo marido, Luis Martínez de Irujo, era entonces jefe de su Casa, y en donde la nobleza y la sociedad madrileña pudo cumplimentarla en una recepción organizada por Cayetana Fizt-James Stuart, tuvo también la oportunidad de pasear en coche por Madrid —que encontró tan cambiado que sólo vio algo que le recordara a su época, un letrero de la Carrera de San Jerónimo de Plata Meneses— y visitar la que fue su gran obra benéfica, la Cruz Roja. Un tristísimo recuerdo la acompañaría sin duda al recorrer la ciudad en la que había sido tan desgraciada, humillada y engañada. Sólo tres días duró aquella postrera visita de Victoria Eugenia a Madrid, de la que luego, si hay que creer a Peñafiel, se arrepentiría, ya que lo consideró una claudicación ante el hombre que mantenía a su hijo y a su familia en el exilio.

Cuando nace el príncipe Felipe, don Juan Carlos y doña Sofía hace cinco años que viven en el palacio de la Zarzuela y siguen teniendo un confuso papel en los medios institucionales y políticos españoles. Franco se niega a tratarles como Príncipes de Asturias, ya que eso significaba reconocer a don Juan como depositario de los derechos de Alfonso XIII y siempre se dirige a padre e hijo con el tratamiento de infantes. «No éramos nadie», ha confesado alguna vez doña Sofía al referirse a aquella época. Pero al año y medio del nacimiento del heredero la situación cambia, Franco se decide al fin sobre su sucesión y designa a don Juan Carlos para sucederle. Es el 22 de julio de 1969. La anciana reina ha muerto ya hace unos meses en el destierro y el pequeño Felipe contempla el acto que no comprende desde la alfombra de un salón del palacio de la Zarzuela. En la televisión, y aunque todavía no pueda entender nada, se está decidiendo su futuro. Su padre, pálido y vestido con uniforme militar, jura ante las Cortes franquistas. En el discurso que lee el nuevo Príncipe de España se ha suprimido tanto la alusión al conde de Barcelona como la que se hacía del infante don Felipe, en un intento de establecer la auténtica cadena dinástica. Franco no quiere, en ningún momento, que la nueva Monarquía se enlace con la histórica. Empeño vano que apenas ocho años más tarde se vería completamente frustrado, al renunciar a sus derechos históricos el conde de Barcelona y reconocer a su hijo Juan Carlos I como Rey y jefe de la Casa Real de España. La Constitución de 1978 cerraría el círculo, haciendo constar en su artículo referente a la Corona que Juan Carlos I era el legítimo heredero de la monarquía histórica.

Tampoco puede comprender el pequeño Felipe qué tragedia familiar acaba de suceder a su alrededor. Aunque su abuelo don Juan, al que visitan a veces en «Villa Giralda», en Estoril, sabe desde hace tiempo que ha perdido la partida con el dictador y que finalmente será su hijo el que sea designado, aquel día sufre uno de los mayores reveses de su existencia. De pronto todo por lo que ha luchado, todo a lo que ha consagrado su vida se desmorona. Tampoco puede culpar a su hijo, sabía desde el momento que lo envió a estudiar a España que esto podía suceder. Es más, es muy posible que en su fuero interno haya comprendido desde hace tiempo que era lo que fatalmente acabaría sucediendo. Con lágrimas en los ojos en una taberna de la costa portuguesa —por la mañana se ha lanzado a la mar en su pequeño yate—, don Juan contempla por la televisión el discurso de su hijo aceptando el nombramiento de Príncipe de España, porque hasta en eso ha sido mezquino Franco. El título de los herederos de la Corona de España —en todas las dinastías que han reinado— ha sido desde el siglo XIV el de Príncipe de Asturias. Para marcar la diferencia y hacer ver claramente que su monarquía nada tiene que ver con la tradición histórica, se ha buscado otro título y se ha nombrado a Juan Carlos Príncipe de España.

EDUCANDO A UN PRÍNCIPE

La reina Sofía ha reconocido que una de sus mayores preocupaciones fue la educación de sus hijos. Siendo como era puericultora fue ella misma la que se ocupó de ellos cuando eran bebés. Y a pesar de que en los primeros años estuvo ayudada de algunas niñeras inglesas, siempre era la Princesa y luego la Reina la que estaba encima de sus tres hijos para cualquier cosa que necesitasen. En este aspecto todos los que han estado en su entorno familiar no dudan en calificarla de una madre absolutamente volcada en el cuidado y educación de sus hijos, muy severa y bastante estricta. Hasta el Rey ha confesado en alguna ocasión que doña Sofía era una madraza y mucho más «preocupona» (es literal) con los hijos que él y que cuando ya eran adolescentes prefería que organizasen los guateques en la Zarzuela para no perderlos nunca de vista, siempre quería saber dónde iban, con quién, y los asaetaba a preguntas. «Y claro, a ellos se les acaban las respuestas, en ese aspecto ha sido mucho más estricta que yo», terminaba el Rey.

Ambos estuvieron de acuerdo desde un principio en que sus hijos tuvieran una educación lo más normal posible, en un colegio público que garantizara una buena formación, moderna, abierta y tolerante. Pero lo suficientemente severa como para que estuvieran preparados para la responsabilidad que su lugar en la sucesión a la Corona les iba a exigir en el futuro. Un problema era la elección para que nadie se sintiera postergado. Las Infantas fueron primero al Colegio Santa Elena, luego a Los Rosales y finalmente al Virgen del Camino. El heredero iría directamente a Santa María de los Rosales, en donde permaneció doce años, desde que apenas había cumplido los cinco años, en octubre de 1972, hasta que marchó a Canadá, al internado de Lakefield para estudiar COU.

La educación de Felipe siempre se enfocó de una manera especial, teniendo en cuenta que iba a ser el heredero, incluso antes de que se aclarase esta circunstancia. De cualquier forma, en algunos aspectos fue similar para los tres. Nunca quisieron que se les tratase de una manera especial y hasta que fueron adolescentes todos les llamaban por sus nombres, luego se les trataría de alteza. Pero no así en el colegio, donde todo el mundo les llamaba por sus nombres, profesores y compañeros. Tampoco allí recibían un trato diferente y tenían que comportarse como unos alumnos normales, lo que ha motivado un sinfín de anécdotas, como aquella que ha sido tan repetida en que en una fiesta infantil de uno de los compañeros del príncipe Felipe, éste se llevó un gran disgusto pues fue el único de su clase que no había sido invitado. Cuando estaba celebrándose la fiesta, la propia reina Sofía llama por teléfono a la casa y dice que es la madre de un compañero que está muy disgustado porque no ha sido invitado, el padre del niño que hacía la fiesta pregunta: «Pero ¿de quién se trata?», a lo que la Reina dice: «De Felipe, el Príncipe». El señor estupefacto responde: «Es que no sabíamos cómo había que hacerlo». A lo que doña Sofía replica: «No hay ningún trámite especial». A los pocos minutos ella misma en su coche llevaba a su hijo a la fiesta de su compañero.

Los Rosales es un colegio de nivel alto, completamente privado, pero completamente seglar, mixto e independiente, que había sido fundado a principios de los años sesenta por un grupo perteneciente a la alta burguesía, entre los que estaban Pedro Gamero del Castillo, José Antonio Muñoz Rojas, Alfonso García Valdecasas, Jesús Pabón y el marqués de Aledo, entre otros. Sus alumnos, salvo la cuota impuesta por el ministerio de alumnos becarios, eran hijos de la aristocracia y de la alta burguesía. De sus compañeros de aquellos años que pasó en Los Rosales provienen la mayoría del grupo de amigos que todavía tiene don Felipe, aunque algunos otros los ha ido haciendo a lo largo de los años, en las academias militares y a través de otros amigos. Es curioso, y muy mal síntoma, que cuando se menciona a sus amigos ninguno proceda de la universidad, que es la única ocasión que el Príncipe ha tenido de tratar y frecuentar a gente normal de su generación y de otras clases sociales.

No fue nunca un alumno brillante, a pesar de que en todas las biografías al uso, más o menos oficiales, se repite lo alto de su coeficiente de inteligencia. Fue un alumno normal, que a veces tuvo suspensos y esto obligó a sus padres a ponerle profesores particulares tanto en Zarzuela como en Marivent, cuando le había quedado alguna asignatura para septiembre, cosa que no era muy frecuente, pues casi siempre acababa sacando los cursos. Le gustaba en especial la historia y algunas asignaturas de ciencias. Todos los profesores y compañeros, que a lo largo de estos años han sido consultados sobre el Príncipe en aquellos primeros años, hablan de su simpatía y de su normalidad. Y él siempre se ha referido a esa época de su vida como la más feliz. Durante mucho tiempo la Reina le llevaba cada mañana en su coche, hasta que un día, cuando despuntaba a la adolescencia, la Reina dijo en el colegio que ya no volvería más pues a su hijo le deba vergüenza que siguiera haciéndolo. ¿A qué chico no le ha pasado algo semejante a esa edad?

XXXV Príncipe de Asturias

Antes de seguir adelante conviene precisar el papel institucional que ya en aquel momento de su vida ocupaba Felipe de Borbón en su dinastía y en el país, reconocido por la Constitución de 1978. Cuando nació el tercer hijo de Juan Carlos de Borbón y de Sofía de Grecia, a pesar de que en los medios monárquicos se les reconocía como Príncipes de Asturias, aunque nunca había sido jurado como tal, pero sí aceptado como legítimo sucesor de su padre el conde de Barcelona, el príncipe Juan Carlos, desde 1941, en que su padre asume la jefatura de la Casa Real, ostentó el título en los ámbitos monárquicos y de su familia. Franco nunca lo reconoció como tal, ya que hubiese sido reconocer sus derechos a don Juan. Por eso se le adjudicó el dudoso título de Príncipe de España, que no era el tradicional de los herederos españoles, cuando acepta ser sucesor de Franco en la jefatura del Estado en 1969. En estas circunstancias es cuando nace Felipe de Borbón, como hijo de un Príncipe de Asturias es considerado Infante a todos los efectos. El régimen franquista, a pesar de que mantiene una estudiada ambigüedad en este aspecto, cuando los Príncipes viajan a Grecia, siendo Felipe apenas un bebé, de alguna manera al considerarlo ya heredero de su padre, ordena a don Juan Carlos que regresen en aviones separados, en previsión de un posible accidente. Es una costumbre que todavía se mantiene.

Esta pequeña anécdota es el primer reconocimiento que recibe Felipe de Borbón, de forma oficiosa, como heredero de su padre. Cuando muere el dictador y Juan Carlos es proclamado Rey, ya nadie duda que el príncipe Felipe se va a convertir en el heredero. Se seguía en esto la costumbre tradicional de la monarquía histórica de dar preferencia a los varones sobre las hembras, ya que la primogénita, y según las actuales normas democráticas debería haber sido la sucesora, era la infanta Elena, nacida en diciembre de 1963. Nadie tuvo en cuenta, en aquel momento, o si se tuvo, se prefirió seguir la tradición, que la democracia actual no admite este tipo de distinciones ni de preferencias y que la fuerza de los tiempos acabaría imponiendo la completa igualdad de hombres y mujeres. Pero en aquellos años tal vez no existía todavía esa sensibilidad, o por lo menos no para ser tenida en cuenta en el entorno de la Zarzuela, que siempre consideró, sin discusión ninguna, a Felipe como el sucesor.

Igual le había ocurrido a don Juan Carlos, que fue el segundo hijo del matrimonio de sus padres, la mayor es la infanta Pilar, pero a nadie se le ocurrió tener en cuenta la moderna igualdad de los sexos. Exactamente igual es el caso de la propia doña Sofía, primogénita también de Pablo de Grecia y de Federica de Hannover. Cuando nace Sofía su padre es solamente príncipe heredero, pero cuando en 1947 es proclamado rey, a la muerte de su hermano Jorge II, es la ya reina Federica la que reúne a sus hijos y les explica la situación, su padre se ha convertido en rey y Tino (Constantino, el segundo hijo del matrimonio) se ha convertido en Diadocos, que es como en Grecia se llamaba al heredero. En la joven monarquía griega de entonces se mantenía igual principio de preferencia del varón sobre la hembra e incluso —al contrario que en España que sí los transmiten— las mujeres no transmiten a sus hijos los derechos a la corona. Ha contado muchos años después doña Sofía que, a pesar de su extrañeza primera al conocer que su hermano la precedía en el orden de sucesión, por el hecho tan sólo de ser varón, en seguida lo encajó perfectamente. Lo contaba para explicar cómo a la infanta Elena le sucedió algo parecido, cuando tuvo conocimiento de que su hermano menor Felipe sería el heredero de su padre.

En enero de 1977 Juan Carlos dicta un real decreto por el que Felipe de Borbón es reconocido como Príncipe de Asturias. Se ha discutido mucho sobre este hecho. Le faltaba todavía a don Juan Carlos la legitimidad histórica y dinástica, ya que su padre aún no había renunciado a sus derechos. En principio parece una afrenta a su padre, y así fue tomado por los monárquicos tradicionales. Luego se ha explicado que frente a la incertidumbre política de aquel momento, el Rey quiso dejar amarrada la sucesión en su hijo varón, para no someterla al albur de los acontecimientos que pudieran ocurrir y sobre todo para dar firmeza y consistencia a la institución monárquica todavía en situación harto precaria. En mayo de aquel mismo año, don Juan renuncia y en el sentido dinástico se normaliza la situación del príncipe Felipe, que ya es, desde ese momento, el legítimo sucesor de la dinastía histórica.

Faltaba el reconocimiento de esta situación de hecho en el texto constitucional, que a partir de las elecciones democráticas y la formación de unas Cortes constituyentes se empieza a elaborar. Sabino Fernández Campos fue el discreto y eficacísimo hombre de Zarzuela en la elaboración del texto constitucional, sobre todo en lo concerniente a los poderes que el Rey dejaba generosamente —pues los tenía como sucesor de un dictador— en manos del Parlamento, como era natural y exigible en un auténtico sistema democrático. Pero también se ocupó el entonces secretario general de la Casa del Rey de todo lo concerniente a la Corona que debía figurar en la Carta Magna. Sabino, que por supuesto no estaba en la propia elaboración del texto, sí se preocupó de reunirse con suma prudencia y discreción, con los «padres de la Constitución» para que el título dedicado a la Corona tuviera las exigencias mínimas que requería en líneas generales la Casa Real. Y entre ellas estaba contemplar, en cuanto a la sucesión se refería, el principio de la preferencia del varón sobre la hembra, para que nadie discutiera los derechos del príncipe Felipe. Se ha hecho referencia después a un acuerdo secreto entre Juan Carlos y Suárez en este sentido. Acuerdo en el que también parece haber estado Felipe González.

Se pueden dar —y se han dado— muchas explicaciones a esta exigencia de la Casa Real. No creo que nadie —o muy pocos— esté en poder de la verdad. Lo que parece más probable es que, aparte de la inercia de la costumbre y el respeto a la tradición monárquica española, se impusiera el realismo. La infanta Elena era entonces una niña con ciertos problemas para relacionarse con el medio, que no la hacían la persona más adecuada para convertirse en sucesora a la Corona, sobre todo, en las inciertas circunstancias que en aquellos momentos se vivían. Tal vez en otras circunstancias hubiese importado menos que la primera en el orden sucesorio hubiera sido una mujer. También tuvieron que pesar en el ánimo de quienes tomaron esta decisión los todavía cercanos errores y desastres que había producido el último reinado de una mujer en España, el de la tatarabuela del rey Juan Carlos, doña Isabel II. No quiere decir esto que los errores se cometieran porque ostentaba la corona una mujer, pero sí podía prestarse a justificaciones innecesarias dado el machismo imperante y generalizado todavía en la sociedad española.

Sea como fuera, lo cierto es que se consensuó en la Constitución de 1978 que el sucesor de don Juan Carlos era su hijo varón don Felipe de Borbón y Grecia. Y así se escribió en el artículo 57, donde se dice: «1. La Corona de España es hereditaria en los sucesores de S. M. Juan Carlos I de Borbón, legítimo heredero de la dinastía histórica. La sucesión en el trono seguirá el orden regular de primogenitura y representación, siendo preferida siempre la línea anterior a las posteriores, en la misma línea el grado más próximo al más remoto, en el mismo grado, el varón a la mujer, y en el mismo sexo, la persona de más edad a la de menos. 2. El Príncipe heredero, desde su nacimiento o desde que se produzca el hecho que origine el llamamiento, tendrá la dignidad de Príncipe de Asturias y los demás títulos vinculados tradicionalmente a la Corona de España».

Se reconocía así, como un hecho consumado, lo que ya se había incluso materializado en un acto, el celebrado el 1 de noviembre de 1977 ante la patrona del Principado de Asturias, en Covadonga. Aquel día Felipe, que ya tenía tras la renuncia de su abuelo la legitimidad histórica como heredero, fue reconocido como Príncipe de Asturias y recibió la placa con la Cruz de la Victoria del Principado hecha en oro y brillantes. Aquel acto fue polémico, pues al no haber recibido todavía la Monarquía la legitimación de las urnas en la Constitución, tuvo la oposición de algunos partidos políticos. Pero desde entonces el príncipe don Felipe fue oficialmente el heredero de la Corona, por lo que estaba también en posesión de los otros títulos vinculados al sucesor, y a los que le autorizaría un año más tarde la Carta Magna. Es decir, príncipe de Gerona y de Viana, duque de Montblanc, conde de Cervera y señor de Balaguer. Hasta el 16 de marzo de 2001 no se creó su escudo de armas, su estandarte y su guión, regulados por el real decreto de esa misma fecha.

El origen del Principado de Asturias se remonta al año 1388 y se crea a favor del infante Enrique de Castilla, heredero de Juan I, y luego Enrique III, al contraer matrimonio con lady Catalina de Lancaster, nieta de Pedro I el Cruel, como hija de Constanza de Castilla y de Juan de Gante, duque de Lancaster, hermano del rey de Inglaterra. El título fue consecuencia del tratado de Bayona para acabar con un conflicto dinástico y así hacer converger los derechos de Catalina con los de Enrique. Desde entonces los herederos al trono de Castilla fueron reconocidos como Príncipes de Asturias, lo que entonces suponía también la propiedad efectiva de aquellos territorios. Cuando confluyen en el hijo de los Reyes Católicos, el infante don Juan, la herencia de los demás reinos españoles, se produce la unión de los títulos de príncipe de Gerona (creado en 1414 por Fernando I para su hijo Alfonso), que se daba al heredero de la corona catalano-aragonesa, y el de Viana (creado en 1423 por Carlos III para su nieto Carlos), que es de los sucesores al reino de Navarra. Ya existían los títulos de príncipe de Gales (creado en 1283 para el futuro Eduardo II), para designar al heredero de la corona de Inglaterra, y el de Delfín (creado para el futuro Carlos V en 1355) —del territorio llamado el Delfinado— para nominar al sucesor del rey de Francia. Luego ha sido uso frecuente en casi todas las monarquías designar a los herederos con un título determinado, marqués de Beaux en Mónaco, príncipe del Piamonte en Italia, príncipe de Orange en los Países Bajos, príncipe de Lieja, en Bélgica, etcétera.

Según la mayoría de los historiadores el príncipe Felipe es el XXXV Príncipe de Asturias. Depende si se contabilizan o no algunos que no fueron proclamados oficialmente, como el propio rey Juan Carlos y su padre don Juan. Muchos de los infantes e infantas que llegaron a ser proclamados Príncipes de Asturias no llegaron a reinar, ya porque murieron antes de acceder al trono, caso del hijo de los Reyes Católicos, el príncipe don Juan, o del príncipe don Carlos, el malogrado hijo de Felipe II, o porque tuvieron que ceder su puesto a un hermano varón, como fue el caso de la princesa Isabel, primogénita de Isabel II, a favor de su hermano Alfonso —por cierto en Isabel de Borbón, popularmente llamada *la Chata*, se da el caso insólito de haber sido dos veces Princesa de Asturias—, o el de la hermana mayor de Alfonso XIII, la princesa y luego infanta María de las Mercedes. Ejemplo de que el título está vinculado no a la dinastía, sino a la Corona, es que fue reconocido Príncipe de Asturias, aunque no llegó a jurar, el hijo de Amadeo I, Manuel Filiberto de Saboya. Hay dos casos en que el rey no fue antes Príncipe de Asturias, Carlos III, que accedió al trono siendo rey de Nápoles y Sicilia, y Alfonso XIII, que ya nació rey, como hijo póstumo de Alfonso XII. La llamada rama carlista tuvo la pretensión de titular a sus herederos sucesivos Príncipes de Asturias, pero no tenían la menor legalidad ni reconocimiento.

Tradicionalmente la proclamación de los Príncipes de Asturias se hacía ante las Cortes. Desde el siglo XIV se reunían éstas en el monasterio de los Jerónimos de Madrid. Con el príncipe Felipe también se ha roto con la tradición, instaurando esta nueva de la jura a los dieciocho años en el Congreso, y no se sabe aún si se mantendrá el acto en Asturias, cuyo primer caso en la historia de la monarquía ha sido el del actual titular del Principado. Esta Monarquía juancarlista ha dado en muchos casos la sensación de que se hacían las cosas por primera vez, por la forma renovadora que ha tenido incluso de enfocar las viejas tradiciones de la dinastía. Así, por ejemplo, era tradición de la Casa Real española que al nacimiento del heredero el rey le concediera el Gran Collar de la Orden del Toisón de Oro, en esta ocasión fue en la festividad de San Felipe de 1981 cuando don Juan Carlos se lo concedió a su hijo, que ya tenía trece años y había sido reconocido como Príncipe de Asturias. Esta Orden fue creada por el duque de Borgoña y su jefatura pasó a la Casa Real española a través de Carlos I. Desde su abdicación la orden se dividió en dos, la rama española, siendo su jefe soberano siempre el jefe de la Casa Real, y la rama austriaca, de la que igualmente fue su jefe soberano el emperador y jefe de la Casa Imperial, que actualmente ya no es el anciano archiduque Otto de Habsburgo, pues hace unos años renunció a todos sus derechos y dignidades en su heredero, el archiduque Carlos.

Hubo un hecho que marcó, sin duda, el final de la edad feliz de la infancia para el príncipe Felipe. Ocurrió el 6 de febrero de 1981 —aquel mes trágico para su familia y para España—. Y es su primer contacto con la muerte. Tiene entonces trece años y adoraba a su abuela materna, la reina Federica, que era una abuela divertida, afectuosa, que se tira al suelo a jugar con sus nietos y les colma de regalos y de cariño. Aquel día el Príncipe se queda a solas con su abuela —que ha llegado a Madrid hace unos días para reponerse de la muerte de su madre, la princesa Victoria Luisa de Prusia, fallecida en diciembre en su retiro de Alemania—. Los Reyes y las Infantas han marchado a Baqueira Beret a pasar unas breves vacaciones para relajarse después de los sucesos ocurridos en Guernica. Nadie sabe que doña Federica ha decidido hacerse una pequeña operación de estética para eliminar unas molestas bolsas que tiene alrededor de los ojos. El doctor Zurita la ha ayudado a preparar la intervención, que a primera vista no tiene la menor importancia. Pero cuando aquella tarde Felipe regresa a Zarzuela la abuela no está. Ni Laura Hurtado de Mendoza, que es la persona de confianza que se ha quedado a su lado, ya que él no ha podido acompañar a sus padres por un examen que tiene pendiente, se atreve a decirle lo que ha pasado. Sometida a anestesia general, la ex reina de Grecia ha fallecido cuando estaba en recuperación debido a un masivo infarto de miocardio.

En un salón de Zarzuela se ha colocado una cama para poner

el cadáver, para que cuando llegue la Reina, que ya viaja desde Baqueira, no tenga la tremenda impresión de contemplarla ya en el catafalco y rodeada de cirios. En el avión la Reina ha pedido que apaguen las luces para que nadie la vea llorar desconsoladamente. Cuando llega a Zarzuela quiere también permanecer a solas con el cuerpo muerto de su queridísima madre durante una hora. Es sólo después de aquella íntima despedida cuando ella misma entra en el dormitorio de su hijo para contarle lo que ha ocurrido. Fue un choque brutal para el pequeño. Durante cinco días la capilla ardiente permaneció en el gran salón del palacio, esperando la autorización del gobierno griego para que la reina pudiera ser enterrada, como había pedido, junto a su esposo el rey Pablo en el jardín de su residencia de Tatoi, en las cercanías de Atenas. Cuando éstos lo autorizan finalmente, conceden sólo un plazo de unas horas a la familia para permanecer en territorio griego. Allí acuden todos y esa tristísima ceremonia también es la primera vez que Felipe, a cuya mano su madre se aferra con desesperación, ve llorar a la reina Sofía. Cubierto el rostro con un espeso velo negro Sofía de Grecia, una mujer que está educada para no manifestar sus emociones en público, de rodillas ante la zanja donde bajan el cuerpo de su madre, se abandona a un llanto incontrolado, que impresionaría vivamente al pequeño Felipe.

Canadá: la distancia como aprendizaje

En efecto parece que fueron los problemas normales de la adolescencia los que decidieron a los Reyes a enviar a su hijo a hacer el último curso del bachillerato, el COU en aquellos momentos, a un internado en el extranjero. Aunque hay distintas versiones sobre este tema. Es curioso comprobar al leer algunas de las biografías que se han escrito sobre el Príncipe y sobre sus padres que en este tema cada uno tiene su versión. Tanto el Rey como la Reina siempre han dicho que consideraron que el Príncipe tenía que tener esa experiencia de estar alejado un curso de la familia pues había sido protegido y mimado en exceso y creyeron que en la distancia y en la soledad podría curtirse su carácter. Los dos sabían además lo conveniente que es, sobre todo para alguien de su posición y de sus responsabilidades en el futuro, entrar en contacto con otros países, otras costumbres, otras tradiciones y otras ideas. Sólo hacía falta elegir el lugar.

Don Felipe en cambio confiesa que fue él el que pidió que se le mandara a algún colegio en el extranjero. La verdad es que parece que el Príncipe se había convertido en un adolescente difícil, que llegaba frecuentemente tarde a clases —siempre ha sido un dormilón y ha tenido dificultades para madrugar, al extremo de utilizar hasta cuatro despertadores distintos—, tenía problemas con los estudios y hasta un natural brote de rebeldía. Rodeado de mujeres casi exclusivamente, Felipe había sido un poco malcriado y consentido y en aquellos momentos se manifestaba con cierto despotismo, mucha terquedad y un carácter algo caprichoso y tirano. La mejor solución era, naturalmente, alejarle de ese ambiente de superprotección, y que pasara por el amargo trago de encontrarse solo, a muchos cientos de miles de kilómetros de Madrid, y de la Zarzuela, sin su familia, sin sus amigos, sin sus hermanas...

Se pensó primero en los Estados Unidos, pero al entonces presidente del gobierno, Felipe González, no le pareció conveniente porque la coyuntura política no lo aconsejaba, se hubiera visto como una proximidad a Norteamérica, que en aquellos momentos no era indicada. Alguien habló a los Reyes de Lakefield School, un renombrado internado canadiense, en el que ya había estado el príncipe Andrés de Inglaterra y en el que habían estudiado algunos presidentes de los Estados Unidos, situado en una pequeña aldea a 160 kilómetros de Toronto, en la provincia canadiense de Ontario. La Reina le acompañó hasta el colegio y luego regresó sola a Madrid, después de conocer en vivo la dureza que tendría que soportar su hijo durante todo un curso, pero convencida de que era conveniente para su formación.

Allí cursó don Felipe el SAT (Scholastic Aptitude Test), equivalente al COU español, en un régimen bastante duro de disciplina, compartiendo una pequeña habitación con un joven canadiense Chistohper «Cris» Dennis, y rodeado de nieve gran parte del tiempo, a bajísimas temperaturas. A pesar de que con el Príncipe se trasladaron a Canadá su ayudante de campo, el coronel José Antonio Alcina, que sería el hombre más cercano al Príncipe hasta que cumplió los veinticinco años, y tres escoltas, éstos no vivían en el mismo pueblo y apenas iban por el internado para no perturbar la disciplina y para no diferenciar de sus compañeros al chico español que durante todos aquellos meses fue llamado por todos «Flip». Los alumnos de Lakefield, como ya había ocurrido en Los Rosales, provenían de familias de la alta burguesía, tanto canadiense como de los Estados Unidos.

Una dificultad añadida para el Príncipe en aquellos meses fue el francés, que exigían dominar en el internado. Don Felipe, que desde niño había sido bilingüe, en la familia y en su entorno más próximo siempre se había hablado tanto en inglés como en español, tenía serias dificultades con la lengua francesa, que tuvo que aprender a superar en sus meses de estancia en Lakefield. Fue un tiempo duro pero en el que le curtieron y aprendió a desenvolverse solo. Sólo una visita le hicieron sus padres, aprovechando un viaje oficial. Él no vino por España ni siquiera a presidir aquel año los premios que llevan su nombre en Oviedo. Los períodos de vacaciones los aprovechó para conocer algunos lugares de Canadá, acompañado del coronel Alcina. Aparte de su madurez juvenil y de su aprendizaje, en Lakefield don Felipe encontraría un amigo, su compañero Cris Dennis, al que invitaría después alguna vez a Marivent a pasar sus vacaciones.

De los cuarteles a las aulas

Cuando el Príncipe regresa de Canadá ya se ha diseñado lo que será su formación como adulto. Desde tiempo inmemorial la educación de los príncipes ha sido un tema que ha preocupado a pensadores y filósofos, a políticos y estadistas. Desde Maquiavelo a Saavedra Fajardo y desde Erasmo de Rotterdam a Rousseau, muchos grandes hombres de la cultura europea se preocuparon e incluso escribieron libros sobre el tema de la educación de los príncipes, pues era, según decían, un asunto principal, porque de ella dependía su forma de gobierno. A todos les preocupaba, menos a los propios reyes. Tradicionalmente es uno de los temas que más ha descuidado la dinastía española de la Casa de Borbón. Sólo hay que echar la vista atrás para ver cómo se desatendió la educación de príncipes e infantes durante siglos. Ningún príncipe de esta casa ha destacado por sus conocimientos ni por su cultura y siempre su formación ha sido mínima, dominada por la religión y por ideas, en la mayoría de los casos, obsoletas y tradicionalistas. Hubo algunos casos, como iremos viendo en otro capítulo de este libro, espectaculares, como el de Isabel II, que, colocada en el trono a los trece años, apenas sabía escribir, siempre tendría innumerables faltas de ortografía y su formación era completamente impropia para el papel que tuvo que representar en su largo y accidentado reinado.

Es sólo a partir de Alfonso XII cuando la Casa Real española comienza a tomarse un poco en serio la educación, al menos del heredero, pues no se tienen noticias de que sus hermanas las infantas Isabel, Pilar, Paz y Eulalia recibieran una educación determinada, más allá de la de señoritas de buena familia, nociones generales de cultura y tal vez el piano y algún idioma. (A pesar de todo la infanta Paz tuvo grandes aficiones culturales y Eulalia escribió varios libros y tenía grandes pretensiones de intelectual.) La educación de Alfonso XII tampoco llegaría a completarse, pues muy joven debió asumir sus responsabilidades, al ser proclamado rey a los dieciocho años. Su talante liberal, su extraordinaria intuición y su inteligencia natural suplieron la falta de cultura y su preparación incompleta. De sus hijos, ni la infanta María de las Mercedes ni la infanta María Teresa recibieron la educación que requerían, no sólo como posibles herederas al trono, sino como princesas del siglo XX, y el rey Alfonso XIII fue educado de la forma más tradicional que cabe imaginarse, rodeado de curas y de personas mayores que sólo supieron inculcarle ideas anticuadas y conservadoras. El haber nacido ya rey supuso una dificultad añadida para que su formación fuera todo lo completa que requerían los tiempos que le tocaban vivir.

Alfonso XIII educó rematadamente mal a todos sus hijos. Al heredero, por la enfermedad que padecía, que le imposibilitaba para llevar una vida medio normal, y a los otros, no se sabe si por su frivolidad o por su incapacidad para afrontar con realismo el futuro, les dejó hacer lo que querían, don Juan se hizo marino y don Gonzalo fue el único que ingresó en la universidad, aunque su prematura muerte imposibilitó que llegara a acabar su carrera de ingeniero. Las niñas, es decir, las infantas doña Beatriz y doña Cristina se limitaron a recibir una exquisita educación de señoritas de buena familia, cuyo único horizonte debía ser contraer matrimonio con alguien adecuado a su rango y a su posición, cosa que en ellas tenía la dificultad añadida asimismo de ser ambas posibles portadoras de la hemofilia, cosa que parece que no ha sucedido.

Don Juan, cuando fue nombrado heredero, trató en vano de suplir las enormes lagunas de su educación y se matriculó en la Universidad de Florencia, pero sólo pudo acudir un año a algunas asignaturas imprescindibles, derecho, ciencias políticas y alguna cosa más. Sus hijas, las infantas doña Pilar y doña Margarita, decidieron hacer estudios medios. El infante don Alfonso murió cuando hacía el bachillerato. Sólo la educación del heredero, el príncipe don Juan Carlos, se enfocó por primera vez en la dinastía como la de un heredero del siglo XX. Aunque no llegó a hacer una carrera universitaria —cosa que él ha dicho envidiar de sus hijos— sí acudió a la Universidad Complutense de Madrid, donde recibió clases de derecho, ciencias políticas y económicas, y algunas otras de humanidades. Antes había pasado por las tres academias militares, la de Zaragoza, la de Marín y la de San Javier.

Este diseño de educación fue el que prevaleció a la hora de encarar la educación del Príncipe de Asturias. Una vez acabado el bachiller, el tema era, universidad o milicia. Tanto el gobierno como la Casa Real estaban trabajando juntos —con el consejo de algunos catedráticos de la Universidad Autónoma— en el diseño de un plan de estudios adecuado y estaban de acuerdo en que, como su padre, debía pasar por las academias y por la universidad. Las diferencias eran en las prioridades. Parece que el presidente del gobierno, entonces Felipe González, era partidario de que don Felipe comenzara por la universidad. El Rey le convenció. Parece que con un sólido argumento: «Se ve que tú no has pasado por las academias militares —diría don Juan Carlos a Felipe González—.

Eso con unos años más no hay quien lo aguante. Así que cuanto antes, mejor».

Y así fue. En los próximos tres años, a partir de 1985, don Felipe pasaría sucesivamente por la Academia General Militar de Zaragoza, del Ejército de Tierra, por la Escuela Naval Militar de Marín, en Pontevedra, de la Marina, y por la Academia General del Aire de San Javier, en Cartagena, del Ejército del Aire, que parece que fue la que más le gustó al joven Príncipe, y en donde se hizo piloto. También pasaría una larga temporada de prácticas embarcado en el buque escuela *Juan Sebastián Elcano*, en el que daría prácticamente la vuelta al mundo, como también había hecho su padre unos años atrás. En todas ellas recibió los correspondientes despachos de oficial y en el mes de julio de 1989 los de teniente de infantería, alférez de navío y teniente del arma de aviación. Luego han ido produciéndose los reglamentarios ascensos de sus respectivas promociones. Actualmente es comandante del Cuerpo General de las Armas del Ejército de Tierra, capitán de corbeta del Cuerpo General de la Armada y comandante del Cuerpo General del Ejército del Aire. Con motivo de su próximo enlace matrimonial se ha especulado con que el gobierno le ascienda a capitán general.

La estrecha vinculación del heredero con la milicia, que en su momento pudo resultar muy importante, en la actualidad rechina a la opinión pública, que no acierta a comprender cómo una monarquía auténticamente moderna tiene que tener esa dependencia y esa estrecha relación con los ejércitos. Y si un día —todavía no lejano— fue precisamente la condición del Rey como jefe supremo de las Fuerzas Armadas lo que le dio autoridad para frenar un golpe militar contra la democracia y contra la legalidad constitucional, hoy día, en que se considera superado el tema militar y sus aspiraciones golpistas, parece impropio de un príncipe moderno ese militarismo que puede herir una sensibilidad civil y ciudadana. En este sentido causó estupor en muchos medios la presencia del príncipe Felipe junto a su padre en un establecimiento militar, precisamente en la única salida pública que hizo el día de su último cumpleaños, el 30 de enero de 2003. Allí se le vio vestido con el uniforme de campaña (justamente en unos momentos pre bélicos en el mundo) junto al Rey, apagando la tarta de cumpleaños con la que fue obsequiado. A veces la Zarzuela, que tanto y tan exageradamente cuida la imagen de las personas reales, y más aún la del heredero, comete imprudencias y errores difíciles de explicar. ¿O es que consideran que no lo son? Algo similar ha ocurrido el Día de las Fuerzas Armadas de 2003, en que la ausencia del Príncipe heredero fue muy comentada. La razón que se dio fue que aquel mismo día tenía concertada una cena con los americanos premiados con el Príncipe de Asturias, con ocasión de su visita a Nueva York para inaugurar la nueva sede del Instituto Cervantes de la capital estadounidense.

Fue precisamente por una cuestión muy relacionada con este tema por lo que se produjo uno de los pocos roces institucionales que hubo entre el gobierno socialista de Felipe González y la Casa Real. Fue en 1986 cuando, al cumplir los dieciocho años y por tanto alcanzar la mayoría de edad el príncipe Felipe de Borbón, se planteó el cumplimiento del mandato constitucional de que el heredero de la Corona preste juramento a la Constitución en el Congreso de los Diputados. Dice el artículo 61 del apartado referido a la Corona: 1. El Rey, al ser proclamado ante las Cortes Generales, prestará juramento de desempeñar fielmente sus funciones, guardar y hacer guardar la Constitución y las leyes y respetar los derechos de los ciudadanos y de las Comunidades Autónomas.» 2. «El Príncipe heredero, al alcanzar la mayoría de edad, y el Regente o Regentes al hacerse cargo de sus funciones, prestarán el mismo juramento, así como fidelidad al Rey.»

Como en aquellos momentos el Príncipe ya estaba en la Academia General Militar de Zaragoza, el entorno de Zarzuela opinaba que el Príncipe debía acudir vestido de militar al solemne acto del palacio del Congreso. Con buen juicio en Moncloa se creyó que debía acudir de civil. Después de una dura batalla por mantener sus posiciones, en la que interviene el presidente del Congreso, Gregorio Peces-Barba, partidario igualmente de la vestimenta civil, se acuerda que acuda vestido de frac. Esto obliga a que la familia real vaya también de civil. Por eso fue posible el tranquilizador espectáculo que todos pudimos ver por la televisión. Allí, en la tribuna del palacio de la Carrera de San Jerónimo no hubo más uniformes militares que los de los ayudantes del Rey y del Príncipe. Era una justa reparación al templo de la democracia, que había sido ultrajado por la fuerza irracional de las armas el 23 de febrero de 1981. Vestido rigurosamente de frac y luciendo la insignia del Toisón de Oro, que su padre le había ya concedido, Felipe de Borbón y Grecia juró la Constitución y fidelidad a su padre el Rey. Testigos, el presidente del Congreso, que leyó un discurso, el presidente González, los ministros, los diputados y senadores y la familia real al completo. Don Juan Carlos con su frac, la insignia del Toisón y la medalla de oro de la Cámara, y don Juan, el abuelo del Príncipe, igualmente de frac y solamente con la insignia del Toisón en la solapa. Debido a un rifirrafe institucional allí no hubo más que la fórmula del juramento y el discurso de Gregorio Peces-Barba, pues éste se había negado a que interviniera el presidente del Gobierno y el Rey. Luego, en el Palacio Real, y tras una pequeña parada militar delante del Congreso, el Rey impondría a su hijo el Gran Collar de la Orden de Carlos III, que le había concedido el gobierno presidido por Felipe González.

Desde octubre de 1989, apenas acabada su formación militar, a junio de 1993 el príncipe Felipe cursó la carrera de Derecho en la Universidad Autónoma de Madrid, completada con el estudio de otras materias de ciencias económicas, en un plan perfecto y minuciosamente diseñado entre Zarzuela, Moncloa y la propia Universidad Autónoma. Aurelio Menéndez y Carmen Iglesias se encargarían de completar su formación académica con clases especiales en Zarzuela. Especialmente la académica e historiadora Carmen Iglesias ha tenido una enorme influencia en la formación del Príncipe en materia de historia de España y de la propia dinastía. Cuando ella entró en la Real Academia Española, su alumno Felipe de Borbón presidía el acto bajo el retrato de los fundadores de la institución, Felipe V y el marqués de Villena.

En la universidad el alumno Felipe de Borbón, aunque los primeros días fue perseguido y acosado por los medios de comunicación, se comportó como uno más y era frecuente verle en el bar de la facultad tomando un café o un pincho de tortilla, que le gusta mucho. Sus compañeros le trataban de tú y fue en estos años cuando el heredero de la Corona pudo tratar con gente auténticamente representativa de su generación, gente normal, de todas las clases sociales, con sus problemas y sus aspiraciones, sus frustraciones y sus dificultades a la hora de encontrar una salida laboral acabados los estudios. Fue una inmersión en la realidad social del país. Precisamente en uno de aquellos cursos, en un programa de conferencias organizadas por el rector Cayetano López con personalidades políticas del momento, el Príncipe tuvo ocasión de ser testigo directo de la bronca que recibió el presidente del Gobierno Felipe González al ir a dictar una de aquellas conferencias.

Cuando el heredero recibe su licenciatura se convierte en el primer príncipe universitario que ha tenido España. Y por tanto en el primer rey también que ostente, en el futuro, al lado de sus títulos soberanos, históricos y nobiliarios, el de licenciado en Derecho por una universidad. Aunque nunca se ha hablado de legitimidad cultural de la Corona, creo que en este caso es posible añadir que el futuro Felipe VI sea el primero de su linaje real que la tenga. Uno de sus profesores dejaría una profunda huella en don Felipe, el ex presidente del Tribunal Constitucional don Francisco Tomás y Valiente, cuyo posterior y vil asesinato a manos de ETA impresionaría hondamente al Príncipe, que acudió a su entierro y se le vio llorar emocionado ante el cadáver del catedrático.

El entorno del Príncipe

En la entrevista con motivo de sus treinta y cinco años, distribuida por Efe a todos los medios españoles, con unas connotaciones que recuerdan tiempos pasados, y creíamos que superados, el Príncipe habla mucho de su trabajo y de la actividad que desarrolla como heredero del trono. Don Felipe define su trabajo como Príncipe de Asturias como una pieza más de la Corona, cosa que no está definida en la Constitución de 1978, pero que puede ser perfectamente coherente con el perfil que tanto su padre el Rey como él mismo han querido ir dotando a la figura del sucesor, que según el texto constitucional lo único que tiene que hacer es esperar. Esta situación de espera *sine die*, que por otra parte es general en todas las monarquías occidentales, es uno de los asuntos que deben resolver las diferentes casas reales, ya que es también un reducto del pasado. Lo que sucede es que en el pasado ni los reyes eran generalmente tan longevos ni por tanto los reinados podían llegar a ser tan largos como pueden serlo hoy, con unas esperanzas de vida cada día mayores. En una institución monárquica auténticamente moderna no sólo se debe imponer un trabajo concreto para el heredero, sino que incluso se debería llegar a instituir una jubilación real para los monarcas, que no sólo les daría oportunidad de gozar unos años de una vejez tranquila, sino que solucionaría esa sensación que a veces han podido producir, y aún pueden hacerlo, los príncipes herederos de no hacer nada en concreto. Todo se andará.

En este sentido parecen estar trabajando las diferentes monarquías europeas, que cada día vemos cómo conceden a sus herederos más atribuciones, mayores responsabilidades y más ocasiones de representar a la Corona en multitud de actos y acontecimientos en los que es requerida su presencia. De acuerdo con estos conceptos se ha desarrollado el perfil del heredero que está tratando de afianzar la Casa Real española en la persona de Felipe de Borbón. Un modelo absolutamente inédito para la institución, pero acorde con los tiempos que corren. Sobre esta experiencia contestaba extensamente, en la referida entrevista de la agencia oficial, el príncipe Felipe: «Mi trabajo, por lo tanto, es muy atractivo por su variedad y se aleja de la especialización, lo que me permite recorrer las comunidades autónomas, participar en el quehacer de las fuerzas armadas, representar a mi país en las tomas de posesión de los presidentes iberoamericanos... En definitiva, trato de tener una presencia activa en la vida española y servir al interés general allí donde se me requiere». En cuanto a su papel de representante de España en el extranjero, el heredero decía: «... promocionar algo bueno siempre es más fácil. Es un activo promocionar la imagen de España en todos sus aspectos, en su faceta cultural, en su proyección económica, en sus relaciones políticas, y de hecho en esos ámbitos es en los que se ha manifestado mi actividad, tanto en visitas a países concretos como en presencia en instituciones internacionales... La imagen de España que he percibido a lo largo de estos años en mis visitas a otros países siempre ha sido muy buena... En cuanto se viaja al exterior, se obtiene una mayor perspectiva y se comprueba que la percepción que existe de nuestra imagen es mejor de lo que pensamos, aunque debemos seguir perseverando en promoverla... Se nos percibe como un país que sabe estar en su sitio, como un país fiable, que cumple con sus compromisos, cuyas pretensiones corresponden a su peso en población, cultura, historia... Es además un país generoso...».

Sobre el futuro el Príncipe se muestra muy optimista: «Echando la vista atrás, los españoles hemos recuperado en estos veinticinco años una confianza en nosotros mismos que no teníamos. Hemos perdido complejos, tenemos una cualidad, que es capacidad de superación e ilusión en el futuro... La sociedad del siglo XXI en España será necesariamente una sociedad abierta, dialogante, que manifiesta un espíritu solidario... Lo estamos viendo constantemente en su juventud... También deberíamos resaltar que la mujer está participando cada día más en la vida social y profesional... Creo que estas generaciones nuevas van a permitir un salto hacia delante monumental en el futuro... y creo en una España en la que todos seguiremos andando el camino afianzado de la libertad, de la democracia, y que esa libertad implique una liberación definitiva del terror, del horror que es la amenaza terrorista...». Sobre sus treinta y cinco años, el futuro Felipe VI decía: «¿Qué me mueve cuando cumplo treinta y cinco años? Pues una enorme ilusión y voluntad de trabajar en mi vida institucional. Una de las cosas que más me satisfacen en este trabajo es la cercanía con las personas y que una institución que está a la cabeza del Estado no esté distante, sino todo lo contrario, sea la más cercana a la gente».

El Príncipe no tiene su propia Casa, por lo que trabaja con las mismas personas que componen el equipo de Zarzuela, que se ocupan en la Casa del Rey de organizar el trabajo de los miembros de la familia real. Desde 1995 el hombre de confianza, su secretario y el que está más cercano a él, es Jaime Alfonsín, abogado del Estado de cuarenta y seis años, procedente del prestigioso bufete madrileño de Uría y Menéndez. Cuando llegó a Zarzuela no había hablado nunca con el Príncipe. Hoy es su mano derecha y el que controla todos sus pasos y su agenda. Aparte de la primera cualidad que exigen en el entorno real, la discreción, Jaime Alfonsín llega a su trabajo no sólo con su experiencia en el bufete de abogados en el que trabajó, sino con un amplio bagaje que incluye su paso por mundos muy diversos, como la enseñanza, la banca y la Administración. Alfonsín y dos ayudantes de campo son las únicas personas de toda la Casa Real que trabajan en exclusiva para el Príncipe de Asturias. Su actividad se coordina desde la secretaría general de la Casa a cuyas reuniones asiste don Felipe, así como a las reuniones de los Reyes con sus colaboradores más cercanos.

Toda esta seriedad y rigor en el trabajo del heredero ha sido a veces puesta en entredicho cuando se han divulgado las actividades de su grupo más íntimo de amigos, que a veces no parecen los más ejemplares. Del peligroso círculo de los amigos del Rey, en el que no hay que olvidar que un día logró infiltrarse Mario Conde, llegaron las primeras y más duras críticas a la Casa Real en los primeros noventa. Y aunque es un tema siempre delicado el decir si los reyes y príncipes deben tener amigos o no, Felipe de Borbón siempre ha defendido su sagrada libertad a tener los amigos que le dé la gana, cosa que en principio nadie discute e incluso le honra. Pero, en esto, como en todo, en una institución que por ser tan frágil debe ser tratada, en principio, por todos los que a ella pertenecen, con una extraordinaria delicadeza y discreción, las cosas no son tan fáciles. Lo mismo que el Príncipe va a casarse al fin con quien le ha dado la real gana, siempre se le había pedido que la persona fuera adecuada, pero no con cualquiera, tampoco debe tener los amigos que le parezcan, sino los que se lo merezcan. Quiero decir que si cualquier miembro de la Casa Real debe tener un exquisito cuidado sobre las personas que se acerquen a su círculo amistoso, y en las que depositan toda su confianza, mucho más lo debe tener el que está llamado a ser el día de mañana el Rey de España. Supongo que sobre esto también le puede hablar largo y tendido su padre, el rey Juan Carlos, algunos de cuyos amigos han acabado teniendo problemas con la justicia, cosa que ha puesto a veces en entredicho a su persona y a la propia Casa Real.

Los príncipes Pablo y Nicolás de Grecia, aparte de primos hermanos del Príncipe, son dos de sus mejores amigos. En el entorno más íntimo figuran también los príncipes búlgaros. Todos los hijos de Simeón de Bulgaria y Margarita Gómez-Acebo han sido muy amigos de los hijos de los Reyes, dada la gran amistad que une a las dos familias y las relaciones que siempre han mantenido. Por semejanza de edad son Kyril, Kubrat y Konstantin los más cercanos e íntimos de Felipe. Con los tres sigue manteniendo gran amistad y fue en el entorno de Kyril y su entonces novia Carla Royo-Villanova en el que conoció a Isabel Sartorius, que también era muy amiga de los hermanos Fuster, Álvaro y Ricky —de este último fue novia tres años—, hijos de un rico empresario representante en España de la multinacional McDonnell Douglas, que también eran amigos del Príncipe del colegio Los Rosales. De su círculo del colegio, además de los hermanos Fuster conserva el heredero gran amistad con Javier López Madrid, perteneciente igualmente a una familia de la oligarquía financiera. El mismo círculo al que pertenecen Pelayo Primo de Rivera, Joaquín Arión, hijo del duque de Arión —gran amigo del Rey y compañero de Las Jarillas—, Pepe Barroso y su hermana Marta, los hijos de Jaime Carvajal y algunos otros que cierran un grupo de íntimos que han sido los que han protegido la vida privada del Príncipe —se les ha llamado los «escuderos del príncipe Felipe»— cuando ha sido necesario, sobre todo en sus relaciones sentimentales.

Pero un círculo del que también han salido las filtraciones que se han abierto paso sobre la vida íntima del heredero y sus amigos, a veces con historias poco edificantes, y al que algunos califican con absoluta precisión de «entorno excesivamente pijo». Cuando desde Zarzuela se pone de manifiesto y orgullosamente que los hijos de los Reyes han sido educados fuera del círculo de la rancia aristocracia española, se olvida decir que lo han hecho dentro de otro círculo no menos cerrado, en el que han abundado los hijos de grandes financieros, oligarcas, millonarios y gente, en general, alejada de lo que es la realidad social de la gran mayoría de los españoles, esa a la que quiere tanto, al parecer, desea conocer y, acercarse don Felipe de Borbón en sus declaraciones y discursos y a la que ahora, sin duda, podrá acercarle su futura esposa Letizia Ortiz, procedente de una familia de clase media, con abuela paterna periodista, abuela materna pescadera, abuelo paterno representante, materno taxista, padre periodista y madre enfermera y sindicalista. Al Príncipe no se le han conocido hasta ahora amistades ni con intelectuales ni con escritores o artistas ni con persona alguna que pertenezca a sectores más cultos y enriquecedores de la sociedad española actual. En cambio se habla, y con exceso, de amigos que le proporcionaban relaciones con hermosas chicas pertenecientes al emergente mundo de las modelos, la publicidad y los ambientes más frívolos. Un ejemplo de ello es su supuesta amistad con Carlos Mundy, el antiguo propietario de la agencia de modelos Magic y actual director de la revista *Metaphore* —dedicada al gran mundo del lujo y el diseño—, que salió al mercado a finales de 2002 con un número en cuya portada aparecía el príncipe Felipe. En este sentido me gustaría recordar unas palabras escritas por el escritor Javier Marías acerca del heredero: «El Príncipe tiene muchas cualidades... Sin embargo, reconozco que a medida que pasa el tiempo me estoy volviendo más "juancarlista" y menos monárquico... El Príncipe debería cambiar de amistades... Se mueve en ambientes demasiado pijos. No digo que se tenga que rodear de intelectuales, pero sí de gente normal. Don Felipe debería grabarse a fuego que, antes de los privilegios, están los deberes. El pueblo no le va a regalar nada. Al pueblo se lo tendrá que ganar a pulso, como hizo y lo está haciendo su padre».

Unas palabras que si las ha leído sin duda llenarían de amargura y frustración al rey Juan Carlos, que lleva tantos años tratando de lograr lo contrario que le ha sucedido a Javier Marías, que haya más monárquicos y menos juancarlistas. Lo que sucede es que eso es ya, y será totalmente en el futuro, una labor que pertenece por entero a su hijo, el príncipe Felipe. Una de las cosas que quedaron al descubierto cuando la historia con Eva Sannum, más incluso que lo inapropiado de la persona, fue el entorno de frivolidad y vida fácil en el que el Príncipe ha encontrado a muchas de sus novias, casi todas, salvo Isabel Sartorius, procedentes del mundo de las modelos y de esa nueva generación de jóvenes millonarios que les gusta rodearse de mujeres guapas para sus fiestas, reuniones, diversiones y cruceros. Cosa que por muy natural que nos parezca tratándose de jóvenes con dinero y medios para divertirse todo cuanto quieran, no parece cuadrar ni con la seriedad irreal con la que se presenta al heredero de la Corona en el entorno oficial de la Zarzuela, ni con el círculo ideal que debe rodear a una persona con la responsabilidad y las obligaciones del Príncipe de Asturias. Aunque parece que en el caso de Letizia Ortiz esto no ha sido así, ya que el perfil de la novia del Príncipe nos informa de una profesional seria y ambiciosa, preocupada por los problemas de la sociedad actual, que por su profesión parece conocer a fondo.

Cuando ahora, con motivo del anunciado compromiso matrimonial de don Felipe con Letizia Ortiz, se ha recordado de forma abundante que casi todas las monarquías actuales habían dado ya ese paso de entroncar con personas no pertenecientes al círculo de la realeza ni de la aristocracia, se ha hecho de una manera excesivamente sesgada, porque aunque esto ha sido así, en líneas generales, conviene hacer unas cuantas precisiones, en los casos en los que el experimento ha resultado positivo, de los otros —que los hay y abundantes— mejor sería no hablar.

Veamos lo que han hecho algunos herederos de las actuales monarquías europeas. El príncipe heredero Guillermo de Holanda se casó con una prestigiosa abogada, Máxima Zorreguieta, que aunque no pertenece a la aristocracia ni a la realeza, parece ser una persona suficientemente preparada y educada para desempeñar su papel de esposa del próximo rey de los Países Bajos con absoluta solvencia y dignidad. Lo mismo se puede deducir, a pesar de que todavía no es suficientemente conocida, de la abogada australiana Mary Donaldson, que se convertirá muy pronto en la esposa del heredero de la corona danesa, el príncipe Federico. Más lastimoso ha sido el caso de Haakon Magnus, el heredero noruego, que convirtió en su esposa a una persona con un pasado borrascoso y poco apropiado para ocupar un día el trono de Noruega. ¿Y qué decir de ese otro príncipe holandés, que se ha visto obligado a renunciar a sus derechos debido a las relaciones que su futura esposa había tenido en el pasado con un narcotraficante? ¿Le era tan difícil a Felipe de Borbón entablar una satisfactoria relación sentimental con alguien de estas características, una abogada, una arquitecta, una médica, una profesora, una diplomática, una científica, o cualquier otra profesional libre? Más ha parecido durante un tiempo que una condición para ser su compañera sentimental debía ser exclusivamente tener unas medidas de vértigo para lucir en las pasarelas, pero tal vez no demasiado apropiada para caminar por las alfombras de los palacios y las calles de las diversas ciudades españolas con la misma dignidad. Reducirlo todo al amor es tan absurdo como prescindir totalmente de él. El amor es tan frágil como la institución monárquica, o más, por lo que, por muy romántico que quede, es verdaderamente ridículo pensar que un hombre de treinta y cinco años debe seguir sólo y exclusivamente los mandatos de su corazón (no estamos hablando de un chaval de dieciocho que conoce el amor por primera vez y se enamora como un loco). Para algo tenemos también la cabeza. Según parece, las reflexiones que debieron de seguir a su fracaso sentimental con Eva Sannum han hecho que Felipe de Borbón encontrara al fin a una novia precisamente con ese perfil, profesional, española, seria y suficientemente preparada. Todo lo inconveniente que parece llevar consigo la periodista asturiana puede y parece que ha sido superado en un intento de modernización institucional verdaderamente sorprendente.

Desde que las familias reales comenzaron a consentir los matrimonios con personas que no fueran de la realeza, en gran parte dichos experimentos han sido nefastos. Pero también es verdad que no se trata sólo de ser de sangre real o de la más rancia nobleza. Se trata más de personas convenientes o no. Los máximos ejemplos fueron Sarah Ferguson y Diana Spencer. Es verdad, pero no los únicos. Hay otros muchos. Sin embargo no ha sido así cuando se ha tratado con personas que a pesar de no ser de la realeza, ni del reducido grupo de la aristocracia, sí tenían formación suficiente como para desempeñar el difícil papel de cónyuge de un futuro rey o reina. Éste ha sido el caso de la reina Silvia de Suecia, perteneciente a una familia germano-brasileña, que dirigía el departamento de azafatas de los Juegos Olímpicos de Múnich cuando conoció al príncipe heredero de Suecia, Carlos Gustavo, con el que lleva casada un montón de años, sin que en ningún momento haya quedado en evidencia. O el de la reina Sonia de Noruega, hija de los propietarios de unos grandes almacenes de Oslo cuando conoció al actual rey Harald. Así sucedió con Fabiola de Mora y Aragón, reina viuda de los belgas, y así ha sucedido con la cubana María Teresa Mestre, actual gran duquesa de Luxemburgo. En esa misma lista estaría la actriz Grace Kelly, princesa de Mónaco, por su matrimonio con Rainiero III, si no hubiera tenido unos hijos tan pendones como los que tuvo, que han acabado arruinando su meritorio comportamiento, durante tantos años, como una auténtica princesa. Lo que quiere decir que, como es lógico, a ningún príncipe se le obliga ya a casarse con una princesa de sangre real, sólo se le pide que elija una buena esposa, consecuente y responsable. Si lo es para él, seguro que lo será también para su dinastía y para su país.

LA CUESTIÓN DE PALACIO: LA CONTROVERTIDA BODA DEL PRÍNCIPE

Es cierto que a partir del 1 de noviembre de 2003, en que finalmente se ha despejado la incógnita de la boda más esperada de los últimos años, con el anuncio del enlace entre el príncipe Felipe y la periodista asturiana Letizia Ortiz Rocasolano, uno de los peligros que acechaban al heredero de la Corona ha dado un giro copernicano y ha superado todas las previsiones sobre cómo se ha abordado la solución final a la continuidad de la dinastía. La audaz modernización de la institución que supone esta boda, la primera en la Casa Real de España de un futuro soberano con una plebeya, por utilizar todavía el lenguaje acorde con los tradicionales usos monárquicos, ha roto todos los esquemas y previsiones. Sobre todo al obtener la mayoritaria y abrumadora aceptación por medio de ese universal plebiscito que es hoy día la cuota de pantalla y el *share* en el seguimiento de la noticia por la pequeña pantalla, y abre una descomunal interrogante sobre el éxito de su arriesgada propuesta, que es, sin duda, el deseo de casi todos los españoles, pero que ni el más avezado adivino estaría en condiciones de hacer un augurio mínimamente fiable.

Sin embargo, durante los últimos quince años, el tema de la boda del heredero ha sido uno de los más polémicos y controvertidos de cuantos se referían a la familia real. La «cuestión de palacio» llamaron en su momento y siguen llamando los historiadores a la problemática vida matrimonial de Isabel II. Hoy podríamos haber dado ese nombre sin ninguna duda al tema de la boda del Príncipe de Asturias, Felipe de Borbón. Estoy seguro de que desde el matrimonio de su lejana antecesora, la citada Isabel II, que se convirtió en un tema de alta política internacional, ninguna otra boda en la familia real española ha despertado tanta expectación, ha dado lugar a tantas especulaciones, ha causado tantos ríos de tinta, de palabrería, vana y vacua la mayoría de las veces, y ha provocado un debate semejante al que ha suscitado en algunos momentos la posibilidad del enlace matrimonial del actual heredero de la dinastía. No podía faltar pues en este libro un repaso, siquiera somero, a cómo ha sido ese debate y el apasionamiento con el que lo han seguido los españoles.

Desde que era un jovencito, la prensa especializada en temas de la realeza y esa otra legión de la información rosa y del cotilleo —que se ha convertido en los últimos diez o doce años en una próspera y denigrante industria nacional— comenzaron a preocuparse por buscarle una novia a don Felipe y a especular con quién sería la elegida para convertirse en Princesa de Asturias y por tanto luego en Reina de España. Desde entonces se facilitaron listas de princesas casaderas de toda Europa, al tiempo que se empezaba a opinar sobre si debía casarse o no con una princesa o con una señorita particular. En la mayoría de los casos, con absoluto desconocimiento del tema, los cotillas del reino —cuyo número ha aumentado, sobre todo en las tertulias televisivas, de manera alarmante— comenzaron a decir lo primero que se les pasaba por sus alborotadas cabezas. La cuestión era llamar la atención, conseguir audiencia y captar lectores, aunque lo que se dijera no tuviera el menor sentido, ni respondiera remotamente a la verdad. La cuestión era decir la *boutade* más llamativa.

Es cierto que sobre estos temas que atañen a la vida privada y a la más estricta intimidad de los miembros de la familia real sería siempre muy difícil saber toda la verdad, pero también es cierto que hay unas normas constitucionales, existen unas opiniones lo suficientemente documentadas de los interesados sobre el tema y el resto es pura fantasía y puro desatino, cuando no algo peor, mientras la realidad y la verdad no demuestren lo contrario. En este sentido y antes de adentrarnos en la narración de lo que ha sido la vida sentimental de Felipe de Borbón y todo lo que en ese entorno ha sucedido, hasta que finalmente ha desvelado el nombre de su prometida, ha pedido su mano y se ha hecho oficial el compromiso, conviene fijar unos cuantos conceptos y unas cuantas precisiones. Y no es la menos importante los límites constitucionales y familiares en los que el heredero de la Corona ha debido moverse. Todo lo demás queda fuera de lo posible.

Lo que dice la Constitución

El artículo 57 de la Constitución de 1978 dice en su punto 4: «Aquellas personas que teniendo derecho a la sucesión en el trono contrajesen matrimonio contra la expresa prohibición del Rey y de las Cortes Generales, quedarán excluidas en la sucesión a la Corona por sí y sus descendientes». Agrega el punto 5: «Las abdicaciones y renuncias y cualquier duda de hecho o de derecho que ocurra en el orden de sucesión a la Corona se resolverán por una ley orgánica».

Como se verá, la Carta Magna de 1978 es muy escueta en lo que se refiere a los matrimonios de los miembros de la familia real. Esta concisión es la que dio pie a que muchas personas y expertos creyeran que este articulado se completaría con la Pragmática de Carlos III de 1776, que había sido hasta 1978 la norma por la que se habían regido los matrimonios de la real familia, en un sentido amplio, ya que también afectaba a los parientes más lejanos, con tal de que tuvieran categoría de infantes de España, e incluso a los grandes de España, de ahí la costumbre que ha quedado en las grandes familias de la aristocracia española de solicitar permiso al rey cuando van a casarse. Y en efecto así había sido hasta la propia generación de Juan Carlos, en la que sus propias hermanas, las infantas Pilar y Margarita, renunciaron a sus derechos para contraer ambas sendos matrimonios morganáticos o desiguales. La primera con don Luis Gómez-Acebo, nieto de los marqueses de la Deleitosa, ya fallecido, y la segunda, Margarita, con el doctor Carlos Zurita. La infanta Pilar recibió de su padre el conde de Barcelona, al casarse, el título de duquesa de Badajoz y la infanta Margarita el de duquesa de Soria, aunque tardaría varios años en aceptarlo. Estos títulos, como los de duquesa de Lugo, que recibió la infanta Elena al contraer matrimonio con Jaime de Marichalar, y el de duquesa de Palma de Mallorca, que recibió la infanta Cristina al casarse con Iñaki Urdangarin, son llamados títulos de la Casa y no son hereditarios, pero sí vitalicios. Al morir el titular vuelven a la Casa Real.

La diferencia entre los hijos de las infantas Pilar y Margarita —la primera ha tenido cinco y la segunda dos— es que al renunciar sus madres a sus derechos a la sucesión, nacieron ya sin ellos. No ha ocurrido lo mismo con los hijos de las infantas Elena y Cristina, que al no haber tenido que renunciar a la Corona al contraer matrimonio, sus hijos han nacido con sus derechos a la sucesión y ocupan en la línea sucesoria su puesto correspondiente, regulado por la Constitución de 1978. Así el ya citado artículo 57, en su punto 1, dice: «La Corona de España es hereditaria en los sucesores de S. M. Don Juan Carlos de Borbón, legítimo heredero de la dinastía histórica. La sucesión en el trono seguirá el orden regular de primogenitura y representación, siendo preferida siempre la línea anterior a las posteriores, en la misma línea el grado más próximo al más remoto, en el mismo grado, el varón a la mujer, y en el mismo sexo, la persona de más edad a la que menos».

También habían renunciado en su día, debido a las normas de la citada Pragmática de Carlos III, las dos hijas de Alfonso XIII y Victoria Eugenia de Battenberg, la infanta Beatriz, para casarse con Alessandro Torlonia, príncipe de Civitella-Celsi, y la infanta Cristina, con Enrico Marone, conde Marone-Cinzano. La abundante descendencia de ambas ha nacido ya sin derecho a la sucesión a la Corona de España. Por eso, para enmarcar la actual línea sucesoria a la Corona, una vez extinguida la descendencia de Juan Carlos I, habría que remontarse a los descendientes de la hermana mayor de Alfonso XIII, la infanta María de las Mercedes, que fue princesa de Asturias y que se casó, antes de morir en plena juventud, con su primo lejano el conde de Caserta, Carlos de Borbón Dos Sicilias. El matrimonio tuvo dos hijos y, tras la muerte de la infanta, Carlos de Borbón contrajo nuevo matrimonio con la princesa Luisa de Orleans, de la que tuvo otros tres hijos, una de las cuales fue la condesa de

Barcelona. El llamado a ocupar su puesto en la línea sucesoria es el actual duque de Calabria, el infante don Carlos de Bordón Dos Sicilias, nieto mayor de la infanta María de las Mercedes y por ello el noveno en la actual línea de sucesión al trono. El duque de Calabria está casado con la princesa Ana de Francia, hija de los condes de París. De cualquier manera nunca se había hecho una interpretación estricta de la Pragmática de Carlos III, ya que tanto a las hermanas de don Juan como a las de don Juan Carlos se les permitió seguir siendo infantas de España, cosa que prohibía expresamente la ley carolina.

Algunos han discutido si la Pragmática ha sido derogada o no con la publicación de la Constitución de 1978. Es evidente que aunque no se haya hecho expresamente, la existencia de una ley de rango mayor anula cualquier otra anterior de menor rango. Es más, en el actual mapa jurídico sería impensable que existiera una ley que sólo tuviera como marco una familia. Pero esto, que parece tan claro, ha sido ampliamente debatido y discutido por expertos y por personas que no están de acuerdo con las nuevas normas vigentes para reglamentar los matrimonios de la actual familia real de España. Aunque lo más demencial es que haya quienes quieran hacer los efectos de esta nueva ley retroactivos y así no tener en cuenta las renuncias anteriores, con lo cual —a pesar de que es una aberración legal y no ha sido tenido en cuenta— produciría un sensible trastorno en la línea de sucesión a la Corona española, ya que, en ese supuesto e imposible caso, tanto los descendientes de las infantas Beatriz y Cristina como los de las duquesas de Badajoz y de Soria recuperarían sus derechos. No así, a pesar de todo, el hijo sobreviviente de Alfonso de Borbón Dampierre, ya que la renuncia de su abuelo, el infante don Jaime, no fue para contraer matrimonio morganático o desigual sino debido a su minusvalía física.

En este sentido, entre las muchas especulaciones fantásticas y surrealistas que se han hecho, están las que hizo algún monárquico reconvertido a republicano, que situaba en esa línea, aunque en lugar muy remoto, al propio Alessandro Lecquio y a los hijos que ha tenido este singular personaje con la modelo Antonia Dell'Ate y con la presentadora de televisión Ana García Obregón, respectivamente. Naturalmente estas leyes no son ni pueden tener efectos retroactivos, como podrá aclarar cualquier jurista que se precie. A pesar de esto, hay todavía quienes insisten en colocar en la línea de sucesión a la Corona a todas esas personas, hijos, nietos y biznietos de las infantas Beatriz y Cristina y Pilar y Margarita. Una correcta lectura de la Constitución sólo admite, tras los hijos de los reyes Juan Carlos y Sofía y sus nietos, al infante don Carlos y a su descendencia, salvo algunas de sus hijas, que han renunciado expresamente al contraer matrimonio desigual.

Así que lo que dice la Constitución, única norma válida y existente sobre el matrimonio del heredero, don Felipe de Borbón, es que puede casarse con quien quiera, siempre que no conste una expresa prohibición del Rey y de las Cortes. Esta ambigüedad también se ha prestado a interpretaciones, no se sabe si es que el Rey y las Cortes tienen que hacerlo a la vez, en cuyo caso se podría casar sólo con la autorización o del Rey o de las Cortes, como parece que es lo correcto, o bien, si se consulta a las Cortes la autorización, tiene que ser conjunta. Ni en el caso de la infanta Elena ni en el de la infanta Cristina las Cortes han sido informadas ni consultadas sobre sus matrimonios, lo que hace suponer que la interpretación del artículo que se ha hecho es que basta con la autorización expresa del Rey, cosa que se ha producido en los dos casos pues en ambos ha sido la propia Casa del Rey la que ha hecho los anuncios de las bodas y la que ha organizado las ceremonias de los enlaces matrimoniales. Igual procedimiento se ha seguido en el anuncio oficial del compromiso matrimonial de don Felipe de Borbón el día 1 de noviembre de 2003. La Casa del Rey hizo el anuncio. Y sólo a nivel oficioso se dijo que el Rey había informado, tanto al presidente del Ejecutivo y al de la oposición como a la presidenta del Congreso de los Diputados.

Otra cosa de la que se ha hablado menos, pero que el debate abierto por el noviazgo del príncipe Felipe con Eva Sannum puso al descubierto, es el punto 5 del artículo que regula los matrimonios, que cuando habla de las posibles abdicaciones o renuncias dice que éstas deberán hacerse a través de una ley orgánica. Lo que quiere decir que si el Príncipe se hubiera visto obligado o quisiera renunciar a sus derechos al trono, ya para contraer matrimonio o por cualquier otro motivo, no podrá hacerlo solamente con un comunicado, sino que requerirá que la situación se resuelva mediante una ley orgánica.

Lo que han dicho los Reyes

Puesto que la Constitución dice que la boda de los llamados a la sucesión no podrá realizarse sin el permiso del Rey, conviene lo primero de todo saber cuáles han sido los criterios que los reyes Juan Carlos y Sofía han tenido respecto a este tema. En todas las declaraciones que pueden espigarse en las hemerotecas desde su llegada al trono, cuando se les ha preguntado sobre el futuro sentimental de sus hijos, invariablemente, como era de esperar por otra parte en unos reyes modernos y democráticos, han manifestado que deberían casarse siempre con las personas que ellos eligieran y amaran. Para lo que tenían total libertad. En este sentido, tanto la boda de la infanta Elena como la de la infanta Cristina parecen haber respondido a este planteamiento. Puede afirmarse y la realidad lo corrobora que las dos se han casado por amor, con las personas elegidas de su corazón, fueran o no matrimonios correctos para los lugares que ocupan ambas en la línea de sucesión a la Corona. En ambos casos los Reyes dieron su consentimiento, se mostraron encantados y se encargaron de preparar las bodas con todo esmero, dándoles el rango de bodas de Estado, quedando muy claro que estos matrimonios no las imposibilitaban para conservar intactos sus derechos a la sucesión, que han trasmitido a sus hijos. Sólo en el caso de la infanta Cristina se especuló con la inicial oposición de su padre el Rey, cabe imaginar que más por las vinculaciones políticas de la familia de Urdangarin que por no pertenecer éste al círculo de la realeza o de la aristocracia y ser un deportista. Según los bien enterados fue la reina Sofía la que en esta ocasión echó un cable a su hija Cristina para allanar los inconvenientes que veía don Juan Carlos.

Con el heredero de la Corona ha ocurrido lo mismo. Siempre que se les ha preguntado, los dos, tanto don Juan Carlos como doña Sofía, han dicho que tenía plena libertad para casarse con quien quisiera y con quien amara, mirando a la vez la conveniencia de la persona elegida. Otra cosa es lo que haya ocurrido en la realidad cuando se hayan planteado nombres y situaciones concretas. Se dijo hasta la saciedad que cuando se trató de Isabel Sartorius fue la Reina la que se oponía, cuando todo el entorno de Zarzuela, incluido el entonces secretario general de la Casa, Sabino Fernández Campos, aclaró que la Reina no había intervenido y que veía con gran simpatía a Isabel. La propia Isabel Sartorius se encargó en la citada entrevista de aclarar este tema, negando en absoluto la negativa influencia de la reina Sofía en sus relaciones con el Príncipe, añadiendo la profunda admiración que tiene por ella. El Rey ha sido más ambiguo e incluso más divertido, ya que una vez llegó a contestar cuando se le preguntó cuál de las supuestas novias de su hijo le gustaba más, que le gustaban todas. Una forma muy borbónica de responder y de salir de una situación comprometida. En el caso de Eva Sannum, que fue el que más controversia provocó, nos ocuparemos más adelante de él y de los supuestos papeles que tuvieron los Reyes en la evolución y ruptura de la relación. El anuncio oficial y por sorpresa de la novia del Príncipe ha evitado que se hagan especulaciones sobre si es del agrado o no de los Reyes. Periodistas ha habido que se han atrevido a afirmar que cuando don Felipe expuso el nombre de Letizia Ortiz a sus padres como la mujer que había elegido como esposa, dejó muy claro que en esta ocasión no estaba dispuesto a renunciar y que era su última palabra. Es difícil imaginar esta situación, aunque entra dentro de lo posible tal y como se han desarrollado los acontecimientos referentes a la polémica vida sentimental del heredero.

Sí hay que añadir que, antes de morir, al ser preguntado por el tema de la posible boda de su nieto, don Juan de Borbón dejó muy claro que el Príncipe debería casarse con una princesa de sangre real, siguiendo la tradición de la dinastía. Hay quienes aseguran que en su lecho de muerte el conde de Barcelona —al que preocupaba seriamente este tema— llamó a su nieto Felipe y le hizo prometerle que se casaría con una princesa. Cosa que evidentemente no ha cumplido, aunque ya ha habido quien se ha atrevido a afirmar que el conde de Barcelona, fallecido hace una década, habría acabado comprendiendo las razones de su nieto y aceptando la próxima boda. O quienes, para justificar su posición, aseguran que en este tema don Juan de Borbón era un hombre de otra generación y se equivocaba al exigir a su nieto aquella promesa.

Aunque en la biografía que José Luis de Vilallonga hizo del Rey, no se trata este tema, sólo se alude a los hijos de forma tangencial, en uno de los primeros libros que se escribieron sobre los Reyes, el de la periodista francesa Françoise Laot, ya ésta dejaba claro cuál era el criterio de los Reyes respecto a la boda del heredero: «No tiene que ser una princesa». En algunas entrevistas posteriores la opinión del Rey se ha matizado más, como en el párrafo siguiente, extraído de la entrevista con el Rey, que cierra el libro de Pilar Urbano sobre la reina Sofía: «Yo creo que, aunque suene mal, el príncipe Felipe ha de mirar que la persona le convenga. Su mujer tendrá que saber hacerlo bien: tendrá que estar en todo; y esta vida nuestra es de mucho tute y, no pocas veces, de mucha tensión. Yo lo tengo muy claro. De vez en cuando le dejo caer algo, así, un poco por elevación, como quien no dice nada: "Felipe, tú trata de conjugar el corazón y la razón"». Yo sé bien lo que digo: ser rey no es fácil. Ser reina no es cómodo». Algo más enigmático es el diálogo que mantuvo don Juan Carlos con la periodista Selina Scott para el polémico documental de la ITV: «"¿El príncipe Felipe podrá casarse con una plebeya?", pregunta Selina. El Rey responde: "Sí. Depende del Rey y también del Congreso". "¿También ellos tienen voz y voto en esto?", vuelve a preguntar la periodista británica. Don Juan Carlos remata: "Si no es una persona adecuada. Pero es muy difícil que no sea una persona adecuada"». Si se interpretan correctamente estas sutiles opiniones del Rey hay que sacar la conclusión de que don Juan Carlos no está dispuesto a que su heredero se case con una persona inadecuada para el papel que tendrá que representar en el futuro. ¿Habría sido capaz, de haberse producido esta eventualidad, de plantear el tema al Congreso para que allí se hubiera debatido? Esto habría supuesto una gravísima fractura familiar y habría tenido un alto coste para la Corona. Por otra parte, en la Constitución, que es tan ambigua en este tema, no se mencionan los motivos por los que la supuesta novia —o novio— pudiera ser considerada no conveniente para contraer matrimonio con el heredero.

Como he aludido antes, Pilar Urbano escribió una biografía de la Reina, basada en unas conversaciones, en las que naturalmente se abordó el tema de las bodas de sus hijos. Doña Sofía dijo, entre otras cosas: «Yo, como madre, quisiera evitar que mis hijos sufrieran, se llevaran desilusiones, tuvieran disgustos, fracasos, chascos... Pero eso es una utopía. La vida tienen que disfrutarla y sufrirla ellos por sí mismos: es su vida. Igual que yo he vivido la mía en primera persona. ¿Casarse con la cabeza? ¿Casarse con el corazón? ¿Y por qué ese dilema? ¡Con la cabeza y con el corazón!... Si hay un hijo que se quiere casar con quien no le conviene, con quien no debe ser, haces lo que sea por evitarlo. ¿Consejos? Todos los del mundo. Pero si no hay manera, si no atienden a razones, ¿qué vas a hacer? Pues acoger a la nuera, o al yerno, en tu familia. Y tratar de ayudarles para que el matrimonio funcione... Las bodas pertenecen a las vidas propias de los hijos. Son ellos los que eligen, son ellos los que deciden... Ahí, los padres ni nadie podemos forzar. Si entramos, lo estropeamos...».

Como verán, toda una declaración de principios y una fuente indudable para poder interpretar lo que ha podido suceder después, sobre todo en la solución final al tema que más inquietaba a la Casa Real y a una buena parte de la sociedad española hasta que se ha conocido su resolución. Lo cierto es que desde la propia Zarzuela siempre, cuando se ha tratado de desmentir o matizar rumores sobre los supuestos romances del Príncipe de Asturias, se ha mantenido el principio de que no tenía por qué casarse con una princesa real, que cuando hubiera algo se anunciará, y la confianza en que cuando esto sucediera, la elección habrá sido la mejor, dado el alto sentido de la responsabilidad y la madurez de don Felipe. Cosa que no fue exactamente así, sobre todo con el tema de la modelo noruega, en que el heredero consintió que la situación llegara tan lejos hasta poner a la Corona en una delicadísima posición.

Todos estos temores, sin embargo, han quedado olvidados ante el anuncio, felizmente aceptado por todo el mundo, al parecer en primer lugar por la familia real, como se ha querido dejar muy claro, de la boda de don Felipe con doña Letizia Ortiz Rocasolano. Ni una sola voz discordante ha acogido este insólito anuncio, lo que no ha dejado de producir cierta perplejidad en una buena parte de los ciudadanos, que sin duda se preguntarán por qué todos los inconvenientes que se encontraban en las anteriores candidatas se han convertido por arte de magia en signos de la modernización de la sociedad española y de su familia real en primer lugar, que se ha colocado con esta boda a la vanguardia de la puesta al día de las monarquías europeas.

La educación sentimental de Felipe de Borbón

Volvamos, sin embargo la vista atrás para ver cuál ha sido la educación sentimental del heredero de la Corona. Parece que en sus años de estudiante las relaciones de Felipe de Borbón con las chicas, compañeras de colegio, amigas de sus hermanas, etcétera, fueron completamente normales en un chico de su edad. Su amigo canadiense Chris Dennis comentó que cuando vivía en Lakefield salió con varias chicas, pero con ninguna en especial. No hay que olvidar que entonces el heredero era todavía un chaval demasiado joven como para tomarse en serio los asuntos del corazón y del sexo. En las academias sucedió algo similar; tanto cuando estuvo en Zaragoza, como luego en Marín y en San Javier, el Príncipe se comportaba como un jovencito normal, divirtiéndose en discotecas y bares con chicas de su edad. Pero ya la prensa del corazón le tenía enfilado para convertirlo muy pronto en uno de sus objetivos preferidos a la hora de inventarle novias y romances y, sobre todo, a decidir por él cuál era la más conveniente y por qué.

De aquella época fueron los primeros nombres que saltaron a las páginas de revistas y periódicos. Sin el menor fundamento, los periodistas se limitaban a hacer listas de las princesas europeas casaderas que ellos consideraban que podían tener más o menos posibilidades, que fueran de una edad cercana a la de Felipe de Borbón. Y allí estaban ya los nombres de Marta Luisa de Noruega, Carolina de Borbón-Parma, sus primas las Borbón Dos Sicilias, hijas del infante don Carlos y amigas de la infancia del Príncipe, lo que hacía muy improbable la verosimilitud de la inclusión de sus nombres... Seguían Mafalda de Saboya, Flor de Wurtemberg, Kalina de Bulgaria, Sofía de Baviera, Diana de Orleans, Natalia de Prusia, Elena de Hesse, Rixa de Oldemburgo, Alejandra de Sayn-Wittgenstein y ya Tatiana de Liechtenstein, que fue una de las que más tiempo permaneció en todas las listas y en todas las apuestas. Lo que nadie sabía entonces, y luego se ha divulgado por algunos amigos indiscretos, es que la primera novia del Príncipe fue Victoria Carvajal, que aún pertenece a su selecto círculo de amigos y que acabó siendo periodista, cosa que ahora resulta bastante premonitoria.

En los sondeos de opinión que se hicieron en aquellos años lo que sí aparecía era una cosa muy clara, aunque no lo consideraban imprescindible, a los españoles les gustaba mucho que la futura reina de España fuera española. Luego, claro está, se despachaban a gusto sobre las cualidades que debería tener, en las que se reflejaba, como era previsible, la imagen de la propia reina Sofía que, como todos los que opinaban dejaban muy claro, había puesto el listón muy alto. Lo que por un lado creaba unas expectativas muy fuertes sobre la personalidad de la elegida del Príncipe, y a él mismo le ha podido crear una extraña sensación de agobio y de impotencia, al tener que obedecer a un modelo tan específico y desde luego irrepetible, porque todas las personas lo son. En estas discusiones estábamos cuando empezaron a circular por todos los corrillos y en todos los medios de comunicación que Felipe se había enamorado perdidamente, como le correspondía a su edad. La novia era rubia, alta, guapa y con ojos verdes. Una auténtica princesa de cuento de hadas.

Isabel Sartorius, la reina imposible

Pero no era princesa. Isabel Sartorius Zorraquín era —es— guapísima, alta, rubia, tiene los ojos verdes casi transparentes y pertenece a la nobleza. Su padre, que murió en el verano de 2002, era el marqués de Mariño, Vicente Sartorius y Cabeza de Vaca, descendiente de aquel don Luis Sartorius, rico banquero, conde de San Luis y polémico primer ministro de doña Isabel II. Otro de sus antepasados es el marqués de San Gregorio, médico personal de la reina castiza. La hermosa Isabel tenía muchas otras virtudes (¿ventajas?) Era culta, licenciada en ciencias políticas, especializada en Relaciones Internacionales en los Estados Unidos, hablaba varios idiomas, estaba muy bien educada, era española, tenía dos años más que el Príncipe y tenía la imagen ideal de una futura y moderna reina de España. Ahí se acaban las ventajas (¿virtudes?) de la señorita Sartorius. Todo lo demás eran —o se hicieron aparecer— inconvenientes. Era hija de padres divorciados. Su madre se había casado nuevamente en 1977 con un político peruano, Manuel de Ulloa, que luego llegó a ser primer ministro de su país, adonde se trasladó Isabel con su madre y sus dos hermanos, Casilda y José Luis, hasta el nuevo divorcio de su madre, quien en 1983 deja a Ulloa y se traslada con su madre a Buenos Aires. Isabel Zorraquín del Corral es argentina e hija de la supuesta vizcondesa de Oña, doña Elisabeth del Corral, de la que se cuenta que tuvo un flirteo con el duque de Windsor. Vicente Sartorius por su parte había contraído segundo matrimonio —una vez conseguida la nulidad del primero— con la riquísima princesa Nora de Liechtenstein, con la que ha tenido otra hija. Nora es tía, por otra parte, de la entonces candidata mejor situada, la princesa Tatiana.

El flechazo se produjo según todas las versiones en el verano de 1989 en Mallorca, cuando el Príncipe llega aquel verano de vacaciones. Coinciden en reuniones de amigos comunes y ocurre lo que ya sabemos y se ha contado con todo lujo de detalles. Se inicia una relación que tiene luego otros escenarios, Madrid, cruceros por el Mediterráneo, visitas a la Zarzuela y a Marivent, fiestas familiares en la finca de los marqueses de Mariño en Extremadura, salidas íntimas, protegidos, con la mayor discreción posible, aunque en alguna ocasión fueron pillados por la prensa. Se divulgan algunas fotografías y se especula mucho, mucho, mucho. En todos los foros, en revistas serias y menos serias, el noviazgo del heredero se convierte en un tema de tertulias y cada uno dice lo que le parece. La novia desde luego es muy guapa, es española y está muy preparada. Pero... En su afán de búsqueda de no se sabe qué, los medios investigan, buscan y descubren o tratan de lanzar todo tipo de datos que se convierten en seguida en graves inconvenientes, divulgados a bombo y platillo por los periódicos. La chica ha tenido una vida demasiado libre, para estudiar en Washington —precisamente en la Universidad de Georgetown y luego en la American University— ha trabajado de camarera. La vida de su madre no es modélica, tampoco la de su hermano, dicen los periodistas de las revistas más escandalosas. Ella misma tenía —o al menos eso dijeron algunos— un pasado sentimental excesivamente abultado y nada conveniente para una futura reina de España. Ha tenido una relación de noviazgo de más de tres años con Ricky Fuster, amigo del Príncipe e hijo de un importante empresario. Y ha sido relaciones públicas de una empresa del polémico Javier de la Rosa, lo que la obligaba a acompañar a importantes hombres de negocios. En realidad nada. La actual novia del Príncipe no sólo tiene padres divorciados y un también abultado historial sentimental, sino que es divorciada ella misma. ¡Quién lo iba a decir!

En julio de 1993 puede darse por terminado el noviazgo de Isabel y Felipe. Ella misma llegó a comentar que ya no salían juntos y que no habría compromiso. La verdad es que hoy día, después de los años pasados, hay que reconocer que la relación de Isabel Sartorius y Felipe de Borbón —al margen de las razones que ellos tuvieran para darla por finalizada— se la cargaron los medios de comunicación. Primero acosándoles de una manera permanente e insoportable y principalmente al divulgar datos más o menos ciertos, más o menos escandalosos que podían, de haber continuado el noviazgo, haberse convertido en impedimentos difíciles de superar por la pareja para llevar a cabo una supuesta boda. De cualquier forma el noviazgo se desarrolló en los peores momentos de los escándalos de la corte de Inglaterra, con la ruptura de los matrimonios del duque de York y de los príncipes de Gales y un cierto síndrome de lady Di asaltó a todas las casas reales europeas, también a la española, con efectos muy negativos para que prosperaran las relaciones de los dos jóvenes enamorados. Isabel tenía un cierto perfil semejante a lady Diana Spencer, como ella provenía de la nobleza, y como ella tenía la ventaja de no ser extranjera. Las separaba la excelente preparación de la Sartorius contra la deficiente educación de la princesa de Gales. Demasiado peligroso, como diría don Juan de Borbón: «Pienso en lo que estaba pasando en Inglaterra y me echo a temblar».

Isabel ha tenido luego una trayectoria un tanto errática, ha vivido en varios lugares del mundo, tuvo en Londres una hija de Javier Soto, aunque no se han casado, ha trabajado para diversas empresas, incluida una periodística muy crítica con la Corona, hasta terminar en su actual empleo en un gabinete de relaciones institucionales de la Fundación Ebro-Puleva. Al comienzo de este libro hemos hecho alusión a la entrevista que concedió a la revista *¡Hola!* a finales de 2002, en la que aclaraba algunos de los puntos menos conocidos sobre su relación con el príncipe Felipe, con el que sigue conservando, según se desprende de la entrevista, una buena amistad.

Cuando Felipe de Borbón, en septiembre de 1993, se marcha a los Estados Unidos a realizar un máster en relaciones internacionales en la Edmund Walsh Of Foreing Service de la Universidad de Georgetown, una de las más prestigiosas del mundo, ya ha roto con su primer gran amor, Isabel Sartorius. Luego se ha conocido al detalle una relación que mientras se desarrollaba se conoció sólo fragmentariamente, no en vano era aquel verano *horribilis* de la Monarquía española de 1992, en el que las ya condenadas relaciones entre Felipe e Isabel no eran ni mucho menos el más grave problema que le ocurría a la Real Casa.

La novia americana, amores y amoríos

En los Estados Unidos el príncipe Felipe compartiría casa con su primo hermano y uno de sus grandes amigos, el príncipe Pablo de Grecia, que también hacía un máster en la misma Universidad de Georgetown. Aquellos dos años del heredero en la capital federal de los Estados Unidos fueron de gran libertad para don Felipe. En realidad es la época en que ha llevado una vida más a su aire. Lo que le permitió vivir con cierta soltura su juventud y su soltería en un medio universitario moderno y muy elitista como es aquel centro, en el que se han formado algunos de los presidentes del país, como el propio Bill Clinton.

Mientras tanto y coincidiendo con el proceso de ruptura de Felipe e Isabel, había llegado discretamente a Madrid para estudiar castellano y para hacer un máster en empresariales, la princesa preferida de las revistas del corazón, Tatiana de Liechtenstein. El hecho levanta una oleada de comentarios. Muchos creen interpretar que se trata de toda una maniobra a largo plazo para que la joven princesa conozca el país, al heredero, aprenda castellano y se prepare para convertirse en la futura esposa de Felipe. En efecto, ellos ya se habían conocido en la boda de la princesa Nora y Vicente Sartorius y luego coincidirían en diversos acontecimientos de sus respectivas familias, bodas, bautizos, entierros y, viviendo Tatiana en Madrid, se movieron en el mismo círculo restringido y exclusivista de los amigos del Príncipe. A las revistas del corazón les encantaba Tatiana. Era en realidad una princesa tan de diseño como el propio don Felipe. Joven —cinco años menos que él—, guapa, moderna, con una exquisita educación, católica y perteneciente a una familia reinante, aunque se tratara de uno de los países más pequeños del mundo, un principado también de cuento de hadas, situado en el centro de Europa, emparentada con todas las casas reales y con un padre considerado uno de los hombres más ricos del continente, lo que siempre está muy bien visto. Algunos la veían, por poner defectos, un poco llenita y con un aire campesino que la alejaba del *glamour* y la distinción de otras princesas. En cambio era simpática y muy sencilla.

Ni que decir tiene que el tiempo que vivió la pobre —por decir algo— Tatiana en Madrid los medios le hicieron la vida imposible. La seguían a todas partes, le adjudicaban novios en cuanto salía al cine o a cenar con alguien y así hasta el infinito. Tuvo que haber un desmentido oficial desde la Casa de su padre en Vaduz para que se acabara aquel rumor que en el verano de 1994 había llegado a ser abrumador. Y así hasta que al año siguiente se empezó a conocer la relación que el Príncipe estaba viviendo en los Estados Unidos con la guapa Gigi Howard. Nunca se sabrá si el asunto de

Tatiana, que acabó marchándose a París a continuar sus estudios, fue toda una operación de acercamiento propiciada por Zarzuela que no tuvo el éxito deseado o mera casualidad. Años más tarde Tatiana se casó con un noble alemán del que ya ha tenidos dos hijos.

La existencia de Tatiana y la evidencia de las románticas vacaciones de Felipe de Borbón con Gigi en alguna exótica playa, que llegó en forma de reportaje fotográfico, no fue obstáculo como para que en esta misma época al Príncipe se le fueran adjudicando nuevos romances, se le buscasen presuntas novias y se siguieran haciendo listas y listas de princesas y señoritas de buen ver, con presuntas posibilidades de llegar a convertirse algún día en esposas del heredero español, que ya empezaba a tomar fama de solterón. Sobre todo después del matrimonio de su hermana Elena, pues muchos creyeron que había una norma no escrita que obligaba a sus hermanas a esperar a contraer matrimonio después que su hermano. Como muchos otros inventos nadie sabe, pues no tiene el menor fundamento histórico ni dinástico, de dónde salió aquel disparate que al principio de los años noventa se comentaba con todo desparpajo en revistas, periódicos y tertulias de televisión.

En momentos en que no había noticias ni novedades que dar sobre tan apasionante asunto las revistas volvían a la carga y seguían dando nombres. Fue la época de Flor de Wurtemberg, hija de la princesa Diana de Francia, que tiene una casa en Mallorca y es ahijada del propio rey Juan Carlos, de Diana de Orleans, prima de la anterior, de María Luisa de Badem, de Benedicta y Nataly de Dinamarca, de unas cuantas princesas de la última cosecha de los Baviera, todas guapísimas, rubias y modernas, Elena, Isabel y Ana... Y volvían a la palestra las hijas del duque de Calabria. Y seguía la lista con Carlota de Luxemburgo, María Anunziata de Borbón Dos Sicilias, Catalina de Austria, repetían Elena de Hesse, Mafalda de Saboya, Marta Luisa de Noruega. Y otras salían del anonimato, sus primas Alejandra y Olga de Grecia (hijas del príncipe Miguel, primo de la reina Sofía), Cecilia de Reus, Fabiola Foucheau, hija de Tatiana Radziwild... Por princesas que no quedara. En este sentido habría que recordar una anécdota precisamente de la princesa Diana de Orleans, duquesa de Wurtemberg, la madre de Flor Eleonora de Wurtemberg, una de las supuestas candidatas (que ya está casada y hasta tiene dos hijos), cuando, al ser preguntada por la boda de su hijo y si pudiese hacerlo con una persona que no fuera de sangre real, comentó que muy tonto tendría que ser su hijo si no encontraba una novia entre las más de doscientas princesas en aquel momento disponibles. Porque no es tan restringido el círculo de la realeza, como a veces se ha querido hacer ver, ya que aunque las familias reinantes son pocas, existe una legión de casas reales en el exilio, de ducados soberanos alemanes mediatizados, que conservan la consideración de realeza y una infinita variedad de chicas pertenecientes a la alta nobleza europea que se mueven en ambientes exclusivos, pero por todos ellos conocidos, pues son ellos mismos los que los crean.

Lo que ocurre es que, en asuntos del corazón, sólo manda el corazón, como es lógico y ha quedado lo suficientemente demostrado, o algún otro sentimiento más poderoso aún como es la pasión sexual. En febrero de 1995 aparecieron las primeras fotografías de Felipe de Borbón y su novia americana, Giselle Howard, conocida por sus amigos por Gigi. Parece que fue la novia de su primo Pablo de Grecia, actualmente su mujer, Marie Chantal Miller, la que los presentó. Se hicieron muy amigos y pasaron unas apasionadas vacaciones en las Antillas francesas, de las que procedían las fotos que aparecieron en algunos medios, como prueba irrefutable de que entre el Príncipe y la joven norteamericana había algo más que una simple amistad. Perteneciente a una familia burguesa de Atlanta, Gigi había intentado ser modelo, había hecho sus pinitos como tal y luego había enfocado su futuro en el mundo de la publicidad, trabajó en *Vogue* y pensaba dedicarse a la psicología infantil.

Poco se sabe de la verdad acerca de la relación de Gigi y el príncipe Felipe. Se rumoreó en su momento que la norteamericana había viajado a Madrid, visitado la Zarzuela y conocido a los Reyes, pero nada de eso se ha podido confirmar. A los jóvenes se les fotografió paseando por Nueva York, donde acudían con frecuencia y cenaban en restaurantes de moda de Manhattan y parece que también coincidieron en los Juegos Olímpicos de Atlanta. Las revistas trabajaron mucho el tema Gigi y hasta un reportero español, Hugo

Arriazu, fue detenido y juzgado al ser denunciado por Gigi Howard por haber pinchado su teléfono, cosa que en Estados Unidos está seriamente penada por las leyes. A finales del 1996 el tema Gigi está muerto para la prensa del corazón. El Príncipe ya ha vuelto con su diploma del máster en relaciones internacionales y se ha incorporado a su trabajo, como enviado de su padre en muchos acontecimientos en su condición de heredero y compartiendo con los demás miembros de la familia real sus tareas representativas.

Mientras algunas de sus supuestas novias se van casando, aparecen nuevos nombres. Catalina de Austria es objeto de algunas publicaciones cuando viene a vivir a España una temporada, hasta que se descubre que en realidad está comprometida con el aristócrata italiano Maximiliam Seco D'Aragona, así que es descartada. Pero en seguida es sustituida por otra joven aristócrata alemana, la condesa Carolina de Waldburg, que casualmente está estudiando también en Madrid. Católica, perteneciente a una familia de la alta nobleza alemana, de uno de los principados mediatizados en el siglo XIX, Carolina, que quería ser periodista, comparte unos meses su supuesta candidatura con Pilar de Orleans-Borbón y Parodi, con Natalia de Prusia y alguna que otra aportación novedosa, como Belén Domecq, Sofía Ullens de Schooten y hasta una despampanante modelo brasileña de color.

La revista *Época* llegó a organizar en octubre de 1997 un concurso, similar al que en 1905 había realizado el diario *ABC*, para que los lectores eligieran a la futura esposa de Alfonso XIII —curiosamente ganó por goleada la que efectivamente se casó con él, la princesa inglesa Victoria Eugenia de Battenberg—. Animados por aquel éxito los responsables de *Época* trataron de encontrar, mediante otro concurso, a la novia de Felipe de Borbón. Las candidatas fueron: Carolina de Waldburg, Marta Luisa de Noruega, Catalina de Austria, Flor de Wurtemberg, María Carolina de Borbón-Parma, Tatiana de Liechtenstein, Victoria de Borbón Dos Sicilias y Victoria de Suecia. Por poner que no quedara, con lo que se llegaba al despropósito de incluir a la heredera a la corona sueca, que naturalmente no tenía la menor posibilidad, ya que de casarse con un príncipe heredero de otro Estado, estaría obligada a renunciar a sus derechos a la corona de su país. O él a los suyos, que ya nada parece muy claro a estas alturas de igualdades y moderneces.

Nada se aclaró con aquel concurso. Lo que quedaba claro poco después es que Carolina de Waldburg no era su novia, pues se casó con otro. Y volvieron a sonar nombres nuevos: lady Gabriela de Windsor, sobrina de la reina de Inglaterra, estudiante también en Madrid una temporada; Adelaida de Orleans, Vanesa von Bismarck, María Thurn und Taxis, Sofía de Badem, María Cristina de Saboya-Aosta... Eso entre las princesas, pero también surgieron otros nombres, las mexicanas Bibiana Corcuera y Laura Labiada, Gabriela Sebastián de Erice —hija del embajador español en Alemania y de una princesa alemana emparentada con toda la realeza y con la propia reina Sofía—, la polaca Alice Krezjlová, estudiante de filología española y camarera de ocasión en un restaurante mallorquín que frecuentan el Príncipe y sus amigos... Anna Jussil, Flor de María Varela Jiménez y así un largo etcétera, donde no faltaban los nombres de algunas bellas modelos, gremio por el que parece que los príncipes herederos europeos actuales tienen una desmedida debilidad.

Eva Sannum, el noviazgo que nunca existió

Naturalmente Felipe de Borbón no iba a ser una excepción. Casi todos los príncipes europeos actuales han tenido una novia modelo. La tuvo ya el príncipe Andrés de Inglaterra antes de conocer a Sarah Ferguson; a su hermano Carlos, príncipe de Gales, se le atribuyó algún que otro romance con hermosas y famosas maniquíes y aunque el que se ha especializado en pasear *top models* por el mundo ha sido Alberto de Mónaco, no parece que haya convencido a nadie de su amor por las mujeres guapas. El que llegó a formalizar, más o menos, una relación con una modelo fue el príncipe Haakon Magnus de Noruega, antes de caer en las redes de Mette-Marit Tjessem. La chica se llamaba Kathrine Khnudsen. Lo mismo hizo el heredero de Dinamarca, antes de enamorarse de la abogada australiana Mary Donaldson, con la que al fin contraerá matrimonio el próximo 14 de mayo, después de vencer la oposición manifiesta de su madre la reina Margarita II, que llegó a prohibirle terminantemente que se casara con la modelo, para luego volver sobre su negativa y acabar aceptando a la elegida por el voluble corazón de su hijo y heredero.

Y fue justamente Kathrine Knudsen, la modelo ex novia de Haakon, la que presentó a Felipe de Borbón a su compatriota Eva Sannum. Al menos ésa es la versión más extendida. Unos dicen que el primer encuentro tuvo lugar en Madrid, donde las dos jóvenes estarían trabajando en aquellos momentos en la agencia Magic de un conocido personaje de la vida social madrileña, Carlos Mundy, editor actualmente de la revista *Metaphore*. Haakon, de viaje en Madrid, se reúne con su antigua novia, que viene acompañada de Eva, y se la presenta a su amigo Felipe de Borbón. Otros afirman que el primer encuentro se habría celebrado en Oslo, con motivo de los actos conmemorativos de los sesenta años del rey Harald. Sea como fuere, esto debió de ocurrir en el año 1997, ya que a finales de ese año Iñaki Urdangarin viaja a la capital noruega y lleva el teléfono de la chica, facilitado por su cuñado Felipe, para que Eva le sirva de guía por la ciudad. La discreción preside toda esta primera parte de las relaciones de la modelo y don Felipe, aunque ya se había publicado una fotografía de la pareja, cenando con un grupo de amigos en un restaurante muy conocido en los aledaños de la Plaza Mayor de Madrid, llamado Cuchi.

La publicación de unas fotografías de la modelo en *top less* hace que las relaciones se enfríen un poco, según han contado luego los que dicen conocer la historia al dedillo, que parecen ser muchos más de los que cabría imaginar para haber sido una historia tan oculta durante mucho tiempo. En este sentido los jóvenes debieron estar viéndose con bastante libertad entre los años 1998 y 1999. Pero empiezan a publicarse los primeros datos. Eva Sannum, 1,85 de estatura, 88-60-90, rubia, ojos azules, nació en Lovenstad, una pequeña localidad al norte de Oslo el 27 de abril de 1975, es hija de padres divorciados. Su padre Björn Sannum trabaja en las oficinas del paro y, cuando se divorció de su mujer Victoria Jonunn, se instaló en un barrio obrero en Oslo con sus hijas Eva y Linda y se casa de nuevo con Gretta Gerharde, que aporta otra niña, Hilda. La madre, Victoria, vive actualmente en Grecia, en la isla de Rodas, casada desde 1984 con Franciscus Kolumpris, con el que ha tenido otra hija, llamada Jarula, de quince años. Una familia bastante complicada, pero hoy día bastante habitual. Desde los quince años, Eva, descubierta por una agencia de modelos noruega, ha trabajado en el mundo de la publicidad y en las pasarelas. Cuando cumplió dieciocho años se lanza a una carrera internacional, aceptando contratos en muchos lugares distintos, desde Ciudad del Cabo a Milán y desde Hamburgo a Londres o Madrid. En Hamburgo posó para un catálogo de ropa interior, que fue uno de los temas más controvertidos cuando se habló de su idoneidad o no para convertirse en la esposa de Felipe de Borbón.

Aunque nunca consiguió convertirse en una *top model* internacional, Eva Sannum, cuando conoció al Príncipe estaba considerada en la profesión como una buena modelo y su cotización en el mercado era de unas 250.000 pesetas de aquellos años por desfile o sesión fotográfica. Fue la revista *¡Hola!* la que, ya finalizando el año 2000, publicó inesperadamente unas viejas fotografías de Eva y el Príncipe en la India y Nepal. Se trataba de unas fotografías tomadas en el verano de 1999, en que la pareja viajó en compañía de unos amigos a varios países de Extremo Oriente. Una fotografía frente al Taj Mahal ilustra la portada de la revista, que pone finalmente al descubierto lo que ya era un clamor en los medios de comunicación. Se habló de traición de parte de uno de los amigos del Príncipe que había en el grupo y que habría vendido las instantáneas, pero luego se ha abierto camino la versión de que fue una filtración permitida e incluso auspiciada por el propio Príncipe para pulsar la opinión pública y como un paso más en la batalla que ya tenía abierta en esos momentos en Zarzuela para seguir adelante con una relación a la que se oponía frontalmente su padre el Rey.

Desde que aquellas fotos se dieron a la publicidad comenzó un debate en la opinión pública española sobre lo conveniente o no del noviazgo de la modelo y el Príncipe. Y la persecución a la pareja se hizo implacable. A pesar de todo nadie consigue fotografiarles juntos. Se habla de que Eva viene a Madrid con cierta frecuencia, que se aloja durante sus estancias en la capital, ya en una urbanización a las afueras, en el chalet de un amigo íntimo de don Felipe, ya en una casa de otro amigo del Príncipe en la zona de la calle Almirante. Se rumorea que hasta ha llegado a ser recibida en Zarzuela, que visita y supervisa con su novio las obras de la casa que se estaba construyendo en el entorno de Zarzuela destinada a vivienda del heredero. Hay unos meses en que los rumores de todos los gustos van y vienen a las revistas del corazón, sin que nadie pueda confirmar ni desmentir su autenticidad. En marzo de 2001 la revista *¡Hola!* vuelve a publicar un reportaje de la pareja, esta vez esquiando en la estación suiza de Saint-Moritz, igualmente acompañados de unos amigos. Unos vuelven a hablar de traición y otros de filtración interesada. A pesar de todo y para ayudar a que la pareja pudiera seguir viéndose discretamente, hay quienes lanzan el rumor de que todo se trata de una maniobra de despiste para ocultar la verdadera identidad de la novia del Príncipe. Y vuelven a surgir nombres de ideales princesas casaderas, como el de Magdalena de Suecia, una princesa guapísima y con un tipazo despampanante, con una vida tan alegre y desenfadada como corresponde a su ardiente juventud, pero no para el perfil de la esposa de un heredero.

Aquella Semana Santa se les sorprende en el aeropuerto de París, donde el Príncipe despide a Eva, se supone que después de pasar unos días juntos. Todo parece indicar que ha sido el propio Felipe el que ha querido dejarse pillar por los *paparazzi* para seguir forzando una oficialización del noviazgo. Se llega a hablar de una fecha fijada para la boda, en octubre de 2001, del lugar donde se celebraría el enlace, aparecen nuevos datos sobre la familia de la novia. Y así las cosas, sin ninguna confirmación de la Zarzuela, estalla el mayor escándalo que ha tenido que soportar la Casa Real desde la reinstauración de la Monarquía en 1975.

Un agrio debate

Durante más de un año el Príncipe tuvo que asistir a uno de los más desabridos debates sobre su persona, sobre su futura esposa y sobre la propia institución monárquica que se han vivido en España en los últimos treinta años. Sólo cuando se llega a hablar de fechas concretas, de detalles de la ceremonia, del lugar, de los padrinos, Zarzuela hace un comunicado reconociendo la amistad entre don Felipe y Eva, pero advirtiendo que no ha habido ningún cambio en esta relación que haga pensar en la eventualidad de un compromiso. Lo que la opinión pública pudo llegar a deducir es que existía en el palacio de la Zarzuela una lucha entre quienes se negaban en redondo a aquella boda y los que se plegaban resignados a la voluntad y tozudez del heredero. Se discutió mucho en aquellos momentos sobre quiénes estaban en uno u otro bando. Se pudo concluir que la Reina, a pesar de todo, habría acabado acatando la voluntad de su hijo, y el Rey no. Apoyándole estarían los duques de Palma y de acuerdo con la postura del Rey, los duques de Lugo. Don Felipe intentó durante mucho tiempo plantear los hechos como consumados y para ello, a través de algunas personas que filtraban datos, sus deseos y sus ideas, ir formando una opinión pública favorable al enlace. Se supo que se entrevistó con autoridades eclesiásticas, con líderes políticos, con creadores de opinión e incluso con escritores jóvenes y personas relevantes de su generación.

Desde comienzos del año 2001 la polémica estuvo en los medios de comunicación. En ella intervinieron periodistas, escritores, políticos, personas conocidas y menos conocidas. Todos opinaron con una lacerante libertad. Lo que terminaba por ponerse en tela de juicio era la propia institución de la Monarquía. Curiosamente los que opinaron que el heredero debía casarse con quien le diera la gana eran los republicanos, que hacían la siguiente deducción: como un español más tiene todo el derecho a casarse con quien quiera, pero claro, si es un español más por qué va a ser el próximo rey. En el otro extremo se situaron los monárquicos tradicionales, que pensaban —hoy parece que también han cambiado de opinión— que el Príncipe debe contraer matrimonio con una princesa de una casa real, como han hecho todos sus antecesores. Luego había quienes mantenían una opinión más matizada, puede casarse con quien quiera, pero no con cualquiera, es decir, la futura esposa del heredero de la Corona deberá reunir una serie de características que le hagan una persona que pueda representar dignamente a la institución y a España en todas las circunstancias. En realidad era la opinión que el propio Rey ha ido dejando entrever cuando se le ha preguntado sobre cómo debería ser la esposa de su hijo. Y la que ha mantenido respecto del matrimonio de sus hijas.

De todas las opiniones recogidas en aquellos momentos, voy a ofrecer una selección significativa de las distintas posturas sostenidas por unos y por otros. Abrió el fuego el escritor y grande de España, José Luis de Vilallonga, que escribió en abril de 2001 un durísimo artículo sobre el tema, que luego él dejaría entrever que había sido autorizado por Zarzuela y por el Rey. «Recuerde el Príncipe que los monárquicos de toda la vida serán los primeros en reprocharle su primer paso en falso y Dios no quiera que sea el de su matrimonio. Yo mismo, monárquico genético por no decir endémico, consideraría un error grave una boda que nos pusiera a la altura de los ingleses y quizás empezaría a calibrar las posibilidades de una república que me ahorraría tener que reverenciar a una reina equivocada. Por lo menos, con la república podría despacharme a gusto.»

Desde las mismas páginas de *ABC* el académico e historiador Carlos Seco Serrano escribía ese mismo mes de abril: «Sería inconcebible ver en el Trono que el último siglo ocupó con dignidad perfecta María Cristina de Austria, Victoria Eugenia de Battenberg —y hoy de manera verdaderamente ejemplar Sofía de Grecia—, a una jovencita avalada por sus "medidas perfectas de maniquí". Por supuesto, nunca he creído —dada la sensatez y el exacto sentido de la responsabilidad de nuestro Príncipe— que semejante disparate haya pasado por su mente». En igual o parecido sentido conciliador escribía Luis María Anson, desde *La Razón*, el 1 de mayo de 2001: «Con 33 años, una educación especialmente severa y un sentido del deber indoblegable, aprendido de sus padres y de sus abuelos, no cabe esperar de don Felipe la menor frivolidad... este Príncipe sabe muy bien, porque las tiene en casa, las cualidades que debe reunir la futura reina de España. El pueblo español quiere que esa mujer (pertenezca a la realeza o no, que los tiempos han cambiado para todas las monarquías) sea como doña Sofía».

El joven escritor Juan Manuel de Prada se situaba a favor de la pareja: «El fruto de una educación tan minuciosa es un hombre de treinta y tantos años, consciente del papel que desempeña y libre para decidir. Pero, hete aquí que, llegada su edad núbil, han surgido un enjambre de casamenteros, más papistas que el Papa, que quieren influir en su voluntad y rectificarla... Solicitan al Príncipe que finja su amor, que lo convierta en una tramoya cortesana, que lo subordina a los intereses dinásticos... Ojalá el Príncipe no tuerza nunca su voluntad ante el acoso de los moscones dinásticos». No tardó en contestar contra esta insinuación el escritor Alfonso Ussía: «Los moscones dinásticos no piden una futura reina "profesional", como apunta Prada. Sí una futura reina que no haya surgido de las pasarelas y ofrezca tan surtido repertorio de fotografías suyas luciendo fina lencería. Los moscones dinásticos no buscan la infelicidad del Príncipe, sino la responsabilidad del Príncipe en el que aún confían... No porque la señorita Sannum sea una chica corriente tiene el derecho de ser reina de España. Eso es de Corín Tellado... Se recuerda, sencillamente, que al Príncipe de Asturias, a cambio de incontables privilegios, se le recomienda una especial cautela y reflexión en la elección de su mujer, por la también especial circunstancia de que su futura mujer será la próxima reina de España... Defender la igualdad con el resto de los jóvenes es bonito, moderno, pero falso. Que todos los jóvenes tengan los privilegios del Príncipe».

El ya desaparecido escritor especialista en temas de la realeza Juan Balansó añadía problemas constitucionales, ya que la reina de España puede llegar a convertirse en regente, según la Carta Magna: «El casamiento del Príncipe de Asturias no debe, por todo ello, ser tomado a la ligera. Se trata de un acontecimiento político y reviste excepcional importancia; de un matrimonio de Estado que puede convertir un día a su majestad la reina Eva Sannum en jefe del Estado español, sin que nadie, más que su marido, la haya elegido para tan gravosa función». Por su parte, otro periodista de la cosa monárquica, Jaime Peñafiel, escribía: «Estimado Juan Manuel de Prada, exigir a un miembro de la familia real, cualquiera que sea esta familia, un mínimo de profesionalidad, no es pedirle que sea farsante, para ti sinónimo de profesional, sino la obligación de asumir que ser nuera o hija política del Rey o de la Reina no es un privilegio sino una servidumbre, no un regalo, sino un sacrificio...».

Al coro se unían otros muchos escritores y periodistas, Cristina Peri Rossi escribía: «No soy monárquica, es verdad, pero sí tengo que defender la libertad, como sagrado derecho de los hombres y animales, también tengo que defender la del Príncipe y la de cada cual a elegir a su pareja, del sexo, la nacionalidad, el color de piel, las ideas y la profesión que se le antoje. Y se me ocurre una pregunta inquietante: ¿cómo podría defender la libertad de sus súbditos —palabra que detesto: digamos una más democrática, por ejemplo, compatriotas— aquel que hubiera tenido que renunciar a la suya?...». Y Antonio Gala: «... tal representación merma y regula sus facultades de elegir. A no ser que renuncie a representar a nadie y actúe en nombre propio y exclusivo. Hay algún conocido precedente». Luis Antonio de Villena: «A mí me gustaría que el Príncipe se casara con la modelo noruega porque soy republicano. Me explico. Si vemos que los príncipes, reyes y reinas hacen la vida de todos (divorcios, amoríos, opiniones tontas, superioridad no ganada) tenderemos a pensar que son como todos, y si así es ¿qué diferencia al rey de un presidente de una república, que es asimismo emblema del Estado? La actual Monarquía española ha sido útil, en circunstancias extraordinarias. Felipe VI cuando llegue no lo tendrá tan fácil. Y si hace lo que cualquiera de sus súbditos nada más normal, más deseable ¿qué pinta la Monarquía?... Señorita Sannum, bienvenida».

Los periódicos entraron en el debate con sus propios editoriales, así *El Mundo* decía: «No es el matrimonio del Príncipe una cuestión que deba abordarse a golpe de encuesta ni a rebufo de las opiniones de articulistas, sino desde la más estricta legalidad. La Constitución de 1978 derogó la Pragmática sanción de Carlos III que prohibía los matrimonios desiguales. Si los rumores de que a los Reyes les desagrada Eva Sannum no se materializan en la "expresa prohibición del Rey y de las Cortes", como recoge el artículo 57, no hay más tribunos a los que pedir consentimiento». *El Periódico de Cataluña* por su parte opinaba: «Cualquier mujer inteligente puede aprender el oficio de reina mientras la historia del mundo acusa recibo de muchas malas soberanas que tenían los mejores currículos de linaje. Que la elegida venga de la clase media baja de Oslo no es ningún inconveniente, siempre que asuma las servidumbres del cargo con toda profesionalidad. Lo demás son tonterías de anticuados e injustos monárquicos de salón».

Pedro J. Ramírez insistía desde *El Mundo*: «Es probable que la biografía de Eva Sannum no corresponda para nada al patrón preconcebido de cómo llegar a ser reina de España. Pero hasta los más recalcitrantes habrán de reconocer que mucho peores credenciales presentaba en teoría un hijo de rey educado y preparado por un dictador para alterar el orden sucesorio en perjuicio de los derechos de su padre, y ahí le tenemos, querido y respetado por todos al cabo de veinticinco años de reinado en libertad y prosperidad». Jesús Cacho apostillaba: «El problema de los monárquicos *enragé* es que el propio príncipe Felipe no está dispuesto a sacrificarse por una institución en la que no cree. Palacio, tras las duras broncas entre padre e hijo de la pasada Navidad, admite su derrota». Y Jesús del Pozo: «El Príncipe de Asturias es un hombre sensato y bien educado. Tiene un concepto muy claro de cómo debe ser su pareja; sabe que el puesto de rey de España nunca está asegurado; pero nadie le puede obligar a que renuncie a su relación por una trasnochada versión de la monarquía. Que haga lo que le dé la real gana; ningún pacto es sagrado cuando se aspira al trono».

Todo esto fue antes de las famosas fotos de Oslo en la boda del heredero de aquella monarquía, el príncipe Haakon Magnus con una señorita de vida turbulenta llamada Mette-Marit Tjessem Höiby. La expectación en España fue enorme porque se creía que de alguna manera la presencia de Eva Sannum entre los invitados no era inocente, sino que obedecía a una maniobra del Príncipe que habría pedido a su amigo y colega el heredero noruego que le echara una mano. Se trataba de hacer una escenificación oficiosa del noviazgo a ver qué pasaba. El patio español andaba revuelto, porque las opiniones que hemos transcrito sólo son un pálido reflejo de lo que podía encontrarse en los foros de internet y de lo que podía oírse en las tertulias de la televisión, donde empezaban a mezclarse los nombres de Felipe y Eva con los de Belén Esteban y Jesulín de Ubrique o con los de Carmen Ordóñez y su último ligue, sin el menor empacho y sin solución de continuidad. Cualquier indocumentado podía dar su opinión, ofensiva a veces para la dignidad de las personas, como si se tratara de un patio de vecindad.

Y llegó el día esperado. Ya habían coincidido en las fiestas previas a la boda y en la despedida de soltero, que se prolongó hasta la madrugada en el apartamento de Mette-Marit y Haakon en el centro de Oslo, pero no hubo constancia fotográfica. Cuando sí la hubo fue en la fiesta que siguió a la boda, que se celebró en la catedral de Oslo y a la que el Príncipe asistió —el rey Juan Carlos excusó su asistencia— con una ojerosa reina Sofía, con cara de circunstancias. La señorita Sannum acudió a la ceremonia religiosa en compañía de un amigo del príncipe Haakon. Luego, ya en la fiesta y el baile que siguió a la ceremonia y al banquete, Felipe y Eva se encontraron. Se dice que incluso la Reina saludó a su posible nuera, cosa de la que no hay constancia. Al día siguiente las fotos de Eva y Felipe competían en la prensa internacional con la de los propios protagonistas del día, Haakon y Mette-Marit Tjessem. Eva se había puesto un espectacular vestido azul, con un no menos espectacular escotazo, ideal para una estrella de cine o para una modelo, tal vez no para una futura Princesa de Asturias. Tampoco pareció muy apropiado dejarse fotografiar con un copazo de coñac en la mano. El efecto fue demoledor.

HABLA LA CALLE, OPINA EL PUEBLO SOBERANO

Si los meses previos a aquella fotografía, que en realidad era como una confirmación de que el noviazgo continuaba e incluso que iba por buen camino, el debate había sido duro, a partir de agosto los comentarios, las opiniones, el rechazo se materializó en encuestas, debates, foros, artículos, editoriales... Las encuestas realizadas en diversos programas de televisión y las que podían encontrarse en algunos foros y páginas de internet ofrecían un abrumador tanto por ciento en contra de la boda del heredero de la Corona con Eva Sannum. El diario *El Mundo* abrió una página especial dedicada a la pareja, especialmente humorística, por llamarla de alguna manera. Se encontraban cosas curiosas, por ejemplo, todos querían que el Príncipe se casara con quien quisiera, pero no con Eva Sannum. Los jóvenes, en contra de lo que pudiera pensarse, votaron a veces en mayoría contra el compromiso. Se aducían razones muy sorprendentes: que no fuera española (muchos), que no fuera católica, que hubiera posado en ropa interior, su profesión de modelo, su aparente antipatía... También se aludían algunos argumentos más consistentes: que no estuviera preparada para ocupar el papel de Princesa de Asturias y luego el de reina. Todas aquellas a veces bruscas opiniones que aparecían en los foros de la red debieron ser conocidas por el Príncipe de primera mano, ya que se sabe que don Felipe es un avezado internauta. Allí debió conocer lo que pensaban una gran mayoría de españoles no sólo sobre su novia, sino sobre la permanencia de la Monarquía en nuestro país, lo que, sin duda, era mucho más grave y más a tener en cuenta. En este sentido algunas preguntas realizadas por el heredero a algunos profesionales de la información sobre lo que estaba sucediendo, y que trascendieron a la opinión pública, hacen pensar en el interés con que seguía el debate que existía en la sociedad española sobre su posible boda.

Entre lo que podía leerse y escucharse había de todo, desde opiniones irrespetuosas a opiniones autorizadas y doctas, como la del catedrático de Historia del Derecho de la Universidad Rey Juan Carlos de Madrid, autor del libro *Carta abierta al Príncipe de Asturias,* Bruno Aguilera. El prestigioso jurista afirmó: «El Príncipe no puede casarse porque sí, ni es de recibo que lo haga sin tener en cuenta otras consideraciones... Puede estarse a favor o en contra de la monarquía, puede preferirse la república como forma de Estado, por entender —y no sin razón— que es una institución más acorde con los tiempos. Sin duda. Pero lo que no puede hacerse es aceptar la monarquía y aplicarle el rasero constitucional republicano». El historiador Javier Tusell afirmaba en un artículo publicado en *El País*: «La Monarquía española no aguantaría una sobreexposición mediática como sufre la británica, porque no está consolidada».

El antiguo ferviente monárquico Antonio Burgos terminó escribiendo: «... lo que pasa es que el hartazgo frente a la Monarquía va creciendo. Una de las reflexiones más comunes entre quienes han dejado mensajes en los foros es "ya que vive con tantos privilegios a cargo de nuestros impuestos, al menos que cumpla con una de las pocas obligaciones que tiene, la de casarse con alguien de sangre real"... La gran oportunidad que tienen los españoles es la de reformar pacíficamente su sistema político cuando fallezca don Juan Carlos, para así acomodarlo a la evolución democrática de la humanidad, que entra en contradicción directa con el régimen monárquico, aunque éste se haya reducido al simbolismo... Hoy la Monarquía está consolidada y ya no es necesaria... El príncipe Felipe que es un joven de su tiempo... debería renunciar a sus derechos porque no son tales: la soberanía pertenece al pueblo».

El embajador de España Jorge de Esteban opinaba sobre el asunto de esta manera, en un sesudo artículo publicado en el diario *El Mundo*: «A partir de nuestra Constitución el heredero puede casarse con quien quiera, pero no con cualquiera... Es decir, que la libre elección del Príncipe debe estar supeditada a encontrar una persona conveniente que pueda desempeñar las funciones propias que la Constitución, explícita o implícitamente, le otorga a la futura reina... El Príncipe no tiene, en consecuencia, los mismos derechos que cualquier español a casarse con cualquiera, pues dispone de unos privilegios que llevan aparejados también unos deberes...».

Los más conservadores hablaron de educación inapropiada, familia desarticulada, divorcista, luterana, extranjera... Como se ve algunos argumentos incluso racistas y xenófobos. Pero también, de una forma más ponderada, se habló de diferencias culturales y de formación, de carencias educativas de la señorita Sannum para desempeñar el complicado papel que le esperaba si contraía matrimonio con el heredero de la Corona de España. Se repitieron hasta la saciedad las altas cualidades que debían adornar a la persona que fuera a convertirse en la esposa de Felipe de Borbón, y se enumeraban: saber aguantar cualquier situación, diplomacia, puntualidad, conocimientos de comportamiento social, buen gusto, conocer las reglas más elementales del protocolo, conocer la historia, las costumbres, las tradiciones del país, la idiosincrasia de los españoles, la lengua, por supuesto, conocer y dominar los temas de actualidad, cuidar su imagen, discreción, no impacientarse por el seguimiento de los medios de comunicación... Y así hasta el infinito.

En el otoño de 2001 la relación se fue enfriando, según todos los indicios que observaban atentamente los medios de comunicación. Ya no se hablaba de viajes a España y visitas a la Zarzuela, pero se comentaba la mala situación que se vivía en el palacio, con la familia presuntamente dividida por el tema de la boda de Felipe. Se hablaba sobre quién estaba de una parte y quién de otra. Y la tensión a veces podía adivinarse, pese a la profesionalidad indiscutible de todos los miembros de la Casa Real, en gestos, miradas, semblantes serios, ojeras y cierta frialdad entre todos ellos en algunos actos públicos. Aunque se insistía que no pasaba nada, indudablemente la procesión iba por dentro. El Rey, ante el debate abierto en el que se empezaba a poner en entredicho la propia Monarquía por la que tanto había luchado, debía estar seriamente preocupado. Muchos republicanos y asociaciones republicanas habían abierto sus foros en la red y pedían ya la instauración de la Tercera República española. La gran mayoría, ni republicana ni monárquica, resumía su actitud: «A mí la Monarquía que no me dé problemas».

Amor y razón de Estado

Y así, por sorpresa, cuando el tema se había enfriado por sí mismo, el 14 de diciembre de 2001 llegó la bomba informativa, a la que ya hemos aludido en las primeras páginas de este libro: Felipe y Eva Sannum daban por concluida su relación sentimental. ¿Qué había sucedido? ¿Eva no pudo más y tiró la toalla? ¿Se resintió la relación, que por otra parte ya era una larga relación de más de tres años? ¿Era el sentido del deber del Príncipe que al final había acabado imponiéndose? ¿O era la presión social y el reconocimiento de la opinión adversa de los españoles? ¿Fue el duro ultimátum del Rey, conminando a su hijo a reconducir la situación y renunciar a su noviazgo con la modelo noruega? Nunca lo sabremos probablemente. Tal vez todo influyó y don Felipe finalmente se sometió a las razones de Estado, aunque en su orgullo y en su terquedad no quisiera reconocerlo. Este presunto sometimiento a las razones de

Estado también fue criticado con dureza por los mismos que antes lo hacían por mantenerse tozudamente en sus posiciones. Al pueblo español no hay quien lo entienda y tiene extraordinariamente desarrollado el sentido crítico, no tanto el autocrítico. Lo que de verdad sucedió era que se había abierto un volcán, que había estado muchos años apagado, latente, pero sin rugir. El tema de la vigencia o no de la forma de gobierno. ¿Por qué no ya una república para España? Ése era el fondo de la cuestión que el debate sobre la boda del Príncipe heredero había suscitado abiertamente.

En realidad debajo y detrás de todas las críticas que se habían hecho y se continuaron haciendo a la Casa Real y a sus miembros, se escondía esa profunda incomodidad que sienten muchos españoles ante la institución monárquica por sí misma. Y que al no poder materializarse por otros cauces, se reduce a la superficialidad de los comportamientos humanos de los reyes y de los príncipes. Durante mucho tiempo ese sentimiento, que es tan irracional como el mismo sentimiento monárquico, había permanecido adormecido. Todo aquel revuelo lo había despertado de su letargo de forma violenta, emocional y combativa. Una persona muy ligada a la Casa Real, y responsable en cierta medida de la buena imagen que ésta ha tenido durante muchos años, el general Sabino Fernández Campos, conde de Latores, y ex jefe de la Casa del Rey, en una entrevista concedida en Santander, reconocía que la institución había quedado seriamente perjudicada por la polémica, que el perfil deseable para esposa del heredero podía ser «una graduación intermedia entre sangre real y con cualquiera», y que lo peor había sido que se había producido una fricción entre la Monarquía que «debe unir y aglutinar a todos los españoles», y la diversidad de opiniones que se habían vertido en todo aquel inmenso lío. «Los no monárquicos dicen que no les importa porque saben que de esa forma la Monarquía va a quedar más tocada», concluía el conde de Latores.

La dificultad que se presentaba era cómo neutralizar el efecto negativo que se había producido. El accidente neurológico del duque de Lugo, Jaime de Marichalar, esposo de la infanta Elena, a los pocos días, alivió la tensión en torno al Príncipe, desplazándola hacia los duques, lo que, con el tiempo, fue motivo de otra fuente de conflictos y tensiones, que todavía no se ha cerrado, ya que la complicada recuperación del enfermo, que tuvo que trasladarse una larga temporada a Nueva York para seguir un programa de rehabilitación en la clínica Monte Sinaí y así no sentirse acosado por los medios de comunicación, habría producido supuestos problemas en la pareja, que han llegado a tener algún reflejo en la opinión pública por algunos evidentes desencuentros entre doña Elena y Jaime de Marichalar, agravados por el aborto sufrido por la Infanta en la primavera de 2003. Lo que terminó por complicar más la situación y las dificultades de la Casa Real española, aunque en este caso parece que el tema ha sido reconducido y los duques de Lugo ya están de nuevo instalados en su domicilio madrileño.

2002-2003: UNA ETAPA DIFÍCIL

En este aspecto el año 2002 y parte del 2003 fue una etapa difícil para todos, pero el Príncipe, al menos eso es lo que transmitió su comportamiento, lo ha intentado superar con mucho trabajo. Desde que volviera de hacer el máster en Georgetown, Felipe de Borbón, cuyo papel en la institución no está definido, se ha empeñado en llenar de contenido su posición de heredero de su padre el Rey, con una actitud de gran actividad. No sólo ha visitado en estos años muchas comunidades autónomas para acercarse a los españoles y para conocer la realidad de cada una de estas comunidades, sino que ha realizado también largas visitas a diversos organismos internacionales y de las instituciones comunitarias europeas, con el mismo fin de enterarse de su funcionamiento. También ha viajado frecuentemente como embajador extraordinario de España y de su padre el Rey a diversos acontecimientos internacionales. En especial su padre le tiene encomendado representarle en la toma de posesión de los presidentes iberoamericanos. También se ocupa asiduamente de temas ecológicos y solidarios. En 2001 Kofi Annan, secretario general de la ONU, le nombró Eminent Person, para que contribuya en el ámbito internacional a la difusión de la importancia de los voluntarios.

La presentación oficial de su casa en junio de 2001 suscitó una nueva polémica y una nueva oleada de críticas, no sólo por el coste de la obra (en realidad es un edificio propiedad del Patrimonio Nacional y ha sido con cargo a este organismo con el que se ha hecho la obra y la decoración del palacete), que ha supuesto un gasto de 4.250.000 euros sino por algunos otros detalles. Por ejemplo, se criticó mucho las dimensiones del llamado Pabellón del Príncipe, que está enclavado a menos de un kilómetro del palacio de la Zarzuela, para aprovechar su aparato de seguridad, 3.150 metros cuadrados, con 110 metros reservados para el dormitorio principal, la piscina de 180 metros, una cocina de 200... Y la decoración. Sobre la decoración cayó toda una batería de críticas. Que si mal gusto, que si anticuada, que si conservadora, que no se había dado oportunidad a los grandes decoradores e interioristas españoles para crear un hogar moderno y vanguardista... Hubo críticas más bien dirigidas al ámbito social. Tal vez no era el momento oportuno, en un año en el que el precio de la vivienda y su escasez era uno de los temas que más preocupaban a los españoles, quizás no era excesivamente correcto hacer el alarde que se hizo. Pero por otra parte la presión mediática para que se enseñara de una vez la casa del Príncipe era cada día más acuciante y parecía insostenible continuar sin hacer la presentación pública de la casa en la que vivirá el heredero de Juan Carlos I.

Al menos sobre el tema de la boda el 2002 fue un año más relajado. Se suponía que el Príncipe tenía que curarse las heridas causadas por la ruptura con Eva Sannum y se le respetó en alguna medida esta situación de convaleciente, sentimentalmente hablando. Aun así varios nombres salieron a la palestra. Uno de ellos el de la andaluza Mencía Roca de Togores Lora, hija de Manuel Roca de Togores, conde de Luna. Una aristócrata con la que habría coincidido en los toros, en la Maestranza, y cuyo padre se apresuró a desmentir categóricamente aquel invento. Y ya puestos a inventar, el verano de 2002 sirvió para extender los rumores acerca de un supuesto romance de don Felipe con la actriz norteamericana Gwyneth Paltrow, ganadora de un Oscar por su interpretación en la premiada película *Shakespeare in love* y muy relacionada con nuestro país, ya que siendo muy joven vivió temporadas en Talavera de la Reina en un programa de intercambio para aprender castellano, lengua que habla correctamente.

La historia tenía tirón. Guapa, delgada, rubia, Gwyneth Kate Paltrow nació en 1972 en Los Ángeles (California) y ha protagonizado algunas películas de gran éxito. Ha sido novia de uno de los mitos eróticos masculinos del cine actual, Brad Pitt, y también de Ben Affleck, entre otros. Al parecer la pareja sí mantiene una buena amistad, reconocida por la Casa Real, y se han encontrado en diversos lugares. En Mallorca, concretamente, aquel verano y el de 2003 han cenado juntos con amigos comunes en varias ocasiones. Las especulaciones se dispararon en seguida y con ellas la imaginación popular. Se llegó a hablar de su semejanza con Grace Kelly y de no sé cuántas fantasías más, que lo mismo que surgieron se desvanecieron. De cualquier forma la noticia sirvió para animar el verano real y aunque en el otoño volvieron las especulaciones con Eva Sannum, el tema no dio más de sí, a pesar de la pertinaz revista francesa *Point de Vue,* que insistió durante un tiempo con la Sannum, y de alguna aguerrida tertuliana de la telebasura que aseguraba estar muy bien informada.

En la entrevista concedida a la Agencia Efe, con motivo de su treinta y cinco cumpleaños, Felipe de Borbón y Grecia, al ser preguntado sobre su matrimonio, ha sido muy rotundo: «Sé que hay mucho interés, que va siendo creciente a medida que pasan los años, pero no hay novedades en el horizonte que permitan esclarecer esa faceta del futuro. No hay planes ni nombres que puedan satisfacer ese interés. Tengo plena conciencia de cuál es mi responsabilidad frente a la Corona, frente a la sociedad española, frente al pueblo español. Y también, por tanto, en lo que afecta al matrimonio. En su importancia, como garantía de la continuidad, como valor dinástico, y en la importancia de tener una familia que dé también estabilidad al trabajo. La futura reina debe conocer, apreciar y saber representar esa función en la sociedad española. Tengo también que señalar que no por satisfacer esa necesidad institucional abandono la pretensión de abordar el matrimonio con una persona de la que me sienta enamorado y, sobre esa relación, honesta y profunda, pueda fundar una familia, una comunidad de valores e intereses que nos permitan compartir una vida familiar y profesional, un proyecto personal y político para servir lo mejor posible a España».

Se podrá decir más alto pero no, desde luego, más claro y contundente.

La gente seguía hablando, en el uso de su libertad de expresión. Y haciéndose preguntas. ¿Y si el Príncipe no se casara nunca?, preguntaron algunos. Pues si hubiera mantenido su soltería, que no hay una norma que le obligue a ello, si Felipe de Borbón hubiera decidido no contraer matrimonio o incluso si una vez casado no llegara a tener hijos, nada impide que accediera en su momento al trono y a la jefatura de la Casa Real española. No existe ninguna norma que impida reinar a un rey soltero o sin hijos. Y tras su muerte, le sucederían los herederos previstos en la Constitución que le sobrevivan. Esto es, en primer lugar su hermana Elena, tras ella los hijos de la duquesa de Lugo y don Jaime de Marichalar, Felipe Juan y Victoria Federica, y una vez extinguida esta línea, la sucesión pasaría a la infanta Cristina y tras ellos los hijos que ha tenido con Iñaki Urdangarin, duque de Palma de Mallorca, Juan Valentín, Pablo Nicolás y Miguel.

Como a la gente le gusta especular, hubo quienes se preguntaron, en tiempos en que se mantenía la incertidumbre y la incógnita sobre el futuro sentimental de don Felipe, qué pasaría en el hipotético caso de que el Príncipe hubiera decidido mantener solamente una relación de pareja de hecho con alguna persona, sin casarse. Legalmente eso sería más complicado, ya que el Partido Popular aún no ha dado luz verde para que el Parlamento español dé igual validez jurídica a las parejas de hecho que a los matrimonios civiles. Social, política, protocolaria y dinásticamente es difícil predecir lo que podría suceder en este caso. Hoy día cada vez son más las personas que deciden constituir una pareja de hecho con otra, incluso de su mismo sexo. El concepto de familia evoluciona de una manera rápida y hoy los modelos tradicionales ya no son los únicos, a pesar de lo que opine doña Ana Botella y Karol Wojtyla, más conocido como Juan Pablo II. Los Estados tienen que ir adecuando la legislación a una realidad social incontrovertible. Y serán conceptos y costumbres y usos sociales que las monarquías del futuro también tendrán que ir contemplando en los cambios que su modernización les está obligando a hacer, como hemos comprobado con el arriesgado paso que ha dado la Monarquía española con el próximo matrimonio Borbón-Ortiz.

Parecía difícil que una institución tan tradicional como es la monárquica pudiera abrirse en un plazo relativamente rápido a todas estas novedades, pero tal y como se han sucedido los hechos del nuevo noviazgo y la próxima boda del Príncipe de Asturias, todo hace suponer que las monarquías han pisado a fondo la marcha de su modernización y no creo que ya exista ninguna situación, por muy irregular que ésta pueda parecernos, que no esté dispuesta a afrontar con tal de lograr una mayor identificación con el pueblo, que sigue atentamente por la pequeña pantalla la fascinante historia de sus vidas.

El secreto mejor guardado

Sucedió una tarde de otoño. Era el día de Todos los Santos (con la resaca de la noche de brujas del Halloween americano, tan de moda repentinamente en España), 1 de noviembre, víspera de los Fieles Difuntos, como se sabe, cumpleaños de la reina doña Sofía. De pronto una llamada de Zarzuela revolucionó todas las redacciones. Algunas estaban ya en guardia. El día anterior una indiscreción procedente de los aledaños del grupo Prisa —el Búho, Cadena Ser— había puesto en circulación el rumor del inminente anuncio del compromiso del príncipe Felipe. Incluso en un programa de televisión se había pronunciado un nombre, de una forma un tanto zafia, Letizia Ortiz. La presentadora de la segunda edición del telediario de la Primera pasó toda la tarde negando por teléfono y personalmente lo que ya parecía una evidencia. Dicen algunos que negaba con la boca pequeña. La Zarzuela también negaba, el heredero no tenía planes de boda. Los protagonistas estaban desaparecidos. Pero la mañana del sábado trajo una inesperada sorpresa, *El Periódico de Cataluña* se atrevió a poner el rostro de la periodista asturiana en primera página, haciéndose eco de lo que ya empezaba a ser un clamor. Los rumores se desataron. Luis María Anson, no se sabe con qué intenciones, también le dedicaba una página del diario *La Razón* a Letizia Ortiz como estrella emergente de la televisión, pero sin mencionar para nada el rumor que ya se extendía como la pólvora.

La Casa Real reaccionó con reflejos, había que evitar un nuevo juicio de descalificaciones como el que había sufrido Eva Sannum. Ni la Casa Real ni la personalidad de la presunta novia podían permitirse un deterioro como el que se vivió con motivo del noviazgo con la noruega. Precipitadamente se elaboró un comunicado, que se distribuyó a partir de las siete de la tarde por fax a todos los medios. Los Reyes anunciaban «con gran satisfacción el compromiso matrimonial de Su Hijo, Su Alteza Real el Príncipe de Asturias don Felipe, con doña Letizia Ortiz Rocasolano... La petición de mano tendrá lugar en el Palacio de La Zarzuela el próximo jueves, día 6 de noviembre... La boda se celebrará a principios del verano de 2004 en la Catedral de Santa María la Real de la Almudena de Madrid». Todo el país y los medios de comunicación en particular quedaron en estado de shock. Nadie recordó que es costumbre inveterada en la Casa Real española no interferir ningún proceso político con anuncios de acontecimientos privados. En plena campaña electoral catalana, el noviazgo del Príncipe desplazó absolutamente mítines, encuestas y previsiones electorales.

En seguida comenzó a desvelarse el secreto sin duda mejor guardado de toda la historia sentimental del heredero. Poco a poco se fue reconstruyendo una historia de amor que a todos había dejado noqueados. En el otoño de 2002 el veterano periodista de Televisión Española Pedro Erquicia organiza una cena en su lujoso piso del barrio de Salamanca de Madrid, un ático en la calle de Claudio Coello con una espectacular terraza. Avisa a algunos amigos. El más indiscreto de todos ellos se ha encargado de contarlo. A Manolo Rubio, editor adjunto de *Informe Semanal,* uno de los convocados, le une una vieja amistad con Erquicia. Rubio invita a que le acompañe a la cena a Letizia Ortiz, con la que mantiene una cierta relación desde el verano de 2001, en el que ésta hizo interinamente la presentación del programa. Le avisa de que el invitado de honor será el príncipe don Felipe. La presentadora acepta encantada. Y es así, de esta forma aparentemente inocente e informal, como se produce el encuentro que habrá de cambiar la historia de España y de la dinastía borbónica. (Hay otra versión de este primer encuentro entre la periodista Letizia Ortiz y el Príncipe de Asturias, según la cual habría sido el propio don Felipe el que, impresionado por la belleza de la periodista, pediría a Erquicia —viejo conocido de la real familia desde aquel desafortunado 23-F en que llegara a la Zarzuela para grabar el mensaje del Rey desactivando el golpe de Estado— que organizara una fiesta y que se encargara de que en ella estuviera la reportera de Televisión Española. Según esta versión, tanto Erquicia como Rubio sólo habrían hecho de meros intermediarios para propiciar este encuentro, que luego ha resultado tan decisivo.)

Una inmediata simpatía surge entre el heredero y la asturiana, los más jóvenes de una reunión de talluditos. Pasan toda la velada charlando animadamente. Luego se despiden, se intercambian los móviles y quedan en volver a verse. Aquí existe una laguna en la evolución del romance entre el Príncipe y la periodista. Parece que volvieron a encontrarse, según unos, en Galicia en los primeros meses de 2003, cuando el asunto del *Prestige,* otros aseguran que el segundo encuentro se produjo también de manera casual, en una discoteca de Madrid, en la primavera de 2003. La periodista tiene una relación sentimental en aquellos momentos con el también periodista de Canal Plus David Tejera. Llevan conviviendo algún tiempo, pero la historia no marcha bien. En el mes de junio es la última ocasión en que se ve juntos a la pareja Tejera-Ortiz en cenas y fiestas. Poco después, Letizia Ortiz comienza a hablar a sus amigos y a sus compañeros de trabajo de su nuevo novio, al que llama siempre «mi chico» y del que sólo proporciona algunos datos, es diplomático, trilingüe y se llama Juan. En realidad no miente. Todos esos datos coinciden de alguna manera con los del Príncipe de Asturias. Juan es uno de sus nombres, hace labores de diplomacia con mucha frecuencia y habla tres idiomas, español, inglés y francés.

En el verano de 2003 Letizia Ortiz sustituye a Ana Blanco en la presentación del telediario de mediodía de la Primera. Luego se va de vacaciones con «su chico». Ahora se ha sabido que pasó una temporada con absoluta discreción en aguas de Baleares (¿en Cabrera?), en un yate desconocido, con don Felipe. Incluso viajaron a un lugar remoto (el Caribe según se asegura). El secreto fue absoluto. El blindaje que desde el *affaire* Eva Sannum ha creado el heredero a su alrededor es perfecto. Nadie sabe dónde y cuándo se ve la pareja en aquellos días veraniegos, ni cuándo, al comienzo de la nueva temporada, Letizia se incorpora a la presentación del telediario de las nueve de la noche junto al director de los Servicios Informativos, Alfredo Urdaci. La asturiana había conseguido su sueño, el fin con el que había llegado a la televisión pública hacía dos veranos. En poco tiempo había logrado convertirse en la estrella emergente de la cadena pública.

El fichaje de Letizia Ortiz para los Servicios Informativos de Televisión Española fue considerado como todo un éxito. Todos los que habían visto su trabajo, tanto en Bloomberg como en CNN Plus, habían quedado impresionados por su personalidad, su belleza, su seriedad y su ambición profesional. Decididamente era una chica que sabía lo que quería y todo el que la veía trabajar sacaba la impresión de que conseguiría todo lo que se propusiera. Tras la presentación interina de *Informe Semanal,* Letizia Ortiz pasó por otros programas y destinos, *Buenos Días,* Canal 24 Horas, diversas sustituciones, enviada especial a grandes eventos y acontecimientos internacionales, como el aniversario del 11 de septiembre en Nueva York, el hundimiento del *Prestige,* la entrega de los premios Príncipe de Asturias 2002 y 2003, la guerra de Iraq..., hasta llegar a su gran momento en la nueva temporada televisiva. Lo que nunca habría imaginado es que ese gran momento profesional coincidiría con su gran momento personal y que éste la obligaría a elegir. Difícil elección para quien ha trabajado duro y cuando alcanza su meta tiene que renunciar a ella por un fin más alto, el amor. Y todo en tan sólo cuatro meses.

El destino se había interpuesto en su camino a la gloria mediática. El destino requería su presencia al otro lado de los focos y de los objetivos. Su destino la llamaba del lado de los protagonistas de la Historia con mayúsculas. Su destino tenía nombre de príncipe: Felipe de Borbón, treinta y cinco años, el soltero de oro de la realeza europea, como seguían llamándole machaconamente las publicaciones rosas, amarillas y marrones de todo el mundo. Entre ambos había nacido una historia de amor, por muy inverosímil que pudiera parecer a los más descreídos de la vigencia de los cuentos de hadas, en los que las cenicientas siguen existiendo y llegan los príncipes y las llevan a sus palacios y las sientan junto a ellos en sus históricos tronos. «Su chico», su caballero, había tomado la decisión, contra todo pronóstico, de convertirla en Princesa de Asturias y en la madre del futuro rey de España, que se llamará, con bastante probabilidad —según ha confesado la propia Letizia— don Pelayo de Borbón y Ortiz. Es como si la historia volviera sobre sus propios pasos —don Pelayo fue el primer rey de una dinastía varias veces centenaria y el más remoto ancestro de don Felipe—, o que se cumpliera lo que escribió el decadente príncipe Giuseppe Tomasi di Lampedusa, autor de *El Gatopardo,* «es necesario cambiarlo todo para que nada cambie», que alguien ha recordado con motivo del gozoso anuncio para la Casa Real española. La más radical modernización de la Monarquía hispánica nos acabará conduciendo, si se cumplen las previsiones, a su propio y genuino origen, don Pelayo, el iniciador de la Reconquista, Santiago y cierra España.

Y colorín colorado, este cuento se ha acabado, podríamos decir. Sin embargo el cuento sólo acaba de empezar.

Los riesgos de una decisión

Posiblemente si en la historia sentimental del Príncipe de Asturias no existieran los antecedentes que existen (Isabel Sartorius, Gigi Howard, Eva Sannum) ésta sería una hermosa historia de amor y no habría nada que objetar. Pero la historia ha sido la que ha sido y eso no se puede cambiar. Sólo tienen que volver unas páginas sobre la lectura de este libro para comprobar con estupefacción y sonrojo lo que muchos escribieron (y dijeron y gritaron a los cuatro vientos de las tertulias de la basura mediática) en anteriores ocasiones con motivo de las ex novias de don Felipe y compararlo con lo que han escrito, dicho y pregonado a los cuatro vientos de la basura televisiva tras el anuncio de la boda del siglo entre don Felipe de Borbón y Letizia Ortiz, y asistiremos al bochornoso espectáculo de una descomunal injusticia. Lo que para las otras era inconveniente, para Letizia Ortiz es maravilloso, lo que podía resultar inadecuado e insostenible en el pasado de las presuntas novias (o de sus padres) anteriores, se convertía en un signo de modernidad de los tiempos, de España y de la Corona. Y así hasta el infinito. ¿Qué había sucedido?

Supongo que tal vez la sociología —es verdad que España ha dado un cambio espectacular en sus costumbres sociales— o si me apuran la psiquiatría podrían tal vez aclarar el cambio espectacular de la opinión pública y sus creadores y manipuladores hacia la que parece será la definitiva novia del Príncipe de Asturias y futura reina de España. No encuentro otra manera de comprender las opiniones espigadas de entre el río de tinta que se ha derramado y de las que paso a recoger algunas.

> La prometida del Príncipe de Asturias responde al perfil de esta sociedad moderna, permeable y con criterios de valoración que priman el desarrollo profesional, la formación intelectual y la imagen personal, cualidades que sin esfuerzo son reconocibles en la persona de Letizia Ortiz (editorial de *ABC*, 2 de noviembre de 2003). Creemos que Letizia Ortiz puede ser una buena reina, entre otras razones, porque confiamos en el criterio del príncipe Felipe, que ha tomado una decisión en plena madurez y no como fruto de un impulso adolescente (editorial de *El Mundo,* 2 de noviembre de 2003). La futura reina es una mujer española bien representativa de nuestro tiempo: joven, profesional, viajera, independiente y con experiencias personales y laborales comunes a la de millones de compatriotas (editorial de *El País,* 2 de noviembre de 2003). Es una tarea abrumadora para quien tiene que asumirla... Una persona como Letizia Ortiz los cumple. Además es española, conoce bien lo que es la vida real de los españoles de su tiempo y no ha vivido

enclaustrada en un mundo fantástico. Felicidades (José María Marco, *Libertad Digital*, 8 de noviembre de 2003). Letizia Ortiz no es avanzadilla de una maniobra contra la Monarquía ni don Felipe es el eslabón débil en el futuro de la corona. Nada de eso se ajusta a la realidad de las cosas. Los vínculos del amor, el mérito y la complicidad de los jóvenes enamorados en la España real son el mejor cimiento para la continuidad de la corona que ciertos patrones de conducta inspirados en apolillados manuales (Antonio Casado, *El Confidencial*, 10 de noviembre de 2003).

En este clima hay quien interpreta que el Príncipe le ha hecho una gran jugada a los monárquicos conservadores y que éstos no pudieron reaccionar, como ya lo habían hecho con Eva Sannum, a la que liquidaron en medio de una operación mediática típica del Madrid de las sonrisas que apuñalan (José Luis Gómez, *Xornal.com*, 7 de noviembre de 2003). Letizia, la bellísima periodista, con ojos de haber visto osos, llevará en la mano el halcón real cuando la monarquía se democratiza, se humaniza, se hace escandinava. Pero su oficio sigue siendo duro, casi cruel (Raúl del Pozo, *El Mundo,* 4 de noviembre de 2003). Y hay una constatación muy amplia y generalizada que señala que las cosas se están haciendo muy bien, y que la pareja merece nota alta con su comportamiento privado como público. Privado en lo que se refiere a la exquisita discreción mantenida durante el tiempo de conocimiento y primeros meses de noviazgo. Público en sus comparecencias ante la prensa... Don Felipe y doña Letizia han reaccionado ante las cámaras como dos jóvenes maduros, sensatos, dotados de humor, que saben lo que quieren y a lo que se enfrentan... (José Cavero, *Diario Directo*, 7 de noviembre de 2003).

¡Qué diferencia con el tratamiento que recibieron Eva Sannum, o Gigi Howard o la nunca tan añorada Isabel Sartorius! Y más.

No enmendemos la plana a la Iglesia ni pongamos en cuestión a la novia del Príncipe porque es divorciada. Al contrario, de las malas experiencias se aprende a enmendar errores, con las malas experiencias se madura, se encuentran fórmulas para no dejarse abatir, para seguir siempre adelante... Es bastante ridículo que se hurgue en la biografía de Letizia Ortiz tratando de encontrar inconvenientes, en vez de hurgar en esa misma biografía para averiguar si cuenta con las cualidades que la pueden convertir en una buena princesa primero y en una buena reina después (Pilar Cernuda, 4 de noviembre de 2003). Doña Letizia vende muy bien, y es el mejor elogio que se puede hacer de quien tendrá que acompañar en sus viajes y en su vida a quien tiene que ser el mejor vendedor del Reino (Fernando Jáuregui, *Diario Directo*, 8 de noviembre de 2003). La elección aporta una dosis de modernidad de la que tan necesitadas están las monarquías (Jaime Peñafiel, *El Mundo*, 2 de noviembre de 2003). Hasta en ese pequeño detalle (el matrimonio efímero), Letizia es una española más. Una española plebeya, divorciada, periodista, que se casará por amor con el heredero de España (Carmen Rigalt, *El Mundo*, 2 de noviembre de 2003).

Creo que estos comentarios son suficientemente elocuentes del cambio absoluto con que los medios de comunicación y los creadores de opinión acogían a la nueva y definitiva novia del Príncipe de Asturias. Henry Kramenn, prestigioso historiador y biógrafo de Felipe II, ha hablado de la sensación de alivio que experimentaba la sociedad española ante el anuncio al fin de la boda del heredero de la Corona, como una posible explicación al cambio en la opinión pública respecto al perfil de la futura reina de España. También podría hablarse de esta reacción como producto de una cierta mala conciencia que muchos tienen por la crueldad e injusticia con que se ha tratado a otras aspirantes con un perfil y una biografía similares a la de la señorita Letizia Ortiz. De hecho algún que otro periodista ha pedido públicas disculpas a Eva Sannum por cómo fue tratada cuando era ella el objetivo de la pasión de don Felipe y de las iras de la opinión pública española, que se rendía finalmente ante la poderosa imagen mediática de Letizia Ortiz.

Encuestas y sondeos ponían de relieve el casi absoluto apoyo de los españoles a la novia del Príncipe. El mejor plebiscito que podía obtener la Corona en una operación tan arriesgada que muchos han calificado como un «salto en el vacío», por los evidentes peligros que tiene el proceso de modernización y de democratización que esta boda supone para una Monarquía como la española, todavía insuficientemente enraizada en la opinión del pueblo y hasta hace bien poco con normas muy estrictas —más que en la mayoría de las casas reales europeas— sobre los matrimonios de sus miembros. De hecho don Felipe de Borbón será el primer monarca de su dinastía que reinará casado con una persona desigual. Ni uno solo de los reyes de la Casa de Borbón (por supuesto tampoco en la de los Austrias) ha contraído nunca un matrimonio que no fuera con una princesa real. Incluso el caso de la reina Victoria Eugenia de Battenberg, que, por el matrimonio morganático de su abuelo, un príncipe de la Casa de Hesse, con una simple baronesa había perdido no sólo su dignidad real sino que había tenido que cambiar su apellido por el de Battenberg, tuvo que ser elevada a la categoría de princesa de la Gran Bretaña e Irlanda con tratamiento de alteza real por su tío Eduardo VII, para poder contraer matrimonio con el rey de España Alfonso XIII.

Naturalmente eran otros tiempos.

Sin ninguna duda la «operación Letizia», como algunos han calificado el noviazgo del Príncipe, tiene unas evidentes ventajas para la Corona. Su acercamiento al pueblo, la efectiva democratización de su imagen, la imagen misma de la elegida, su calidad de asturiana, el título del Principado lo ostenta el novio como es tradicional en los herederos, todo como diseñado por el mejor asesor de imagen... Pero también tiene sus peligros. ¿Puede una institución como la Monarquía, y concretamente la española, soportar una sobreexposición mediática como a la que tendrá que hacer frente en adelante? La monarquía británica, tal vez la más asentada de Europa, viene soportando un proceso de desintegración insostenible desde hace más de quince años, lo que la ha convertido hoy día en una institución tan frágil como nadie habría podido imaginar cuando la actual soberana subió al trono en 1952. Los medios de comunicación han convertido a los miembros de la realeza en uno de sus objetivos preferentes. ¿Hasta cuándo podrán seguir aguantando este continuo y abrumador acoso? El antecedente de Eva Sannum no es mejor ejemplo. Es verdad que se ha producido un giro copernicano y que lo que en aquel caso llegó a poner en entredicho la institución, abriendo el debate entre monarquía y república, con el anuncio de la boda de don Felipe y doña Letizia se ha convertido en una al menos aparente reafirmación de la Corona. ¿Pero hasta cuándo? Es un nuevo reto que tendrán que asumir todos los miembros de la Casa Real en el futuro.

Los primeros síntomas no se hicieron esperar. Una vez pasada la primera oleada de entusiasmo, en las encuestas comenzó a bajar el nivel de aceptación y todos se lanzaron como buitres hambrientos sobre el pasado de Letizia Ortiz. Las primeras posturas críticas afloraron sin pérdida de tiempo.

> Así, cuando los reyes (o futuros reyes) se comportan como ciudadanos normales, que ligan, lloran, son infieles y se divierten como cualquiera, el ciudadano común primero se alegra por tanta cotidianidad, pero pronto empieza a decirse: si son como todos y hacen lo que todos, ¿por qué tanto protocolo, tanta pompa y circunstancia, tanto privilegio? Y lo que empieza en palmas viene a terminar, con harta facilidad, en pitos (Luis Antonio de Villena, *El Periódico*, 10 de noviembre de 2003). La opción del Príncipe no está exenta de riesgos. Son muchos los que recuerdan que el inestimable papel jugado por la reina doña Sofía junto al rey Juan Carlos tiene mucho que ver con el hecho de que la princesa griega había sido educada desde su infancia precisamente para hacer lo que hace desde hace más de un cuarto de siglo. Tanto el Príncipe como Letizia Ortiz tendrán que demostrar ahora día a día que su decisión ha sido la adecuada para ellos pero también para la institución que representan (*El País,* 7 de noviembre de 2003). En esta sociedad mediática, ya verán como se contarán por miles los claveles que le echarán camino de la Almudena, en una historia de amor (que se escribe sin hache de Historia) que tiene todos los ingredientes del populismo que exige la sociedad de mercado en este mundo global del que la propia institución forma par-

te. Una boda como programada por quienes hacen las parrillas pensando en la aceptación de la audiencia. Una real historia rosa de amores reales no podía quedar fuera de la inmensa burbuja mediática que vive España (Antonio Burgos, *El Mundo,* 2 de noviembre de 2003). La pregunta que a mí me interesa plantear, como mujer y como periodista y ex enviada especial e incluso casi contemporánea del padre de la novia, es la siguiente: ¿ha elegido bien ella? No lo duden ni por un instante. La respuesta es sí. Un sí de Sissí (Maruja Torres, *El País,* 6 de noviembre de 2003).

Además se señala igualmente que la Monarquía española es tradicionalmente católica, lo que no parece ser aparentemente el caso de Letizia Ortiz, puesto que en su anterior matrimonio se casó por el procedimiento civil y, que por lo tanto, casarse ahora por la Iglesia y en la catedral de Madrid es cuando menos una paradoja... cuando una vieja, mágica, arcaica o tradicional institución como la Monarquía se llega a modernizar, entonces se convierte en república, porque para un viaje moderno y galáctico, no hacen falta alforjas valetudinarias, costosas y privilegiadas (Jorge de Esteban, 3 de noviembre de 2003). La gran cuestión que se abre es si algo que está destinado a sobrevivir por enraizarse en los intrincados laberintos de la tradición puede hacerse compatible con la modernidad y provocar el subsiguiente desencantamiento del mundo de la realeza. ¿Puede perdurar una tradición cuando abandona su cualidad de tal? ¿Hasta qué punto puede afectar la desacralización de algunos de sus elementos a la legitimidad de la institución como un todo? (Fernando Vallespín, *El País,* 6 de noviembre de 2003).

Una española suficientemente preparada

El perfil humano y profesional de Letizia Ortiz Rocasolano, que un día, esperemos que lejano, ocupará el trono de san Fernando, de Isabel la Católica y de Carlos III, responde perfectamente a lo que en los años ochenta se decía de los llamados *yuppies*, más o menos, joven ambicioso suficientemente preparado. Era la definición incompleta y tal vez demasiado simplista de una nueva generación que llegaba con ganas de tragarse el mundo y que se había preparado concienzudamente para ello. Eso es exactamente lo que ha hecho Letizia Ortiz desde el mismo día de su nacimiento, en la ciudad de Oviedo, el 15 de septiembre de 1972. Hija de periodista y enfermera, su padre Jesús Ortiz pertenecía a una familia ligada a la radio, hijo y sobrino de dos figuras de Radio Nacional de España, Menchu y Marisol del Valle. La madre, Paloma Rocasolano, mujer sencilla, hija de un taxista y una pescadera, que siempre tuvo como primer objetivo que sus tres hijas, Letizia, Telma y Erika, tuvieran las oportunidades que ella no había tenido de ir a la universidad.

Letizia Ortiz Rocasolano hizo sus primeros estudios en Oviedo y terminó el bachillerato en Madrid, en el nocturno del Instituto Ramiro de Maeztu, ya que sus padres emprendieron el camino de la capital para obtener mejores oportunidades profesionales. En el instituto Letizia entabló una relación sentimental con el profesor Alonso Guerrero, casado, diez años mayor que ella y padre de un chico. La relación se convertiría en vínculo matrimonial civil muchos años más tarde, en 1999, en el ayuntamiento de Almendralejo (pueblo extremeño del que era originario el novio), para después de dieciocho meses terminar en divorcio. Durante todo ese tiempo, Letizia Ortiz había hecho la carrera de Ciencias de la Información en la Universidad Complutense, cursos de doctorado en México y un máster en Periodismo Audiovisual. Incluso había trabajado en diversos medios, como *La Nueva España* de Oviedo, el diario *ABC*, la Agencia Efe, el periódico mexicano *Siglo 21*, según informa la nota biográfica emitida por la Casa Real al dar a conocer el noviazgo del Príncipe.

Su carrera en televisión, según la misma nota, comenzó en la cadena estadounidense Bloomberg, un canal privado especializado en economía y finanzas, para luego pasar a CNN Plus, como redactora, reportera y presentadora. En esta época (esto no lo especificaba la nota de la Casa Real), entabló su segunda relación sentimental seria con el popular periodista y presentador de Canal Plus, David Tejera. De allí fue fichada para la cadena estatal. Entre los diversos trabajos que realizó en la Primera de TVE, fue la cara de la campaña de información del euro, lo que popularizó su rostro entre los espectadores, con los que finalmente se familiarizó en su última etapa como co-presentadora de la segunda edición del telediario, a las nueve de la noche, junto al director de los Informativos, Alfredo Urdaci. El viernes 31 de octubre se despidió de los telespectadores sin dejar traslucir en ningún momento que era su último telediario, ya que al día siguiente se anunciaría su matrimonio con el «chico» con quien llevaba saliendo hacía unos meses.

Ésta es la biografía sucinta de la novia del Príncipe de Asturias, que desde el anuncio de su matrimonio abandonó su domicilio, un piso en Valdebernardo, a las afueras de Madrid, para trasladarse al pabellón de invitados de la Zarzuela. Desde allí hizo sus dos primeras apariciones públicas, con el natural y desbordante interés de los medios de comunicación, que de una forma abrumadora siguieron e informaron exhaustivamente de todo ello. Primero fue el jardín posterior del Pabellón del Príncipe, en el recinto de la Zarzuela, luego su primera aparición junto a la real familia en el Teatro Real, en el concierto que Rostropovich ofrecía en honor de la reina doña Sofía, con motivo de su 65 cumpleaños. Y el jueves 6 de noviembre la presentación oficial a los medios y la petición de mano celebradas conjuntamente en la Zarzuela y el salón de los Austrias del palacio de El Pardo, donde en una improvisada e inhabitual rueda de prensa tanto el novio como la novia charlaron con los periodistas como nunca lo había hecho ningún miembro de la Casa Real española en los últimos veintiocho años.

Al intercambio de regalos, el conocimiento de las dos familias y las primeras reacciones por la poco habitual desenvoltura que mostró la novia de don Felipe, al mandarle callar hasta que ella terminara lo que estaba diciendo, la necesaria calma y el sosiego para ir asimilando unos acontecimientos que, al igual que han superado a la opinión pública española, habrán desbordado todas las previsiones de doña Letizia Ortiz, a pesar de haber confesado ante los medios que la suya ha sido una decisión largamente madurada y que sabe perfectamente a lo que se enfrenta. Seguramente en esto último se quedó corta cuando aceptó la proposición de Felipe de Borbón para que comparta con él su vida y la responsabilidad de ser Princesa de Asturias y un día reina de España.

Como curiosidad histórica cabría añadir sobre el nombre de la futura Princesa de Asturias que Letizia Ramolino fue la fundadora de una gran dinastía imperial, la de Napoleón Bonaparte. La madre del emperador de los franceses era de una distinguida familia corsa y ejerció una enorme influencia tanto en su hijo el emperador como en sus demás hijos, que reinaron efímeramente en algunos países europeos, uno de ellos en España, José Napoleón I Bonaparte. Cuando se acabó el imperio y Napoleón fue recluido en la isla de Elba y luego en Santa Elena, su madre se retiró a Roma, en donde murió discretamente en 1836. En su homenaje, han existido varias princesas Napoleón que han llevado su nombre, algunas entroncadas con otras dinastías europeas. Otra curiosidad nos lleva al siglo XII y habla de la primera mujer asturiana que tuvo rango real, Urraca, la asturiana, hija bastarda de Alfonso VII el emperador y de la ovetense Gontrodo Pietro. Su padre la trató como a sus hijos legítimos y le encargó la gobernación de Asturias con prerrogativas de reina. Antes de ella sólo podemos encontrar en los orígenes de la monarquía astur-leonesa mujeres que tuvieron rango real sólo en calidad de consortes, como será el caso de Letizia Ortiz Rocasolano.

Una boda mediática

Si la boda de la infanta Elena puede ser calificada como la boda castiza (la Giralda de Sevilla como escenario, calesa para el paseo y el baño de multitudes, cantos rocieros, salve marinera y exhibición de caballos en la Maestranza) y la de la infanta Cristina como la boda autonómica (Barcelona como escenario, novio de familia tradicional del PNV y jugador de élite del Barça de balonmano, salve ante la Mare de Deu de la Mercé y baño de multitudes por la Diagonal, con *aurresku* de bienvenida en el palacio de Pedralbes), creo que la esperada boda del heredero de los reyes don Juan Carlos y doña Sofía puede ser ya calificada como la boda mediática. El futuro Felipe VI se casa con una estrella de las ondas catódicas y lo hará con una expectación nunca conocida. El escenario, la catedral de la Almudena, la última catedral inaugurada en España, consagrada por el mismísimo papa Juan Pablo II, levantada en memoria de la reina más popular que ha tenido la Monarquía, la efímera y desgraciada María de las Mercedes de Orleans, enterrada allí mismo, al pie del soberbio retablo de la Virgen de la Almudena, en cuya lápida puede aún leerse: «De Alfonso XII su dulcísima esposa». Todo un símbolo para que allí delante sea bendecida una unión antes nunca conocida en la dinastía borbónica española, los esponsales de la Monarquía histórica con el pueblo soberano.

Sería fácil, siguiendo con la literaria metáfora, añadir que esta boda significa la última legitimación que necesitaba la Monarquía nueva de don Juan Carlos I, la legitimación de la modernidad y de la democratización de la propia sangre real, que hará que los hijos de esta fantástica e insólita pareja, doña Letizia Ortiz Rocasolano y don Felipe de Borbón y Grecia, tengan por igual sangre de los reyes, zares y emperadores que construyeron Europa y la roja sangre del pueblo que ha sufrido muchas veces la injusticia, la arbitrariedad, la pobreza y la falta de libertad. Y todo ello gracias a la televisión y a través de ella. ¿Podíamos imaginar algo más moderno y vanguardista? El fenómeno mediático está asegurado y las audiencias millonarias también. Y ojalá que ésta sea la última y definitiva legitimación que necesite nuestra Monarquía, porque detrás sólo están el abismo y el vacío.

El pensamiento de don Felipe

No quedaría completa una visión del Príncipe de Asturias, si no nos acercáramos a su pensamiento sobre algunos temas importantes. A lo largo de su vida, que ya alcanza los treinta y cinco años, el príncipe Felipe ha concedido algunas —muy pocas— entrevistas. La mayoría de las veces por motivos institucionales, efemérides históricas, acontecimientos familiares o al comienzo y al final de cada una de las varias etapas que ha tenido su educación y su exhaustiva preparación como heredero de la Corona. A través de esas entrevistas se han podido conocer algunas de las opiniones que don Felipe de Borbón y Grecia, que un día estará llamado a ser rey de todos los españoles, tiene sobre algunos temas. Hemos confeccionado una posible antología —naturalmente incompleta— que puede servir para hacernos una idea de lo que piensa el futuro Felipe VI, que no en vano es un hijo de la generación del 68, la revolución del mayo francés, que de alguna manera influyó en muchos de los cambios sociales, políticos y culturales que ha vivido este Príncipe del tercer milenio. La primera entrevista de Felipe de Borbón se publicó en la revista *Cambio16* cuando cumplió trece años, en 1981. Se la hizo el periodista José Oneto. La última, aparte de las declaraciones informales que realizó con motivo del anuncio de su compromiso y la presentación de su novia a la prensa, la concedió a la Agencia Efe con motivo de cumplir los treinta y cinco años, el 30 de enero de 2003.

Posteriormente a su compromiso, fuentes de la Zarzuela hicieron llegar a los medios, de una forma oficiosa, la posición del Príncipe de Asturias respecto al tema de la sucesión y la prevalencia del varón sobre la mujer que mantiene la Constitución de 1978. En este sentido se indicaba la posición del heredero a favor de que se acabe esa discriminación, con la lógica reforma del texto constitucional. Esta declaración fue objeto de polémica, ya que tanto el Partido Popular como el Partido Socialista se oponen de forma decidida a que se toque la Constitución de 1978.

Sobre su padre:

> Creo que por encima de todo mi padre es un Rey que ha hecho bien su oficio y por ello ha conseguido que España cuente con un Estado moderno y que sea un país integrado en el mundo (1986). En el Rey tengo a un padre, un amigo, un consejero, un jefe. La verdad es que mi padre me ha puesto el listón muy alto (1988).

Sobre su madre:

> La Reina ha sido siempre un referente humano, intelectual y espiritual muy importante... De ella me conmueve su sensibilidad frente al sufrimiento y su capacidad para tener siempre una

mano para quien lo necesite. Es una actitud que procuro aprender (1988).

Sobre sus padres:

De la Reina me gustaría tener su grandeza de corazón. Es muy afectuosa, muy entrañable, sabe querer y ayuda a facilitar mucho las cosas, porque piensa siempre en los demás. Del Rey su sentido común, su instinto para reaccionar con rapidez y para actuar con espontaneidad... ¡acertando! Y también esa especie de olfato que tiene el Rey para conocer a las personas y para hacerse en seguida con una situación (1987).

Sobre su abuelo:

... Me acuerdo del abuelo entrando con el cortejo en el patio de la Lonja [se refiere al entierro de Alfonso XIII en enero de 1980]... Pensé en que el abuelo era como el eslabón de una cadena de la que mi padre era el presente, y yo podía ser el futuro. Y me di cuenta de que esto es un gran honor, pero al mismo tiempo una gran responsabilidad. Creo que el abuelo ha sido un gran patriota..., que ha puesto siempre el interés de España por encima de lo que podrían parecer intereses personales (1983). Mi abuelo, el conde de Barcelona, se adelantó a su tiempo. Lo que él quería para España es lo que se ha hecho después. Admiro su clarividencia, su abnegación, su espíritu de sacrificio (1986). Siempre recordaré las palabras que en 1977 pronunció delante de su hijo, el Rey: "Majestad, todo por España". Desgraciadamente, en la parte final de su vida, no pudo transmitir a sus nietos todo aquello que hubiera querido. Un español excepcional e inolvidable (1998).

Sobre ser rey:

Ser rey para mí es hacer lo mismo que ha hecho y que hace mi padre... Si no estuviera destinado a ser rey me gustaría trabajar en algo relacionado con la técnica, con la astronomía, con la construcción o con la ingeniería (1981). Reinar exige una prudencia muy atinada... Saber dónde se puede y dónde no se puede actuar; medir bien los límites que marca la Constitución. Un rey tiene que estar en su sitio. Y procurar que los otros también estén en el suyo. No es complicado, pero tampoco es demasiado sencillo (1987). Lo más importante para ser rey es tener sentido del deber y de la responsabilidad (1988).

Sobre España:

Creo que por España ningún sacrificio es demasiado grande (1983). Defender la unidad de España es un deber permanente de todo español y yo cumpliré siempre con él (1983).

Sobre las autonomías:

El Estado de las Autonomías que establece la Constitución puede contribuir activamente a hacer efectiva la solidaridad interregional y a reforzar la unidad nacional (1988).

Sobre su oficio:

Reinar, para mí, es cumplir fielmente con los preceptos y funciones que nuestra Constitución marca al rey, como jefe del Estado. Ese equilibrio no es difícil si el jefe del Estado, el rey, hace uso y ejerce estas funciones con prudencia y moderación exquisita; sin excederse de sus límites, pero con la firmeza, con la dignidad y con la eficacia que el pueblo español merece (1987). Es un oficio difícil de definir, de explicar, un oficio que sólo tiene un objetivo: servir a los españoles. Un oficio de familia que hay que perfeccionar cada día (1998).

Sobre la libertad:

Creo en la libertad... Creo que el hombre es libre y, por tanto, responsable del uso que haga de su libertad. Ahí también están los límites; el sentido común, la moderación, el respeto... Un hombre tiene que poder expresar sus ideas y hacer su vida libremente, pero sin molestar, ni perjudicar, ni herir a los demás (1987).

Sobre la democracia:

Para mí la palabra democracia se parece mucho a la palabra libertad, es decir, que cada uno se sienta libre y pueda expresar lo que sienta (1983).

Sobre el 23-F

Al principio me pareció que aquello era una broma. Luego me di cuenta de que era algo más serio... Mi padre aquel día estuvo fenomenal... Porque me parece que actuó con gran serenidad... que fue todo el tiempo dueño de la situación... y que su actitud salvó a España (1983).

Sobre la juventud:

La juventud española es estupenda. Seria, trabajadora y responsable, en su inmensa mayoría. Y más sincera y menos hipócrita que en generaciones anteriores (1993).

Sobre el futuro:

Hacer un análisis del siglo XXI requeriría una bola de cristal, pero me siento optimista: en Europa se consolidará el proceso de integración, el continente americano gozará de una democracia plena y África será el gran problema (1999).

Sobre la monarquía:

Naturalmente mi papel, como dijo Federico de Prusia, es ser monárquico. Pero lo soy como hombre de mi tiempo, que concibe la monarquía como una realidad vinculada indisolublemente a la democracia y su progreso. Venimos de lejos, pero no para justificarnos en el pasado, sino en el presente (2000).

Sobre las fuerzas armadas:

Los ejércitos españoles están constituidos por un conjunto de hombres de bien, cuya principal preocupación es perfeccionarse continuamente para mejor servir a España, sin regatear ningún sacrificio (1986).

Sobre su trabajo como heredero:

Quiero que me conozcan los españoles, si no nada tendría sentido; el trabajo, el esfuerzo. Quiero conocer cada vez más a la gente, y que ellos me conozcan cada vez más a mí, y que haya un intercambio de información sobre cómo soy yo y cómo son ellos, y cuáles son sus problemas (1998).

Sobre la amistad:

La amistad para siempre ha sido uno de los valores sobre los que se apoya el desarrollo de nuestra personalidad desde muy pronto en la vida. A través de ella encontramos un foco de proyección de inquietudes, de emociones, de experiencias, fuera del entorno familiar... A través de la amistad se reciben y ofrecen cosas como la confianza, la sinceridad, la ayuda desinteresada, el consejo, la lealtad, la fidelidad... también la diversión, común participación en ideas, esperanzas, en definitiva es algo que nos debe acompañar a lo largo de nuestra vida estemos donde estemos y hagamos lo que hagamos (1993). A los amigos interesados se les ve en seguida y por ese camino saben que conmigo no tienen nada que hacer (1993).

Sobre la familia:

La familia ha supuesto para mí una fuente de apoyo y cariño y siempre hemos gozado de muy buena relación entre padres, hermanos y abuelos (1988).

Sobre el paro:

El paro no es un mal que se agote en sí mismo: engendra a su vez otros problemas, como la delincuencia, el hambre, el mal vivir, la desilusión... Estoy pensando en el paro de la juventud. Es necesario buscar y encontrar fórmulas imaginativas y audaces para resolverlo cuanto antes. Sé que es difícil. Pero no imposible (1987).

Sobre el terrorismo:

El terrorismo... es una auténtica lacra internacional de estos tiempos que hay que desterrar a toda costa. Es antinatural, es antihumano y es cobarde (1987).

Sobre la atención de los medios de comunicación:

La falta de privacidad no es un problema sólo mío, sino de todo el mundo que tenga un trabajo que conlleve una actividad pública... Hay momentos en que me siento vigilado, pero en general lo sobrellevo bastante bien. Es cuestión de mantener ese necesario pero inestable equilibrio entre la proyección pública y la vida privada. Ésa es la clave del tema, aunque también depende de la demanda informativa y de la responsabilidad de los medios de comunicación (1993).

Sobre los movimientos solidarios:

La solidaridad significa reconocer que una sociedad más justa es tarea de todos (1993).

Sobre sí mismo:

Me asusta reflejar una imagen de príncipe perfecto... (1993). Me considero como cualquier otro, con mis defectos, mis cualidades, mis preocupaciones, mis frustraciones, mis alegrías... todo. Yo creo que eso es lo que define a una persona. Un rey debe serlo, porque tiene que estar cercano a la gente y percibir sus sentimientos y sus preocupaciones... Dicen que soy serio, pero creo que tengo sentido del humor y que normalmente intento dar una nota de cordialidad a las situaciones, tanto del trabajo como de la familia. Me gusta aproximarme a la gente, estar en contacto con las personas... He aprendido que no debo olvidarme jamás de quién soy ni de qué se espera de mí, y que los sacrificios y privaciones se ven siempre compensados... Me gustaría que se transmitiera una imagen sencilla, honesta y directa de quién soy, de cómo soy, de lo que hago en el cumplimiento de mis funciones... También me gustaría que reflejase lo mucho que admiro y lo que me impresiona la gente que dedica su esfuerzo y su trabajo, con abnegación y espíritu de sacrificio, a los demás... Mi intención es ganar la confianza de los españoles para llegar a ser rey con el respaldo de la mayoría... Trabajar para lograr la implantación y el conocimiento de España en el mundo es uno de mis objetivos primordiales (1998).

Sobre su prometida:

... significa sobre todo la continuidad, permite dar la posibilidad de tener un eslabón más en la cadena de la dinastía y que nos engarza con la historia. Aparte me permite incorporar un valor, un activo a mi trabajo y a la función representativa, y bueno, para el trabajo por el bien de los intereses generales de los españoles. Y personalmente, por supuesto, un tremendo apoyo por sus cualidades y por su valía: van a ser fundamentales y van a dar grandes frutos (6-11-2003).

Los retos de Felipe VI

El primer reto del príncipe Felipe es naturalmente el de llevar a feliz término su matrimonio con Letizia Ortiz Rocasolano y tener descendencia lo antes posible. Sabe que su boda será uno de los acontecimientos más importantes desde la reinstauración de la dinastía en el trono de España. Por otra parte, desde hace más de doscientos años no se casa un Príncipe de Asturias en España. Su padre se casó en Atenas, su abuelo en Roma, Alfonso XIII se casó siendo rey, como Alfonso XII. Isabel II también se casó siendo ya reina. Hay que remontarse a la primera boda de Fernando VII, siendo todavía príncipe de Asturias, con su prima María Antonia de Borbón Dos Sicilias, en 1802, para encontrar una boda de un príncipe de Asturias celebrada en España. La de Fernando de Borbón con María Antonia de Nápoles se celebró en Barcelona, adonde acudieron los reyes Carlos IV y María Luisa, con el novio, a recibir a la princesa italiana procedente de Nápoles. Aquella boda duró muy poco. María Antonia —Totó en familia— murió en Aranjuez en 1806 de una tisis galopante. Los otros tres matrimonios que contrajo Fernando VII serían ya como rey.

En 1902 sí se celebró en Madrid la boda de una princesa de Asturias, la hermana mayor de Alfonso XIII, María de las Mercedes, con el conde de Caserta don Carlos de Borbón Dos Sicilias. Para encontrar la boda de un heredero varón celebrada en Madrid, hay que remontarse a Carlos IV, cuando siendo príncipe de Asturias se casa con su prima la nefasta María Luisa de Parma, en 1766. El novio tiene diecisiete años, la novia sólo catorce. Cuando tenga lugar la boda de don Felipe de Borbón, en Madrid, en la catedral de Santa María la Real de la Almudena, como ya se ha anunciado, hará más de doscientos treinta y cinco años que no se celebra una boda de un heredero varón en la capital del reino. Una peculiaridad más de la singular peripecia de la Casa de Borbón en el trono de España: la boda del Príncipe será la primera que se celebre en la Almudena, la última catedral consagrada en el mundo y la primera que fue bendecida personalmente por un papa, en este caso Juan Pablo II en 1993. La celebración se realizará en el vecino Palacio Real, y ya se especula sobre el recorrido que hará la pareja en coche descubierto por el centro de Madrid, para recibir un baño de multitudes, tan frecuentes en este tipo de rituales monárquicos.

El anuncio de su boda ha puesto sobre el tapete el debate sobre la sucesión de la Monarquía, que aún conserva la discriminación de las mujeres, en beneficio de los varones. Así se pactó cuando se redactaba la Constitución de 1978, como hemos aludido en otra parte de este libro, pero las expectativas que despierta la ya cercana descendencia de los Príncipes de Asturias lo ha reavivado de forma muy encendida en los medios de comunicación y políticos. Abierto el debate por el diario *La Razón*, los políticos se han mostrado cautelosos, los juristas a favor pero con matizaciones y el pueblo soberano completamente a favor. La delicada reforma del texto constitucional y el complicado mecanismo que conlleva no parece que pueda abordarse en un futuro inmediato. En definitiva, esta discriminación no viene sino a poner de manifiesto una nueva contradicción de la institución monárquica, que por un lado trata de modernizarse y democratizarse lo más posible, como demuestra la boda entre don Felipe y doña Letizia, pero por otro conserva aún estas normas desfasadas que nadie hoy comprende ni puede aceptar.

Otro reto que se le presenta a don Felipe, íntimamente unido al anterior, es lograr no ser reducido a un personaje del papel cuché, salir de una vez de la recurrente crónica rosa de todas las revistas y publicaciones del corazón. Pero esto no será fácil de conseguir, sobre todo al casarse con una persona perteneciente a los medios de comunicación y con un evidente gancho como estrella emergente de la televisión. En realidad, no quedar reducidas a la crónica rosa es un reto que necesitan alcanzar todas las casas reales europeas, prácticamente convertidas en la actualidad en meras suministradoras de portadas y de información para este tipo de publicaciones. El ser continuamente objeto de atención y curiosidad por parte de este tipo de revistas y periódicos es uno de los *handicap* de las dinastías reinantes para que en el futuro no sólo se las pueda tener respeto y se hable de ellas con seriedad, sino para que puedan conservar algunos de los principios que forman parte de su esencia, una cierta magia, manifestada por el distanciamiento y cierto misterio, junto a la conservación de algunas tradiciones familiares, y sobre todo la ejemplaridad y su poder simbólico.

En cuanto a su reinado, el futuro Felipe VI sabe que algunos temas pendientes han quedado sin resolver en estos años de transición del reinado de su padre Juan Carlos I. La completa igualdad del varón y la mujer en todos y cada uno de los actos de la familia real, que hemos visto que se ha convertido en una de las más urgentes. En este aspecto no es único. También tendrá que desarrollarse algo por lo que ya se han oído voces de expertos: un estatuto de la familia real que organice y delimite claramente las funciones, privilegios y deberes de todos sus miembros. En este punto hay diversas opiniones y contrapuestas posiciones, desde los que lo ven absolutamente necesario, hasta los que no consideran que sea una necesidad perentoria y creen que en este campo es mejor dejar lo que la tradición y la marcha de los acontecimientos vaya demandando. Se apoyan los que mantienen estos argumentos en que en todo lo concerniente a la Corona no es necesario que esté tan reglamentado. Y ponen como ejemplo cómo la Reina, que no tiene ningún papel institucional, ha logrado ocupar un lugar destacadísimo en la representación de la Casa Real.

Organizar y delimitar las funciones del heredero de la Corona.

Este tema tiene los mismos condicionantes que el anterior. Los hay que piensan que debe estar estrictamente delimitado. Y los hay que, apoyándose en la experiencia y en el perfil que está desarrollando el actual titular, creen que se debe ir haciendo por sí mismo. Y en fin ir introduciendo todos los cambios que una institución como la monarquía requiere para que pueda seguir cumpliendo su función en una sociedad cada vez más igualitaria y democratizada, y que la personalidad de la futura Princesa de Asturias sin duda demandará nuevos retos e insospechados límites a sus funciones.

Carmen Iglesias ha dicho acerca de su alumno Felipe de Borbón: «El Príncipe es consciente de que posee una legitimidad dinástica, pero sobre todo una legitimidad constitucional. Hay continuidad y, al mismo tiempo, un cambio que nada tiene que ver con lo anterior y lo acepta como un bien para el país. No tiene nostalgia del pasado». Quiere decir esto que el Príncipe de Asturias ha asimilado perfectamente el concepto de la nueva Monarquía que ha creado su padre. La reinstauración de la Monarquía que significa a la vez una herencia histórica que administrar y el compromiso de que esa herencia ha sido legitimada por las urnas. Y que por tanto el sentido de servicio y de estar siempre a disposición de la comunidad, renunciando para ello a cuantos privilegios sean necesarios, pero ni a uno solo de los deberes, es lo único que puede compensar el déficit democrático de la institución que representa.

Otros retos para el futuro de España y que tendrán que afrontarse con toda seguridad en el reinado de Felipe VI, son políticos y por tanto al nuevo rey sólo le corresponderá tutelarlos y ser la institución arbitral para que lleguen a realizarse, si es que llega el momento de hacerlos y así lo desean los españoles con su voluntad expresada en las urnas, con absoluto respeto a las leyes y a la Constitución. Entre ellos, no cabe duda que una profunda reforma de la Carta Magna, la solución definitiva al tema de las comunidades autónomas, las relaciones con la Unión Europea, tendrán una importancia decisiva en los próximos años. Si Felipe VI puede entonces subsistir en el trono, será porque habrá encontrado la fórmula para que la Monarquía pueda ser de utilidad en todos esos cambios, como una forma de cohesión y como una institución integradora.

Inventarse un reino

Éste será verdaderamente el primer reto y más importante del rey Felipe VI, si algún día llega a reinar. Si como Príncipe de Asturias su reto ha sido casarse con una persona adecuada, sin provocar un escándalo como provocó su noviazgo con Eva Sannum, cuando sea rey, su primer reto debe ser ése. Al que alude André Malraux en las palabras que preceden a este libro: «Ser rey es idiota, lo importante es hacer un reino». Como ha hecho su padre. Como han hecho todos los reyes que han dejado su impronta en la historia. Su propio padre, el rey Juan Carlos I, declaró en el famoso documental de Selina Scott para una cadena británica: «Felipe reinará de forma diferente cuando me suceda en el trono; cada rey debe hacerlo». Pero no lo han hecho. Sobre todo no todos lo han hecho como debían, con el sentido del deber y de la responsabilidad que el príncipe Felipe ha tenido ocasión de aprender de su padre. Juan Carlos no sólo heredó un reino que era una dictadura, no sólo recibió unos derechos dinásticos que no tenían realmente más contenido que la tradición, Juan Carlos inventó su propio reino, que fue afortunadamente para todos, un reino de libertad, de paz, de prosperidad y de democracia, como le pedía el cardenal Tarancón en la misa del Espíritu Santo que inauguraba su reinado.

Alfonso XIII, cuando era un adolescente que se disponía a acceder al trono, en el que ya había nacido, escribía en 1902, en un diario de juventud que llevó durante un tiempo y que fue encontrado en los Archivos del Palacio Real no hace muchos años por el escritor José Luis Castillo Puche: «En este año me encargaré de las riendas del Estado, acto de suma trascendencia tal y como están las cosas, porque de mí depende si ha de quedar en España la monarquía o la república...». Después de enumerar la caótica situación en que se encontraba España en aquellos momentos, seguía el jovencísimo rey: «Yo puedo ser un Rey que se llene de gloria regenerando la Patria, cuyo nombre pase a la Historia como recuerdo imperecedero de su reinado, pero también puedo ser un Rey que no gobierne, que sea gobernado por sus ministros, y, por fin, puesto en la frontera...». Parecen unas palabras proféticas. Porque eso fue exactamente lo que sucedió en su largo reinado.

Cuando Felipe de Borbón suceda a su padre Juan Carlos I es verdad que no se encontrará a España en la penosa situación en que se encontraba en mayo de 1902 cuando un jovencito de dieciséis años accedió al trono. Serán muy distintas las circunstancias. Con Juan Carlos acabará una época importante y de gran trascendencia histórica, no sólo para España sino para la propia dinastía, que recuperó por tercera vez en su historia, a través de él, el trono del que fue obligada a bajar hacía más de cincuenta años. Y el país que se encuentre no variará esencialmente del que tenemos en la actualidad, con sus problemas, tensiones y logros, con sus carencias, sus ansiedades y sus complejos. Pero sí se encontrará con otras dificultades no menos graves. Y no será menor la de la precariedad cada día mayor de la institución que representa. En muchos libros de historia don Felipe encontrará todos los errores que su dinastía cometió y que le costó tener que abandonar por tres veces el trono de España, y que aquí también hemos contado. Por tres veces los españoles les hemos dado la oportunidad de volver. ¿Será ésta la última? Lo importante es hacer un reino, repite Malraux. ¿Y qué es crear un reino? En cada caso tendrá su significado y su secreto. Pero no será muy distinto de tener la audacia y la sagacidad suficientes para aprovechar del pasado sólo lo necesario para construir el futuro, y en él una nueva realidad.

EPÍLOGO

Hombres de España, ni el pasado ha muerto,
ni está el mañana —ni el ayer— escrito.

ANTONIO MACHADO

EL SÍNDROME REPUBLICANO

Síndrome se llama comúnmente a una serie de síntomas que tiene una persona por ser afecta a determinada cosa. El María Moliner reconoce su uso en sentido figurado. Y así se ha utilizado y se utiliza en el lenguaje cotidiano para denominar tanto al drogadicto enganchado a determinada droga, cuando no puede tomarla (síndrome de abstinencia), como al secuestrado que llega a sentirse identificado con la ideología o los intereses de sus secuestradores (síndrome de Estocolmo). En este caso llamo el síndrome republicano a todos esos síntomas, actitudes, reacciones, opiniones que experimentan muchos españoles actuales ante la Monarquía. Son republicanos de espíritu, pero... En esos peros se pueden incluir desde la admiración y la adhesión absoluta de muchos republicanos al rey Juan Carlos (juancarlismo), a la consideración de que la Monarquía es un mal menor que ha servido para salir del terrible escollo que suponía el fin de una dictadura de cuarenta años. Entre uno y otro extremos se admiten —y existen— todo tipo de matices. Pero siempre, invariablemente, después de manifestar sus opiniones, sus ideales, sus razonamientos, sus emociones, agregarán, pero... yo soy republicano. Ha ocurrido con el anuncio de la boda del Príncipe con Letizia Ortiz y ya venía sucediendo desde hace mucho tiempo. Cuando alguien cree que de alguna de sus palabras u opiniones puede deducirse una adhesión a la Monarquía se siente impelido a hacer en seguida la aclaración: «Que quede claro que yo soy republicano», o bien «la verdad es que mi corazón sigue siendo republicano». ¿Son monárquicos los españoles actuales o son republicanos?

En general ha existido un miedo atávico a formular este tipo de preguntas en los medios de comunicación en los últimos veintiocho años. Es todavía como el gran tabú nacional. Muchos —¿una mayoría?, ¿cuántos?— estarían dispuestos a tener en sus casas, en sus tertulias y hasta en sus lugares de trabajo encendidas discusiones sobre el tema. Muchos —¿una minoría?, ¿cuántos?— estarían dispuestos a mantener que son más republicanos que don Manuel Azaña o don Julio Anguita en sus charlas de café, en la sobremesa de los domingos y en el bar de la esquina, tomando unas cañas con sus amigos. Pero... ¿la mantendrían en público? ¿La expresarían por escrito? ¿Qué contestarían a ese tema si se lo preguntan en una encuesta? ¿Por qué siempre ese pero final? ¿Por qué cuando alguien simplemente habla con respeto, conocimiento histórico, objetividad no exenta de sana crítica o meramente con asepsia de la Monarquía y de la Casa Real es rápida e insultantemente acusado de monárquico? Digo bien, acusado. Porque no se le califica de forma normal. Se le lanza el calificativo como si fuera un insulto, como algo peyorativo. No creo que eso suceda ni en la Gran Bretaña, ni en Dinamarca, ni en Bélgica por citar tan sólo a tres países muy distintos con monarquías muy diferentes. ¿Por qué sucede en España? ¿Por qué, en contra de la evidencia, seguimos creyendo e identificando democracia sólo y exclusivamente con el sistema republicano?

Pertenezco a una generación que se pasó mucho tiempo de su juventud corriendo delante de los grises, gritando: «España, mañana, será republicana». Pero esa misma generación ha tenido la oportunidad histórica de comprobar cómo dos conceptos, en principio antagónicos y que nunca en nuestro país había sido posible conciliar, democracia y monarquía, podían ser si no sinónimos, sí perfectamente complementarios. Se podía vivir en una democracia coronada. En realidad hay una gran mayoría que considera a la Monarquía de Juan Carlos I como una república coronada, otro síntoma evidente del síndrome republicano. Así se le ha calificado infinidad de veces y así lo han pregonado muchos eximios y reconocidos republicanos de toda la vida. Son muchas las anécdotas que se cuentan de cómo el rey Juan Carlos ha sido a veces recibido en muchos países de Latinoamérica como el Rey de la República Española. Creo que hay en los españoles actuales la sensación incómoda de que la Monarquía ha hecho por la democracia y por la libertad en nuestro país lo que hubiéramos querido que hiciera la república. La frustración de un sueño no realizado, el sentimiento de que la Monarquía ha suplantado a la república ideal con la que soñábamos.

¿Qué piensan los españoles de la Monarquía? ¿Cuántos monárquicos hay en España? ¿Qué sentimientos albergan hacia una institución que la mayoría no entiende, una buena parte ha nacido con ella y los menos desean ver abolida, según afirman las más sólidas y fiables encuestas? El 8 de diciembre de 2003 se celebró el XXV aniversario de la Constitución de 1978 y por tanto de la legitimación democrática de la Monarquía de Juan Carlos I de Borbón y Borbón. Un mes antes se cumplieron los veintiocho de su proclamación como Rey de España. Hay ya perspectiva histórica suficiente para hacer algunos juicios y plantearse determinadas cuestiones. ¿Ha cumplido la Monarquía las expectativas que despertó? ¿Puede sentirse la dinastía borbónica definitivamente enraizada en el pueblo español? Creo que también poseemos los suficientes argumentos para tener ya un juicio formado sobre todas estas cuestiones, que en cualquier caso arroja un saldo positivo para la institución.

En el libro *El futuro no es lo que era*, dos reconocidos republicanos, el ex presidente socialista del Gobierno Felipe González y el periodista y académico Juan Luis Cebrián reflexionan sobre muchas cuestiones que interesan a la sociedad española del nuevo siglo por el que ya avanzamos. Una de esas cuestiones es naturalmente la Monarquía. Hablando sobre el papel del Rey en la transición democrática y sobre la esencia misma de la institución, Cebrián opina: «O sea, que nosotros decimos que somos republicanos, pero creemos que el rey Juan Carlos ha rendido servicios inmensos a la democracia y a la convivencia entre españoles. Somos republicanos, pero apoyamos a Juan Carlos». A lo que contesta Felipe González: «No, apoyamos a esta Monarquía, para ser más coherentes». La réplica de Cebrián no se hace esperar: «Entonces ¿qué dificultad tenemos para reconocer que, en realidad, somos monárquicos? De esta Monarquía, pero republicanos. ¿Qué vergüenza intelectual, o cultural, o moral, tenemos de decir que somos monárquicos?» A lo que contesta el ex presidente socialista del Gobierno durante casi catorce años: «Yo no tengo ninguna vergüenza de decirlo. Probablemente tengo un atavismo cultural, con el que no me siento incómodo, a pesar de la aparente contradicción». Contestación del ex director de *El País*: «Es decir, ¿cómo vas a ser tú, o cómo puedo ser yo, monárquico, si hemos sido republicanos toda la vida?». Concluye González: «Es una minusvalía, o quizás lo contrario, una plusvalía cultural: creo que es más razonable la república, pero al final es mentira que lo crea y me considero accidentalista, como decían los clásicos. Si asistiéramos en la próxima legislatura, o en la siguiente, a la confrontación de un sistema electoral directo respecto de la república, probablemente no resolveríamos los problemas de los que venimos hablando, sino que los agravaríamos».

Creo que tanto Felipe González como Juan Luis Cebrián expresan con absoluta claridad y exactitud lo que llamó, al principio de este epílogo, el síndrome republicano que padecen una inmensa mayoría de españoles y lo que es su consecuencia más natural e inmediata, un complejo monárquico.

El complejo monárquico

Si seguimos con el María Moliner allí se dice: «Complejo... corrientemente, sentimiento que lleva a una persona a creer que posee cierta cualidad, positiva o negativa, que la hace superior o inferior a los demás... Si no se especifica, se entiende normalmente como sentimiento de inferioridad...». ¿Cuál sería pues el complejo monárquico? El que puede llegar a sentir un español por creer que es monárquico si no se manifiesta abierta y constantemente contra la monarquía. Y eso en un sentido amplio y con todo tipo de matices. Quiero decir que puede ser también considerado complejo monárquico el que puede llevar a una persona a no mantener posturas objetivamente críticas sobre la institución monárquica por temer a ser llamado monárquico por los demás. Y también el sentimiento que alguna vez puede atacar inesperadamente a una persona que en algún momento de su existencia se haya descubierto leyendo un libro sobre la monarquía o haya sentido interés por conocer y saber más sobre la citada institución. Y más aún, el que haya experimentado, en algún momento, sin duda, de debilidad intelectual, la tentación de intentar comprender o razonar lo que los monárquicos sin complejos llaman las ventajas del sistema monárquico sobre el republicano en cualquiera de sus variantes, república democrática, república presidencialista o república absolutista, que también las hay y las ha habido. No me hagan citar ejemplos.

¿Por qué sigue siendo para una gran mayoría de españoles demócratas —de los otros para qué hablar— un mito la república? Sencillamente porque es un sueño sin realizar. Pienso —y no creo con ello decir ningún disparate histórico— que las dos experiencias republicanas que hemos tenido a lo largo de la historia han sido experiencias fallidas, incompletas, no realizadas, agotadas antes de ponerse en marcha. Y por tanto no sirven como referentes, sólo como sueños convertidos en pesadillas. Por unos u otros motivos las dos repúblicas españolas fracasaron antes de poder siquiera demostrar que eran capaces de organizar la vida democrática del país. Ninguna de las dos pudo modernizar el Estado y sus instituciones, hacerlo más justo, más libre, más culto, más rico, más social, más respetado, más tolerante, más solidario... Es cierto que tuvieron en contra a las fuerzas más reaccionarias que no estaban dispuestas a renunciar a ni uno solo de sus privilegios, ni a una sola de sus riquezas... Pero sería complejo analizar cuáles fueron esos otros motivos que permitieron que la República, especialmente la segunda, no llegara a ser una gozosa realidad. Cierto que fue masacrada por la fuerza bruta de una sublevación militar, pero también es reduccionista pensar que antes no pudo evitarse la confrontación armada, con una defensa de la República más apoyada y sostenida por todos los partidos políticos. La comprensión y el conocimiento de muchas de estas verdades históricas, no siempre reconocidas y muy a menudo manipuladas, es también el origen del síndrome republicano y su complemento el complejo monárquico.

¿De dónde nace este complejo? Hay que retomar los argumentos con los que acabábamos el anterior apartado. Durante décadas para los españoles el sueño democrático se concretaba en la Tercera República española. Durante mucho tiempo el sueño de la libertad era la bandera tricolor tremolando en lo más alto de un mástil. Durante lustros el sueño de que la dictadura acabara finalmente se concretaba en la instauración de una nueva república, que realizara todo lo que nunca se había podido hacer en este viejo país. Y que no sólo era libertad, democracia, justicia, igualdad, fraternidad, autonomías, desarrollo económico y cultura, sino también respeto a los demás, tolerancia, solidaridad, modernidad, dignidad, reconciliación nacional, respeto internacional... Nadie, absolutamente nadie en este país en 1975 pensaba que todo eso —que hoy hemos conseguido y gozamos de una manera y en un grado absolutamente razonable— fuera posible con la monarquía. Ni con la que representaba Juan Carlos ni con la que preconizaba el conde de Barcelona y que casi nadie conocía, ni con ninguna otra.

La comprobación de que todo eso ha sido posible bajo la Monarquía de Juan Carlos I de Borbón, aparte de estupefacción en muchos, sorpresa en una buena mayoría, desconcierto en unos pocos y admiración y agradecimiento en la gente de buena voluntad, ha generado el malestar y la incomodidad a los que ya hemos aludido. No era así como habíamos soñado que iban a ser las cosas. Hay como una impotencia para reconocer que la monarquía, con todos sus fallos, con sus carencias democráticas, con sus servidumbres, ha sido y es una institución que puede convivir con la democracia. Existe algo que determina una última resistencia a reconocerla como un sistema, como cualquier otro, para formalizar y normalizar la vida democrática de un país. Con sus ventajas y sus inconvenientes. Como todos los demás sistemas, exactamente igual. Y mi propio complejo monárquico me lleva a decir en seguida que no estoy haciendo un juicio de valor al exponer toda esta argumentación —no vayan a creer que soy monárquico— sino simplemente describiendo lo que, por otra parte, es muy fácil detectar en la opinión y en la manera de expresarse y de conducirse de miles y miles de españoles. Y que muchos no se atreverían, o tal vez ni siquiera se les ocurriría pensar, expresar y describir. Pero creo que no me alejo ni un ápice de lo que es una realidad que cualquiera puede reconocer si logra ver las cosas con absoluta objetividad.

¿Puede ser democrática la monarquía?

Y llegado este momento es cuando hay que formularse esta pregunta: ¿puede ser democrática la monarquía? Indudablemente admite y requiere otra formulación: ¿puede un demócrata ser monárquico? Arduas preguntas y más complejas respuestas. Creo que los españoles no hemos llegado a sentir nunca hasta el reinado de Juan Carlos I que monarquía y democracia pudieran identificarse. Conviene distinguir de cualquier forma lo que es la monarquía como institución y lo que es la monarquía como representación del Estado. Como representación del Estado, la respuesta es clara, sí puede ser democrática una monarquía y de hecho existen al menos diez monarquías en el mundo que así se definen y que son y representan a otros diez Estados democráticos, de los países más desarrollados, cuya soberanía nacional emana del pueblo y está representada en sus instituciones democráticas. Algunas de las consideradas democracias modelos europeas son monarquías constitucionales y parlamentarias. Desde Gran Bretaña a los Países Bajos y desde Noruega a España. Otra cosa es la institución. La monarquía se asienta sobre pilares que no son democráticos. Porque está basada en el gobierno de una sola persona, porque es una magistratura hereditaria en una sola familia, porque no la eligen los ciudadanos, porque en muchos casos contempla y mantiene la desigualdad entre mujeres y hombres, porque no está sometida a los controles y transparencia de todas las otras instituciones de un Estado... Los republicanos tienen toda una batería de inconvenientes para deslegitimarla como forma de gobierno democrático, que pueden estar resumidos en los enumerados anteriormente. Los escasos monárquicos que todavía son en el mundo, hablan de sus ventajas, algunas de las cuales las hemos ido mencionando a lo largo de este libro, la no pertenencia a ningún grupo político, la de estar por encima de ellos, y por tanto representar a todos los ciudadanos sean de la ideología que sean, ser un vínculo de cohesión entre los diversos territorios y nacionalidades, su poder arbitral, su entronque con la tradición histórica, como símbolo de ese mismo pasado histórico, como imagen del país en el exterior y con misión de embajadores extraordinarios y representantes de una marca con denominación de origen... Y hasta aportan razones más prosaicas: el ser más baratas ya que no exigen unas elecciones cada cierto tiempo, e incluso más trascendentes y evanescentes, la célebre magia que aportan, el misterio, la lejanía, el gancho popular, el halo y la ritualidad que llevan consigo. Esto último lo hemos podido comprobar en los acontecimientos en los que la Monarquía ha tenido protagonismo mediático, bodas de las Infantas, entierros de los padres del Rey y sobre todo el delirio que ha producido el solo anuncio de la boda del Príncipe heredero.

Tanto las ventajas que se aportan como los inconvenientes que se describen tienen a su vez sus propios defensores o detractores. Y todos y cada uno de los argumentos que se utilicen pueden ser desmontados o defendidos con igual calor y solvencia. Cuando modernamente se habla de ventajas e inconvenientes, aparece mucho la palabra ejemplaridad. Despojados de casi todos sus poderes, reducidos a su carácter simbólico y de representación, lo que los ciudadanos de hoy exigen más de los monarcas es una cierta ejemplaridad en todos los aspectos y en todos sus actos. Se les exige que sean de alguna manera unos arquetipos, unos modelos en los que puedan mirarse los ciudadanos y en los que sentirse reflejados. Es como el camino de regreso a la célebre *autoritas* que fue en tiempos remotos uno de los principios que dio origen al sistema monárquico. Sólo que esa *autoritas* que en aquellos tiempos era una representación en realidad del más fuerte, del que mejor podía defender a los súbditos (entonces no eran ciudadanos) de un país contra los otros, ahora tiene una referencia absoluta y exclusivamente moral, yo diría más, parece que los últimos acontecimientos vividos podían hacernos pensar que lo que de verdad esperan los ciudadanos de la monarquía es sentir que la pueden tener a su alcance, que cualquiera puede llegar algún día a formar parte de ella, su normalización en definitiva. Algo que va en contra de su propia esencia y es una contradicción en sus propios términos.

Ahora se exige a los reyes y príncipes que sean ejemplares en sus vidas privadas, pero también y más que estén siempre cerca de los problemas, necesidades y desgracias de los ciudadanos, que nos representen con dignidad, y además se les exige que sean guapos, elegantes, maravillosos, llenos de *glamour* y simpatía. Que se les vea a la vez ideales y humanos. De alguna manera inconsciente se les está exigiendo que, a cambio de los privilegios que tienen, cumplan con perfección todo lo que se espera de ellos. Y como es lógico cada ciudadano puede tener una opinión de lo que debe ser su rey o su príncipe ideal, con el riesgo que ello conlleva de que no siempre sea del agrado de los demás, o que los demás tengan un criterio diferente o incluso opuesto. Los deberes de un príncipe actual son esencialmente estos que he enumerado. Es el precio que tienen que pagar para mantener una institución que hoy día se apoya casi exclusivamente en lo emocional y en lo irracional. ¿Pueden ser las emociones y los sentimientos irracionales de unos ciudadanos los que legitimen las carencias democráticas de la monarquía? Difícil respuesta, que tal vez pueda simplificarse si pensamos que, por ejemplo, en el caso del rey Juan Carlos, el símbolo de su realeza no está simplemente en representar el pasado y la historia, sino el haber logrado convertir la Monarquía por él representada en el «símbolo más elocuente de una España democrática, plural y cosmopolita», en palabras de uno de los «padres» de la Constitución.

Hace mucho tiempo que comenzó el ocaso de las monarquías. Han ido decayendo paralelamente a la creciente democratización de las naciones y del mundo. No es que fueran un obstáculo, que a veces lo han sido, más de lo que hubiera sido conveniente. Simplemente habían sido una solución y un compromiso para la organización de la convivencia que las sociedades antiguas se dieron. Y que los tiempos han ido superando y convirtiéndolas en reliquias, que no todos los países se pueden permitir arrojar a la basura de la historia o esconder en los baúles del olvido.

La monarquía y la Unión Europea

No es sólo la esencia antidemocrática lo que hace difícil la permanencia y el futuro de las monarquías europeas. Ni la cada día más complicada vida de sus representantes para seguir manteniendo sus tronos y sus prerrogativas. Hay otros problemas y otros motivos que trabajan en su contra y que son inequívocas señales de los cambios políticos de los tiempos. Me refiero a la Unión Europea. La ambición de llegar a que un día, en un futuro más o menos cercano, se consiga la absoluta unión política de los países que la forman o que la formen en esos momentos, cuando éstos lleguen, hace pensar que de alguna manera la existencia de las diez monarquías que subsisten en Europa tendrá que tener un acomodo. Hasta ahora parece que no se ha querido entrar a fondo en el tema, pero llegará un momento en que será necesario. La reciente redacción de la Constitución de la Unión Europea no ha abordado ese tema. ¿Por qué? ¿De qué manera podría contemplarse la existencia de las monarquías europeas en la que debe ser la Carta Magna de todos los ciudadanos que componen esa supranacionalidad? ¿Qué parte de soberanía tendría que ceder cada nación para pertenecer a esa nueva entidad política, que deberá tener propio jefe de Estado y su jefe de Gobierno? Parece que hubo un tiempo en que el tema preocupó seriamente a algunos miembros de las casas reales de Europa —nuestra reina Sofía entre ellos— y se interesaron por el tema y requirieron información. Hace tiempo que no se ha vuelto a hablar de lo que sin duda, en su momento, será un asunto decisivo para la continuidad de las monarquías actualmente existentes. En este sentido ya hemos aludido, al hablar en concreto del futuro de la Monarquía española, a las palabras del historiador estadounidense Gabriel Jackson, pronosticando precisamente su sustitución pacífica y nada traumática por un régimen republicano, debido a esa posible y efectiva unión política europea.

El 21 de noviembre de 2002 una noticia apareció en los periódicos, casi arrinconada en alguna sección de curiosidades. Y en realidad lo era. Decía la noticia, fechada en Viena, y que pasó inadvertida, que Otto de Habsburgo había regresado a la vieja capital del imperio austro-húngaro del que él ha sido durante años depositario de los derechos dinásticos. Hijo del último emperador de Austria y rey de Hungría, el efímero emperador Carlos, y de Zita de Borbón-Parma, Otto de Habsburgo ha sido uno de los máximos defensores de la Unión Europea y un incansable luchador, desde el Parlamento Europeo, en el que fue diputado veinte años. Decidido europeísta, el archiduque Otto regresaba a su patria, adonde no había podido regresar desde que era un niño, cuando tuvo que salir al exilio con sus padres, en 1919, para celebrar en el palacio de sus antepasados su noventa cumpleaños. El gobierno de la República de Austria se lo permitía excepcionalmente, en homenaje a su vida entera dedicada a defender la democracia, cuando abanderó la oposición y la resistencia contra Hitler al invadir su país, pero también a su labor en el Parlamento Europeo, donde ha sido ferviente partidario de la unión efectiva de Europa y de la entrada de los nuevos países que ingresarán en los próximos años, en una ampliación ya decidida por el Consejo, la Comisión y el Parlamento.

Otto de Habsburgo fue homenajeado en efecto en una cena de gala en el palacio de Schönbrunn, no sólo ante las máximas autoridades de Europa, sino ante una amplia representación de la realeza europea, de la que su familia forma parte decisiva desde sus orígenes. Allí estaba, en representación de la Casa Real española, el príncipe Felipe de Borbón y Grecia. Por cierto, se sentaba muy cerca de los Reyes de Suecia, Carlos XVI Gustavo y Silvia, que muy poco tiempo después, el 28 de diciembre de 2002, se vieron sorprendidos con el anuncio de la presentación de una moción en el Parlamento sueco, que será discutida pronto, para la supresión de la monarquía. La sueca ha sido la monarquía más democratizada del mundo en todas sus manifestaciones y fue la primera que gobernó con los socialistas hace ya muchos años. Y se recuerda la anécdota que ocurrió una vez hace años en que este mismo rey, ante la presentación de una iniciativa socialista en el mismo sentido, le sugirió al primer ministro que antes se lo pensaran bien porque la monarquía les iba a salir mucho más barata que la república.

Volviendo al anciano Otto de Habsburgo, su vida y su trayectoria pueden ser un ejemplo para lo que el propio ex presidente de la República Francesa Valéry Giscard d'Estaing, en su discurso en homenaje al representante de una de las dinastías que hicieron Europa, definió como el «más vivo ejemplo de la capacidad que tiene Europa de aprovechar sus recursos del pasado para construir su futuro». No es que ahora se vayan a ir en tropel todos los reyes, ex reyes y príncipes europeos a pedir trabajo en el Parlamento Europeo, pero sí es un camino para que el pasado sea útil en el presente y en el futuro.

La monarquía en su laberinto

Me gusta acabar este libro con esa imagen en cierto aspecto borgiana. No es creación literaria, es bastante real imaginar a la realeza actual, a los reyes, que todavía lo son en el mundo, a sus príncipes herederos, metidos en el laberinto de su propio pasado, en el que tan difícil parece vislumbrarse una salida. Podríamos decir que están perdidos en su propia historia, prisioneros de su propia sangre, encerrados en el círculo vicioso de un palacio irreal, perdido en el tiempo y en el espacio, pero del que no pueden escapar. Fuera hay un ángel exterminador —que tiene mil formas e innumerables espadas— que amenaza con acabar con ellos para siempre. En realidad es una situación trágica, shakesperiana. Oyen multitud de voces que les apremian a salir del laberinto, a abandonar su inútil refugio, pero una fuerza atávica les obliga a permanecer en él, como rehenes de un tiempo remoto. En ese laberinto se debaten entre su fidelidad al deber que les obliga a permanecer en ese espacio sin salida y el instinto de supervivencia que les llama a buscar una salida para encontrar la luz. La tentación que sienten es fuerte y les atormenta constantemente hace mucho tiempo. ¿Servirá para algo permanecer fieles a su propio destino? ¿O será su sacrificio en vano porque fatalmente el laberinto será destruido por una fuerza incontrolable que nada ni nadie puede detener?

Muchos aseguran que el gran dilema que a veces asalta a los príncipes y reyes actuales es si les valdrá la pena seguir fieles a lo que representan, cuando todo hace prever que, hagan lo que hagan, el torbellino de la historia acabará arrastrándoles y arrasando todo lo que significan y pasando por encima de todo lo que simbolizan. Es cierto que para ellos es como un oficio familiar, en el que durante generaciones y generaciones no han hecho otra cosa que ser reyes, como el que nace en una familia de artesanos que llevan siglos curtiendo la piel o trabajando el barro. Pero ¿es que esos oficios no están de alguna forma también obsoletos?

Los constitucionalistas ingleses han afirmado tradicionalmente que la función de la monarquía era triple «to advise, to encourage and to be informed», es decir, aconsejar, promover y estar informado. Otros añaden arbitrar, moderar, inspirar la vida del Estado. ¿Es eso lo que los ciudadanos del siglo XXI esperan de sus reyes y de sus príncipes? Me temo que no. Que lo que hoy los ciudadanos desean ver sobre todo en la monarquía es, en último caso y más por instinto y por intuición que por una deducción racional, su sentido de la permanencia. Cuando todo parece tambalearse y no estar en su sitio, la atracción fatal ante lo que ven como una referencia inamovible. Si hay algo que pueda salvar a la institución monárquica en el futuro será, creo yo, sin duda, ese símbolo de referencia común.

Cuando comencé a escribir este libro me asaltaron algunas dudas y muchos interrogantes. ¿Cómo debería ser un libro sobre el pasado de los Borbones y el futuro de la Monarquía y del príncipe Felipe el año 2003? ¿Debe ser, para que parezca moderno, irreverente, republicano, deslenguado, escandaloso, calumnioso, incorrecto, grosero, injurioso? ¿O por otra parte debería hacer un producto, como se dice ahora, sin saber muy bien qué significa, políticamente correcto? En la España de *Tómbola,* de *Salsa Rosa,* de *Crónicas marcia-*

nas y del *Gran Hermano* todo vale porque la única norma es el más obsceno en el insulto, en la descalificación, en la frivolización, en el disparate, en la sustitución de la realidad por su remedo de esperpento y miseria. Yo he preferido reflexionar, al hilo de la historia pasada y de los acontecimientos de los que he sido testigo, sobre un tema como es el objeto de este libro que ya acaba —y que a muchos les puede parecer frívolo, intrascendente, una tontería que a nadie interesa, porque somos muy modernos y eso de la monarquía es un muermo y una cosa de otro siglo—, que me parece no sólo que debemos conocer más allá de la crónica rosa que lo vende como un producto más de su repertorio de monstruos y monigotes de guiñol, sino como algo que ha tenido una enorme influencia para que hayamos llegado a ser lo que somos como pueblo y como sociedad, porque es nuestra propia historia. He tenido la pretensión de hacerlo de una manera amena y divertida que nunca, en absoluto, por más que lo desmientan diariamente tantos y tantos subproductos mediáticos, debe estar reñida con la buena educación y con el respeto a todos nuestros semejantes, sean quienes sean y representen lo que representen.

BIBLIOGRAFÍA ESCOGIDA

ANSON, Luis María: *Don Juan*, Plaza & Janés, Barcelona, 1994.
APEZARENA, José: *El Príncipe*, Plaza & Janés, Barcelona, 2000.
BALANSÓ, Juan: *La casa real de España*, Mirasierra, Madrid, 1976.
— *La corona vacilante*, Plaza & Janés, Barcelona, 1996.
— *La familia real y la familia irreal*, Planeta, Barcelona, 1992.
— *La familia rival*, Planeta, Barcelona, 1994.
— *Las alhajas exportadas*, Plaza & Janés, Barcelona, 1999.
— *Las perlas de la corona*, Plaza & Janés, Barcelona, 1997.
— *Los Borbones incómodos*, Plaza & Janés, Barcelona, 2000.
— *Los diamantes de la corona*, Plaza & Janés, Barcelona, 1998.
— *Los reales primos de Europa*, Planeta, Barcelona, 1992.
— *Por razón de Estado*, Plaza & Janés, Barcelona, 2002.
— *Trío de príncipes*, Plaza & Janés, Barcelona, 1995.
BARRIOS, Manuel: *Los amantes de Isabel II*, Temas de Hoy, Madrid, 1994.
BOCCA, Geofrey: *Reyes con y sin corona*, Caralt, Barcelona, 1962.
CABEZAS, Juan Antonio: *La cara íntima de los Borbones*, San Martín, Madrid, 1979.
CALDERÓN, Emilio: *Amantes y bastardos de los Reyes de España*, Cirene, Madrid, 1993.
CALVO POYATOS, José: *Los Orleans en España*, Plaza & Janés, Barcelona, 1998.
CANNUYER, Christian: *Les maisons royales et souveraines d'Europe*, Brepols, 1989.
CIERVA, Ricardo de la: *La otra vida de Alfonso XII*, Fénix, Madrid, 1994.
— *Victoria Eugenia, el veneno en la sangre*, Planeta, Barcelona, 1992.

CORTÉS-CABANILLAS, Julián: *Alfonso XIII*, Juventud, Barcelona, 1996.

DÍAZ-PLAJA, Fernando: *La vida cotidiana de los Borbones*, Espasa Calpe, Madrid, 1988.

DIESBACH, Ghislain de: *Los secretos del Ghota*, Luis de Caralt, Barcelona, 1968

D'OR, Leopard: *Etat present de la Maison de Bourbon*, París, 1986.

DOMÍNGUEZ ORTIZ, Antonio: *Carlos III y la España de la Ilustración*, Alianza Editorial, Madrid, 1988.

FERNÁNDEZ-MIRANDA, Pilar y Alfonso: *Lo que el Rey me ha pedido*, Plaza & Janés, Barcelona, 1995.

FISAS, Carlos: *Historias de las reinas de España*, Planeta, Barcelona, 1992.

GARCÍA DE CORTÁZAR, Fernando: *Historia de España: de Atapuerca al euro*, Planeta, Barcelona, 2002.

GARCÍA LOUAPRE, Pilar: *Eulalia de Borbón, infanta de España*, Compañía Literaria, Madrid, 1995.

GARCÍA RICO, María Cristina: *La reina burguesa*, Planeta, Barcelona, 1994.

— *Memorias de la infanta Eulalia de Borbón*, Castalia, Madrid, 1991.

GÓMEZ SANTOS, Marino: *La reina Victoria Eugenia de cerca*, Afrodisio Aguado, Madrid, 1964.

GONZÁLEZ CREMONA, J. M.: *Mis amores reales:* la casa de Borbón, Plaza & Janés, Barcelona, 1997.

GONZÁLEZ DE VEGA, Javier: *Yo, María de Borbón*, El País-Aguilar, Madrid, 1995.

GONZÁLEZ DORIA, Fernando: *Don Juan de Borbón, el padre del Rey*, Bitácora, Madrid, 1990.

— *¿Abdicará el Rey?, España ante el año 2000,* Edimaster, Madrid, 1995.

— *Las reinas de España*, Bitácora, Madrid, 1978.

HINDLEY, Geofrey: *The Royal Families of Europe*, Lirio Books Limites, Londres, 1979.

JUNCEDA AVELLO, Enrique: *Ginecología y vida íntima de las reinas de España*, Temas de Hoy, Madrid, 1995.

LOUDA, Jiri & Michael Maclagan: *Lines of Succesion*, Orbis Publishing, Londres, 1981.

MACLEAN, Verónica: *Coronas reales*, Vergara, Buenos Aires, 1993.

MATEOS SAINZ DE MEDRANO, Ricardo: *Los desconocidos infantes de España*, Thassália, Madrid,1996.

MONTERO ALONSO, José: *Sucedió en palacio*, Ediciones Martínez Roca, Madrid, 1999

NOEL, Gerard: *Victoria Eugenia, reina de España*, Javier Vergara Editor, Buenos Aires, 1984.

PAYNE, Stanley G.: *La España de los Borbones*, Playor, Madrid, 1986.

PEÑAFIEL, Jaime: *¿Y quién salva al Príncipe?*, Temas de Hoy, Madrid, 1996.

— *Dios salve a la Reina*, Temas de Hoy, Madrid, 1993.

— *Los herederos*, Plaza & Janés, Barcelona, 2000.

PRESTON, Paul: *Juan Carlos, el rey de un pueblo*, Plaza & Janés, Barcelona, 2003.

RÍOS MAZCARELLE, Manuel: *La vida privada de los Borbones*, Ediciones Merino, Madrid, 1999.

RÚSPOLI, Enrique: *La marca del exilio*, Temas de Hoy, Madrid, 1992.

SECO SERRANO, Carlos: *Alfonso XIII*, Arlanza, Madrid, 2001.

SOLÉ, José María: *Los pícaros Borbones*, La Esfera de los Libros, Madrid, 2003.

SORIANO, Manuel: *Sabino Fernández Campo, la sombra del Rey*, Temas de Hoy, Madrid, 1995.

TUSELL, Javier y Genoveva G. QUEIPO DE LLANO: *Alfonso XIII*, Taurus, Madrid, 2001.

URBANO, Pilar: *La Reina*, Plaza & Janés, Barcelona, 1996.

VACA DE OSMA, José Antonio: *Alfonso XIII, el rey paradoja*, Biblioteca Nueva, Madrid, 1993.

VALYNSEELEE, Joseph: *Los pretendientes a los tronos de Europa*, Caralt, Barcelona, 1970.

VARIOS AUTORES: *Las grandes dinastías*, Queromón, Madrid, 1978.

— *Los Reyes de España*, Siglo XXI, Madrid, 1999.

VIDAL SALES, José Antonio: *Crónica íntima del Palacio Real de Madrid*, España Calpe, Madrid, 2001.

— *Francisco de Asís de Borbón y Borbón*, Planeta, Barcelona, 1995.

— *La vida y la época de Felipe V*, Planeta, Barcelona, 1997.

VILA-SAN JUAN, José Luis: *Los Borbón en España: cunas, bodas y mortajas*, Plaza & Janés, Barcelona, 1998.

— *Los reyes carlistas*, Planeta, Barcelona, 1993.

VILALLONGA, José Luis de: *El Rey*, Plaza & Janés, Barcelona, 1993.

VON WERNITZ, Andrés: *Dinastías europeas*, Bitácora, Madrid, 1990.